U0941915

玉壶冰斋史学文选

公孙訇 / 著

图书在版编目（CIP）数据

玉壶冰斋史学文选 / 公孙訇著. -- 南昌：二十一世纪出版社,
2015.1

ISBN 978-7-5391-9678-7

Ⅰ. ①玉… Ⅱ. ①公… Ⅲ. ①史学－中国－文集Ⅳ. ①K207-53

中国版本图书馆CIP数据核字(2014)第110734号

玉壶冰斋史学文选 公孙訇 / 著

责任编辑 张 宇
出版发行 二十一世纪出版社
（江西省南昌市子安路75号 330009）
www.21cccc.com cc21@163.net
出 版 人 张秋林
经　　销 新华书店
印　　刷 河北环京美印刷有限公司
版　　次 2019年4月第1版第2次印刷
开　　本 700mm × 1000mm 1/16
印　　张 21.75
字　　数 348千
书　　号 ISBN 978-7-5391-9678-7
定　　价 39.80元

如发现印装质量问题，请寄本社图书发行公司调换 0791-86524997

前言

我从大学毕业到进社科研究机构前的20多年间一直从事教育工作，从中学到大学，除了写教案、讲义外有时也试着写一些与教学有关的文章。1980年曾携带《浅谈中共党史教学中的人物教学》参加了华北地区高等院校党史教学会议，进行交流，并受到好评。自拨乱反正后，我试着利用自己掌握的史学知识，写过几篇文章，报社总是要我反复修改，看来长篇不易发表。从此，我开始写些短小文章。说来也顺手，几年间我就在《承德群众报》、《石家庄晚报》和《河北日报》等报刊上先后发表了近60余篇。我的针砭时弊、劝人上进的短小文章得到了读者们的赞誉，对我鼓舞很大。

1981年，我在《河北日报》上发表了长篇文章《辛亥革命在直隶》（今河北省），1983年调入河北社会科学院历史研究所从事近代史研究工作。

在河北省社会科学院的14年间，是我学术研究的丰收季节，先后撰写和出版了《直系军阀始末》、《冯国璋年谱》、《义和团运动在河北》和《辛亥河北革命》四部专著；与其他同志合作编写了《军阀政客奇闻》和《近代河北史要》；主编了《高树勋将军》、《河北百名爱国人物》、《高树勋纪念文集》和《周学鳌纪念文集》。

此外，我还撰写了50余篇论文，发表在《近代史研究》和河北省的著名大学学报上。鉴于以上成绩，被中国义和团研究会聘为理事，河北师范大学聘为历史系兼职教授，民革中央聘为孙中山研究会理事会常务理事，中国辛亥革命研究会聘为研究会常务理事。

朋友们都劝我出个集子，我看还没有这个必要。后来劝的人多了，我也就动心了。

我从几十篇文章中选出这30余篇编辑成册，以就教于师友。文选书名还是以个人书斋命名吧，就叫《玉壶冰斋史学文选》。出这个集子的目的是总结一下自己的学术研究生活，向燕赵热土和家乡人民做一个较完整的汇报，以此了却我的一桩心事。我虽已步入暮年，但愿将余生奉献给对我关爱备至的河北人民。

公孙訇

2013 年 11 月

目录

“辛酉政变”与“借师助剿”

——兼评肃顺等人

第二次鸦片战争刚结束，1861年8月清文宗奕詝（年号咸丰）死后，咸丰帝的妃子那拉氏勾结恭亲王奕䜣等人在英国驻北京公使的支持下，密谋策划，发动政变，杀了咸丰帝的顾命大臣肃顺、载垣、端华，夺取了清政府的最高权力。从此，在那拉氏垂帘听政的近半个世纪里，由于她执行了“量中华之物力，结与国之欢心”的卖国路线，使中国越来越深地陷进了灾难重重的黑暗深渊。

“辛酉政变”策划于承德避暑山庄，发动在北京皇宫，时间是农历辛酉年，故史称“辛酉政变”或“北京政变”，也称“祺祥政变”（祺祥为清穆宗载淳继位时的年号，政变后改为同治）。本文试就政变的由来、经过及其后果作一概括论述。

一

“辛酉政变”是西方资本主义国家侵华政策的产物。在两次鸦片战争的20年间，正是中国社会剧烈震荡的年代，以南方的太平天国革命运动为中心的农民起义沉重地打击了清政府的反动统治。正当清政府处在危机之中的时候，英、法、美、俄资本主义国家为了继续扩大他们所谓在华的“权益”，便向我国猛扑过来，趁火打劫。美国驻华公使巴驾以言词要挟清政府说：“到了今日，只有让叛乱的人们（指太平军）知道，英、法、美三国联合一致，同情并支援清朝政府。这样叛军将会看到，他们是无力抵抗这一巨大力量的”，“如果大皇帝拒绝西方国家之友谊的表示，则将来的发展是难于预料的。而且，如果太平王今后对外国公使建议签订条约，各国公使接受他的建议,大皇帝是不能埋怨我们的了。”[①]但是,西方资产阶级政府看到，他们发动的一系列侵华战争，遇到了中国人民和清朝爱国官兵的英勇顽强的抵抗，他们清楚认识到，虽然能够以武力打败腐朽的清政府，却很难征服富于反抗精神的中国人民。于是他们认识到与其使清政府垮台，倒不如把它扶植成为他们奴役中国人民的得心应手的工具更为有利。然而，清政府当时还没能迅速地适应西方资本主义国家这一侵华方式的变化，朝廷中的当权派还一时放不下“天朝”的架子，想使侵略者给自己留点“体面”。《天津条约》签订后，咸丰帝对外国公使驻北京的条款十分苦恼，曾一度企图不惜用免除全部关税的办法来换取侵略者对此条款的让步。但是，英、法资产阶级政府为了用武力逼迫清政府彻底屈服，发动了第二次鸦片战争。在此基础上改变其侵略方式，以图尽快地与清政府结成镇压中国人民的反动联盟，从而维护他们在中国的殖民地半殖民地秩序。这就是英法等资本主义国家在第二次鸦片战争后期的侵华政策的实质。

1860 年 8 月，英、法侵略军攻大沽炮台，清军拒战失利，天津陷落。侵略者继续向内地进犯，清政府决定以抚代战，乞求妥协。当清政府得悉侵略军逼近通州的消息后，合朝震惊，急忙派怡亲王载垣、兵部尚书穆荫为钦差大臣前往通州议和。9 月 14 日，载垣等人全部接受了英法侵略军的无理要求。在侵略者提出向清朝皇帝亲递国书的条款时，双方争执不下，谈判又告中断，载垣下令逮捕英国谈判代表巴夏礼，战事再起。在八里桥之战中，清军大败，英法联军乘势进逼北京。他们以为咸丰帝还住在圆明园，遂先以圆明园为进犯目标。实际上，咸丰帝早在 9 月 22 日黎明已率后妃、皇子及一批亲信王公大臣仓惶逃到承德避暑山庄去了。咸丰帝逃跑前，任命他的弟弟恭亲王奕䜣为钦差大臣，留京负责向侵略者求和。侵略者为了迫使清政府尽快投降，便把景色秀丽、建筑宏伟、珍宝满园的圆明园洗劫一空,然后放火燃毁,并且威胁说如清政府再不迅速全盘接受他们的要求，还要焚烧城内皇宫。奕䜣等人在侵略者的恫吓之下，便与英、法、俄先后签订了卖国的《北京条约》。

英法侵略者在签约后，发觉清政府掌握实权者远在承德避暑山庄，认为“只消朝廷不在北京，怡亲王、端华和肃顺继续掌政，我们就不能说中国人民已确实承受了条约。各省当局看到国家重臣，实际掌权的人是偏向不友好的，他也就形成和我们为难的倾向。他们对我们的建议，总是说热河不能允准。”[②]侵略者深知控制清政府必须驯服清政府的当权派，于是他们施用种种手段，在咸丰帝活着时，便极力影响奕䜣使咸丰帝早日回銮；咸丰帝死后，进一步通过支持奕䜣勾结那拉氏尽早发动宫廷政变，从肃顺等人手中夺权。《北京条约》签订后，侵略者以怀柔手段开始支持以奕䜣为头子的投降派夺取政权了。英国公使普鲁斯在给英国政府的报告中说："我们应以温和协调的态度获致恭亲王及其同僚的信任，消除他们的惊恐，希望迟早总会发生变动，使最高权力落到他们手里去。"[③]特别是在法、英驻华使馆和清政府总理各国事务衙门成立后，中外反动派进一步勾结起来。普鲁斯等人成了奕䜣集团的"洋高参"，经常出入他们的密室。该年9月，奕䜣去承德避暑山庄哭祭咸丰帝前，就曾跟普鲁斯等人策划了勾结那拉氏发动政变的计划。普鲁斯在给英国政府的同一报告中说："他（指奕䜣）向太后（那拉氏）保证，我们在此并无可怕之处，这方面他对太后之回京负完全责任。为了顺从恭亲王的意思，并证明我们是准备帮他把皇帝从那群险恶党徒手里解救出来的，我和我的同僚们曾注意防止外国人冒犯皇帝一行入京时的行列。"[④]由此可见，"辛酉政变"是在英国驻华公使等人的密谋策划和直接指挥下进行的。

二

咸丰帝逃跑后，清政府中，立即出现了北京和承德两个政治中心，形成了以肃顺为首的顽固保守派和以奕䜣为头子的媚外投降派两股政治势力。双方在短时期内为争夺清政府的最高统治权展开了斗争，埋下了宫廷政变的引线。肃顺等人利用咸丰帝对侵略者"疑虑尚存"的心理，反对奕䜣派对外妥协投降，其目的是为了他们继续掌权；而奕䜣一派却一再奏请咸丰帝回銮，希望使咸丰帝摆脱肃顺等人的控制，其目的是为了早日屈从侵略者。奕䜣在同侵略者的接触过程中，看清了侵略者并不想取代清政府的封建统治，而只是要清政府更多地出卖民族利益和国家主权，使自己成为西方资本主义国家统治中国人民的代理人。《北京条约》签订后，奕䜣一伙为了安定咸丰帝的惊恐情绪，曾竭力向咸丰帝说明外国侵略者"并非争城夺地而来，实为彼此无欺起见。臣等屡揣该夷词意谅不至心存叵测"，[⑤]他们还感激外国侵略者不把北京"据为己有，乃仅以增索五十万现银及续增各条为请，其为甘心愿和，不欲屡启衅端，似属可信"。[⑥]他们还进一步向咸丰帝解释说："自换约以后，该夷退回天津，纷纷南驶，而所请尚执条约为据。是该夷并不利我土地人民，犹可以信义笼络，驯服其性，自图振兴，似与前代之事稍异。"[7]但是，咸丰帝在肃顺等人的影响和控制下，对外国侵略者的许诺是不大相信的，因此不肯回京。

1861 年 8 月 22 日，久患虚痨的咸丰帝病死在承德离宫的烟波致爽殿。临终前立载淳为皇太子，又召见他所倚重的王公大臣，口授遗诏，命怡亲王载垣、郑亲王端华、户部尚书协办大学士肃顺、御前大臣景寿、军机大臣兵部尚书穆荫、吏部左侍郎匡源、礼部右侍郎杜翰、太仆少卿焦佑瀛八人为赞襄政务八大臣，要他们尽心辅佐六岁的载淳"赞襄一切政务"。同时，咸丰帝还把一方刻有"御赏"字样的印章留给皇后钮钴禄氏；另一方刻有"同道堂"字样的印章留给皇子载淳，并规定他死后由载垣等八大臣起草谕旨，然后交皇后、皇子在谕旨起讫处钤"御赏"和"同道堂"印记以为符信，此谕旨方能生效。由此可见，咸丰帝死前做了安排，把最高统治权力交由八大臣和钮钴禄氏及载淳共同掌握。

从上所述，咸丰帝临终托孤，明显地有防止那拉氏和奕䜣篡权的用意。尽管咸丰帝煞费苦心地为他死后作了周密的安排，但是一场宫内争夺最高统治权的斗争已经不可避免了。因为在咸丰帝身边还有一个八大臣难以对付的野心家、权欲狂，这就是那拉氏。那拉氏，出身于满洲贵族官僚家庭，咸丰元年，她 17 岁被选入宫。由于她很会卖弄奉迎，又在咸丰六年生了儿子载淳，很快晋封为懿妃。"咸丰帝耽于声色，懒于朝政"，而那拉氏却热衷政事，常代咸丰帝批阅奏章，天长日久对权势有了欲望。咸丰帝死后，那拉氏虽然急于抓权，但清廷"祖制"规定不准后妃与闻政事。于是善于钻营、擅长诡计的那拉氏，便借"正名"，开始了夺权活动。8 月 23 日，以载淳的名义发布上谕："母后（钮钴禄氏）应尊皇太后（俗称东太后），圣母（那拉氏）应尊皇太后（俗称西太后）。"不久那拉氏借机为载淳保管"同道堂"印章，而有了"代子钤印"牵制八大臣的权力。那拉氏不满足于与八大臣共同掌权的局势，篡权欲望恶性膨胀起来，千方百计地妄图以"垂帘听政"的手段夺取最高统治权力。这样一来，那拉氏与肃顺等人的矛盾立即尖锐起来。那拉氏鉴于八大臣人多势众，又掌握皇帝的禁军，深感自己力不从心，于是她便内结东太后，外联恭亲王奕䜣进行策划。她与东太后在避暑山庄"俯巨缸而语，计议甚密。于是羁縻肃顺，外示委任"；[8]同时，又急召奕䜣来避暑山庄密谋。"恭邸（指奕䜣）今日大早到，适赶上殷奠礼，伏地大恸，声彻殿陛，旁人无不下泪。盖自十七以后，未闻有如此伤心者。祭后，太后召见。恭邸请与内廷偕见，不许。遂独对。约一时许方出。”[⑨]此次叔嫂密谈确定了杀肃顺等人的政变计划：“王乃得一人独进见，两宫皆涕泣而道三奸（指肃顺、载垣、端华）之侵侮，因密商诛三奸之策，并召鸿胪寺少卿曹毓英，密拟拿问各旨，以备到京即发，而三奸不知也。”[⑩]奕䜣主张发动政变非回北京不可，“后曰：奈外国何。王奏：外国无异议，如有难，惟奴才是问。”[⑪]那拉氏获悉外国公使支持政变，大为放心，便欣然同意在运咸丰帝灵柩回北京途中发动政变，使肃顺等人措手不及。于是奕䜣提前赶回北京，着手政变准备。

那拉氏为了夺权，便授意各地亲信以“疏不间亲”为理由上奏折，大造“太后垂帘听政”舆论。她先后暗中指示大学士周祖培、贾桢等人编纂历代太后临朝听政的史例，为她上台作准备。9月14日，山东道监察御史董元醇，奏请皇太后权理朝政并另简亲王辅政，这显然是要那拉氏和奕䜣上台执政。肃顺等人立即起草上谕，严厉斥责董元醇：“奏请皇太后暂时权理朝政，甚属非是。”“我朝圣圣相承，向无皇太后垂帘听政之礼。”“该御史必欲于亲王中另行简派，是何诚心？所奏尤不可行。”[⑫]当这道上谕送交皇太后钤印时，却被那拉氏扣留不发，八大臣十分气愤，当即进见面争；“西边（指那拉氏）执不肯下，是要临朝。”[⑬]“载垣、端华等负气不视事，相持逾日，”[⑭]当时承德四周处于八大臣控制之下，那狡猾的那拉氏鉴于政变计划尚未准备就绪，不敢与对方闹翻，只好暂作妥协，以屈为伸，允准八大臣发下痛斥董元醇的上谕。正当肃顺等人陶醉于这次交锋得胜之时，统兵大员、兵部右侍郎胜保等人故意违反清廷“祖制”，带头上奏折向皇太后“请安”。肃顺等人虽发“上谕”加以批斥，指出“向来臣工无具折请皇太后安之例”，并通令各级官员今后不准向皇太后请安。但当胜保借奔丧来避暑山庄窥看虚实时，肃顺等人仍没有任何警惕，更无任何防变措施，他们过高地估计了自己的力量，以为有“遗诏”和“祖制”的保护，统治权力已经牢固，可以高枕无忧了。然而那拉氏一伙却在肃顺等人一时得胜而踌躇满志之时，加紧了政变的脚步。那拉氏利用肃顺等人妄自尊大的弱点，并以其“差务较繁”为借口，于10月7日解除载垣、端华、肃顺步军统领及管理火器健营等禁军指挥权，同时与胜保和驻防北京周围的僧格林沁密谋了政变的军事部署。至此，那拉氏、奕䜣完成了政变的准备，但等那拉氏一声令下了。

那拉氏依照政变计划，力排肃顺等人阻拦，发布“上谕”，于10月26

日起运咸丰帝的灵柩回京。此时那拉氏又命肃顺护送灵柩行御道回京，她携幼帝、亲信大臣及载垣、端华等人“间道先行”。11 月 1 日回到北京。第二天凌晨突然发动政变，分别逮捕了载垣、端华、肃顺等人，即刻发布“上谕”，宣布载垣、端华、肃顺的“欺蒙”“专擅”之罪，解除三人职务。景寿、穆荫、匡源、杜翰、焦佑瀛退出军机处。当天又发“谕旨”说：“前旨仅于解任，实不足以蔽辜。着恭亲王奕䜣、桂良、周祖培、文祥即行传旨：将载垣、端华、肃顺革去爵职拿问，交宗人府会同大学士、九卿、翰、詹、科、道严行议罪。”⑮11 月 9 日再次发布“上谕”将肃顺抄家处斩；载垣、端华赐令自尽；其余五名赞襄政务王大臣及一批支持肃顺等人的官员、太监也都分别判处革职或充军之重罪。从此结束了八大臣辅政的局面。

政敌已除，那拉氏处心积虑夺取最高统治权的野心如愿以偿了，但工于心计的那拉氏却没有立即垂帘听政。待到取得外国公使支持后，便于 12 月 2 日宣布“两太后于养心殿垂帘听政”。东太后“懦弱无能”，朝中“事无巨细，必待西宫裁决”。故名为“两宫听政”，实为那拉氏独裁。政变后奕䜣被任命为议政大臣、内务大臣，并掌管军机处和总理各国事务衙门，成了当时举足轻重的人物。奕䜣的同伙桂良、文祥、周祖培等人也纷纷被任命为军机大臣和各部军政要官。

外国侵略者对“辛酉政变”的成功颇为满意，英国公使普鲁斯说：“恭亲王及其同僚之操权，乃是对外国人维持友好关系使然。这个令人感觉满意的结果，全是几个月来私人交际所造成的。”⑯他毫不掩饰地承认这次政变是在他们支持下搞成的。

三

由于那拉氏、奕䜣在“辛酉政变”过程中得到了外国驻京公使，特别是英国公使的大力支持，所以在判决八大臣的“上谕”中特别突出地将“载垣等复不能尽心和议，徒以诱获英国使臣以塞己责，以致失信于各国。……总以外国情形反复力排众论”列为重大罪状，这除了向侵略者献媚讨好以外，还明显地表明清政府今后定要放手执行投靠外国的政策，这个意图的宣告使外国侵略者，尤其是英国人非常高兴。普鲁斯立即向英国政府报告说：“此次谕旨意在邀得普遍好感和舆论的支持，那上面却有这样的宣示，实是我们自和中国有关系以来最为有利的文件，这使我们发生了一种希望，我认为就政府而言，我们的困难就要获得和平解决了。”“这文件表明这次危机之决定转向有利于我们在华利益的方向，实受我们所执行的路线的极大影响。”[17]这位英国公使还在给英国外交大臣罗素的信中写道：“在过去十二个月中，造成了一个倾心于并相信（同外国）友好交往可能性的派别，有效地帮助这一派人掌权，这是一个非同小可的成就。（我们）在北京建立了令人满意的关系，在某种程度上（我们）已成为这个政府的顾问”。[18]这个显然是侵略者不打自招的供词，充分说明了在“辛酉政变”过程中，以英国为首的外国侵略势力是起了多么大的作用！他们把投降派扶上了台，今后他们就可以通过左右这个傀儡进一步控制清政府了。

“辛酉政变”是清政府和西方资本主义国家关系上的一个新的转折点，从此中国封建势力与外国资本主义开始密切地结合起来，这是中外反动派狼狈为奸的必然结果。从资本主义国家方面说，在此以前他们虽然通过与清政府签订了一系列不平等条约，从地大物博的中国勒索到许多权益，但是坚持民族独立和反侵略斗争的太平天国革命却像大山一样横堵在他们面前，使西方资本主义国家侵华权益无法完全实现。因此，西方资本主义侵略者在通过打拉手段驯服了清政府统治集团后，就更明确地把持和加强这个反动政权，“使它更有力量压平内部的不安”，作为自己的最有利的政策。在清政府这只朽烂的旧船“还有希望浮起的时候，总不愿意让它沉掉”。[19]从清政府方面说，经过两次鸦片战争，他们逐步摸清了侵略者的用心，知道这些西方资本主义国家入侵中国，并不像中国历史上的一些少数民族“入主中原”那样取而代之。因而他们感到在中国人民革命力量面前，他们完全可以而且必须同侵略者协调一致，共同对付中国人民，以维护自己的反动统治。在这种情况下国内外反动势力一拍即合，就是理所当然的了。因而，在“辛酉政变”后，西方资本主义和清政府之间开始“建立了令人满意的关系”，出现了所谓“中外和好”的新局面。中外反动派在这一新局面下结成了屠杀中国人民的反革命联盟。

“辛酉政变”后中外反动派的勾结，首先是清政府无耻地向西方资本主义国家“借师助剿”。“借师助剿”是中外反动派联合绞杀太平天国革命运动，确保半殖民地半封建统治秩序的共同需要。中外反动派在侵略中国和镇压太平天国革命过程中，深感革命的威胁。正如英国驻广州领事罗伯逊所说的那样：“事实上中国的前途是很黑暗的，除非外边给他强有力的援助，这座房子就会倒坍下来，而我们最好的利益也就此埋入废墟”。[20]清政府的军机大臣文祥也曾三番五次地向侵略者乞求，“除非你们外国人，能够想出转危为安的急救办法，帝国必至灭亡，而且为期不远。”[21]可见视太平天国为共同敌人的中外反动势力，迟早会勾结起来共同对付太平天国革命的。但勾结的时间是随着他们彼此利益的逐渐接近或趋向一致而到来的。如果说“辛酉政变”是中外反动派公开勾结的开始，那么“借师助剿”正是他们“合理的继续”。“辛酉政变”之前尽管清政府曾多次哀求英国等侵略者协助他们镇压太平军，特别是1860年5月间英法侵略军正在北上，太平军进军苏、常之时，清政府紧急要求英、法军“即刻整队前往苏常代为攻剿，指日逆匪荡平，永商和好”。“如果藉其力转危为安，我国图报，惟力是视”。[22]但是英国侵略者鉴于当时“借师助剿”的条件还未成熟而拒绝了清政府的请求，仍对太平军伪装中立。就是在《北京条约》签订以后，法、俄公使一时鼓起“愿为中国助剿发逆”的声浪之时，英国也没有为之所动。不仅如此，英国当时还极力破坏法俄美接受“借师助剿”的政策。英国使馆秘书威妥玛对奕䜣说：“剿贼本系中国应办事件，若藉助他人，不占据地方，于彼何利？非独俄拂（法）克复城池不肯让出，即英国得之，亦不敢谓必不据为己有。”[23]这表明英国在《北京条约》签订前后还没响应清政府“借师助剿”的政策。所以尽管当时法、俄、美主动提出“借师”给清政府，清政府百般欢迎外国“助剿”，江浙一带的地方官员也为“借师助剿”进行了准备，但是，在没有得到在侵华势力中占举足轻重地位的英国许可前，“借师助剿”毕竟还没有形成事实。那么为什么英国在《北京条约》签订后仍待机观变，而不迅速伙同法、俄、美适应清政府的“借师”而“助剿”呢？这里最主要的原因是英国鉴于清政府在《北京条约》签订后还没有完全屈从外国，咸丰帝皇帝在承德避暑山庄还被一批守旧的顽固派包围着，皇帝本人对外国侵略者还有“疑惧之心”。另外这时英国正在集中力量准备开辟条约中规定的长江中下游新口岸，一时还顾不上“借师助剿”。总而言之，中外军事合作共同镇压太平天国革命的条件还没有成熟。

“辛酉政变”后的情形就大不相同了，英国支持的奕䜣、那拉氏上台执政，改变了以往清政府对外的政策。由于清政府的屈服和媚外，使它在更大程度上变成了西方资本主义控制中国的傀儡政权；同时英国完成了对太平天国实力侦察，结论是：太平天国并不听任他们的摆布，是他们在长江流域实现特权的最大障碍。于是英国决定消除太平天国革命运动。至此，中外联合镇压太平天国的条件已经成熟，以英国为首的资本主义国家决定正式“助剿”。清政府也于1862年2月发布上谕：“借师助剿一节，业经总理衙门与英法驻京使臣商酌。……所有借师助剿，即着薛焕……与英法两国迅速筹商，克日办理”。清政府还策划向外国购置船炮，并聘请英国人李泰国负责主办。清政府为了换取外国侵略者“借师助剿”，越发不惜出卖民族权利了。2月25日上谕说：“昨许暂开豆禁（按：1858年中英通商章程善后条约规定英船不准在牛庄、登州装运豆类、豆饼），亦无非迎机利导，曲为牢笼，以期得其（指英国）死力”；接着又说：“法国使臣，则以前请将各省书院改为天主堂未邀允许，颇为哓哓，此时虽未能任其要求，亦不能不设法笼络。”㉔3月又允许俄国在蒙古自由贸易。外国资产阶级政府为了“回敬”清政府出卖民族利益的“慷慨之举”，便马上命令在华军队配合清军在上海和江浙一带进行紧张的军事部署。2月间，英国撕去所谓中立的假面具，侵华海军司令贺布直接指挥英法侵略军向进军上海的太平军发起攻击，正式宣告了中外反动派联合镇压太平天国革命运动的开始。太平军虽然以罕见的勇敢进行顽强战斗，终因猝不及防，遭到挫败。侵略军所到之处烧杀抢掠，无所不为。4月英法侵略军又向宁波附近的太平军发起攻击。英法等国不仅直接出兵攻击太平军，杀害中国人民，而且还建立和武装了由中外反动派混合组成的洋枪队——“常胜军”和“常捷军”，并指挥这两支反革命武装疯狂进犯太平天国中心地带。此外，英法还极力与曾国藩、李鸿章的湘军和淮军勾结，帮助他们训练军队，供应军火，1862年4月英国轮船把李鸿章8000多淮军由安庆运到前线。英国资产阶级政府还通过法令将大批武器卖给清政府而禁止英国商船贩运军火卖给太平军。

“辛酉政变”的另一个后果是清政府更加依赖汉族地主武装，从而使曾国藩、李鸿章的湘军和淮军一跃而成为清政府的主力。清政府为了表示对湘、淮军的倚重，1861年11月授曾国藩统辖江苏、安徽、江西、浙江军务，规定巡抚、提督以下都归其节制。1862年1月又任命湘军将领左宗棠为浙江巡抚、李续宾为安徽巡抚、彭玉麟为水师提督；又补授曾国藩为协办大学士，从一品。4月清政府调薛焕为通商大臣后，以李鸿章署理江苏巡抚，以后清政府又从湘军和淮军中提拔了大批官史。正因为如此，曾国藩、李鸿章等为拯救代表本阶级利益的清政府施展了全部技俩。在中外反动派勾结过程中，曾国藩、李鸿章向来主张对外国侵略者“开诚布公与敦和好”，所以他们迅速成为外国资本主义国家所垂青的人物。曾国藩为了投靠外国侵略者，在《北京条约》签订前后，就是“借师助剿”的鼓吹者，当太平军向浙江胜利进军时，曾国藩迫不及待向清政府建议："目下情势，舍借助洋兵，亦实别无良策"。[25]他为了投靠外国侵略势力，屡屡嘱托部下对外国人要"虚心相待，不能少存猜疑"，要"坚持一心，曲全邻好"，"凡事公平照拂，不使远人吃亏"，这就是要他的部下将士甘当侵略者的奴才和走狗，委曲求全，满足侵略者的一切要求。

曾国藩是这样说的，也是这样做的。他勾结外国侵略者的目的是为了镇压太平天国革命，他和奕䜣都是外国侵略者蓄意培植的最驯服的奴才。一旦外国侵略者答应清政府"借师助剿"，曾国藩、李鸿章等便立刻指挥他们的军队向太平军大砍大杀起来。以"辛酉政变"为契机，中外反动派"开诚布公"地走上了彼此合作的道路，共同镇压了太平天国革命运动。

四

肃顺等人在《北京条约》签订前后虽然在某种程度上自觉或不自觉地抵制了奕䜣、那拉氏的卖国行径，然而是无力的。这是因为肃顺等人是封建社会末期"守旧、腐败、贪污、昏庸"没落地主阶级的代表。"他们的特点只在于仍是以传统的对待'番邦蛮族'的眼光来看西方各国，有时还幻想一战而恢复'天朝上国'的威风。他们毫不了解资本主义的外国，也不认真对待外国的侵略，结果只能是投降和逃跑。他们丝毫也不反对向外国侵略者卑屈地求和。"[26]他们是中国人民的敌人，因此他们不可能跟中国人民走上一条抗击外国侵略者的爱国主义的道路。肃顺等人尽管是咸丰帝所倚重的王公大臣，然而他们在外国侵略军面前已无力组织有效抵抗；在奕䜣、那拉氏篡权的挑战面前，他们也没有利用有利因素组织反政变斗争。尽管他们也使用了阴谋诡计，甚至一度欲置那拉氏于死地，但由于内部意见不一，肃顺等人优柔寡断，顾虑重重而失去了有利时机。随后便在那拉氏步步紧逼之下，失掉军权，一筹莫展，最后成了那拉氏的刀下鬼。

恽宝惠曾著文指出肃顺等人"趾高气粗，睥睨一切，并不详加考虑，将母子轻轻放走，军机堂属，纷纷入都。肃奉派护送梓宫回京（此事任派何人均可，余以为专派肃顺者，亦系预定调虎离山之计），徒据一具尸棺，不起丝毫作用，行程淹滞，无权无兵，束手待缚而已。若载垣、端华，平日恃肃出谋画策，一经隔离，茫无主宰"。[27]总之，肃顺等人因为本身的腐败使他们在外国侵略者和投降派面前没能站在民族的正义立场上与之斗争，所以他们不能代表任何进步势力，因此，他们的失败是必然的。

在中国近代史上，许多人物的评价都要经受爱国还是卖国的审查，爱国与卖国从来是对待国家和民族利益的两种截然不同的态度。我们评论任何历史人物或进行各种艺术形式的褒贬，一定要以历史唯物主义作为指南进行分析和研究，而决不能任凭个人的爱与憎随意地往他们脸上贴爱国与卖国的标签，也不要死板地运用“我们敌人的敌人，就是朋友”的公式，乱加颂扬。肃顺等人在“辛酉政变”中的所作所为实不属爱国主义范畴，因为他们爱的是“大清国”，而不是中国。

近代爱国主义是在抗击外国侵略过程中形成的，它具有了解和学习先进的锐利眼光和聪明头脑。林则徐之所以是一个伟大的爱国主义者，乃是由于他贵在放眼世界和正视新情况，并能够认真对待外国侵略者，遗憾的是 20 年后的肃顺等人却没有一点林公的精神。他们不求上进，不谋革新，而是想庸庸碌碌地保持大清帝国的原状。这显然是违背时代精神的。因此，肃顺等人只能落得个固步自封，夜郎自大的可悲下场。奕䜣、那拉氏在“辛酉政变”中正是利用了肃顺等人这些弱点而达到了篡权目的。

“辛酉政变”没有任何进步意义可言，纯系狗咬狗的斗争。历史已经表明它的后果只能是民族危机的加重和人民生活更加贫困。如果要讲“辛酉政变”影响的话，那它只不过是为以后的反动派发动政变开了一个先例而已。

▲ 那拉氏

注：

①、㉖：胡绳：《从鸦片战争到五四运动》，（上册），第 150、243 页。

②、③、④、⑯、⑰、⑳、㉑：严中平：《1861 年北京政变前后中英反革命的勾结》，载《历史教学》1952 年 4、5 月号。

⑤、⑥：《咸丰朝筹办夷务始末》（七），第 2582 页。

⑦：《咸丰朝筹办夷务始末》（八），第 2674 页。

⑧：薛福成：《庸庵笔记》卷二。

⑨、⑬：《热河密札》，载《近代史资料》，总 36 号，第 8、6 页。

⑩：薛福成：《庸庵笔记》卷一。见《中国近代史资料丛刊·第二次鸦片战争》（2），第 292 页。

⑪：王闿运：《祺祥故事》。见《中国近代史资料丛刊·第二次鸦片战争》（2），第 326 页。

⑫：《谕内阁皇太后垂帘听政并另简亲王辅弼均不可行》，载《清代档案史料丛编》，第一辑，第 94 页。

⑭：《清史稿列传》卷一百七十四。

⑮：《谕将载垣等革职拿问》，载《清代档案史料丛辑》，第一编，第 103 页。

⑱：《中国近代史稿》，第一册，第 217 页。

⑲：胡绳：《帝国主义与中国政治》，第 50 页。

㉒：《吴煦档案中的太平天国史料选辑》，第 45 页。

㉓：《咸丰朝筹办夷务始末》，（八），第 2694—2695 页。

㉔：《同治朝筹办夷务始末》，卷四，第 27、35 页。

㉕：《曾文正公全集》，奏稿，卷十八，第 29 页。

㉗：《北京文史资料选编》，第十一辑，第 235 页。

原载：《河北学刊》1983 年第 3 期。

中国人民大学书报资料中心《中国近代史》1983 年第 9 期全文转载

关于 1891 年热河人民大起义

1891 年（光绪十七年）冬，在长城外的热河东部发生了一次较大规模的人民起义，起义者以“仇杀天主教，仇杀蒙古王公，仇杀贪官”为号召，在东连奉省，西接热河，南靠迁安，北通藩部，方圆数千里”[①]的辽阔地区毁教堂、拒官兵、焚衙署，致使直隶、奉天两省都受到波及。这次大起义沉重地打击了清王朝的反动统治和帝国主义各国宗教的侵华势力，清王朝调动直隶、奉天两省和热河地区的清军残酷野蛮地镇压了这次起义，被屠杀的起义人民达 20000 余人，可见这次起义在中国近代史上占有重要的地位。然而这一重大历史事件至今还未编入一些有影响的史书，这显然是不公正的。本文拟就该次大起义的社会背景、起义原因和清王朝的镇压及其重要的历史意义论述之，以引起史学工作者的重视。

一

热河地区主要是蒙古人居住和放牧的地方，到康熙年间，人口稠密的直隶、山东、山西的贫苦农民和手工业者才陆续成群结队，越过长城逃难到这一地区。由于关内人民带来了先进的农业、手工业技术和优良种子，当地的蒙古人开始把土地出租给这些汉人，令其耕种。与此同时，清廷在热河设置的“官庄”也由汉人耕种，故此不少汉人逐渐成为蒙古人的佃户定居下来。乾隆年间，关内移民浪潮兴起，于是“直隶、山东、山西人民出口耕种谋食者岁以为常”[②]。随着“户口日增”和经济的发展，清政府加强了对热河地区人民的奴役和剥削，因而汉、蒙、回等各族人民的反抗斗争也接连不断。诸如 1853 年在卓索图盟爆发的蒙古族牧民因镇压太平天国而造成兵差过重的抗议斗争；1857 年在丰宁县大阁儿沟发生的以矿工刘福泰为首领的一两千人参加的反抗官府霸占土地和反抗租税的斗争③；第二年在建昌县叨尔磴爆发的两三千矿工反抗官府“官差”和“劳役”的起义④；1859年朝阳矿工李白玉领导千余名矿工攻入县城⑤；1861年春在平泉、朝阳、建昌一带爆发的以李凤奎、才宝善和刘珠为领袖的起义⑥；1874年冬在朝阳爆发的王仲元起义；1884年爆发的建昌杨步云领导的起义。这些起义和斗争对1891年热河东部人民大起义均产生了重大的影响。

关于这次大起义的原因，某些学者强调是金丹道教、在理教及武圣教与蒙古王公之间的敌对意识而“起事谋反”⑦；李鸿章之流也宣称，“此次贼匪突起，皆由金丹、在理两教匪与天主教之民素不相能”⑧。其实，这次起义者之所以高举“以消灭外人，消灭传教士及推翻清政府为旗号”⑨，就鲜明地揭示了这次大起义的根本原因。

这次起义首先是由外国天主教邪恶势力对本地人民百般欺凌和压榨而引起的。热河为京北重镇，“左通辽沈，右引回回，北控蒙古，南制天下”，避暑山庄的建立，又标志着热河是清王朝的第二个政治中心。正因为如此，西方列强为了控制清政府，便指使其侵华先锋——传教士及时进入热河地区。早在鸦片战争前，西方国家就派传教士来到热河地区进行非法传教活动，1841年正当鸦片战争进行期间，天主教四川神学院院长法国人方・厄玛奴主教急不可待地从四川经陕西、山西、内蒙古非法潜入热河朝阳一带，后来他选择朝阳东南的松树咀子村作为传教点，从此西方传教士以此为大本营猖狂地扩充教会势力。第二次鸦片战争后，各国传教士依据《北京条约》：“传教士可以自由深入内地传教，（清王朝）地方官都要‘一体怜恤保护’和‘听任传教士在各省租买田地，建造自便’”的规定，纷纷来到中国内地，尤其是天主教的各修会在短时期内在热河地区有了一个大发展。1883年，罗马教皇把热河划为“东蒙古教区”，并指定朝阳松树咀子教堂为总教堂。从此，传教士在热河地区拼命网罗教徒，通过“信教”、“依教”、“吃教”、“投教”等不同方式将大批流氓、恶霸、土匪、衙吏、乞丐和甘为洋人当奴才、爪牙的人拉入教会。到热东人民大起义前后，该地区已发展教徒11500人，大小教堂及会所158所，外国传教士23人，华人传教士8人，中小学堂93所，育婴堂6所，收养女孩390余名⑩。这些传教士在本国政府保护下，以不平等条约为护身符，以政治上的恃强、经济上的掠夺为其特色，勾结教民中的败类分子，侵民田舍，霸占公产，聚敛财富，出租地亩。利用强买勒索的手段把从农民手中掠夺的土地又通过高利贷的方式出租给缺地少地的农民，进行残酷盘剥。此外，一些传教士和教民还肆无忌惮地包揽诉讼、干涉民政、挑起纠纷、横行霸道。而清廷大员畏洋人如虎，地方官更不敢惹。于是民教纠纷中“平民恒屈，教民恒胜。教民势焰愈横，平民愤郁愈甚，郁极必发，则聚众而群思一逞”。更令人发指的是教堂打着举办慈善事业的旗号而拐骗和虐杀儿童，1891年（光绪十七年）平泉知州文卜年在起义军将该州教堂烧毁后，他率兵弁前往“验看火迹，见地窖内有幼孩尸身无数，均系无眼珠无心”，“并有童男女十六人亦各昏迷未醒”[11]。就连镇压这次起义的刽子手直隶提督叶志超在平泉州街上发布的告示中也提到天主教虐杀儿童的情形：“勘验该处教堂地窖内，有小孩尸身无数，并搜出幼女二十余名，经各家领回……”[12]身受其害的热河各族人民对天主教的愤怒达到了极点，异口同声地喊出了“仇杀天主教”的怒吼声。

蒙古王公贵族和地方贪官污吏的残暴统治是激起这次大起义的另一个重要原因。有清以来，北部不设边防，“以蒙古部落为之屏藩”[13]。清政府为了笼络蒙古王公贵族为其加强防卫能力，便把热河地区的大部土地和山林作为采邑分封给蒙古王公、贝子、贝勒。同时，清朝统治者为保护喇嘛教，在热河地区建造了许多巨刹，并划拨庞大的领地。在政治上喇嘛具有相当大的发言权。这样一来汉民要想种地，就得向蒙古王公贵族和喇嘛寺庙租地，租期虽有长短，但“租价甚高”，贫苦农牧民终年辛苦所剩无几。尽管如此，王公贵族还经常在收获季节派出爪牙公开向农牧民“攘夺余粮，抢劫牲畜”，当地百姓“无人不怨”[14]。更为残忍的是蒙古王公贵族还把土地、牧场、山林占为己有，不允许百姓私自上山打石、砍柴。百姓如果进山砍柴、打草被巡山的爪牙发现，轻者“罚钱鞭楚”[15]，重者则受“十无一生的坐崩杆酷刑，即以碗口粗的小树砍去枝梢，削其顶为尖，将犯人衣服尽脱，并将小树弯俯在地，以树尖插入肛门，陡一松手，将人撅在半空，旋而落地，摔得脑浆崩裂，其草菅人命，惨无人道，大率类此”[16]。蒙古王公贵族还私设公堂、监狱，汉人路遇蒙古王公必须“规避路侧”，稍有怠慢则“飞骑骤至，鞭笞备尝”。天长日久，汉人对蒙古王公“恶感日深”，“报复之谋愈加逼迫”[17]。在饱受天主教和蒙古王公百般蹂躏和欺凌的同时，他们还遭受着清王朝的欺压和勒索。“避暑山庄”修建后，皇帝一行每年避暑消夏和“木兰秋狝”的种种折腾，都直接给热河地区的人民带来了灾难。除此以外本地人民还受着贪官污吏的种种盘剥。据史料记载：各任热河都统多以卖官为生，于是各县官吏贪婪尤甚。例如承德知府启绍“贪婪夙著，横索所属州县，赃款盈千累万”[18]。知府如此，州县官就可想而知了。如朝阳知县廖伦明“常向富民借贷，债累甚多，其由赤峰调任朝阳，至为商民遮留”[19]。恩格斯说得好：“帝国越是走向没落，捐税和赋役就越是增加，官吏就越是无耻地进行掠夺和勒索。”[20]热河地区尤为突出。直隶总督李鸿章也不得不承认说：“热河近年，政以贿成，婪索相竞，自大府以至牧令，罕能以廉公自持，取之僚属者，节寿有贺议，到任有规礼，补缺署缺有酬谢，取之商民者，街市铺户有摊派，变本加厉，上下相沿，不以为怪。”[21]清王朝的压迫与剥削，蒙古王公的残酷压榨，地方官吏的搜刮，再加上连年水旱灾害的侵袭，把热河人民推到了死亡线上。因此，“仇杀蒙古王公”、“仇杀贪官”连同“仇杀天主教”的怒吼声一齐从千百万饥饿百姓口中迸发了出来，1891 年热河东部人民大起义终于爆发了。

二

热河东部人民大起义的一个重要特点，是它的规模和声势。各地互相呼应和联络，上下连成一片，它是一次经过预谋和策划的起义斗争。根据现有资料的研究，这次大起义的领导核心组织是在理教、金丹道教和武圣教，三教共同领导了这次起义。

在理教是从关内沧州一带传至热河地区的一种反对吸食鸦片的秘密结社组织，此教在华北广大地区流行很广，时间也较久，具有一定的群众基础。该教特征是致力救济病人，主要是为治疗鸦片中毒者而服用中草药制成的一种膏丸，以此吸引了不少民众加入此教。该教五字真言“一心灭大清”，说明其反封建性质。这是它与金丹道教和武圣教相联系的主要原因。自鸦片战争后，国民吸食鸦片成灾，不少爱国者纷纷召唤广大民众反对吸食鸦片的丑恶行径，这是在理教产生的土壤，因此加入此教的人甚多，“直隶（包括热河、朝阳）民间入在理教者十室而九，地方官从未禁止”[22]。该教在朝阳的首领为郭万昌。

金丹道教是白莲教或清水教在热河地区的支系，相传它是从南方传来的。诚然，白莲教或是清水教都是民间的一种反清复明的秘密结社，因此金丹道教既散布反清复明的宗旨“学法术，抗大清，兴真主”[23]外，以为掩护，又“劝人学好”、“劝人吃斋”，如戒烟酒之类，从而成为半公开半合法的民间组织，此教自从在建昌县杨树弯子村“村医”杨悦春家设坛后，杨悦春和王福积极在当地发展，他们通过行医途径到附近州县和广大农村宣传教义，在短时期内朝阳、建昌、平泉、赤峰等地“信从者益众”。

武圣教是当地流行较广的一种民间结社组织，具有反清性质。但它与金丹道教有所区别。二教虽都“以劝人学好”而引人入教，武圣教则是以八卦形式组成和发展，它倡言“符咒能避刀枪”，还劝人练“金钟罩”。具有相当的迷信色彩。它与金丹道教中的武圣门有着密切关系，但它不是金丹道教。武圣教的首领人物为“扫北武圣人”李国珍。

以上三教由于教义近似，斗争目标又一致，因此在反帝反封建斗争中相互渗透，彼此结合，有不少成员具有双重关系，三教正是作为领导当地人民反抗天主教和蒙古王公的民间组织而不断发展壮大的。三教的主要信徒是农民、手工业者、矿工和牧民。三教首领们在长时期内进行了充分的组织和发动工作，他们奔走各地，相互串联，散布反对天主教、反蒙古王公、反贪官污吏的言论，遂使社会矛盾十分尖锐的热河地区反天主教、反蒙古王公、反贪官污吏的斗争掀起高潮，大起义条件臻于成熟。

这次大起义首先是由金丹道教发起的，起义军攻占敖罕贝子府，揭开了大起义的序幕。11月初，敖罕贝子府拟派兵血洗杨树弯子村，当杨悦春获此消息后，即刻传令附近各地首领迅速率队齐集杨树弯子村，11月10日正式宣布起义。他将起义群众1000余人按青、黄、红、白、黑旗分为5队，以“扫胡灭洋，取得帝位”㉔为旗号，趁蒙古兵未到之前，先发制人，向敖罕贝子府进军，一举攻占了敖罕贝子府。

起义军攻占贝子府后，杨悦春下令将贝子府改名为“开国府”，杨悦春被公举为“开国府总大教师”，下设丞相及各种官位，所有起义首领分别冠以王、侯、军、师、元帅等官职。起义军还发布“勿伤百姓”的安民告示，同时制定了从“开国府”进军朝阳、赤峰、平泉和建昌的作战方略，派出东、西、南、北、中五路义军“分兵占地”。蒙古兵不堪一击，望风而逃。义军除惩治罪大恶极的蒙古王公外，又将敖罕王祖坟墓及公主陵寝掘弃，以平民愤。13日武圣教首领李国珍率张双、周宽等部500余人于敖吉起义，在向小河沿进军时，队伍已扩大至数千人，从此这支义军战斗在东翁牛特各旗，横扫天主教堂和王公贵族。未几，攻占了乌丹城，旬日之间集兵四五千人，“自乌丹城以北至那林沟巴林旗地面接连八十余里，按八卦方向立二十余营，每营二三百或一二百不等，各有军师、将帅带领，俱听李国珍号令”㉕。后李国珍令梁贵成率2000余人守乌丹城，自率3000人直捣赤峰北面。

起义军在敖罕起义后，东翁牛特扎萨克副盟长达木楚克及尔隆和该郡王达木林迪尔达克率蒙古各旗兵丁与义军对峙，经多次接仗，均被义军打败，义军力量大增。南路义军在平南王徐立率领下，从开国府出师，直逼朝阳县城，13 日朝阳在理教首领郭万昌率众响应起义，配合义军攻占朝阳城，成为朝阳一带一支重要义军力量。11 月 20 日朝阳义军在红帽屯地方与东土默旗扎萨克达尔罕贝勒色陵那木吉勒汪宝所率蒙古兵接仗，蒙古兵伤亡 60 余人，被迫撤退。第二天义军追击，蒙古兵又被歼 100 余人，贝勒仅率二三十人退到马儿堂子向各旗求援。义军遂将贝勒住宅占据，并将该旗三分之一领土解放，蒙汉人民欢天喜地相庆贺。东路军在平东王齐鲜指挥下，一鼓作气攻占土默特旗，兵锋直达鄂尔土板。中路军由平中王冯三镇率领，进军东盟边界，15 日攻入奈曼旗界。西路大军在杨悦春亲自指挥下，会合海棠川义军，声势浩大，横扫喀喇沁王旗。一路上，将天主教堂、喇嘛庙焚烧无余，直打到建昌城下，另一部直捣平泉州城。各路义军的胜利进军，给各地在理教、金丹道教和武圣教信徒及受苦受难的各族人民莫大鼓舞，使热河东部各州县及接壤之奉省沿边一带农民、矿工纷纷响应，“焚署劫狱”，焚毁天主教堂，仇杀蒙古王公。建昌县松岭子镇金丹道教首领林玉山也率众响应。起义军纪律严明，声称：“只向教堂、蒙古王公报仇，不伤百姓”，因此穷苦百姓踊跃参加起义军队伍，队伍一时扩之数千人。19 日义军与在理教信徒里应外合攻占了建昌县城，烧毁天主教堂 68 间。随后，义军进入瀑河沿、聂门子等处，烧毁教堂，杀害罪大恶极的传教士和教民多人。进入平泉州的义军，一路烧教堂，袭击蒙古王公，平泉知州未敢阻止。义军在榆树林子彻底歼灭了大名州判于甫筠一队清军。义军兵锋，势不可挡，完全摧毁了清王朝在这个地区的封建统治，并大有向四周发展之势。

三

热河东部各路起义大军的胜利进军，不仅摧毁了清王朝在当地的反动统治，也直接威胁到了热河“避暑山庄”和“龙兴之地”奉天的安全。清王朝鉴于长江流域各省反洋教运动已被镇压，为避免热河东部事态进一步扩大，先后命令直隶总督李鸿章、奉天的安定、裕禄出兵镇压热河东部大起义，同时将镇压不力的热河都统德福开缺，由奎斌继任，协助直隶奉天清军共同镇压起义军。当时热河归直隶总督兼辖。李鸿章接到镇压起义军的命令后，便立即命令直隶提督叶志超率精兵先行。又陆续命令古北口练军韩照琦部，芦台练军聂士成、夏青云部，开平练军杨元升部，山海关等地各防卫营，火速从石门寨、冷口、喜峰口开往平泉、建昌一带；又电令驻扎在宣化的练军王可升部经多伦向赤峰方向进犯。最后他还把驻扎在大沽口的直字营也一股脑地调往热河东部地区镇压起义军。与此同时，奉天将军命令奉天练军丰升阿部、左宝贵部及驻扎在锦州的聂桂林部也同时开赴热河东部的朝阳、建昌，汇合直隶清军共同镇压起义军。同时天主教会的传教士也参加了镇压起义军的活动。他们提供了热河地区的地图，反动教民充当了收集义军情报的侦探。

首先与义军接仗的是古北口韩照琦的练军。11 月 24 日，林玉山、佟杰的义军在三十家子遭到清军的攻击，清军用无线电话指挥，集中韩照琦、刘运昌、叶玉标、夏青云多部清军的步兵和马队，轮番向义军冲杀。义军因武器低劣和指挥不统一而遭失败。与此同时，奉天练军聂桂林部和丰升阿部从朝阳东、北分两路向义军合围而来，先后在朝阳八角山和桃花吐一带一度与义军交火。25 日清军在朝阳东老崖沟一带包围了义军。经过激战，在理教义军首领郭万昌被俘，义军损失惨重。同时，直隶清军聂士成、潘万才部先后在榆树林、叶柏寿与孙慧、王永元、刘怀等部义军接仗，义军虽有抬枪、鸟枪和土炮向清军开火，但攻势远不如清军的近代化枪炮，只得主动撤退和化整为零进行抗击。30 日清军记名总兵曾腾芳率副将杨元升、佐领全龄部镇压了建昌以南烂泥沟、苇子沟、柳条沟至叼尔磴一带的义军。12 月 3 日清军又镇压了金沙沟、三官庙一带的义军。12 月初，清军侦知平泉北喀喇沁王旗驻有义军主力，叶志超命潘万才率清军于 12 月 4 日至毛家窝铺，义军全力据守，在庄前排设大炮、抬枪八、九十根，树红黄大旗，集合义军 2000 余人“列队以待”。清军用大炮、排枪疯狂向义军炮击和扫射，义军失利。此役清军屠杀义军 1000 余人。12 月 13 日清军截断了义军对下长皋大本营的援助。义军与包围的清军发生激战，义军‘有进无退，呼杀之声，撼震山谷”[26]。清军在下长皋伤其精锐后，便改攻贝子府义军，聂士成率清军主力猛攻义军阵地，千余名义军拒绝投降，全部战死。次日，聂士成回攻下长皋义军大本营，义军凭高墙还击，清军用“过山炮”轰击义军寨门，击中义军火药库，一时义军阵地炮火连天，“其间义军被炸死者亦不为少”。但义军仍各自为战，与清军拼杀不已，不愿当俘虏投井、跳墙者不计其数。

义军首领王勋、徐如、李亮阵亡，孔庆广被俘，2000余名义军遭清军杀害。

在直隶清军疯狂屠杀义军的同时，奉天练军统领丰升阿、佐领依桑阿率清军于11月26日镇压了义州清河门的起义军，随后丰升阿率盛字营马步各队向大庙贝子府进剿，一路屠杀义军百余人。27日奉军总兵聂桂林追剿义军从西营子到兴隆洼，屠杀义军145人，29日奉军记名总兵张永清率清军进犯朝北营义军，义军占据有利地势，英勇杀敌，从中午战斗到黄昏，义军粮尽弹绝，1000余名义军惨遭杀害。12月3日张永清又率清军至五家子北照树沟时，遭到武圣教首领李教明义军的阻击。义军“据守墙头，放枪迎拒”[27]，清军增援，并东西包抄，杀害义军500余人。

12月10日奉军统领丰升阿率军至黑城子，包围了占据土城和王府收租局的义军，清军集中兵力和炮火先攻下城外分据的义军，义军退至贝子府以东的宽润公所，依凭院落高墙继续抵抗清军，清军迂回抄后路，由东北西三面绕攻义军，由卯至未战斗四时之久，义军弹尽不支，首领张尽先阵亡，余众纷纷逃散。此役义军阵亡和被杀害共500余人。聂桂林12月5日率队从四家子追杀义军到大障子，义军退入该村佛堂里。清军无法可施，便点燃佛堂，义军首领王迁廷、于廷顺等几十名义军同时遇难。12月9日至13日，奉天清军先后在三道洼子一带镇压了孙亭仪、王俊为首的义军，在衙门营子镇压了王凤得、王二黑为首的起义军。15日尤得胜、金得凤两部清军会同夹击了宝各图义军，屠杀400余人。与此同时奉天练军提督左宝贵指挥陈楠森等部清军在陈家窝棚、河甸子和煤窑沟镇压了徐英、李洪才为首的义军，并俘虏从朝北营子逃出的当地著名义军首领齐保山。17日左宝贵率清军进犯建昌界内的干沟子义军大本营，义军作了与清军决一死战的准备。清军包围义军后，义军主动出击，大挫清军锋芒，清军陆续增援，左宝贵亲自指挥清军三路马队野蛮冲杀义军，义军沉着“据墙固守，枪炮并施”[28]，打得清军有退无进。清军聂桂林、张永清、杨建春、托克通阿、涂景涛所部清军赶来增援，左宝贵借助近代化武器大力杀伤义军，又举火焚烧义军粮草库，义军终因火力不足，几处围墙被清军先后攻破，从未至酉，全部战死。此役义军阵亡和被清军屠杀共1400人。19日左宝贵又亲督各部清军镇压了二十家子义军。

12月22日，直隶提督叶志超与奉军提督左宝贵在敖罕贝子府共同部署了直奉两省清军分途追剿和就地搜捕义军的作战计划。清军短期休整后于1892年1月12日进剿北路李国珍义军。清军于14日包围了乌丹城，义军虽进行了英勇抗击，终因力量悬殊，伤亡惨重。15日宣化练军伙同蒙古骑兵围剿七棵树地方的义军。次日，潘万才、潘万铨、缪自成等部清军围剿那林沟的义军。未几，聂士成督军在敖罕贝子府周围搜捕义军时，义军总大教师杨悦春等人在色力虎金厂沟不幸被俘，杨悦春坚贞不屈，最后英勇就义。至此，清王朝用重兵历时月余屠杀20000余人才镇压了热河东部人民大起义。

四

热河东部人民大起义虽然失败了，但它在热河地区以及中国近代史上占有相当的重要地位，具有十分突出的历史意义。

首先，它再次证明了农民阶级只有在无产阶级及其政党领导下才能获得解放而成为国家的主人。这次大起义失败的主要原因表现在起义军本身的落后性和局限性，尤其是领导这次大起义的在理教、金丹道教和武圣教的浓厚宗教迷信给这次起义带来了致命的危害。由于起义者没有明确有政治纲领，又没有能力克服其散漫性和破坏性，更不懂得团结蒙古族劳动人民共同斗争，最后孤立了自己，使自己成为一群“乌合之众”，很快被清军各个击破。说明了仅有大刀长矛等原始武器而又散漫的起义农民是阻挡不住拥有强大装备和组织严密的清军的。但起义者在清军的枪林弹雨之下并没有畏惧屈服，而是以血肉之躯与清军进行殊死的斗争，显示了中国农民中蕴藏着的反帝反封建的巨大潜力，再次证明农民阶级是反帝反封建革命斗争中的一支强大的革命力量。

其次，清王朝用近代化军队血腥镇压热河东部人民大起义，说明了清王朝洋务运动的反动性。热河东部人民大起义失败的另一个重要原因，则是清王朝用近代化的军队屠杀了起义民众。直隶提督叶志超在奏报镇压起义军得逞原因时说：热河东部人民起义在月余间“势成燎原，若进兵稍迟，承德府不堪设想，幸大学士直隶总督臣李鸿章，久经军事，全局在胸，一阅朝阳警报，即日令各军挑选精锐，预备调遣，并令军械练饷各局筹备军火粮饷，源源接济，电报则消息灵通，铁路则运转迅速”，使各路清军“数日内先后赶到”[29]。李鸿章本人也承认镇压热河东部人民起义的清军“均赖电报神速，相机立应”[30]。清军与义军交战时，使用的是西式来复枪、排枪和洋炮，而义军手中只有少数鸟枪、抬杆和土炮，多数是弓箭和大刀、长矛及农具。义军尽管不怕牺牲，英勇冲杀，但在清军排枪与洋炮扫射和轰击下成百成千的阵亡，直至最后被镇压。一些史学工作者在评议洋务运动的反动性时，只着眼于甲午战争中清军失败，其实四年前李鸿章在督军镇压热河东部人民大起义时已充分表现了洋务运动的反动性质。因此可以说，热河人民大起义的失败，是洋务运动反动性在军事上暴露的主要标志。

再次，热东人民大起义沉重地打击了清王朝的反动统治和天主教邪恶势力。这次大起义是天主教和蒙古王公的残酷压榨和种种暴行所引起的，所以起义的爆发像决堤的洪水，一泻千里，迅猛异常。起义人民“旬日之间，由数千聚至数万”，烧毁教堂，攻克州县，声威大震。在热河东部地区完全摧毁了清王朝的反动统治，狠狠打击了天主教邪恶势力的猖獗，严惩了作恶多端的蒙古王公，大起义使“京师为之震动”㉛，清王朝不得不派重兵镇压。热东人民起义被镇压后，人民大起义的力量终于迫使清王朝实行了某些让步和改革政策，诸如清王朝先后从理藩院和直隶拨银 60000 两、棉衣 10000 套赈济该地人民；同时对该地区统治“更定新章”：一是加强了对该地区官吏的考核，决定今后保升后补州县者，由直隶调员前往差遣，从而改变了此地以前专用满员的旧制；又将平泉、朝阳、赤峰等处的税课征收改理藩院派员征收为州县负责征收；又“照内地州县代征王公庄田之例”，改蒙古王公向佃户征租税为州县官吏代替蒙古王公征收，蒙古王公赴州县领取；同时禁止蒙古王公“私行责罚”。这些措施的实施在一定程度上限制和减轻了蒙古王公对汉族人民的盘剥，从而缓和了本地区的社会矛盾，有利于该地区经济的恢复和发展。

1891 年热河东部人民大起义在热河地区人民革命史上起到了承上启下的作用，表现了热东人民坚强不屈的斗争精神。它不仅提高和锻炼了本地区人民反帝反封建的觉悟和斗志，而且也影响了直隶、奉天和北方人民的革命斗争，同时为九年以后义和团反帝爱国运动在本地区的兴起打下了深厚的群众基础。因此可以说它在很大程度上起到了义和团运动的先驱作用。

注：

①、⑲、㉑、㉕、㉖、㉗、㉘、㉙：朱寿朋：《光绪朝东华录》（三）3037—3038、3064、3098、3046—3047、3034、3021、3040、3052 页。

②:《承德府志》第27卷。

③、⑥:《文宗实录》第228卷，第26页，第344卷，第7-8页。

④:《凌源县志》。

⑤、⑯、㉔:《朝阳县志》。

⑦:《国外中国近代史研究》，第11辑，第141页。

⑧: 李鸿章:《李文忠公全书》奏稿，第73卷，第15页。

⑨: 卿汝楫:《美国侵华史》，第2卷，第601页。

⑩: 李杕:《拳祸记》下册，第274页。

⑪:《军机处录副》542-543页，光绪十七年十月二十五日朱批德福片。

⑫、㉓:《凌源琐记》，转引自《近代东北人民革命运动史》第63-64页、60页。

⑬: 俞正燮:《癸巳存稿》，第6卷。

⑭: 徐润:《徐愚斋自叙年谱》，第63页。

⑮、⑰: 汪国钧:《蒙古纪闻》。

⑱、㉒:《德宗实录》，第303卷。

⑳:《马克思恩格斯选集》，第4卷，第145页。

㉚:《军机处录副》52-54页，光绪十八年三月十三日朱批李鸿章片。

㉛: 樊国梁:《燕京开教略》第78页。

原载:《河北学刊》1992年第6期

1997年四川省科教兴国丛书编辑委员会评为优秀论文

王照与戊戌变法

戊戌维新运动是在 19 世纪末我国民族危机空前严重的形势下，以康有为为首的资产阶级改良派和爱国知识分子的一场变法救亡运动。在推动维新运动中，直隶宁河人王照踊跃上书言事，在大力支持康有为维新变法的同时，又不宁唯是地对变法的内容、步骤、措施提出了独到的见解，成为维新运动著名的代表人物。探讨和研究王照的维新思想，对分析戊戌维新运动的成败是很有裨益的。

一

王照（1859—1933），字小航，号水东，出身官宦家庭，其曾祖死前为安徽寿春镇总兵，在第一次鸦片战争中，与英国侵略者作战，阵亡于定海；其父王楫为太学生，袭骑都尉兼云骑尉职。王照自幼受过儒家传统教育，然而他却偏爱天文地理和孙子兵法。1891 年（光绪十七年）中举，1894 年中进士，授翰林院庶吉士。当时中日甲午战争爆发，王照在清政府号召下，在家乡办起乡团，为维护当地社会秩序曾起过一定的作用。受到直隶总督兼北洋大臣王文韶的称赞。未几，王照赴京应散馆试，改任礼部主事，至京供职。中日甲午战争失败后，康有为等人极力鼓吹变法运动，王照与其心心相印，志同道合。在办学堂高潮中，王照于 1897 年在芦台创办了第一所小学堂，这是州县地方上设立最早的一所学堂。不久，王照又与同省京官徐世昌、李石曾等在北京创立八旗奉直第一小学堂，有力地配合了维新思想的传播。在百日维新过程中，光绪帝颁布了一系列变法诏令，如：取消詹事府和光禄寺等闲散重叠机构；裁撤腐败的绿营；科举考试废除八股，改为策论；京师设立铁路矿务总局和农工商总局；提倡民办新式工业；允准自由开设报馆和组织学会；允许士民上书言事；开办京师大学堂；改各省大小书院为学堂，兼学西学；选派留学生等等。然而运动阻力甚大，王照于七月“睹上求言之切”[①]，乃上转移视听之法，奏稿由礼部代递。王照在奏稿中指出：“惟两月以来，皇上振历，志在风行，而诸臣迁就弥缝，阴怙旧习，上以诚感，下以伪应，其号称持正者，相与欷歔叹息，诅咒圣躬，而众人习听，不以为非。若不早令憬悟，恐皇上力愈奋而势益孤矣。谨陈请转移视听之法,以备采用。”一针见血地指出变法的阻力来自王公大臣的“迁就弥缝，阴怙旧习”。同时提出了改变这种局面的三条办法：其一，请皇帝“宣示削亡之祸”，让“国人知能远逊彼族，议论浮伪，万难图有。令地方官刊印遍布，俾人人知危急存在，朝廷苦心挽救，庶海内从风，反求诸己，不为浮嚣所惑，此转移之术一也”。其二，“请皇上奉皇太后圣驾巡幸中外，以益光荣而定趋向也”。“今者合万国之欢心以隆孝养，正宜奉慈驾游历邻邦，藉以考证得失，决定从违。……拟请皇太后特下明诏，以后銮舆所经，勿得修饰隐匿，斯境内境外，真象翻呈，兴败之机既着，得失之故可思矣。然后体皇太后之意以变法，善则称亲，以孝治镇服天下，天下孰敢持异议，此转移法之二也”。其三，“请专设教部，以重教部而祛纠纷也。”王照在介绍了西方国家设教会和宗教的作用后指出：“今请以西人敬教之法，尊我孔子之教，以西人劝学之法，兴我中国之学，特设教部，就翰林院为教部署，以年高之大学士统之，辅以翰詹各官，专以讨论经术维系纲常，各省督以学政，改名曰教政，佐以教职。各邑各乡增设明伦堂，领以师儒，聚讲儒书，生徒之外，许人旁听，……应许名就所学较优劣，若学堂之学生，有曾为优行生者，格外加以荣衔，尽先擢用。其余因才器使，不以文字之短而黜废，此学部之专责，以实用为重者也。两部之事相辅而行，不相牵掣，庶乎道可卫而学可兴矣，此转移之术三也。”[②]

综观王照上书内容，意在为光绪帝变法出谋划策，着意点在于想法让守旧势力接受维新思想，以扫除变法之障碍，“实为开人所不敢开之口”。[③]

二

王照奏稿本应礼部代递，然礼部大臣怀塔布、许应骙等守旧迂谬，阻挠新政，不肯代递。时维新志士康广仁则“以为皇上明目达聪，广开言路，岂容大臣阻蔽不达，谓宜劾之。小航性勇直，即具折劾堂官。时，侍郎堃岫、溥颋在堂，令掌印者勿收，小航怀之而去，谓将递都察院，两堂乃许代递”。而许应骙退而作摺劾王照咆哮署堂，藉端挟制，又谓“妄清乘舆出游异国、陷之险地，日本素多刺客，昔俄太子出游及李鸿章奉使皆遭毒手，王照既用心不轨，故臣等不敢代递。”④7月17日光绪帝降旨：“若如该尚书等所奏，辄以语多偏激，抑不上闻，郎系狃于积习，致成壅蔽之一端，岂于前奉谕旨毫无体会耶？怀塔布等均着交部议处。”⑤19日又降谕旨：“吏部奏，遵议礼部尚书怀塔布等处分一折，朕近来屡次降旨，戒谕群臣，令其破除积习，共矢公忠，并以部院司员及干民，有上书言事者，均不得稍有阻格，原期明目达聪，不妨刍荛兼采，并借此可觇中国人之才识。各部院大臣，均宜体朕心，遵照办理，乃不料礼部尚书怀塔布等，竟敢首先抗违，借口于献可替否，将该部主事王照条陈，一再驳斥，经该主事面斥其显违谕旨，始不得以勉强代奏，似故为抑格，岂以朕之谕旨为不足遵邪？若不予以严惩，无以儆戒将来，礼部尚书怀塔布、许应骙、左侍郎岫，署左侍郎徐会澧，右侍郎溥颋，署左侍郎曾广汉，均着即使革职。至该主事王照，不畏强御，勇猛可嘉，着赏给三品顶戴。以四品京堂候补，用昭激励，特谕钦此。”从此，王照名闻天下。

光绪帝革礼部六堂官职，是变法运动中举足轻重的一件大事，表明了变法的决心，推动了变法的进程。当时光绪帝鉴于枢臣老耄守旧，无权去之，又无权用人为大臣，又因为慈禧太后及大臣疑忌，不敢用康有为，于7月20日降旨：“奉上谕内阁候补侍读扬锐，刑部候补主事刘光第，内阁候补中书林旭，江苏候补知府谭嗣同均着赏加四品卿衔，在军机章京上行走，参予新政事宜，钦此”⑥。四章京“实宰相也”。“光绪将群僚所上之折，令四人阅看拟旨，于是军机大臣同于内阁，实伴食而已。”人事变动后，新政更猛烈开展起来，22日便有上谕裕禄等礼部六堂官着即实授，同日上谕罢李鸿章总理衙门行走；停止向京外绅商士民劝办昭信股票。24日上谕各衙门封奏随日进呈。25日上谕大学士六部及各直省督抚着再严格裁并闲冗员缺。27日上谕剀切布告变法之意于天下。28日上谕再申藩臬道府州县及士民上书言事。光绪帝既广采群议，图治之心益切。7月28日，康有为便劝说光绪帝“决意欲开懋勤殿”，选用通国英才数十人，并延聘东西各国政治专家，共议变法，“将一切应兴应革之事全盘筹划制定详细规则，然后施行。”开懋勤殿聘任顾问之举，显然是康有为头脑发热，为其设国会作准备。

自从光绪帝着赏王照四品京堂候补后，康有为便与王照往来不断，其目的在其利用。如开懋勤殿事宜急须王照帮忙不可，于是28日康有为亲自登门拜访，托王密保梁启超为懋勤殿顾问。据王照回忆说："当日南海戚然告余曰。卓如（即梁启超）至今没有地步，我心甚是难过。"[⑦]又据王照与木堂翁笔谈云："……二十八日午后照方与徐致靖参酌折稿，而康来，面有喜色，告徐与照曰：'谭复生（即谭嗣同）请皇上开懋勤殿，用顾问官十人，业已商定，须由外廷推荐，请汝二人分荐此十人。'照曰：'吾今欲上一要折，不暇及也'。康曰：'皇上业已说定，欲今夜见荐折。此折最要紧，汝另折暂搁一日，明日再上何妨'。照不得已，乃与徐分缮荐折，照荐六人首梁启超，徐荐四人首康有为，夜上奏折，而皇上赴颐和园见太后，暂将所荐康、梁十人交军机处记名。其言皇上已说定者伪也"[⑧]。

三

当光绪帝擢四京卿、加快变法步骤的同时，亦促成守旧顽固派麇集在慈禧太后面前，酝酿政变阴谋。7月20日，慈禧太后和她的亲信荣禄等人议决废除光绪帝。当29日光绪帝赴颐和园见慈禧太后时，慈禧太后便对光绪帝施加压力。光绪帝回宫后立即写了一道密谕，由杨锐带出转给康有为。诏曰："朕惟时局艰难，非变法不足以救中国，非去守旧衰谬之大臣而用通达英勇之士，不能变法。而皇太后不以为然，朕屡次几谏，太后更怒。今朕位几不保，汝康有为、杨锐、林旭、谭嗣同、刘光第等，可妥速密筹，设法相救。朕十分焦灼，不胜企望之至。特谕。"[⑨]还相传在4月27日慈禧太后和荣禄已决定在9月间带着光绪帝到天津阅兵，乘机以兵力废之。因此以康有为为首的维新派便极力寻求相救办法，最后他们决定办法两条：一是请求外国驻京公使出面干涉；一是借用袁世凯的兵力，发动推翻慈禧太后的军事政变。当他们接到光绪帝"朕位几不可保"的密谕后，便急忙向各国公使求援，但一时毫无结果。最后，他们则把希望寄托在袁世凯身上。

袁世凯在小站练兵时便野心勃勃，上窜下跳，当时他见维新变法时髦，不惜费尽心力，通过翰林院张孝廉介绍得识康有为。随后，袁又主动找康、梁拉关系，对维新变法深表同情。北京强学会成立时，袁亦厕身其间，并慷慨捐款，资助建立报馆，宣称"必须大变法，以图多保全数省"[⑩]。从此，康有为对袁世凯大生好感。因此，在研究相救对策时康有为不顾他人积极建议，主观决定用袁世凯救光绪帝。他说："将帅之中，袁世凯夙驻高丽，知外国事，讲变法，昔与同办学会，知其人与董（福祥），聂（士成）一武夫迥异，拥兵权可救上者，只此一人"⑪。于是光绪帝接受康有为的建议，于八月初一、初二两次召见袁世凯，赏给侍郎衔专办练兵事务，"此后可与荣禄各办其事"⑫。然而，袁世凯在谢恩后并没有立即回小站备勤王事宜，而是在京遍访朝廷大员以观动静。通过几天摸底，他发现维新派与顽固派之间力量悬殊，即使搭上他的新建陆军，也绝无胜利希望，于是他决心投靠顽固派。初五晚，袁回到天津，立即向直隶总督兼北洋大臣荣禄告密。荣禄急忙回京向慈禧太后告密。慈禧太后遂于第二天携带大批随从，由颐和园赶回皇宫，囚光绪帝于瀛台，宣布自己临朝训政，下令搜捕维新派，是为"戊戌政变"。康、梁和王照先后侥幸避往英、日使馆；谭嗣同、杨锐、林旭、刘光第、杨深秀、康广仁被捕杀。徐致靖等二十七人分别被拿办下狱，革职停差和逮捕家属。清政府还以株连手段将王照之兄、世袭云骑尉京管游击王燮，其弟礼部主事王焯革职下狱。政变后，清政府是不放过王照的。在王照逃往日本前，"八月十七日，怀塔布等奉旨：'王照寓居何处，现在是否在京？着都察院令五城坊官确切查明，速即具奏。'十九日又谕：'都察院奏：遵查四品京堂王照并无下落一折，该员畏罪避匿，实难姑容。候补四品京堂王照着行革职，交步军统领顺天府五城一体严查务获；并着顺天府府尹、督饬宁河县知县将该革员原籍家产一律查抄，毋任隐匿。'九月初五，又谕'严拿'，二十二日谕以'罪大恶极'，'应按名戈获，朝廷不惜破格之赏，以待有功'。"当清政府获悉王照已逃往日本，便于22日电李成铎："如果实在日本，应即妥为设法密速办理，总期不动声色，不露形迹。豫杜日人借口，斯为妥善。"⑬

时，孙中山在日本获悉政变消息，"乃商诸日本志士宫崎寅藏、平山周等，请其到中国救助康等出险。宫崎遂赴香港迎康至东京。平山则到北京，使王、梁二人易日本服至天津，乘轮赴日。"⑭

四

在百日维新过程中，王照基本上是与康有为等维新派站在一起倡言变法维新的，况且他又与"南海是同年，交极厚"。然而，王照是一个料事精明、熟悉官场政治的人物，因此，他在变法的方式、措施上与康有为是大相径庭的。王照变法的主导思想是“欲和两宫”，共同变法。有人指责王照这一见识和主张是“极其浮浅的,根本没有接触到问题的本质”。[15]笔者认为不然。因为王照深知：其一，慈禧太后是清廷掌实权者，“景皇何能制慈禧也？”其二，慈禧太后是“但知权利，绝无政见。”[16]“且太后先年原喜变法之人。”因此王照主张“以变法之名归诸太后,则皇上之志可伸，顽固党失其倚赖矣！”他不厌其烦地阐述自己的主张，企望康有为接受照办。他曾向康有为进言说：“太后本是好名之人，若皇上极力遵奉，善则归亲，家庭间虽有小小嫌隙，何至不可感化。”可见，王照欲用感化手段，利用慈禧太后自“辛酉政变”以来“改革”的思想，企图“欲和两宫”，变革之事皆由太后开其端，皇上继其志，以此达到变法的目的。仔细探讨王照的这一主张,联系当时的国内外形势和慈禧太后变革思想及其清末“新政”的实施，可以说，王照的见识和主张是有道理的。然而，变法领袖康有为却不接受，对王照的感化手段非常反感，他曾反驳说：“小航兄，你对于令弟感化之术何如？乃欲责皇上耶！”[17]他反对王照的“欲和两宫”共同变法的主张，而采取了“挟帝抑后”进而用兵力夺权的“去太后之计”。王照深知康有为“去太后之计”的主张是他的同乡、光绪帝的近臣张荫桓从中挑拨而成。于是，王照借张荫桓纳贿、滥保上书弹劾他“役志于声色货利，为外人所轻笑，于洋务仅识皮毛。今乘皇上日不暇给之时，蒙混保此劣迹昭著之员，即行开复”。康有为袒护张荫桓，极力劝阻王照不要参奏张荫桓，两人遂生龃龉。从此康、王二人意见分歧愈甚。[18]未几，康有为劝王照上书“请改衣冠之疏”，王照不从，于是又托徐致靖利用王照与聂士成的结拜关系，劝王照往芦台聂士成处“先争同意，然后，召其入觐，且许聂以总督直隶”。[19]王照“力辩不可，谓太后本顾名义，无废皇上之心；若如此举动，大不可也。”徐则说：“尔如此怕事，乃是为身家计也。受皇上大恩，不趁此图报，尚为身家计，于心安乎？”王说：“我以为拉皇上去冒险，心更不安，人之见解不能强同也”。[20]以后，“康又托谭嗣同、徐仁镜与照传言。照大呼说：‘王小航能为狄仁杰，不能为范雎也’伊等默然。自是动兵之议不复令照知。”[21]

7 月 28 日，王照听说徐致靖 26 日请召袁世凯入都折，非常惊讶，“往问徐，答曰：‘我召袁为御外海也’。王照曰：‘虽如此，太后岂不惊？’”于是王照“急缮折请皇上命袁驻河南归德府以镇土匪，意在掩饰召袁入京之计，以免太后惊疑。”[22]由于康有为为托王照上书荐梁启超等人为懋勤殿顾问耽搁两日，7 月 30 日王照才赴颐和园上“请袁兵南去之折”，然而时间已晚，第二天慈禧便发动了“戊戌政变”。

综上所述，王照的见解和做法不是没有道理的，他鉴于慈禧掌权这一事实，认识到变法的路径是十分窄小的，但也不是不可行的，它需要既要懂原则，又要讲方法，坚持存大同去小异方略的人担当领导者，才能渡过难关，达到变法的目的。所以他提出了“转移视听”之法，利用光绪帝奉太后出洋游历以开通慈禧的守旧思想，然后将慈禧之意晓谕臣民，推动变法维新。然而，康有为固执己见地执行了一条“去太后之计”的变法路线，遂使戊戌变法走进了一条死胡同。尽管康有为变法有其胆量和魄力，然而他终不识时务，又独断专行，使本来这条十分窄小的通路上又布下了种种障碍。尽管如此，王照还是想方设法企图为变法扫除障碍的。他曾经多次劝说康改变“去太后”的变法方略。政变前夕，又一度劝康有为“速出京，以待机会”。然而康自信变法可行，而不听其劝告，终使皇位不保，自身逃之夭夭，变法彻底失败。在整个变法过程中，光绪帝始终无意与太后生龃龉，就是在给康有为的“朕位今将不保，尔等速为计划”的密诏中还在规劝维新派“勿违太后之意”，至于围禁颐和园之事，“皇上亦不知”，“此皇上不欲抗太后以取祸之实在情形也”[23]。变法结果表明：正是拥君口号叫得山响的康有为，在实际上却违背了光绪帝的意志。

试想在变法过程中，如果王照“阴弭宫闱”变法的主张得以实现，是会对变法大有裨益的，况且清末出自慈禧太后之手的某些“新政”的内容与戊戌变法并不矛盾，这说明了王照当时对慈禧太后“但知权利，绝无政见”的看法是颇有眼力的。

综观王照在戊戌变法中的言行和影响，我们说，王照不愧是一位有其独特见解的著名的维新志士。

注：

①、③：梁启超《戊戌政变记》，页四六。

②：王照：《礼部代递奏稿》，《戊戌变法资料》四。

④、⑥：《梁启超年谱长编》，第 134、134–135 页。

⑤：《德宗景帝实录》卷四二四，页十一至十二。

⑦：王照《复江翊云兼谢丁文江书》，《戊戌变法资料》四。

⑧、㉑、㉒、㉓：王照《关于戊戌政变之新史料》，《戊戌变法资料》四。

⑨、⑰、⑱：《戊戌变法资料》二，第92、355、356页。

⑩：《袁世凯致徐世昌函》，《近代史资料》1978年，第二期。

⑪：《康南海自编年谱》，《戊戌变法资料》四。

⑫：《袁世凯日记》。

⑬：汤志钧：《戊戌变法人物传》上册第339–340页。

⑭：冯自由：《革命逸史》初集，第48页。

⑮：李文海：《戊戌维新时期改革与反改革的斗争》；胡绳武主编：《戊戌维新运动史论集》，第164页。

⑯、⑲、⑳：王照：《方家园杂咏纪事》，《戊戌变法资料》四。

原载：《太行学刊》创刊号

赵三多与义和团运动

义和团运动是19世纪末叶我国劳动人民的一次伟大的反帝爱国革命运动。在这场席卷北方波及全国、震撼中外的运动中，涌现出了众多的领袖人物，但载入以往的义和团运动史籍的多是昙花一现的人物，诸如朱红灯、张德成、曹福田、王德成、林黑儿等，却忽略了与义和团运动相始终的领袖人物赵三多。随着义和团运动史、研究和义和团事迹调查的深入，从不常见的中外有关书籍和文牍中，从民间老人的传颂中，人们发现了义和团运动的关键领袖人物赵三多及其斗争事迹。1986年12月28日河北省威县人民政府举行了赵三多纪念碑和义和拳议事厅落成典礼，同时举办了赵三多及其领导的义和团的事迹和文物展览。在典礼会上，省地县负责同志和中日学者一致公认威县是义和团运动的发源地，赵三多是义和团杰出的领袖和民族英雄。

本文仅就赵三多生平和他率领的义和拳同中外反动派英勇斗争的事迹作一述略，但愿有助于义和团运动史的研究。

一

赵三多（1841—1902）字祝盛，号洛珠，或老祝，直隶（今河北省）威县沙柳寨人。家境贫寒，青年时曾扛过长活，打过短工，中年时做推车挑担的小生意，颠沛流离的生活塑造了他刚正不阿的性格。他为了强身保家，拜师学会了梅花拳。由于“拳术冠群，”被推举为梅花拳师傅。从此他广招徒弟，刻苦教拳，成为著名的梅花拳首领。“徒弟有二千多，连师兄带徒侄孙等有三千多人，慷慨义气，惯打人间不平。”[①]在山东、直隶边境一带广大区域内深孚众望。后来又先后结识了来自永年县的朱九斌（自称朱元璋后代)、刘化龙(自称刘伯温后代)、临清的姚文起、平乡的李老岳和广平的韩道士、李九彬等人。在与他们交往中,深受其反清复明思想的影响,逐渐使以他为首领的梅花拳带上了排满兴汉的政治色彩。光绪二十一年(1895 年)春天,赵三多想利用清政府加捐加租所造成的官逼民反的形势,谋举反清大义。在他召集师徒商议时,年长的师傅们害怕起事会闹出乱子来,劝三多师傅说:"我们的祖师自明朝末年传道到今日已十六七代,没有做过犯乱的事,……你要遵守拳规,不要存有邪念"。赵三多则气愤地说:"官府肆虐,民不聊生,难道就这样等死吗?你们不干,我干!你们放心,我闹事决不碍梅花拳的事,你们还叫梅花拳我这支叫义和拳;以后我兴许失败了,还想叫咱们同道老师们隐避我哩!"[②]从此赵三多将自己的一支梅花拳改称义和拳。当时在直东交界地区有许多拳会,如红拳、义和拳、梅花拳、八卦拳、金钟罩等拳会,其中义和拳和梅花拳声势为大。这一地区的各拳会有时还相互往来,互相渗透,所以不少的人同时加入两个或两个以上的拳会。据当地老人讲,赵三多除操梅花拳外还操义和拳。由于赵三多拳技高超,因此义和拳会的人也纷纷拜他为师学练梅花拳。义和拳和梅花拳一样,都是民间百姓以演习拳棒刀枪为主的武术团体,但义和拳较梅花拳更具有聚集力和反抗性,这可能就是赵三多脱离梅花拳创办义和拳的主要原因。

中日甲午战争失败后,清政府更为腐败,随着帝国主义加强对中国的政治、经济侵略的同时,宗教侵略也特别猖狂起来。据不完全统计,19 世纪末,西方国家的天主教,耶稣教、东正教的传教士在中国就有 3200 多人,建立教区 40 余个,教会 60 余处,入教人数达 80 余万。其中,各种教会在直隶的活动更趋猖獗。据史料记载,1900 年以前,天主教在直隶分为北境、东南境和西南境三大教区,北境有教堂 886 所,东南境有 703 所,西南境有 601 所,共计 2290 所。[③]外国传教士不仅利用宗教送信欺骗群众,巧取豪夺,而且还依仗特权,勾结封建势力,横行霸道,他们还以传教为幌子拉拢和引诱地主恶霸、流氓无赖入教;教民以教会为靠山,更加肆无忌惮地欺压百姓,霸占田产,作恶多端,不断激起广大人民的反抗。1898 年 10 月,赵三多领导的反洋教起义就是因为教会霸占田产,激起村民反抗而爆发的反帝爱国斗争。

清朝末年,直隶和山东交界的冠县和威县一带是个经济落后的地区,两省百姓的居住状况错综复杂。其中地势显要的直隶威县境内多有外地"飞地",所谓冠县十八村就是山东冠县的"飞地"。早在 19 世纪 70 年代,德法两国传教士争先恐后，窜到这块“飞地”上，为建立天主教教堂与梨园屯村民发生了争庙地的纠纷。梨园屯村中原有玉皇庙一座，有一天，“不料教民王志尊、阎振东与神父梁宗明（法国人）率领教民三四十人将庙拆毁，将神碰坏，改修天主教堂。村民大动公愤。”④公推文生王世昌等人与天主教先后讼于冠县和东昌府。在帝国主义淫威高压下，冠县知县何世箴，东昌知府洪用舟“祖教抑民”，不仅对原告“严加责斥”，而且还将王世昌等人监禁起来。于是村中红教首领阎书勤倡言“武力护庙”。当即17人踊跃加入，人称“十八魁”。在与天主教斗争中，阎书勤深感人少力单，于是便主动联络附近沙柳寨著名义和拳首领赵三多以壮声势。梨园屯与沙柳寨仅距8里，来往十分方便。赵三多是个一身正气、嫉恶如仇、救弱扶贫的人，非常憎恨洋神甫和不良教民横行乡里，欺压百姓的罪恶行径，早想助“十八魁”一臂之力，但他又考虑到梨园屯归属山东，沙柳寨属直隶，不便插手此事。后经“十八魁”再三请求，并跪头拜赵三多为师，加入义和拳，赵三多才决定全力相助。于是反洋教斗争就从这里爆发了。

二

1897年春，不良教民将梨园屯“十八魁”拜赵三多为师且加入义和拳之事报告神甫，神甫要求官府派兵镇压。赵三多不甘示弱，为了显示义和拳的力量，于该年农历三月二十日（1897年4月21日）召集义和拳师徒在梨园屯亮拳三天，“到会者有三千人。”⑤他们“短衣带刀，填塞街巷”。赵三多率义和拳向洋教士和反动教民以及地方官府的示威举动吓坏了地方官员和天主教会，致使“知县何世箴辞职，署事者不敢履往，已数月无官矣”。⑥狡猾的东昌知府洪用舟在新上任山东巡抚张汝梅的指使下，施用先抚后剿的伎俩，以赠给赵三多“直良可风”的廪生匾为条件，要赵公开解散义和拳，遭到赵三多义正词严的拒绝。招抚的阴谋败露，张汝梅便决定派兵镇压。

赵三多闻讯后，不畏强暴，立即召集众师徒共谋迎击之策。商议时，仍有人劝赵三多委屈求全，赵三多则说：“我赵三多今日是骑虎不能下了，我不干天主教也未必放过我。”⑦他征得众人同意后，昼夜将各路义和拳师徒编成“十人为班，百人为队”的能战斗的队伍，选用受传教士欺压最甚者担任首领。赵三多料事精刻，办事有方，当他编好队伍后，又“深虑官方干涉，率加‘不轨’二字，肆行剿刈，乃特创‘扶清灭洋’四字口号即悬，是为彼教旗帜，一以号召人民，一以抵塞官府，用自别于白莲、天门诸教。”[⑧]光绪二十四年八月十八日（1898 年 10 月 3 日）赵三多召集各路义和拳师徒在梨园屯西北十里处的蒋家庄祭旗起义。起义者“用头帕长靴做标记，他们的武器为火铳或长矛，旗帜系黄色，并镶以黑边，上标‘扶清灭洋’四字。”[⑨]起义后，赵三多不与官府对抗，而是首先攻打冠县与临清县交界处的黑刘村、红桃园和小里固等处教堂，诸战皆胜，队伍扩大到三四千人。清政府闻讯后惊恐万状，飞饬山东巡抚张汝梅“派兵追缉”。未几，起义军又攻占了小芦教堂，后经临清挥师西进至邱县境内时与清军接触。赵三多见清军来势迅猛，便主动避开锋芒。当赵三多徐图北上之时，遭到山东五营盛马军和直隶正定马队、大名练军五营的包围，双方在威县魏候村开战，清军马队往返冲击起义军，义军伤亡巨大。赵三多收拾残部杀出重围，经曲周下临清，在留善固稍加休整。清军得逞后仍不罢休，又“以清乱源”为目标，“跟踪兜拿”[⑩]。赵三多面对清军围追堵截的形势，当机立断，化整为零，分散活动。这次起义的规模虽然不大，却震动了清政府的统治。据《冠县志》记载说：“赵三多为统领，啸聚数千人，蔓延十余县，声势大振，风鹤频惊。”由于山东巡抚张汝梅镇压不力，而被清政府革职。起义军虽暂受挫折，但斗争的影响却十分广泛。据柴萼记载说，从此“直隶之古城、清河、威县、曲周等处之匪渐渐南下，流入（山东）东昌之冠县，自冠县及于东昌各属，再自东昌、曹州、济宁、兖州、沂州、济南等处，潜滋暗长。至己亥夏秋之间，其势大炽。然出没于黄河以西，而以直隶为老巢。”[⑪]随着义和拳反洋教运动的兴起，直隶山东交界地区的红拳会、神拳会、大刀会、红枪会和部分乡团以及白莲教、八卦教等民间武装团体和秘密结社皆先后改称义和拳。在“扶清灭洋”旗帜下，“同仇敌忾，驱逐洋寇”，反帝爱国的义和团运动便首先从这里爆发了。由此可见，赵三多领导的反洋灭教斗争揭开了义和团运动的篇章。

赵三多起义后，在直东两省清军夹攻下“暂受其挫”。他将义和拳分散隐蔽在同情义和拳的乡团即民团中，遂“改名为义和团”[⑫]，以避免官兵的追剿，从此义和拳的名字为义和团所代替。随后，赵三多率部分骨干沿运河北上，在滹沱河两岸州县展开活动。1899 年春，赵三多在枣强、沧州、武邑、晋州一带设场传拳，为义和团反帝斗争布下了火种。不久，又协助武修和尚在景县、武强、阜城等州县设场传拳，武修和尚亦效仿赵三多竖“扶清灭洋”旗帜，公开与教会誓不两立。与此同时，献县的聂家庄、东大过等地区先后设场练拳，未几，直隶中部各州县亦开始普遍练拳活动。随着各地洋教堂邪恶势力对人民危害的加深和赵三多一行人的积极宣传活动，终于点燃了直隶南部和中部广大地区人民的反帝怒火。5月中旬，赵三多召集各州县义和团首领在正定大佛寺秘密开会，据郭栋臣的回忆记录说："在这次会议上，赵三多讲了以往起义失败的原因；部署了今后义和团统一斗争的办法；确定了联络静海、青县、东光、南皮各州县反帝团体的方针；最后赵三多与其他首领进行了分工领导。赵三多仍在滹沱河沿岸州县活动，并准备随时举义。正定会议后，直隶中部各州县义和团反洋教活动更加频繁，例如：1899年10月22日，阜城义和团和当地人民一举砸毁了临阵教堂；25日景州义和团烧毁景州城内两所教堂；28日烧毁张庄教堂；12月2日阜城义和团烧了耿家庄教堂；13日景州义和团砸毁了三岔口教堂，14日献县义和团烧毁了东大过教堂。此外，深县、武邑一带义和团在其首领孙凤歧、田洛河、韩洛顺和王俊陵等人率领下攻打了王乐寺、西河头和深州城内的教堂；任丘县和河间县的义和团也先后开始了反洋教和抗清军的斗争。

大规模的义和团反帝斗争的兴起，使中外反动派十分恐慌，各帝国主义国家的驻京公使纷纷要清政府迅速派兵镇压。清政府遂令直隶总督裕禄派提督聂士成、淮军右翼统领梅东益率军开赴保定和景州、献县、阜城一带"择要分扎，认真查办"，并要他们在"凡有教堂处所，派队驻巡，随时保护"。[13]聂、梅命令清军用洋枪洋炮"不分良善，枪毙无辜，"残酷地杀害了成千上万的爱国人民。然而，围剿和屠杀并没有压服住直隶人民的反帝意志，到了1900年春天，直隶各地的反帝爱国运动更加如火如荼地开展起来。赵三多于五月（农历四月初四）在枣强县卷子镇率领义和团和饥民万余人举行了第二次武装起义，将义和团运动推向高潮。在短时期内各州县义和团一举攻下了二三十所中小教堂，任丘义和团集中力量围攻段家坞大教堂；直隶东南地区的义和团也迅速行动起来围攻朱家河和张庄总教堂，同时涿州、涞水的义和团不仅攻教堂，而且与前来围剿的清军展开了斗争，取得了占据涿州的巨大胜利。

之后，赵三多率所部回到了南宫、威县一带，继续开展灭洋教斗争，先后攻下了小芦、红桃园、小里固教堂，并集中力量攻克赵庄教堂，同时还声援山东夏津和武城义和团攻打十二里庄教堂，一时直东交界处的反帝斗争进入了高潮。面对如此局面，地方官叫苦不绝。直隶总督裕禄亦极为不安，深感义和团"散漫于直东各属煽惑滋事，殊为地方大患。"[14]于是，他勾结新上任的山东巡抚袁世凯共同镇压义和团。他们决定“所有直东交界之处，分队防范，遇有匪扰，不分畛域，协力查拿。”[15]袁世凯立即派武卫右军先锋军与直隶练军和马队围攻义和团。在敌众我寡的形势下，阎书勤等几支义和团队伍先后被冲散，赵三多在此危机时刻，再次决定将队伍分散隐蔽，随后他率少数骨干潜往巨鹿，待机再起。

三

李鸿章等于1901年（光绪二十七年）9月7日代表清政府签订了丧权辱国的《辛丑条约》，其中规定中国向11个出兵镇压义和团的国家赔款4.5亿两，从1902年到1940年付清，总计约9.8亿两，史称“大赔款”。李鸿章在签订条约时为了讨好列强，声称“庚子事件”“乱由民作”。因此在大赔款下又列出了一个地方教案赔款，史称“地方赔款”。地方教案赔款划给直隶各州县的有1000余万两，是全国各省中负担最重的。正如王振声在《直隶同乡京官合同词气恩筹偿畿辅教堂赔疏》一文中所写的那样：两笔赔款压得直隶人民喘不过气来，“即无事之秋，已难筹集巨款，况浩劫奇灾惊魂甫定，更何从出此巨万金银。惟议约以教案严责守令，地方官自顾考成，不敢不办。竟至积亩勒派，按户严追。……臣等愚昧，窃恐民穷财尽，老弱待毙，壮者逃亡，难得不铤而走险。”[16]而1900年直隶不少州县旱灾霜重，特别是直隶南部地区，如广宗县干旱最为严重，旧历七月十二日始雨，八月二十七日“气候严寒结冰，晚禾尽萎，大饥。”1901年，按直隶署规定，广宗县地方教案赔京钱两万吊。知县王宇均将县内所存各款全数支用后还差7000吊。后王宇均因事撤任，新知县魏祖德妄图借此敲诈乡民，竟下令各村每亩摊京钱40文，按全县土地计算，可收取33000吊之多，比实际需要的7000吊，多收26000吊。魏祖德借机勒索的丑闻传出后，全县乡民无比愤慨，纷纷在各村“联庄会”即乡团的组织下，聚众抗议，声明坚决不纳“洋差”。东召村武举景廷宾在抗“洋差”斗争中表现积极，博得群众拥护，公举为广宗联庄会总团总，领导抗“洋差”斗争。这时，在巨鹿吉家屯待机再起的著名义和团首领赵三多派人与景廷宾联络，决定采取联合行动，掀起第三次武装起义。

1901年11月，“廷宾召集各村民合操于城外以示威”。顺德知府如松闻讯，急忙来广宗县稽核，并召见景廷宾等人商议，决定每亩摊京钱14文或谷子二合，可得京钱7000吊。不足原数由已捐廉补助。廷宾欣然应命，即将东召村应摊之款交足。如松回府后，祖德不仅不饬差赴各村催征，而将全县三十二村摊款责于廷宾一人,同时“张大其事”申报直隶总督袁世凯，诡称景廷宾聚众抗拒赔款。袁世凯遂派大名、正定两练军前往“严拿首要，解散胁从”。景廷宾被逼上梁山，遂招集各村民团，“恃众自固”。[17]1902年2月当清军逼近广宗县时，各地联庄会在景廷宾的率领下，作了起义迎敌的准备，并派人去巨鹿、威县联络赵三多的义和团武装。3月3日清军包围了东召村，联庄会在景廷宾和刘永清的指挥下向两练军四击抄袭，此时清军新盛军自南宫赶到。清军兵多势众，联庄会难于合围。又由于联庄会内部奸细压下景廷宾召集各村联庄会来援的传帖，使战斗失去了主动权，结果景廷宾的助手刘永清负伤，堂弟景廷贞等牺牲。景廷宾率联庄会主动撤出东召村，在巨鹿县厦头寺与赵三多会合。赵三多从惨痛的血的教训中，对卖国的清政府也有了进一步的认识，于是他们商议后，共同提出了“扫清灭洋”的斗争纲领。4月23日在厦头寺正式宣布起义，寺前竖两面大旗，上书“扫清灭洋”和“官逼民反”，起义军拥戴景廷宾为“龙团大元帅”，赵三多为主将,率部充当先锋。袁世凯奏称起义军“聚众已至二万余人”,“编列队伍，以黑旗为先锋”[18]。据《威县志》称“黑旗白边，此旗为威县赵洛珠所用。赵洛珠……前年充拳匪头目，率万余人攻威县赵庄天主教，未破，死人无数。近又入团匪，图谋雪恨。”由此可知，赵三多余部是会合景廷宾后掀起“扫清灭洋”大起义中的一支重要力量。

起义后，景廷宾、赵三多等率义军进攻威县，毁教堂，破官军，声威大振，后又在厦头寺一带与前来镇压的清军进行了激烈的战斗，歼灭了武卫左军管带鲍贵卿的常备新兵百余人，不久回师广宗县件只村，捣毁教堂，打退了前来围剿的清军。4月25日在威县刘庄和苏庄之间杀死法国传教士罗泽溥，4月28日攻克张家庄天主教堂。至此，起义军声威大振，直南的隆平、柏乡、内邱、邢台、平乡、曲周、任县、新河、南和、南宫、成安、广平等24个州县联庄会的广大农民,相继聚集在景廷宾、赵三多“扫清灭洋”的旗帜之下，起义军迅速扩展到三四万人，他们到处偷袭清军，捣毁教堂，与中外反动势力进行着殊死的战斗。

反帝反封建的怒火在直隶南部平原上燃烧起来，使清政府十分恐惧，各帝国主义要清政府速派重兵进剿。于是袁世凯亲自出马，他首先宣布将广宗等州县所摊派的教案赔款“全行豁免”,随后调集大队援军“进剿”。

5月初派段祺瑞、倪嗣冲率两营北洋军三千余人，自保定南下。派马龙标武卫右军先锋军、总兵张腾蛟自强军共三千余人，自德州、济宁向西推进，两支清军成钳形把起义军包围在广宗件只村一带。与此同时，德、日、法帝国主义惟恐起义军北上，也派出六千多名侵略军，开赴直隶南部地区“助剿”。

景廷宾、赵三多都是自幼练武习兵，颇有一番军事攻守的韬略，特别是赵洛珠有着丰富的经验和教训。因此，在清军大队到来之前，他们已作了避开清军主力、化整为零、向四周各州县发展的作战方略，然而他们没料到袁世凯进犯如此迅速，除命令一部分起义军离开广宗县，主力军尚在件只村一带没有来得及出发就被清军包围了。5月8日，清军先用大炮轰击件只村起义军阵地和民房，后用步兵冲锋攻打，起义军与数倍于己的清军展开了肉搏战。赵三多、景廷宾为了保存有生力量，在杀伤不少敌人后，各率一部起义军冲出重围，清军烧毁村庄，屠杀无辜百姓数百人。

赵三多率所部向北突围时，吸引了清军主力。在强大敌人追击下，赵三多屡设埋伏，挫伤清军，终因寡不敌众，起义军被清军冲散，赵三多在巨鹿吉家屯被捕，解押南宫监狱，7月6日英勇就义。突围到成安的景廷宾所部义军，在北漳堡同清军发生激战。由于起义军得不到补充，粮尽弹绝，最后被三千清军包围在郭家村，义军竭力拼杀，力尽失败，景廷宾突围到临漳县时，身陷重围，终于被捕，解赴威县，于7月25日“被凌迟处死”。

四

综上所述，可以作出以下几点小结：

第一，赵三多领导义和拳开展灭洋反教斗争的时间较早。准确时间是光绪二十四年八月十八日（1898年10月3日）、与四川余栋臣领导的反洋教斗争起义几乎同时，其他反洋教斗争皆在其后。由此可见，赵三多是反洋教斗争的先驱，是义和团运动的发动者。

第二，赵三多反洋教斗争活动的区域较广。他的足迹几乎遍及到了直隶省的南部、中部和直东交界处的几十个州县。另外，他还派其战友和徒弟东下山东，北上京津保设场教拳，发动群众，为即将来到的义和团反帝运动布下了火种，起到了播种机和宣传队的作用。

▲赵三多塑像

第三，赵三多起义斗争的时间较长。从1898年10月3日，到1902年7月6日近四年之久。在此时期内他以百折不挠的惊人毅力，克服了无数的困难，与中外反动派进行了殊死的斗争，从而经历了义和团反帝斗争的兴起、高潮、低潮全部过程，是义和团运动史上仅有的与其运动相始终的领袖人物。

第四，赵三多出身贫苦，刚正不阿，嫉恶如仇，临危不惧，斗争性强。他不畏强暴，拒绝招抚，揭竿而起，不怕镇压，连续斗争，不怕失败，接连领导了三次武装起义。这种不屈不挠血战到底的英雄气概，代表了整个中华民族的战斗风格，表现了中国人民不甘屈服于帝国主义奴役的大无畏革命精神，不愧为中华民族反抗外国侵略者的伟大的民族英雄。

第五，赵三多是有战略思想的杰出的义和团运动的领袖。他不仅具有指挥战争的才干和身先士卒的勇敢战斗精神，而且还富有组织和团结反帝力量和部署与中外反动派斗争的战略思想。首先是他在中华民族与帝国主义矛盾尖锐的时候，提出了“助清灭洋”的口号，这一口号的提出无形中起到了广泛动员各阶级阶层群众（包括统治阶级内部的爱国官吏和开明绅士）参加反侵略斗争的作用，相应地减少了来自清政府的压力，有力地促进了义和团运动的发展。尽管这一口号后来被清政府利用，然而在当时的历史条件下提出来，确实是难能可贵的。其次，赵三多的才能还表现在战术上，他懂得战争有进有退，而不是孤注一掷地蛮干。因此，他重视保存革命力量，而不作无谓的牺牲，这是他比其他义和团领袖高出一筹的地方。正是这样，他才连续领导了三次起义斗争，在中华民族的历史上留下了极为宝贵的财富。再次，赵三多的大智大勇还表现在他对清政府的认识上。在与中外敌人日日夜夜的战斗中，他没有停留在“助清灭洋”的旗帜下，而是从惨痛的教训中逐渐认识了清政府反动卖国的本质和欺骗、镇压义和团爱国斗争的行径后，毅然决然地改“助清灭洋”为“扫清灭洋”，并积极联络景廷宾开展“扫清灭洋”的斗争。从“助清”到“扫清”反映了20世纪初年的中国人民对清政府反动本质认识的一个飞跃，认识到了反帝必反封和反封必反帝的革命道理，从而丰富了中国人民民主主义革命理论的宝库，促成了以孙中山先生为代表的中国资产阶级革命派的产生和资产阶级民主革命的爆发。由此可见，赵三多是义和团运动中最为杰出的革命领袖。

注：

①、④、⑤、⑦：郭栋臣：《义和团之缘起》。

②：郭栋臣：《补充义和团之资料》。

③：李杕：《拳祸记》，下册，第160页。

⑥：曹倜：《古春草堂笔记》、《解散拳民篇》。

⑧：吴永：《庚子西狩丛谈》。

⑨：传教士伊索勒日记，见《中国与西方》。

⑩、⑬、⑭、⑮：《义和团运动史料丛编》，第2辑，第23、59、76、77页。

⑪：柴萼：《庚辛记事》。

⑫：《冠县志》。

⑯：《义和团史料》，上册，第476页。

⑰：《广宗县志》。

⑱：《光绪二十八年三月十九日直隶总督袁世凯折》，载《军机处·农民运动》，第1860卷。

原载：《河北师范学院学报》1988年第1期

中国人民大学书报资料中心《中国近代史》1988年第6期全文转载

关于廊坊大捷的几个问题

伟大的义和团运动是一场为捍卫民族独立而斗争的革命运动，是反对帝国主义侵略的民族解放战争，因此它在中国近代史上具有十分深远的影响和巨大的历史意义。廊坊大捷是整个义和团运动中的一个重要组成部分，它一开始就代表中国人民用铁拳教训了帝国主义国家的侵略军，表明了中国人民不甘屈服于任何国际反动势力的顽强的反抗精神。这是廊坊人民的光荣与骄傲。

建国以来，党和国家十分注意鼓励史学工作者对义和团运动进行研究，在这方面取得了许多显著的成绩。然而，对有关廊坊大捷这一历史事件的探讨与研究还不深不透，在一些文章和小册子里有关廊坊大捷也仅是表面文章。如何把义和团运动和廊坊大捷的研究搞上去呢？这里仅就几个有关的问题略谈浅见。

一、廊坊何以成为与八国联军激战之地

为什么英勇抗击八国联军西摩尔先遣军的激战发生在廊坊，而没有发生在比如天津、大沽及天津至廊坊之间的任何一处呢？我认为有两个方面的原因。一是与廊坊所处的地理位置有关，廊坊处于京津走廊的中间，是西摩尔先遣军自天津乘火车进犯北京的必经之路。地理位置尽管重要，但它仅是次要原因。首要的原因则是廊坊地区人民反帝斗争的群众基础比较深厚，义和团的组织比较健全，运动发动比较充分，因此规模宏大，声势也浩大。这就为义和团在廊坊阻止西摩尔先遣军进犯北京准备了条件，终于在1900年6月中旬爆发了闻名中外的廊坊大捷。

廊坊地区义和团运动之所以组织健全，发动充分，声势浩大是有其历

史原因的：

其一，1860 年《北京条约》签订后，西方各国传教士纷纷来到包括廊坊在内的北京四周各州县和广大农村占地建堂，干涉诉讼和法律，公然横行霸道，无恶不作，从而使当地人民对洋教产生了强烈的憎恶和仇恨，逐渐激起了人民的反抗，1900 年达到了反洋教的高潮。

其二，各帝国主义在加紧对中国经济侵略时争相在中国修建铁路。京津铁路修建于 1895 年至 1897 年，建筑铁路应该说是推动社会经济发展的有力工具，但是在半殖民地半封建社会的旧中国，建筑铁路却是帝国主义掠夺中国经济的主要途径，它给广大劳动人民带来了无穷的灾难和痛苦。京津铁路横贯廊坊地区，它的修建使大批农田被占，不少房屋被拆，坟墓被毁。铁路通过的地方，原先的运输工人、驿站人员和镖客纷纷失业，无以为生。本来这批失业大军可补充进铁道工人中去，然而当时铁路的建筑和运输大权控制在外国人手中，故“铁道工役又多属教民”，[①]从而招致人民的愤恨和不满。

其三，1900 年从春到夏“全年没下透雨”，京东一带“陨霜杀禾，五谷不登，十室九空”，且瘟病流行，人民糊口无着，挣扎在死亡线上，当然“欲从之游”。义和团兴起后，这些饥民首先加入了斗争的行列。以上三方面原因虽与其他地区有相同之处，但在严重程度上是其他地区所不及的。另外廊坊还有其他地区不具备的两个特殊原因，即“红灯照”和“音乐会”在义和团运动中的特殊作用。

在义和团运动中，不少地方都传说“男练义和团，女练红灯照”，在一些史料中也记载着不少地方有“红灯照”、“蓝灯照”和“青灯照”的组织，说什么“能上天，能过海”，使人很难相信。在我翻阅的一些史料中，有“红灯照”组织的地区有天津、保定、张家口和廊坊，其中廊坊“红灯照”的记载与实地考察相符合，具有一定的真实性。

廊坊一带的“红灯照”最先是从白家务、东张家务、洛图庄发展起来的，后来逐渐扩展到夏家营、普照营、胡庄子等一百余个村庄。著名的大师姐有洛图庄的郭大翠、白家务的张成芸、夏家营的郭风花、团城村的郑大姐、东张家务的徐奶奶和大女儿徐兰子等人。参加“红灯照”的大部分是未婚青年，也有已婚的中年妇女，甚至有上年岁的老太太，她们中间多是怀着复仇的心理来参加的。有的是被官府或教堂逼死了丈夫，有的是被恶霸教民杀死了父兄的，她们多是苦大仇深、无依无靠的人。她们除了与义和团一样的练武杀敌外，多担任站岗、放哨、查拿奸细和为义和团做饭或救护伤员的任务。据调查东安县“红灯照”曾配合义和团参加过廊坊激战、落垡之役、夜袭杨村等战斗。她们和义和团一样，在战场上奋勇冲杀，不怕牺牲，在近代妇女斗争史上写下了光辉的一页。

妇女直接参加反帝组织，乃至参加战斗，是一支不可忽视的力量。然而妇女的作用还表现在动员、鼓舞男子参团参战上，是否可以说妇女在反帝斗争中起到了“面酵”的作用呢？就是说她们首先是动员、支持、鼓励父兄、丈夫、儿子参团参战，然后是她们自己参加反帝组织，乃至参加战斗。只要是家中的妇女参加了反帝行列，那么，由于她的作用，全家男子也一定会踊跃参加的，这就是“面酵”作用。廊坊地区义和团组织健全，发动充分，声势浩大，战斗力强，是与妇女们的“面酵”作用分不开的。

另一个起纽带作用的是廊坊民间的诸如“音乐会”的组织。这一民间组织历史悠久，在帝国主义侵入前，“音乐会”多用于庆贺年节和红白喜事，年久月长，逐渐成为一个固定的组织。“音乐会”不仅有会头，还有活动场所，甚至有收入账簿。不少村庄的“音乐会”具有扶贫济弱的品德，因此受到村民的拥护和爱戴。会头往往是由具有办事能力且有一定威望的忠厚热心人担任。自从洋教侵入本地区后，“音乐会”在某种程度上起到了组织人民反抗侵略的作用。义和团反帝运动兴起后，不少村庄的大师兄、二师兄或其首领，多由“音乐会”的会头担任。例如军芦村“音乐会”的会头冯兆来在军芦村铺团时担任了大师兄，东张家务“音乐会”的会头刘成军也担任了东张家务义和团的大师兄，从此他们肩负起了反侵略的任务，并且战斗在最前线。他们曾率领本村义和团参加过抗击西摩尔联军的廊坊激战，使其古老的“音乐会”组织形式与当前反帝斗争密切结合起来，并且贡献了力量。“音乐会”具有一定的号召能力，会头又具有一定的组织能力，因此它在反帝斗争中的作用是非常明显的。

以上几点构成了廊坊义和团组织健全，发动充分和声势浩大的原动力。正因为如此，当 1898 年 10 月义和团由直隶（今河北省）威县起义爆发后，1900 年春以迅猛异常之势传至全省时，“京畿东南各属一倡百和，从者如归，城市乡镇，遍设神坛”。[②]安次县义和团于 1900 年 2 月首先在落垡、东张家务、葛渔城设场练拳，不几天，南尖塔、北昌、张坨、军芦村、桐柏等村庄也普遍铺团。3 月 4 月间廊坊一带已是“村村铺团，庄庄练拳”的局面，村民们争相入团。孟东庄有一少年刚结婚，父母不让当义和团，他便用媳妇的红布包袱当头巾当了义和团。在短时期内，几个大的总坛口设在落垡、桐柏、军芦村和葛渔城等地，一时义和团在东安县形成了一支强大的反帝力量。连东安县的官吏对义和团也十分敬重，不断地送粮和各种礼品。廊坊义和团不仅与作恶多端的洋传教士为敌，而且还为民除害，镇压了一些反动教民和恶霸地主。总之，廊坊义和团运动既轰轰烈烈又扎扎实实。相比之下，大沽、天津以及廊坊天津之间各处的义和团组织在当时还不具备廊坊义和团的条件，因此还没有足够的力量与西摩尔的侵略军兵戎相见，阻遏其进犯行径。当时天津的义和团组织虽然已设坛学练，但在西摩尔组织联军时还未充分组织起来。由于力量不足，外地义和团一时还未到达，因此西摩尔联军自天津出发时，天津义和团未能阻其进犯行径，大沽和铁路沿线村庄的义和团亦然。而只有廊坊义和团具备了抵御西摩尔联军的条件，因此抗击侵略军进犯北京的战斗首先在廊坊爆发，并且挫败了西摩尔联军的野蛮进犯，赢得了廊坊大捷的光辉胜利。

二、西摩尔联军的进犯与义和团的英勇抗击

随着义和团反帝爱国运动的蓬勃发展，帝国主义侵略分子日益惧怕。6月4日英国驻京公使窦纳乐发给外交大臣索尔兹伯理的电报说："目前北京的局势是这样的：我们在任何时候都可能被围困在这里，而且铁路和电报线均被切断。如果发生这种情况，我请求阁下促使对舰队司令西摩尔发出紧急训令，要他同现在驻大沽的其他各国舰队司令官会商，为营救我们采取协调一致的措施。"[③]第二天英国驻天津领事贾礼士也致电英国外交大臣："要求派遣强大的援军"，并主张组成侵略军卫队，允许卫队采取积极的对抗措施，镇压义和团运动。6月6日英国海军中将西摩尔命令"曙光"号及"凤凰"号从威海卫驶抵塘沽，"汉伯尔"号驶往山海关，为直接镇压义和团运动进行了部署。同日下午又与法、德、意、俄、奥、美、日等国军舰的高级海军军官在"百人长"号上举行会议，"讨论局势，并安排在必要时采取一致行动。"[④]未几，西摩尔接到英国海军部的电报："当驻北京的各国使馆，或者是北京或天津及其附近地区的英国臣民遭到危险的时候，您为了保护他们，可以和其他各国舰队司令官一起，采取您认为适当可行的措施。至于采取何种措施，女王陛下政府望您斟酌决定。"[⑤]这封电报，明显不过地表明了英国政府决定直接出兵镇压义和团反帝爱国运动。9日，各国驻天津

领事与海军司令官举行会议，决议组成一支由英国驻太平洋海军司令西摩尔中将和美国海军上校麦克卡拉为正副司令官，由俄国上校沃嘎克任参谋长的英、美、俄、德、意、法、日、奥八国联军的先遣军进犯北京。紧接着，窦纳乐致电西摩尔："局势极为严重，如果不准备立即进军北京，便太迟了。"⑥于是西摩尔于6月9日联络各国军官组成了一支两千三百人的先遣军，⑦10日清晨，西摩尔威逼直隶（今河北省）总督裕禄准备专车，扬言："如不答应这个要求，我们的军队将夺取一列火车，无论如何是要前进的。"⑧由于天津铁路局不肯调火车，侵略军就闯进车库，强占了机车，并派上自己的司机。这一天共开出三列火车⑨。

当廊坊铁路沿线一带的义和团获悉侵略军进犯北京的消息时，便纷纷向铁路线上集结，随即拆毁铁路数十段，还砍掉道边的电杆，以阻止西摩尔联军通过和联络。自侵略军开出天津后就遇了不少麻烦，火车开了一段，就要停下来修一段，走走停停，边走边修。铁路沿线的义和团不仅拆毁铁路，而且还对侵略军打伏击战，使侵略军陷于寸步难行的境地。由于义和团的阻挡和伏击，致使侵略军10日晚才到达落垡。西摩尔命令留一支侵略军驻扎在落垡，其余继续登车西开，从落垡至廊坊铁路的毁坏程度更加严重。时停时修，行进缓慢，至11日下午侵略军才抵达廊坊。侵略军抵达廊坊后就陷入义和团的包围之中，未几便发生了一场激战。

廊坊大捷可从狭义和广义来解释。从狭义讲，廊坊大捷即指只限于发生在廊坊的6月11日下午、13日、14日和18日的四次战役。广义地讲，是指发生在廊坊附近铁路沿线的战役，即包括14日发生在落垡的战役和18日发生在杨村的战役。大捷的时间应从6月10日下午开始到18日义和团与董福祥甘军协同作战把西摩尔联军驱出廊坊地区为止，历时九天。

6月11日下午廊坊激战。当11日下午侵略军抵达廊坊前，附近各村的义和团已有了备战。例如北昌义和团大师兄召集团民宣誓，决心与侵略军血战到底。他们联合附近几个村庄的义和团首先将廊坊至万庄的铁路拆毁十多处，使侵略到廊坊后再无法前进一步，侵略军只得下车修路。此时芦家庄、古县村义和团从西而至；军芦村、杨税务、肖辛庄的义和团从南边攻来，5000余名义和团高举木棍、大刀、长矛向侵略军列车连续冲击。附近村庄的义和团闻讯也纷纷赶来，他们用土造的大抬杆和鸟枪猛击侵略军，义和团勇士们冒着敌人的猛烈炮火前仆后继地冲进车站，有的与敌人展开了肉搏战，侵略军几乎不支。敌人增援部队赶来向义和团猛烈开枪开炮，义和团伤亡极大，被迫撤出战场。

廊坊义和团经过与侵略军激战，虽然伤亡严重，但群情振奋，斗志不减。一连几天不少村庄的义和团陆续向落垡和廊坊靠近 一些村庄的老人、妇女和儿童也纷纷前来送水送饭，义和团不间断地向修路的侵略军发动攻势。13 日，义和团向廊坊车站的侵略军发起攻势，双方交火各有伤亡。第二天，廊坊义和团动员更多的团队从四面攻打车站之敌，义和团这次攻击多用“大抬杆”，火力很猛，致使侵略军不得不龟缩在车站内的房屋和车厢里，连西摩尔司令部的列车也遭到攻击，除五名意大利侵略军被打死外，西摩尔手下的三名军官两名受重伤，一名毙命，辎重损失严重。

在廊坊激战的同时，落垡附近的义和团包围了驻落垡的侵略军。首先发起攻势的是预先埋伏在铁路北侧的荣营义和团，大师兄王山舞动大刀，奋不顾身，冲在最前面，正当接近敌人指挥官时，不幸被击中，英勇牺牲。当时围攻落垡的还有东张家务、丈方河、马圈等村庄的数千名义和团。由于互不统属，没有统一指挥，此役有 60 多名义和团战士献出了宝贵的生命。

14 日以后的几天中西摩尔命令继续修路，但不断遭到义和团的袭击，使刚刚修好的铁路又被拆毁，致使西摩尔联军欲进不能，“陷于孤立，没有运输工具，并且和后方基地隔断。”⑩由于后援无望，15 日困守在廊坊的西摩尔联军已弹尽粮绝。于是西摩尔不得不派一列火车返回天津，企图筹借粮食和弹药。当列车开至杨村时即被义和团拦截，并发生战斗，葛渔城，东沽港等地的义和团用“大抬杆”顽强阻击敌人，同时又拆毁附近的铁路，使侵略军的火车无法回天津求援。西摩尔见利用京津铁路进犯北京无望，只得命令全军分批向杨村撤退，拟从北运河乘船北犯。

6 月 18 日，当侵略军的两列火车尚未离开廊坊之时便遭到义和团和爱国清军的联合围攻，董福祥的 2000 余名官兵参加了这次战斗，因此战争更为激烈。董福祥的甘军为何会同义和团参加抗击西摩尔联军的战斗呢？这是与这支清军的爱国反帝热情分不开的。此时甘军中已有不少军士参加了义和团。甘军 1898 年驻扎保定时曾因士兵口角是非与法国传教士发生龃龉，传教士借此提出讹诈，时清政府袒护洋教，便满足了传教士的无理要求，把清河道署让给了教堂。后来保定人民将此事编成顺口溜：“董福祥，瞎胡闹。打了洋人，赔旧道。”从此董福祥与甘军对洋人恨之入骨。义和团运动初期，甘军驻在北京南苑，当获悉西摩尔联军进犯北京的消息时，董福祥命令姚旺率甘军 2000 人乘火车东下截击来犯者，甘军列车抵达万庄下车，沿铁路东侧急行军，绕过翟各庄转向西南，在西务村跨过铁路，绕到廊坊西北方向，遂与侵略军接火。此时义和团从南北两个方向冲杀侵略军，一时战斗十分激烈，当场6名侵略军被击毙，43人受重伤，[11]其余乘车仓皇逃跑。义和团和甘军穷追不舍，遂与杨村附近的义和团将杨村车站包围起来，西摩尔立足未稳，仓促指挥联军应战，战斗又进入白热化程度，侵略军被打死40余人。西摩尔鉴于“进京之路水陆俱穷”，[12]第二天只得率残兵败将沿运河东岸向天津撤退。在撤退途中又屡遭义和团和爱国官兵的截击，伤亡惨重。直到25日在俄国侵略军的救援和保护下才退回到天津租界。

三、廊坊大捷的深远影响

廊坊义和团在爱国官兵的配合下，以大刀、长矛等简陋武器，甚至用自己的血肉之躯阻止了西摩尔先遣军的北犯行径，粉碎了其进犯北京的计划，并且歼灭了敌人的有生力量，几次激战，敌人伤亡近300人。《北京被围记》的作者精确统计了西摩尔先遣军的死伤数字为：“死62人，伤232人”，约占西摩尔联军总数的七分之一。义和团阻止西摩尔联军进犯北京的这一壮举向全世界人民表明了中国人民是不好欺负的，中国是任何敌人也征服不了的。

廊坊大捷影响深远，首先是八国联军中不少参加侵略战争的官兵和一些外国社会活动家在回忆和阐述这一重大历史事件时，多以比较公正的言论评述了义和团的英勇顽强的战斗精神。例如惠泰尔在他的日记中写道：“义和团面对来福枪和机关枪秋风扫落叶似的射击，还是勇猛冲锋，真是不能想象世界上还有比他们更勇敢的人了。”西摩尔的情报官也记载了义和团用大刀、长矛等原始武器向西摩尔联军攻击时，“没有一点害怕和犹豫”，表现了极大的勇气和爱国主义精神。他说：“他们在训练上所缺少的东西，却由他们的勇猛来补足了。他们在优势的敌人面前表现出的勇敢，不断地使我们信服：中国人并不像我迄今为止所相信的那样，他们很少怯懦，而更多的却是爱国心和信念。”[13]美国上校达奇特说：“如果中国方面由有经验和能力的军官领导，西摩尔讨伐队在回到天津前就会被歼灭。”[14]德国皇帝威廉二世获悉西摩尔联军在廊坊大败的消息后哀叹地说：“这次的失败是所有欧洲人在亚洲人面前的丢脸，是没有任何疑问的了。”[15]

综上所述，廊坊大捷戳穿了帝国主义分子吹嘘的“西方军队无敌”的狂言。美国传教士明恩溥说：西摩尔联军在廊坊的惨败，“永远消除了惯常被人们提出来的那个论点，即一小队外国军队，只要组织好，而且武器齐全，就可以在整个中国从这一端到那一端，长驱直入，不会遭到有效的抵抗。”[16]前苏联学者彼・伊・奥斯特里科夫说：“西摩尔联军的失败产生了严重的后果。义和团获得了重要的心理上的胜利。中国人民相信，外国人，即便是装备精良的外国人，也是能够打败的。”[17]沙俄扩张主义分子科罗斯托维茨鉴于西摩尔联军在廊坊的失败，不得不承认说：“西摩尔远征军的失利，使无论是首都或是天津的反欧洲人运动都更加激烈了。”[18]不错，正是这样，廊坊大捷的辉煌胜利不仅沉重地打击了各帝国主义的侵略政策，而且极大地鼓舞和坚定了中国人民战胜侵略者的信念和决心，廊坊大捷后，各地人民，尤其是直隶京津地区城乡各阶级各阶层人民越来越多地集聚在义和团反帝爱国的旗帜下，进一步地开展了反洋教和抗击八国联军野蛮入侵的英勇斗争，与此同时，深受义和团反帝爱国运动影响的清军官兵也越来越多地调转枪口一致对外，把义和团反帝爱国运动推进到了高潮。

廊坊人民不仅从道义和精神上支持了直隶京津各地的反帝斗争，而且还组织队伍开赴京津直接打击侵略者。例如：葛渔城义和团大师兄杨寿臣、二师兄杨寿清率领附近几个村庄的乾字义和团开赴天津，在东北角三义庙设立总坛口，从此领导了草厂庵、水月庵一带几个分坛的3000余名团民参加了天津保卫战，是抗击侵略者的一支主力军。与此同时小益屯附近几个村庄的义和团在大师兄施发、彭兆文率领下开赴北京，有力地支援了北京义和团和爱国官兵围攻西什库教堂的战役。总之，廊坊地区的义和团先后开赴反帝最前线，他们用自己的英勇行动把反帝爱国斗争推向了新的高潮。由此可

▲被中外反动势力逮捕的义和团民

见，廊坊人民在伟大的义和团运动中做出了重大贡献，廊坊大捷在义和团运动史上占有十分重要的地位。

注：

①:《义和圃史料》(上)，第172页。

②:《义和团》(二)，第485页。

③、④、⑤、⑥、⑦、⑪:《英国蓝皮书有关义和团运动资料选译》，第24、28、29、32、37、57页。

⑧:《十九世纪美国侵华档案史料选辑》(上),第235页。或《英国蓝皮书》中国第三号，1901年，第105附件。

⑨:[俄]德米特里·杨契维茨:《八国联军目击记》，第65页。

⑩:西摩尔:《我的海军战绩》，转引《中华帝国对外关系史》第三卷，第227页。

⑫:李杕:《拳祸记》，第85页。

⑬:璧阁衔:《在华一年记》，转引《八国联军在天津》，第232页。

⑭:达奇特:《美军援救使馆记》，第14页。

⑮:《德国外交文件有关中国交涉史料选译》第二卷,第12页。

⑯:明恩溥:《中国在动乱》，转引《天津历史资料》，总第2号，第67页。

⑰:《义和团研究会会刊》，1982年第2期，第43页。

⑱:[俄]科罗斯托维茨,《俄国在远东》，第30页。

原载中国文史出版社《义和团廊坊大捷》

论直隶义和团运动的地位与作用

19世纪末20世纪初爆发在我国北方的义和团运动，是一个以农民为主体的各阶层人民群众参加的反帝爱国运动，由于没有先进阶级的领导，终于被中外反动派联合绞杀了。但是义和团运动具有重大的历史意义，中国人民反帝爱国的历史功绩是不可磨灭的。1901年2月一位法国议员在议会上演说时说：“中国地势宏阔，民气坚劲，殊非印度南洋可比，各国以其民气未开，遂群起而思侮之；且欲驱勒人民，瓜分土地，等诸印度南洋诸种类；此所谓智蔽于欲也。吾但见其流血于亚洲大陆而一无所成耳。夫中华岂印度比哉？华人才，印人拙；华人坚忍，必求有成；印人懦弱，任人制治。若夫南洋蛮族更不逮远甚，且华人久沐儒教，同德同文，每与西人性情相反。西人若领其地而治其民，以他族居然临御其上，岂无伟人攘臂合群以死命相争乎？华人久受政府之抑，故莫显其智力，苟愈激之，则反抵之势愈大。今华人正当激甚之时，若再加以挑拨，谁敢谓亚洲大国，必无华盛顿其人者。吾故谓瓜分之说，不啻梦呓也。”①由此可见，帝国主义侵略者也被义和团在顽强抗争中显示出的中国人民永不屈服的战斗精神所折服。他们认识到，这种巨大的力量，已经不能再使他们随心所欲地瓜分中国了。义和团运动在当时确实起到了阻止帝国主义列强直接瓜分中国的作用。

义和团虽没有从正面提出明确的反封建的口号，但它在实际斗争中确实打击和削弱了清政府的反动统治，同时促进了中国人民的觉醒，使人民认识到清政府必须推翻而且能够推翻。正如鲁迅所说，义和团运动后，“群乃知政府不足以图治，顿有掊击之意矣”②。果然，十年之后，清政府被推翻了。

此外，义和团运动，还对亚洲各国民族解放运动产生了重大影响。它史无前例地英勇抗击八个帝国主义国家的联合进攻，博得了不愿被奴役的亚洲人民的高度赞扬。朝鲜人民就曾称颂过义和团的壮举："义和群雄唤起了人民宣誓消灭倭洋，形成万里长城般的巨大的力量……"③

然而，在整个义和团运动中，直隶义和团则是十分重要的，其地位是首当其冲的，它起到了旗手、核心和主力军的作用。

第一,义和团运动起源于直隶威县。赵三多1898年10月在蒋家庄起义，揭开了义和团运动的序幕。义和团运动是自从鸦片战争以来几十年中国人民反洋教斗争的继续，在此之前，反洋教斗争的中心在长江流域，由于种种原因它未能把反洋教斗争推向高潮，直到1898年10月直隶赵三多高擎起反洋教之火炬，方才点燃了反帝爱国运动的燎原大火。

第二次鸦片战争以来，西方教士们愈发认识到在天子脚下的直隶传教，更有利于其对华实行进一步侵略，法国公使就曾直言不讳地说："此区相隔京都不远",遇事"即应易办迅结","他省距此遥远,生有事故更为难查"④，因此《北京条约》签订后，各国变本加厉地在北京周围的直隶省各州县建堂传教，直隶省逐渐成为各帝国主义侵略势力麇集的地区。1900年以前，直隶全境共有教堂多达2200百余所，披着宗教外衣、手捧耶稣像的传教士们在直隶大地上依恃不平等条约中的特权，横行霸道，为非作歹。而清政府惧怕洋人，采取了"扶教抑民"的反动政策，在中外反动派的野蛮残酷的政治压迫和敲骨吸髓的经济掠夺下，直隶人民再也无法继续生活下去了。根据压力越大、反压力也越大的原理，外国教会对人民残酷的压迫必然会引起人民强烈的反抗，加速革命运动的爆发。实际情况正是如此。以反帝国主义宗教侵略为主要目标的义和团运动终于在直隶南部的威县爆发了。赵三多等义和拳起义后，"滋扰教堂"，"抢毁教户"，矛头直接指向代表帝国主义侵略势力的教会。尽管清政府在帝国主义支持下迅速派兵围剿了这次起义，但起义火种并没有熄灭，赵三多率骨干分子冲出重围，沿大运河北上，点燃了一个又一个州县的反帝爱国运动，从此反帝怒火从冀南烧向冀中，又烧向京津，最后烧向华北各地。由此可见，赵三多的伟大功绩之一，是他点燃了义和团运动的熊熊烈火，并使义和团运动迅速发展和壮大。

第二，推动了义和团运动高潮的到来。1900年春天，义和团运动的风暴不仅席卷了衡水地区各州县，而且迅速向西南和中部地区蔓延，晋州、无极、宁晋、广宗等州县，已是"拳场林立"⑤，不少教堂被焚毁。一时省城保定成为义和团运动的中心，紧接着又发展到定兴、涿州、易州、涞水和雄县、文安、霸州、静海各州县。涞水大捷，沉重地打击了清政府围剿义和团的政策，促使义和团于 5 月 27 日占据涿州城，涿州知州龚荫培“知不能敌”，只好自毙，义和团在“四门上下高树旗帜”，“城上皆红巾黄巾，刀矛林立”[⑥]。义和团对城门“把守甚严，居民出入皆须搜查”[⑦]。“办公之人，不得入城，城内文武具文而已”[⑧]，可见官府已完全瘫痪。义和团著名首领李来中还对一些地方官实行专政，不许他们乱说乱动，一时涿州城社会秩序井然。总之，义和团占据涿州后，聚集了京南各州县义和团，为下一步挺进京津创造了条件，与此同时，义和团大力破坏芦保铁路，使之中断。义和团运动所显示出的巨大威力，迫使清政府不得不采用由剿变抚的政策，这在客观上加速了义和团运动的进程。

另外，直隶义和团运动中涌现出来的诸如曹福田、张德成、杨寿臣、王成德、周老昆、李来中等义和团首领，能够适时地将直隶中部的几支义和团开进了天津和北京，促使反帝的义和团运动进入高潮阶段，其作用是巨大的。

第三，英勇抗击了八国联军的侵略行径。抗击八国联军的入侵是义和团运动的一个重要历史功绩，而且只有直隶义和团肩负了这一历史重任。无论是廊坊、落垡和杨村一带抗击西摩尔联军的战斗，还是天津保卫战以及八国联军占领北京后，继续向河北纵深地带侵犯过程中，都遇到了义和团和少数清军爱国官兵的誓死抗击。以往一些人的否认直隶义和团是抗击八国联军主力的观点，显然是十分荒谬的。因为翻开义和团运动史料，尽管大多为上层文人所记，然而就是他们也没有否认义和团的历史功绩。在廊坊、落垡、杨村抗击西摩尔联军的战役中，确有董福祥和聂士成的少数军队参战，但主力仍为廊坊地区上万名义和团战士。试想如果没有义和团破坏京津铁路若干段，如果没有成千上万的义和团战士昼夜围攻侵略军，西摩尔联军进犯北京的计划是肯定会得逞的。正是由于义和团拆毁了铁路，迫使西摩尔联军不得不停车修复被拆毁的铁路，有力地扼制了侵略军的进军速度；也正是倪赞清、王山等著名义和团首领率领数千名义和团用木棍、大刀、长矛、鸟枪和大抬杆与侵略军浴血奋战多次，才迫使西摩尔放弃了进犯北京的计划。爱国清军在廊坊等地主动出击，仅是起了辅助作用。阻止侵略军进犯北京的廊坊之役的胜利，不仅阻止了侵略军向北京进犯，而且戳穿了敌人不可战胜的神话，极大地鼓舞和坚定了中国人民反抗侵略者的决心。

天津保卫战的主力军亦是义和团。无论是攻打紫竹林租界，还是火车站以及东局子的战斗，在第一线冲锋陷阵的是义和团，清军仅是用炮火给予支援而已，虽有少数爱国官兵曾与义和团并肩战斗。但总体讲，天津保卫战的主力军是义和团，而不是清军。尤其是天津保卫战的后期，清军不仅公开屠杀义和团，而且提前退出天津城，向北仓逃跑，而此时义和团和少数直隶练军仍在与侵略军殊死决战于南门。由于清军逃往北仓，天津府县官吏逃至杨柳青，义和团已无后援，弹尽粮绝，才最后撤出天津。

▲八国联军屠杀义和团战士

八国联军占领北京后，继续向直隶各州县进犯，时直隶的清军已投降联军，且帮助联军屠杀义和团。义和团处于腹背受敌的境地，然而义和团仍然担负起抗击八国联军的使命。在天津郊区以韩以礼、刘呈祥为首的义和团给侵略军以沉重的杀伤，侵略者说，在天津四乡最少有万余武装较好的义和团残余在偷袭联军。在北京郊区，义和团神出鬼没地袭击联军，有时甚至集合万余人与大队侵略军列阵作战。侵略者惊呼："义和团正成群结队来到北京周围，甚至在城内出现，昨天他们准备架走一个法国人！再来一次更大规模的围攻或封锁，也很有可能"；"中国很有可能使各国援军遭到拿破仑在莫斯科的命运。"⑨

1900 年 10 月，联军占领保定后，义和团则在郊区不分昼夜打击侵略者，李家庄一战就击毙侵略军 40 余人。在西部山区，以周老昆、李必武和车云标为首的几支义和团，钳制了上千名侵略军，并给以有力的杀伤；在滦州，侵略军则遇到了张洪为首的义和团的抗拒，伤亡惨重。总之，侵略军进犯何地，何地便有义和团誓死抗击。例如，侵略军侵犯霸州，义和团"竟列仗拒敌"；联军进犯沧州，义和团则将守备草店桥的日军消灭掉；在热河朝阳县，以邓莱峰为首领的"拒洋社会"，组织义和团和民众与俄国侵略军死战，终于打退了敌人的进攻；束鹿旧城义和团把进犯的法国侵略军打得丢盔弃甲，屁滚尿流，其侵略军头目也不得不承认“一乡人皆敢死，亦奇矣哉！”[10]以上所述，仅是义和团英勇抗击侵略军的千分之一战例。此时，在直隶的清军已全部投降八国联军，并充当了屠杀义和团的帮凶角色。在铁一般的事实面前，怎能讲在八国联军进犯中国时期“清军始终是抗击敌人的主力军”而义和团只是“反帝爱国先驱”[11]呢？

八国联军进犯扫荡的区域没出直隶省境，然而在直隶大地上抗击敌人的主力军是义和团，而非清军，这是事实。当然，部分清军在大沽、北仓、北京、井陉等地也对侵略军进行了英勇的抵抗，但他们多是以不战不守、狼狈逃走而结束战斗的，而不是誓死抗击，血洒疆场，为国捐躯。除了如为保卫东局子而壮烈牺牲的千总宗永德、为保卫天津而捐躯的练军守备宋春华以及聂士成等极少数官兵外，为保卫祖国而壮烈牺牲的清军太少了，而义和团为抗击侵略者而牺牲的却太多了。翻翻义和团运动史料，会把主力军的位置归于义和团的。直隶义和团抗击八国联军侵略的历史是整个义和团运动史的主要组成部分。如果没有这一环节或淡薄了这一环节，那么义和团运动史也就显得不大健全和暗淡无光了。

第四，提出了“扫清灭洋”的战斗纲领。直隶义和团的另一重大功绩是从惨痛的教训中首先提出了“扫清灭洋”的战斗纲领，并高举这一旗帜继续战斗下去。

深明大义的中国农民不是没有头脑的，尤其是一些杰出首领人物，在痛苦的教训下不能不引起他们冷静的思考。为何“扶清”却反遭清政府的屠杀呢？为何昨日被称“义民”，今日却称“拳匪”呢？清政府的屠刀终于使义和团及其首领们醒悟了。原来清政府是一个极为反动腐败的政府，是一个在民族战争中临阵逃跑的政府，是一个出卖祖国、屠杀爱国人民的政府。义和团从血泊中吸取了痛苦的教训，认识到了以往扶清是扶错了，但“灭洋”是对的，而且还不够。特别是辛丑卖国条约签订后，他们更加认清了帝国主义侵略中国的真面目，于是提出了“扫清灭洋”的战斗纲领。从“扶清”到“扫清”反映了20世纪初中国人民对清政府本质认识的一个飞跃，认识到了反帝必反封的革命道理。从此中国人民把反帝和反封建密切地结合在一起，标志着中国人民对革命对象有了进一步的认识，近代民主革命进入了一个新阶段。首先提出这一战斗纲领的是冀中义和团余部和联庄会。1901年6月深州武举田夔经领导的抗洋捐斗争，其部下多是义和团余部，首先竖起了“扫清灭洋”的旗帜，直接与清军和侵略者对峙；8月，雄县义和团在祁子刚率领下发动起义，提出了“反清灭洋”的口号。尤其是 1902 年春，景廷宾与赵三多共同竖起了“扫清灭洋”的战斗旗帜，掀起了反抗教案赔款的大起义，其影响颇为广泛深远。

有人著文，不同意“扫清灭洋”是义和团后期的战斗纲领，笔者则认为是不恰当的。从“扶清”到“扫清”的脉络十分清晰，没有取得“扶清”教训的实践，任何人或组织是提不出“扫清”的口号来的。“扫清”确实是义和团提出来的。田爕经和祁子刚的队伍中都有义和团余部，而且祁子刚本人乃是义和团首领，景廷宾是在与赵三多联合后才提出“扫清灭洋”口号的。如果硬是把“扶清”与“扫清”割裂开来，甚至否认“扫清”不是义和团提出的，是不符合实际情况的。因此，我们说“扶清灭洋”和“扫清灭洋”都是义和团运动的旗号。因为义和团运动是从 1898 年 10 月赵三多在蒋家庄举起“扶清灭洋”旗帜起义开始至 1902 年 7 月景廷宾领导的“扫清灭洋”起义失败时为止，前后持续四年之久，而决不能把义和团运动的下限人为地定为八国联军占领北京时，即 1900 年 8 月。直隶义和团经历了义和团运动的始终，意义之重大不言而喻。

第五，影响和推动了其他地区反帝爱国运动的开展。义和团运动在直隶爆发并且成为运动的中心，肩负起民族救亡的重任，这个在天子脚下爆发的革命运动使全国各地无不受到直接或间接的影响，尤其是与直隶毗邻的山西、内蒙古、河南和东北三省，乃至四川等地都不同程度地受到了直隶义和团运动的积极影响。

直隶省与东北三省历来有着密切的来往，尤其是自从清王朝允许关内贫民迁居东北后，直隶各州县，特别是冀东和冀中一带贫苦农民纷纷背井离乡“下了关东”。他们定居后，仍然与原籍保持密切的联系，并不断吸收新的“成员”陆续迁入东三省。义和团运动时期，“下关东”的潮流仍在进行中，因此直隶义和团成员借此出关设场授拳者不胜枚举，在辽宁、吉林、黑龙江都有。如齐齐哈尔义和团的张拳师、哈尔滨义和团法师敬际信等人，都是从直隶去的义和团成员。与此同时，定居东北三省各地的人也不断回到直隶探亲乃至学拳。另外，在俄国侵略军武装进犯东北的严峻形势下，直隶省亦有不少爱国人士自愿赴东北参加抗击俄国侵略者的爱国斗争，从而推动了东北三省义和团运动的发展。

富于反抗精神的四川人民在义和团运动期间多次迎接主动入川开展反洋教斗争的直隶拳师或直隶义和团成员。清政府的文告中曾记载：“自上年直隶义和团肇乱之后，其流入川境，潜传邪教，遂至蔓延。而各种会匪以其易于惑人,无不从而练习。近日屡变其名,曰神灯,曰红灯照,其实皆系拳匪。⑫罗湘在其《怡文馆文牍略存》一书中亦较详细地记载了直隶义和团“渐次入蜀,乘便煽惑”的情况。

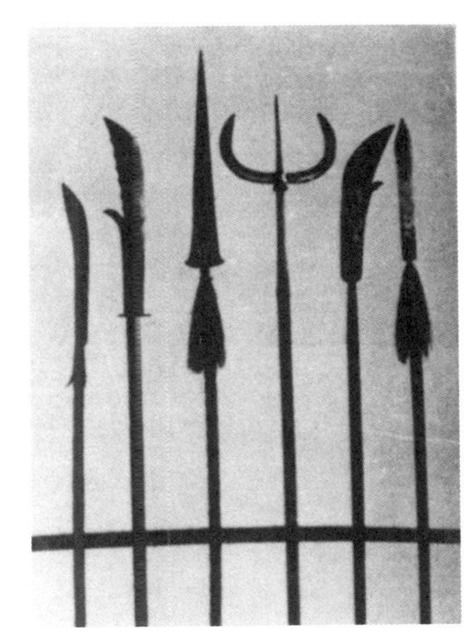

▲义和团使用的武器

因为义和团运动起源于直隶、山东交界地区（今河北威县），因此在义和团运动初期，直隶、山东两省义和团互通声息，互为支援，关系密切。据《筹笔偶存》等有关义和团资料记载：直隶义和团较山东义和团力量更为强大，山东义和团组织十分分散，没有统一的领袖，大都是百十成群，各自为战。而直隶义和团则比较集中，动辄千百成群，有时甚至数千或上万人的规模，并且经常集合队伍入山东境内活动，给山东义和团很大影响。如沧州王之臣、潘祚荣等义和团首领经常率直隶义和团进入山东境内协助山东义和团进行反教灭洋活动，而山东德州义和团在李发祥、李德海和李金荣率领下也曾进入直隶吴桥境内协同吴桥义和团郑凤亭开展袭击教堂、仇杀反动教民活动。但对一些资料中所谓“山东老团”进入直隶和北京的记载多是指冀南赵三多义和拳的成员。金家瑞先生在《义和团运动》一书中所写山东义和团主力进入直隶，“在景州、故城一带整顿队伍以后，就分成两路继续前进”，“一路沿运河北上，目的是天津；另一路则西北行，想沿芦保铁路北向京师”，可能是主观推测，因为很难找到有关这方面的历史资料。实际情况并非如此，山东义和团确有少数人进入直隶，但时间是 1900 年 6 月 19 日清廷对外宣战以后。山东义和团为了勤王，有部分义和团进入直隶，但在此以前直隶义和团的声势已十分强大，那种认为“因山东义和团大批进入直隶境内，直隶义和团才发展壮大起来”的说法显然是不符合历史事实的。

总之，直隶义和团较山东义和团组织统一，规模宏大，战斗力强，把整个义和团运动推向高潮的是直隶义和团的力量。

注：

①:《万国公报》辛丑年正月号。

②:《鲁迅全集》第8卷，第239页。

③:《历史教学》1969年2月号。

④:《教务教案档》，第四辑，第144页。

⑤、⑦:《义和团运动史料丛编》第2辑，第137页。

⑥:《义和团》丛刊第1册，第251页。

⑧:《义和团》丛刊第4册，第339页。

⑨:《中国海关与义和团运动》，第9–11页。

⑩:《束鹿县志》卷3，第17页，1937年铅字印本。

⑪:《中国近代反侵略战争史》，第351页。

⑫:《巴县档案义和团专卷》。

原载《河北学刊》1990年第5期

孙中山与直隶（今河北省）

孙中山先生在他的革命生涯中十分关注河北，曾先后三次来到河北，给燕赵大地上的几千万人民留下了深刻的印象。

先生第一次来河北是1894年，当时他还是一个改良主义者。他来河北的目的就是上书李鸿章。孙中山之所以上书李鸿章，是由于他认为李鸿章在当时算是清政府中一位识时务的大员，如果能按他的主张办起改良运动，也未尝不可挽救当时的中国。当年6月他同陆皓东来天津求见李鸿章，条陈变法自强的主张，提出“人尽其才，地尽其利，物尽其用，货畅其流是治国大本”的主张。然而却被李鸿章拒绝接见，其主张亦未被理睬。

孙中山上书失败，知清政府积弊过深，无可救药，和平改良手段无可复施，只能走革命的道路去推翻腐败的清政府。可见孙中山先生的革命思想最初是在燕赵大地上萌发的。

时值中日甲午战争，孙中山“以为时机可乘，乃赴檀岛、美洲；创立兴中会，欲纠合海外华侨以收臂助。”孙中山团结爱国志士的举动加速了革命的进程,第二年发动了广州起义。为了更好地组织和领导各地的反清斗争，1905年孙中山在日本创立了“中国同盟会”，提出了三民主义的政治纲领，革命走上了高潮。随着革命力量的壮大和联合，终于在1911年10月10日发生了武昌起义。紧接着包括河北在内的各省揭竿而起，清帝被迫退位。辛亥革命结束了中国两千多年的封建专制统治，对中国后来的民主革命发生了深远的影响。

1912年孙中山辞去临时大总统职务后，应袁世凯的邀请，自上海乘轮北上，这是孙中山先生第二次来到河北。他虽然对其政治主张未能贯彻而感到惘然，但他依然满腔热情地为祖国的振兴而辛勤奔波，他希图从“发展物力，使民充裕，国事不摇”，而另辟蹊径，探索推动中国民主政治和经济建设前进的道路。此行的主要目的是对北方各省，尤其是对河北省各地实地考察。

孙中山先生8月24日经天津抵北京。他9月9日正式接受政府的任命，担任全国铁路督办。孙先生在北京居住一个月，除与袁世凯会谈十多次外，还接见了各界代表，并在各界欢迎会上发表热情演说。9月5日先生被推举为全国铁路协会名誉会长。第二天先生开始了视察河北各地的活动。孙先生及随员几十人6日早乘专车抵张家口。先生到站后受到几千人夹道欢迎，欢呼声不绝于耳，在欢迎会上孙先生说："兄弟到张，蒙军、学、商、工各界及各团体欢迎，实不敢当。今日……建设共和，人人脱去奴隶圈，均享自由平等之幸福，实中国四千年来历史所未有。……但共和国家，既以人民为主体，则国家为人人共有之国家；既为人人共有之国家，则国家之权利，人人当共享，而国家之义务，人人宜亦当共担。界无分乎军、学、工、商，族无分乎汉、满、蒙、回、藏，皆得享共和之权利，亦当尽共和之义务。"这是孙中山先生给张家口人民上的第一堂法制课。孙中山本计划出口视察蒙界情势，因时间所迫，只得返京。过路宣化时，受到宣府各界热情欢迎，宣化的小学生高呼口号和献花的举动感动了先生，特下车善言嘉许。

孙中山往返张家口视察了由中国工程师詹天佑设计修建的京张铁路，给了很高的评价。

9月17日，孙先生乘车赴太原途中过路保定，下车出席30余团体之欢迎会，孙先生即席发表了讲话："我们当初革命的目的是反对专制，推翻清朝，建立民国，实行共和。经过武昌起义和全国同胞的共同奋斗，袁世凯顺乎人心，劝清帝退位，表示赞助共和，我们革命党人的目的达到了。按袁世凯的地位和各方关系，他担任总统很合适。我们革命是为了救中国，不是为个人谋官。中国地大物博，矿藏丰富，必须有四通八达的铁路交通，促成经济的发展，而跻于世界之林。因此我和袁世凯商谈后就任全国铁路督办，我要计划在全国修建十万公里铁路。"

当日下午6时30分专车抵达石家庄，欢迎群众列队站台之上，第一队是正太路职工，第二队是军、政官员及绅商，第三队是学生，第四队是军警，大约有上万余人。孙中山先生下车后，右手举帽，由排头看到排尾，又由排尾看到排头，露出和蔼可亲的笑容，频频点头。此时正定中学生刘德润激动地说："请中山先生给我们演讲。"中山先生当即答应，同欢迎的人来到石家庄商会。他用流利的北方话对大家说："什么是专制国家？什么是共和国家？专制国家好比一个私人铺子，掌柜的是替东家管事的，赔赚是东家的。共和国家好比一个公司，经理是替各股东负责的。中华民国就是像一个公司，全国人民都是股东，人人都是有份的，总统就是我们的经理，干得不好，我们有权撤换……”中山先生洋洋数千言的的热情演讲给石家庄人民留下了深刻的印象。

为了不麻烦地方当局，他当晚在专车上过夜。18 日上午 8 时先生专车开出石家庄，前往太原。车到井陉南关站时，先生见地方官绅齐集站台欢迎，乃下车与官绅晤面，貌相谦和，一面谈，一面观览雪花山形势。

孙中山先生在山西视察三天后于 21 日晨离开太原。在专车上孙中山对身边的王葆真说：“北方的形势，足以证明袁世凯并无实行民主的意思，辛亥革命的成果已被破坏，革命同志应继续努力！”可见孙中山先生并没有受到袁世凯的欺骗，早已看穿了袁世凯的狼子野心。

孙中山先生为了履行亲自祭奠吴禄贞烈士的诺言，决定在石家庄召开追悼会，致祭吴禄贞。吴禄贞是孙中山的亲密战友，吴之识孙，随孙在黄兴之前，大约是在 1898 年。吴禄贞是兴中会和同盟会的中坚分子，是孙中山的重要助手和伙伴。1911 年 11 月 8 日，吴禄贞在石家庄遭杀害，给革命带来了无可挽回的巨大损失，革命党人无不痛愤，孙中山痛之最切。孙中山就任临时大总统后，把追怀烈士作为建国伊始的首要大事，“明令褒恤吴禄贞以大将军例予以抚恤”。

此次抵达石家庄，在国民党驻石交通部欢迎会上演说，到会两千人，孙中山演说：“共和之所以异于专制者，专制乃少数人专理一国之政体，共和则国民均有维持国政之义务。现在数千年之野蛮专制政体业已改革为共和政体，人民均得自由幸福。……现在共和，人民即是主人，官府即是公仆。官府既是公仆，大家须出资以养其廉耻，所谓国民有纳税之义务也。国家对内，对外有时为保护进行起见，必须兵力。国家既为大家所有，则兵力亦必全恃乎国民，必合全国。全国协力筹商，始克希望诸政妥善，晋于富强。倘互任少数人独断独行，则势必流于专制，何得之共和。故为防止少数人之专制，凡属国民均有参政之权。所以义务、权利两相对待，欲享权利必先尽义务。务望诸君切实转告我民国父老兄弟，甚勿放弃个人义务，陷国家于危亡。幸甚。”

第二天召开追悼大会，致祭吴禄贞将军，孙中山先生以十分沉重的心情读了他专为悼念吴禄贞烈士的祭文：

荆山楚水，磅礴精英，
代有伟人，振我汉声。
觥觥吴公，盖世之杰，
雄图不展，捐躯殉国。
昔在东海，谈笑相逢，
倡义江淮，建牙大通。
契阔十年，关山万里，
提兵燕蓟，壮心未已。
滦州大计，石庄联军，
将犁虏廷，建不世勋。
猰貐磨牙，蜂虿肆毒，
人之云亡，百身莫赎。

9 月 22 日上午孙中山先生登车开往唐山视察，随行者有黄兴、宋教仁、胡汉民等人，先后参观了铁路制造厂、矿务局、启新洋灰公司等处。最后在唐山路矿学堂发表了鼓舞人心的演讲，中山先生说："国民革命需要两路大军，一路进行武装斗争，建立平等自由的中国，一路学习世界科学技术，改变祖国贫穷落后的面貌，在坐诸君不必都投身于锋镝之间。况且学习采矿、筑路、建桥也是为了革命。……希望大家努力学习，以身许国，承担起历史重任。"

23 日赴榆关、开平、滦州继续视察，旋即回津，当晚出席天津各界联合召集的欢迎会，孙中山先生在演讲时一再强调要效仿欧美和日本，利用外国资本，发展本国、本省经济。第二天，孙中山先生一行由天津乘专车至山海关，视察北宁铁路，旋折道回津。9 月 26 日沿津浦路南下。

孙中山先生第三次来河北是 1924 年 12 月 4 日。10 月 25 日，冯玉祥在北京政变成功后，举行政治军事会议，决定电请孙中山北上主持大计。先生毅然接受邀请，11 月 10 日发表《北上宣言》，重申反对帝国主义和反对军阀的政治立场，认为实现国民革命的关键在于人民掌握武装，提出废除不平等条约，要求召开国民会议。13 日偕夫人宋庆龄乘永丰舰离粤北上。

12 月 4 日到达天津。市民搭起牌楼，悬灯结彩，举着旗子和标语欢迎孙中山先生。靠岸后，几万名群众欢呼若狂。孙先生揭帽示意，并发表了简短的讲话。孙先生本想在天津建立大本营，以揭露段祺瑞执政府的假面目，从而推动北方革命的进程。为了扩大召开国民大会和废除不平等条约的声势，孙中山先生在20多天的行程中不断地向各界宣传演说，频繁与中外友人会见，进行通宵达旦的谈话。终因日夜操劳，肝病复发，肝痛加剧，遂决定入京进协和医院治疗。

31日孙中山先生扶病入京，李大钊率各界群众十万人热烈欢迎。孙先生发表书面谈话和《入京宣言》，指出："此次来京，非争地位权利，乃为救国，十三年前余负推倒满州政府使国民得享自由平等之责任，惟满清虽倒，而国民之自由平等早被其售与各国，故吾人今日仍处帝国主义各国殖民地之地位。因而吾人救国之责，尤不容缓。"

嗣后，经协和医院检查，证实先生病为肝癌。孙先生在病势垂危时，念念不忘革命工作，他一再强调抵制段祺瑞的善后会议；勉励革命者为召开国民会议及废除不平等条约而斗争不息。

1925年1月，中国共产党在上海举行第四次代表大会，确定开展和领导各项群众运动的方针。在此期间，由于孙中山先生积极推行"联俄、联共、扶助农工"的三大政策，因此获得了我党和广大工农和进步力量的支持。孙中山先生北上受到了人民的极大欢迎。1月26日，病势加重，施行手术，2月下旬病情更加恶化，全身浮肿，腹水有增无减。2月24日，病危，口授遗嘱。3月12日上午9时半，孙中山先生溘然长逝。

孙中山先生三次来到河北，宣传他的革命主张，对河北人民奋起革命起到了难以估计的推动力量。

孙中山先生不仅仅在三次来河北的日子里关注河北，在其他时间里对河北的革命和建设也给予极大的关怀并寄以希望。

首先是孙中山和他领导的同盟会在为河北革命培养和输送干部工作上做出了成绩，赢得了革命的胜利。"直隶地处京畿，专制威力所集中，为当事者，防范之严，侦察之严密，过于他省。"由于河北省地处天子脚下，清政府统治十分严密，帝国主义势力十分猖獗，然而河北人民在反帝反封建斗争中不甘屈服于帝国主义和封建势力的反抗精神是十分坚强的。尽管如此，河北革命的力量是微小的，主要是革命干部人才的缺少。孙中山先生是第一位重视培养河北干部和有计划地向河北输送外省干部进行指导革命的人。中国同盟会成立不久，孙中山就指示在日本的河北青年学生成立了"同盟会直隶支部"，张继、王裕德、张仲山、陈幼云、吕复等20多人都是第一次加入同盟会的河北青年。他们先后回国开展革命，陈幼云回国后在保定成立河北支部，后来的李石曾、王葆真等人先后为负责人。孙中山鉴于河北革命对象力量强大，革命力量微弱，本籍干部缺少，又先后从国外和南方各地向河北输送了几百名革命骨干，像吴禄贞、陈雄、周维桢（湖北人）、王熙普（浙江人）、彭家珍、杨禹昌、刘汉柏（四川人）、自雅雨（江苏人）、张世膺（江西人）、黄之萌、张先培（贵州人）、孟浩（安徽人）、何遂（福建人）、胡鄂公、孔庚（湖北人）等。他们为了中国革命的胜利，为了河北省几千万人民的民主、自由先后牺牲在燕赵大地上。

在革命的每个阶段，孙中山先生及时地指导了河北的革命斗争。武昌起义前的十多次武装起义动摇不了清王朝的统治，孙中山先生支持了吴禄贞、田桐等人提出的“中央革命和覆清灭袁”的斗争战略。当孙中山先生获悉吴禄贞打入清政府军中，当上了第六镇统制官后高兴地对朋友讲：“最近我党同志吴禄贞将军已被任命为北京第六镇统制，此外乞今在其他省份各镇中工作的直隶籍军官，目前已回北京陆军中任职，企图于起义发动时而响应。你由此可知，他们在获悉我们计划之前，已为同一目标实现而从事艰苦的工作。我期望在这方面能迅速取得重大成就。”

滦州起义前夕，胡鄂公赴南京向孙中山先生汇报，并请求巨款接济起义，孙中山先生当即指出：“北方革命运动，固重于目前一切也！”他当面要黄兴从陆军部拨款 20 万元为直隶革命发动费用，并对胡鄂公说：“他日若有急需，可再来电汇寄。”河北人民和革命者没有辜负孙中山先生的期望，他们先后在张家口、北京、任丘、滦州、通州、天津和石家庄等地起义与清军和袁世凯展开了战斗，他们不怕流血牺牲，终于逼迫清帝退位，赢得了资产阶级民主革命的胜利。由此可见，河北辛亥革命在整个推翻清王朝的革命斗争中是十分重要的。不少史学家是这样分析辛亥革命的“起于南方，收身于北方”。

孙中山先生不仅关注河北的革命事业，同样关注河北省的建设事业。在他的 1917—1919 年所著《建国方略》一书中，先生耗费心血为河北的交通、盐业进行了详细的规划，尤其是他以惊人的胆略提出了在河北乐亭沿海区建筑“北方大港”的宏伟规划。他指出：“兹拟建筑不封冻之深水大港于直隶湾中，中国该部必需此港，国人宿昔感之，无时或忘。……兹所计划之港，为大沽口、秦皇岛两地中途，青河、滦河两口之间，……该地为直隶湾中最近深之一点。……此港能借运河以与北部、中部内地水路相连，而秦皇、葫芦两岛则否。……顾吾人之理想，将欲于有限时期中发达此港，使与纽约等大。”然而，动乱的旧中国是无力建港的，新中国成立后也无条件建港。只能在改革开放国力大增的20世纪80年代末河北省才做出了建设北方大港”即京唐港的决定，随而破土动工。在几年的施工过程中，工人和技术人员在孙中山先生建“北方大港”精神的鼓舞下精心设计，大干巧干，陆续建成了十多个泊位，吞吐能力已达到几百万吨。孙中山先生建“北方大港”的伟大理想终于在中国共产党的领导下实现了。

▲1912年9月7日孙中山视察詹天佑设计修建的铁路时，在张家口车站与欢迎人员的合影

辛亥革命在滦州

滦州曾是多年前直隶辛亥革命的发祥地。当时，直隶省资产阶级革命战士们聚集滦州发动兵谏和起义，同清王朝和袁世凯进行了可歌可泣的斗争，表现了资产阶级民主革命战士难能可贵的革命性。虽然失败了，但它具有不可磨灭的历史功绩，为河北省近代革命增添了光彩，推动了历史的前进，在中国近代史上写下了辉煌的篇章。

一、滦州兵谏

（一）

自清政府编练新军后，规定每三年举行秋操即军事演习一次，以检阅各镇新军的训练成绩。1905 年 10 月在直隶河间府举行第一次秋操；1908 年 11 月在安徽太湖举行第二次秋操，因熊成基发动操地起义，被迫停止；第三次秋操，清政府决定 1911 年 10 月在直隶永平府（今卢龙）举行。清政府举行这次秋操，是有意用炫耀武力的方式，恫吓人民革命，因此为了准备这次秋操，不惜银两向德国购买新式机关枪和其他武器武装禁卫军，妄图使它发挥震慑作用。参加这次秋操的军队有：禁卫军一、二、三混成协为西路军，由舒清阿指挥，自通州东进；新军第一、第四、第六、第二十镇和第二混成协的有关协标组成几个混成协为东路军，由冯国璋指挥，自秦皇岛向西进攻。为了显示满族将士的指挥才能，清政府内定西路禁卫军战胜东路以汉人为主的新军，清政府特派军咨府大臣载涛为阅兵大臣，并邀请各国驻华武官，中外记者和各省代表观操。

身居军中的革命党人吴禄贞企盼着把这次京畿的军事演习也变成操地

起义，直捣清政府巢穴，一举推翻清朝统治。于是他立即跟第二十镇统制张绍曾，第二混成协协统兰天蔚联系。吴禄贞和张绍曾、兰天蔚都是毕业于日本士官学校的同学挚友，时有“士官三杰”之称，是同盟会的秘密成员。他们认为秋操是起兵的好时机，于是便和“诸革命同志秘密议决，乘此秋操，新军实弹射击，先将禁卫军扫清，再整军入京，密约武汉同时举兵，使清廷首尾难顾，一举灭之”。[①]可惜，由于吴禄贞宣传革命最露锋芒，因此清廷对吴的疑心更大，至时，遂停止第六镇参加，第二十镇和第二混成协则仍按照原计划举行。二十镇接到命令，即在全镇选拔参加部队，当以七十八、七十九标为主体。全镇各标都挑选官长目兵参加其中，合编成一混成协，开赴滦州。[②]10 月 8 日秋操开始，正当禁卫军耀武扬威地东进之时，传来了武昌起义的消息，阅兵将官及各国驻华武官不知所措，纷纷逃散，清政府急电停止演习。11 日清政府命令第二、第四、第六镇各一协编为第一军，由陆军大臣荫昌统领，开赴武汉前线，镇压起义。紧接着又命令第二十镇、第二混成协和第三镇组成第二军也迅速南开湖北。随后又组成第三军，同时下令集结在滦州一带新军，各回原来防地待命。在形势突变的时刻，张绍曾拒绝了清政府要他率军南下镇压革命的命令，在滦州按兵不动。

（二）

武昌起义，各省相继响应的消息传到滦州第二十镇，刘一清、王金铭、施从云、冯玉祥等革命派为之兴奋，极力要张绍曾及时联络吴禄贞、兰天蔚发动革命，直捣北京，推翻清政府。而潘矩楹、范国璋、萧广传等反动派则要张绍曾即刻率部开赴湖北前线镇压起义军。正在张绍曾左右为难情况下，清廷派彭家珍押运 5000 支枪、500 万发子弹由奉天运向汉口前线接济。彭家珍是革命党，事先电告张绍曾在滦州扣留这批军火。军火到滦，张绍曾下令截留。有了枪支和弹药，革命官兵纷纷求见张绍曾统制，要求他即刻和吴禄贞、兰天蔚联络一致，率队直捣北京。张绍曾对将士们说：“湖北兵变，为除专制，主共和，以此倡议号召天下，凡属同胞，谅皆赞助。今吾辈所统各部队，半属北人，虽未预约同谋，应皆晓以斯义，倘冒然而往，胜则自残同类，负亦死无指名。”[③]张绍曾认为“具有数千年封建统治历史的中国，一旦推翻帝制，改为民主共和政体，恐与民情不甚适合，不如君主立宪较为稳妥”。[④]于是他征求兰天蔚意见，兰天蔚也认为起义时机尚未成熟。于是他们采取权宜之计，保持第二十镇暂时一致，以备待机“反正”，便用“兵谏”的形式于10月29日（辛亥年九月八日）向清政府提出改革政治12条政纲：

大清皇帝万世一系；于本年内召集国会；宪法由国会起草，以皇帝之名义宣布之，但皇帝不得加以修正或否认；缔结条约及讲和，由国会取决，以皇帝之名义行之；皇帝统率海陆军，但对国内用兵时，须经国会议决；不得以命令施行“就地正法，格杀勿论”之事；特赦国事犯；组织责任内阁，总理大臣由国会选举后，以皇帝敕任之；其他国务大臣由总理大臣推荐任之，皇族不得为国务大臣；国会有修改宪法之提议权；本年度预算未经国会议决，不得适用前年度之预算支出；凡增重人民之负担，须由国会议决；宪法及国会法之制定，军人有参与权。⑤

张绍曾条陈12条政见，态度强硬，要清政府立刻答复，他想这样办“可以相当满足一般守旧将领的要求。而条陈提上去，清廷必不允准，而后发动革命，则旧派将领也就死心塌地，无话可说了。”⑥岂知在张绍曾提出12条陈那天，山西亦宣告独立，给清廷以极大威胁。这时清廷当权派认为：倘若不允张绍曾所请，第二十镇由滦州所逼，和山西革命军两面夹攻北京是指日可下的。于是清政府不得不答应张绍曾提出的12条政纲，用开快车的方式要资政院立即起草宪法，并对张绍曾传谕嘉奖，不久又下罪己诏。这便是辛亥革命时期轰动一时的“滦州兵谏”。

“滦州兵谏”，虽然使清政府接受并颁布了立宪政纲，但已为时过晚了，它已失去了在戊戌变法时期立宪政纲的作用。尽管如此，辩证唯物主义者承认“滦州兵谏”在一定程度上阻止和削弱了清政府镇压南方民军的力量，因此它对清政府来说也是一个沉重的打击，对武昌起义则是一个有力支援。

（三）

张绍曾率第二十镇拒命南下，驻扎滦州，扣留清政府支前军火发动“兵谏”，使清政府恐慌万状。冯国璋等致电张绍曾“放运军火”，遭到拒绝后，清政府又赶忙派张绍曾在贵胄学堂任教时的学生海军大臣载洵前往滦州疏解，结果又得到张绍曾严词拒绝。最后清政府妄图利用张绍曾与吴禄贞关系，施用“一箭双雕”之计，特派吴禄贞去滦州“抚慰”，以便平息那里事态，稳定动乱中的后方。吴禄贞将计就计。他一到滦州就对张绍曾说：“你若能听从我的计划，联军进攻北京，此时早已推倒了清廷，偏要立宪有什么用？现在虽然晚了一步，趁着袁世凯任职不久，部署未定，全部精神和整个兵力都用在征讨武汉之际，还是我们的好机会”。[⑦]随后他又分析形势，建议直捣北京，他说：“南方已乱，北京空虚，设提一旅之师，大功垂手可得。今滦州军队已近万人，悉皆精锐，直抵丰台，以逼于北；禄贞由保定调部下所余一协直抵长辛店，以逼于南；三镇二协，再为后援，何求不获，何事不成”。[⑧]最后吴禄贞在张绍曾召集的部分革命将士面前说：“荫昌倾北京兵南征武昌，请君偕我倒戈，掩北京不备，可无血刃而定。然后绥靖士民，易置帝政，而传檄东南，释甲寝兵，天下事大定矣，奚以立宪为！”[⑨]吴禄贞、张绍曾当天部署起兵事宜，吴禄贞重申他的起义主张：“此次革命，事在必成，惟北京不下，清廷终得盘踞，战事延长，成败未可遂褐。”[⑩]他们以第二十镇为第一军，从滦州西进，兰天蔚的第二混成协为第二军，作为后援进行策应；吴禄贞率第六镇为第三军由保定北上，形成两路夹攻之势，一鼓作气，占领北京。

吴禄贞、张绍曾当时都是缺乏革命警惕性的青年高级军官，他们策划的军事行动已被清政府派往滦州监视吴禄贞的军咨府第三庭庭长陈其采和第二十镇四十协统领潘矩楹密告清政府和袁世凯。清政府马上采取防范措施，下令将京奉西线的全部列车调回北京，以防兵变进京。

在张绍曾发动“兵谏”后，直隶革命党人频繁往来天津滦州之间，敦促张绍曾起兵，并答应解决起兵的军饷和供应问题，甚至直隶咨议局也答应帮助筹款。王葆真通过关系向天津领事团疏通，允许第二十镇起义后通过天津直攻北京。但在关键时刻由于张绍曾优柔寡断，缺乏革命勇气，不敢率部起义，坐失革命时机，贻误了起兵时间，致使直隶新军直捣北京，推翻清政府的计划形成泡影。紧接着清政府和袁世觊对吴禄贞和张绍曾采取不同手段镇压了直隶新军的革命斗争。但是，压迫愈重，反抗愈烈，直隶革命党人毅然决然地举行了滦州武装起义，把推翻清朝统治的革命斗争推向了高潮。

二、滦州起义

（一）

武昌起义爆发后，在天津以教书为掩护进行革命的同盟会成员张相文和白毓昆便立即行动起来“暗结团体，待时而发”。他们组织共和会，公举白毓昆为会长，参加者多为各学校青年学生，他们“暗募会费，密运军火，宣传主义，探听敌情”。[11]共和会的主要工作则是策动滦州驻军的起义。自从第二十镇进驻滦州后，军中的革命者就跟天津革命团体建立了联系，并来往密切，多次酝酿图谋举义，推翻清政府。

张相文先生以革命的魄力和胸怀，制定了请求民军北伐，光复河北的作战计划：“窃观袁世凯手握大权，兼拥重兵，私党固结，盘踞于燕蓟齐豫诸省，又乘和议之际，力攻秦晋，以厚其势，此其为谋至狡，而其锋未易可当。且北地苦寒，民习强顽，当此隆冬冰雪，诚非南军所能堪。然时机迫促，邻敌伺隙而动，又未便久与相持，是诚当以计取，而不可以力争也。计取若何？亦惟示以形势，利用吾万众倾各之人心而已。夫武昌者，四达之冲，只宜坚守，浪战无益。即战而能胜，犹有三关黄河以为之盾，彼庸多矣。故不如坚守以缀其师。且自金陵既下，战争之局，已由京汉而移之津浦。我能利用津浦一线，则可以北收山东，西取河南，而徐州实为之枢纽。倘敌据徐州，则两淮处处可危，庐风淮扬，同时告警，而江南亦不可保，古所谓守江不如守淮者此也。为今之计，宜厚集兵力，先取徐州，以据中原之要害。一军驻临淮，以为之声援。一军由海道北上，袭山海关而守之。则京奉之道不通，而西伯利亚密输之军火可绝。即以北上之海军战舰，游弋于黄海渤海之间，实行封锁政策，以杜大沽，青岛之输送。由是敌之接济穷而兵力分，燕赵齐鲁之士，必有奋起而为吾内应者。而要当先遣间使以联属之，与之约期并举，使随所在而毁其铁道，断其电线，斫其牧令，使满州政府一切内政外交诸剧务，皆河决鱼烂而莫可收拾。而吾南北三军，乃相机进取。临淮一军趋陈许，据郑州，以断其武汉归路。徐州一军攻济南，与山海关之师会于天津，以扼其吭。更通道秦晋，使各出奇兵，以掎其臂。审如是，则智不及谋，勇不及施，世凯虽狡，亦将穷于运用，不出旬日，而北京可举，大局可定矣。鄙人久游北土，颇识其贤豪长者。自武汉事起，即已暗结团体，待时而发。只以势孤力弱，遂归失败。然人心喁喁，引领义师未已也。用敢竭忱上言。倘蒙采择，俾以北道主人自效。则执策先驱，固所甚愿尔”。[12]

这是关于滦州起义的一个极其重要的原始文献，它的重点乃是要黄兴利用津浦路派军北伐，占领徐州这个军事要地，并由海路攻占山海关，与驻滦州的第二十镇革命官兵会师，直捣京津，大局可定。可惜黄兴没能接受这个在当时条件下可行的北伐计划，滦州起义由于得不到南方民军海路支援也就败北了。

在白毓昆计划率共和会骨干赴滦州发动驻军起义的时候，张相文也携同陶懋立挟策南下，以约民军由海道北上。1911 年 11 月 30 日白毓昆等人从天津到达滦州，开始了起义前的准备工作。

（二）

滦州兵谏后，第二十镇的革命同志接受“兵谏”的局限性教训，更加密切地集合在王金铭、施从云、冯玉祥周围，筹划革命，共图大举。在一次秘密会议上王金铭指出：“国事本非一人所独任，亦不能以一人之不留，将国事遽行将顿。天下兴亡，匹夫有责。况革命事业，须以牺牲精神，与劣恶环境奋斗，我辈军人，尤应本此主义，地狱当前，我请先入”。“同志相处，匪依朝夕，愿共以铁肩担当革命，竟厥全功”。[13]继任第二十镇统制的潘矩楹等反革命派妄图扑灭官兵的革命火焰，一方面加强防变措施，规定“军中不得集会，不得自由出入”，又暗布奸细侦察革命官兵行动；一方面采取分散驻防的措施，先将七十八标开赴关外，分驻在沟邦子和葫芦岛一带；骑兵、炮兵、工兵营队开赴秦皇岛；将七十七标移至锦州；八十标移至山海关和海阳镇驻防，只七十九标的三个营驻扎在滦州。潘矩楹之流煞费心机分散驻防的措施并没能阻止革命者的秘密活动，相反地以冯玉祥驻防的海阳镇和王金铭、施从云驻军的滦州却形成了革命官兵活动的中心。他们瞒过反动官长，秘密商榷革命事宜。一天王金铭从滦州来到海阳镇，找冯玉祥商谈起义问题。金铭首先把滦州准备情况以及同南方联络的情形详细告诉冯玉祥，双方统一了思想，共同决定在清廷和袁世凯的肘腋下爆发一枚炸弹，使他们无所措手足。最后商定：“一俟烟台民军在秦皇岛登陆，第七十九标即在滦州首先发难，第七十七标、第七十八标、第八十标及骑兵、炮兵、工兵等配属营队则分路西进，会师滦州，攻取唐山，加入先期秘密组织的武装，然后继续西进，联合驻防天津和北京两地附近的新军，围攻天津、北京。同时并约辽阳、庄河的商震、朱霁青、王德权、程起陆、李树森、连成望等，率部前来支援”。[14]

白毓昆、孙谏声等同志到滦州后，鉴于“南北和议行将决裂，情形已十分紧急，而京奉线一带革命的酝酿，清廷亦有所闻，故力促施从云等立即发动。一可以先发制人，二可以为民军之声援”[15]随后致上海张相文“电请济师”，要烟台民军火速从海路在秦皇岛登陆。宣布起义后，“滦州大街小巷遍贴起反正文告，公开宣传，人人口里嚷着光复，空气被弄到白热程度。”[16]并以王金铭、施从云和冯玉祥名义发出电文：“北京内阁总理大臣，上海伍代表，唐大臣、天津顺直咨议局钧鉴：自武汉起事，各省响应，势如奔涛，足见人心所向，非兵力之所可阻也。全国人民，望共和政体，甚于枯苗之望雨也。诚以非共和难免人民之涂炭，非共和难免外人之干涉，非共和难免日后之革命。我公身为总理，系全国之总代表，决不能以一人之私见，负万人之苦心。况刻下停战期迫、议和将归无效。全国人民，奔走呼号，惊惶之至，而以直省为尤甚。是以陆军混成四十协官长目兵等驻扎直省，目睹实情，不能不冒死上陈以渎尊听。查前奏之信条内开，军人原有参战之权。刻下全体主张共和，望祈我公询及刍荛不弃鄙拙，速定大局，以弭乱事，而免惨祸，实为至祷，临发百拜，不胜惶悚之至”。[17]要求袁世凯迅速主持共和。为了避免遭到标统岳兆麟的阻挠，王金铭等人认为他也是汉族，晓以民族大义，希望他也参加革命，共同反满，并代表革命官兵推他为大都督。想利用他号召他的部下官兵采取一致行动，以扩大革命声势。然而岳标统不敢答应，次日晨逃往开平，向通永镇守使王怀庆告密，王即电告袁世凯。

岳兆麟逃跑后，滦州不免要遭到清军攻打危险。于是王金铭、白毓昆等人召开会议，分析了当前的形势，最后决定 1 月 2 日成立北方军政府。并公举王金铭为北方革命军大都督，施从云为总司令，冯玉祥为总参谋长，白毓昆为参谋部长，孙谏声为军务部长，张良坤为秘书长，朱佑保为民政部长，凌钺为外交部长，李亿珍为司法部长，刘现云为财政部长，刘兰圃为教育部长，陈涛为军法处长，张注东为警察处长，欧阳藩为交际处长，熊朝霖为敢死队长，李子峰为谍报队长，石敬亭为中路司令，鹿钟麟为右路司令，韩复榘为左路司令，张之江为骑兵司令，张树声为骑兵副司令，郑金声为后援军右翼司令，王石清为后援军左翼司令，刘汉柏为滦州城防卫戍司令。“政府成立各负专责，首即布告安民，申明约束，废除苛捐，禁止非刑，平反冤狱，尊重人道，解放民众，共图更始，远近闻之，莫不鼓舞雀跃，咸庆重见天日。次即以北方军政府名义通告各国公使，请其依革命惯例，条守严正、中立；且声明笃守条约，保护外人安全。天津各国领事接电，即公推俄国领事代表至滦州，见军政府组织谨严，义军严守纪律，人民倾心爱戴，乃向外交部长表示，各国驻津领事钦佩民族复兴之至诚，并郑重表示承认义军为交战团体，由外交部长凌钺代表义军全体竭诚答谢，复与军政府负责人员合摄一影，尽欢而去”。[18]

（三）

袁世凯接到王怀庆电报后，便用软硬兼施的反革命两手对付滦州革命。他首先派王怀庆到滦州“便宜行事”。王怀庆打着宣抚的旗帜，企图利用他与王金铭之兄王金镜和施从云之兄施从滨的换贴关系说服金铭、从云放弃独立。于是王怀庆轻骑到滦州，假仁假义地说：“今南北议和，尚未成立，革命成败，更不可知。我辈军人，应忠职守，辇毂之下，军人独立，不仅违犯纪纲，区区兵力，岂足与战？审时度势，实非所宜。望诸君喜自采择，毋贻后悔！”金铭则义正辞严地说：“清廷祸国殃民，罪已昭著，海内志士，同举义旗，凡有血气，皆当振臂兴起，光我民族，……我辈宣言独立，词义正大，心之所至，万里不辞”！[19]王怀庆听后，深知滦州驻军推翻清廷，决心革命到底，自知已无法宣抚，只得顺水推舟，唯唯而已。王金铭又说：“你来得正好，你跟我们一块干吧！我愿把大都督的位置让给你。”王一时为难，不敢接受。此时警卫排长张振甲把枪口对准王怀庆说：“你若不同意，我就开枪打死你这个满奴！”[20]王怀庆一看风头不对，便生一计，满口答应就任大都督之职。于是起义军准备迎他进城拜印，宣誓就职。王怀庆上马后故意使坐马乱跳起来，他大声叫喊：“这匹马性野不驯，请大家让开点。”大家不防其诡计，纷纷让开道路。王怀庆是马弁出身，善于骑马，他见人们把路让开，便用力朝马屁股上猛打两鞭，坐马四蹄腾空，一溜烟地逃脱而去。待等大家举枪瞄准时，他已跑得无影无踪了。

兵贵神速，起义后本应该迅速西进，以迅雷不及掩耳之势向天津进军，但为了等待烟台民军在秦皇岛登陆援助，一再拖延进军时间。到 1 月 3 日才收到来自秦皇岛的电报，声称“民军已乘兵舰三艘北上，请滦军待其到达后，共取天津”。原来这是袁世凯为了赢得调遣敌旅，赴滦防堵的时间而伪造的电报。因为白毓昆致张相文的“电请济师”的电报已被清廷截获，至王怀庆逃跑后，才识破清廷的假电报。王金铭等同志自知耽误了西进时间，但是与其坐以待毙，不如先发制人，于是决定马上率队西进。当时七十九标驻滦州的除王金铭、施从云的第一、第二营外，尚有张建功率领的第三营，张建功与王金铭、施从云面和心不和，暗中不断派人向王怀庆告密滦州革命形势，并死心踏地地充当其爪牙。当王金铭下令拔队西进时，张建功率部占领了城头，并向一二营开枪射击。王金铭除派石敬亭等率队抵御外，命令一、二营 700 余名革命战士和参加滦州起义的革命者，悉数登车，向唐山方向出发。

（四）

正当清政府调动北方军队到南方一挫民军锐气之时，不料京畿地区出了乱子，清廷上下心惊胆丧，军心动摇。袁世凯也慌了手脚，于是他急忙下令要王怀庆速去滦州进行抚慰；又命令在石家庄的第三镇统制曹锟率部赴滦州镇压起义。曹锟接到命令，马上派第六协协统陈文远及该协标统汪学谦率队前去雷庄截堵西进的起义军，随后他与王怀庆也到达雷庄，命令工兵营将雷庄以东的一段铁路拆毁，并部署了军事。袁世凯在调动第三镇赴滦州的时候，又命令第二十镇的七十七标，七十八标和八十标“不准有所行动”，并要范国璋把冯玉祥拘禁起来。

滦州起义军一连在滦州等了四五天不见烟台民军的动静，也不见冯玉祥率部前来会师。军情日益紧急，不容再等，乃于 1 月 4 日下午扣留火车，准备晚间全军乘车西进，直赴天津。起义军事先派出于树德等人前去破坏古冶至雷庄间的电线。4 日傍晚起义军登车西进，到雷庄时火车出了轨，堵截的清军开始轰击起义军。金铭、从云急令全军下车，向对面的清军奋勇射击，起义军个个奋勇当先，几次冲锋便压住了清军的气焰。战斗十分激烈，清军不支，王怀庆施展奸计令号兵卧地吹号请求停战。金铭、从云误认为清军归降，遂下令停止战斗，于是双方停火。王怀庆派标统汪学谦前来会见王金铭、施从云，并请王、施到雷庄王怀庆指挥部议和。王、施光明磊落，当即答允前去议和。革命同志却极力阻止，都说王怀庆诡计多端，不怀好心，决不可去！但金铭、从云决心已定，他们临行前说：“如果议和成功，双方免遭无谓牺牲，还可以直接进攻北京，如出意外，以身殉志，有何憾焉！”同志们阻止不住，只好要求一同赴邀，以达誓共死，同去的有100多人。王金铭、施从云100多人来到雷庄，王怀庆却避而不见，只有第三镇协统陈文远在场。王金铭“声称我等大汉民族，不甘屈服满清，特约贵军共同革命”。陈文远问王金铭说：“君等叛乱，谁为主动？”王金铭斩钉截铁地回答说：“吾辈革命，志在推翻满清，复我汉族，除暴安良，乃革命真谛，救饥拯溺，实我辈天职，并无主动者，惟有主义而已。”王金铭等革命同志把反清革命的道理陈述一番，陈文远听后说：“君等为民族图生存，为国家谋幸福。大义昭然，固所钦佩。惟吾等军人，以服从为天职，何敢妄动。”[21]王怀庆恐怕王金铭等人投营游说惹得节外生枝便下令将王、施等100多名革命同志一一逮捕，并致电袁世凯，袁世凯复电“就地正法”。当时第三镇有人找曹锟为王金铭等人说情，免于杀害。曹锟则说：“你们管不了，在山东剿拳匪时王金铭就捣乱，这种作乱成性的人，不杀一两个还行！”[22]1月5日王、施等同志在雷庄英勇就义。王金铭临刑时，大义凛然，视死如归，破口大骂清政府的暴政和王怀庆、曹锟的奴才本性。王金铭的护兵黄云水在王金铭被害时大声骂道：“王怀庆你这个害民贼，甘心当满清的奴隶，出卖朋友的猪狗。”王怀庆气急败坏下令也将黄云水一并杀害。

（五）

在起义军败下来的时候，参谋长白毓昆深知前功尽弃，便携同七八名起义军同志，突出重围，想回天津，再图大举。他们向西走了两天，误入古冶，由于冻饿实在走不动，便藏在一个古庙里，准备易服潜行。古冶是王怀庆驻防之地，终于被搜查追捕的清军逮捕。王怀庆抓住白毓昆十分得意，严加审讯。白毓昆瞋目叱曰：“我为革命，自当为国死，今被逮捕，何问为？”“我北方革命军参谋部长白毓昆也！”又笑谓诸士曰：“我死不足惜，惟诸君为满奴，异日将为外人牛马，痛何如之！”就义时，王怀庆喝令白毓昆下跪，白则严声斥曰：“此身可裂，此膝不可屈，杀则杀耳，何辱为？”遂于1912年1月7日遇害。“死时甚惨，先刖其足，后丧其元，时年四十四”。[23]

在王金铭、施从云、白毓昆等革命烈士于雷庄、古冶英勇就义的同时，叛徒张建功在王怀庆的指使下，在滦州进行了惨无人道的大屠杀。他们野蛮地将军务部长孙谏声剖腹杀害，孙的护兵李秉祥因反抗，竟遭其开胸挖心的极刑，又追杀张振甲于偏凉汀车站。滦州城内凡是有革命思想和光复

▲北方军政府都督王金铭

行动的居民无一幸免，滦州顿时一片白色恐怖。张建功是革命者的不共戴天之敌，15年后被冯玉祥在开封公园王金铭、施从云二烈士像前正法，祭了烈士的英魂。

据不完全统计，先后在滦州、雷庄、古冶等地从容就义的烈士有王金铭、施从云、白毓昆、张振甲、孙谏声、董锡纯、熊齐贤、黄云水、刘瀛、王踽臣、熊朝霖、牟惠来、吕一善、张永胜、常福安、冯日兴、云振飞、文道薄、何尚达、王茂林、张勋之、穆奎赖、王相亭、胡铨、黄龙水、范宝林、张增德、叶朝贵、张永盛、王玉梅、宋殿奎、萨福锵、王寰、赵祝军、陈杰三等百余名。他们不愧为革命的英雄，时代的骄子。这些烈士为什么这样不为名，不为利，不怕死呢？正如无产阶级革命导师列宁对中国革命的民主主义者所评价的那样："这个阶级不是在衰落下去，而是在向上发展；它不是惧怕未来，而是奋不顾身地为未来而斗争；它憎恨过去，善于抛弃死去了的和窒息一切生命的腐朽东西，决不为了维护自己的特权而硬要保存和恢复过去的东西。"㉔著名的滦州起义虽然失败了，但它具有重大的历史意义，正像冯玉祥先生所指出的那样："这样一个在帝制势力的重围下生长起来的革命运动，因为本身的脆弱，领袖人物的幼稚与急躁，以及奸人的诈骗破坏，终于瓦解，成为一场悲痛的失败。""但是，如果说正因为这次的失败，遂使清廷知其大势已去，恐惧愈深，因此南方民军的声势大振，不久即因而整个颠覆了清廷的统治，这也并不是夸张的。"㉕滦州起义从根本上动摇了清政府的反动统治，加速了民国的建立。1936年关于纪念滦州殉难烈士的《国民政府命令》中指出："辛亥光复，发轫于武昌，而滦州一役实促其成。"可见滦州起义影响之大。

注：

①、⑨、⑬、⑲、㉑：中国近代史资料丛刊：《辛亥革命》六，第337、371、343、348、354页。

②、⑥、⑮、⑯、⑰、㉕：冯玉祥：《我的生活》（上），第110、116、118、119、122页。

③、⑧：张国淦：《辛亥革命史料》，第201页。

④：张绍程：《张绍曾事迹回忆》。

⑤：李剑农：《戊戌以后三十年中国政治史》，第111页。

⑦：《文史资料选辑》第30辑，第209页。

⑩：罗正伟：《滦州革命纪实》。

⑪、⑱：凌钺：《辛亥滦州起义记》。

⑫：《南园文存》。

⑭、㉒《辛亥革命回忆录》（六），第371页、517页。

⑳：《近代史资料》1958年第2期，第59页。

㉓：《天津文史资料选辑》第16辑，第33页。

㉔：《列宁选集》第2卷，第424页。

原载：《滦州文史》创刊号

吴禄贞的"中央革命"和"覆清灭袁"的战略计划

在1911年10月武昌起义前的十多年中，孙中山先生领导的中国民主革命力量先后在江南和边疆省区发动了十几次、旨在推翻清政府反动统治的武装革命，结果都失败了。面对革命的艰难曲折，同盟会内部在如何推翻清政府的革命问题上发生了争议，田桐等人主张改以往在边疆或南方省区发动革命为在清王朝统治的中心直隶（今河北省）进行"中央革命"。他说："谓稽诸国革命史，各国革命党无不向中央政府进攻，卒成大业。"①杨笃生也积极支持"中央革命"，他指出："发难边区，不如袭取首都收效之速。"②吴禄贞更是"中央革命"的倡导者和实际的组织者。

他积极主张在天子脚下的直隶省发动革命，为此，他利用与清廷禁卫军统领满族人良弼在日本士官学校的同学关系，打入清军练兵处任骑兵科监督，后随徐世昌赴东北。当时日本帝国主义妄图侵占延边地区，主权的受涉，清廷惊惶失措，急令徐世昌办理此事，徐则派吴禄贞担此重任，任命为正参领，帮办吉林边务。他为维护国土完整与日本侵略者进行了不屈不挠斗争，充分发挥其雄才大略，拒侵略者于国门之外。经过与日本交涉，日本只得承认延边为中国领土。1910年被任命为北洋军第六镇统制官（相当于师长）。当孙中山先生在国外获悉吴禄贞担任此职的消息时，激动万分，他在给朋友的信中曾指出："最近我党同志吴禄贞将军已被任命为北京第六镇统制，此外，迄今在其他省份各镇军队中工作的直隶籍军官，目前已回北京陆军中任职，企图于起义发动时而响应。你由此可知，他们在获悉我们的计划之前，已为同一目标而从事艰苦的工作。我期望在这方面能迅速取得重大成就。"③吴禄贞为实现其"中央革命"的韬略终于在清军中获得了立身之地。

吴禄贞任第六镇统制后，静观时局，审时度势，集聚力量，积极策划革命。

他曾计划利用1911年10月清政府在直隶永平举行秋操时，进行操地起义，先消灭清廷禁卫军，然后直捣北京，推翻清政府。由于革命锋芒毕露，清廷对吴禄贞产生狐疑，至时下令第六镇停止参加秋操，革命计划被迫流产。

武昌起义后，吴禄贞全力以赴投入革命，他曾利用去滦州（今河北滦县）“抚慰”张绍曾“兵谏”要求清廷立宪的机会，与张绍曾策划第六镇、第二十镇和第二混成协会师北京，推翻清政府的军事计划。终因张绍曾优柔寡断而丧失良机。

当英美等各国大造“非袁世凯不能收拾局势”的反革命舆论，清廷被迫发布上谕任命袁世凯为湖广总督委以剿抚事宜时，特别是袁世凯被清廷任命为内阁总理大臣后，吴禄贞见形势突变，立即向革命同志指出：“最可虑者为袁世凯，……此公野心勃勃，大肆活动，如彼出山到京，革命前途障碍最大。……他若就任内阁总理或督兵大员，革命又成一局面，三年五载难期成功。”④“袁世凯一日不去，中华民国则一日不得成功。”⑤随着革命形势的发展，吴禄贞确定了“覆清灭袁”的战略，并且及时制定了“覆清灭袁”的军事计划。即预定以第二十镇统制官张绍曾为直隶都督，承认阎锡山为山西都督，他自己为燕晋联军大都督，暗派革命党人大肆活动；密约张绍曾率所部沿京奉路直攻北京，分一支扼守密云，防止宣统逃窜热河；令阎锡山派一支兵力守京汉路黄河桥，阻止袁世凯北返，主力沿京汉路北上；吴禄贞亲率第六镇及保定入伍生队、民团进攻北京，一面通电黎元洪派兵夹击袁世凯，不使北返。⑥吴禄贞不仅运筹帷幄，而且不畏艰险，东奔西跑，誓将革命大计付诸实现。在滦州时，他对张绍曾说：“趁着袁世凯任职不久，部署未定，全部精力和整个兵力都用在征讨武汉之际，我们应合力进攻北京。”在娘子关时，曾对阎锡山说：“袁世凯是中国最毒辣的一个东西……将来危险极了。我们现在早到北京，就可以把他们计划完全打下去。”⑦在石家庄时，他又对孔庚说：“只要灭了袁世凯，宣统这小孩子是不成问题的。袁世凯是我们的大敌，袁世凯一败，什么都好办了。”⑧

吴禄贞的“覆清灭袁”的战略和军事计划是十分正确的，是符合当时革命形势的。因为袁世凯出山，重新指挥北洋军镇压革命使当时的革命形势发生了变化。此前革命的主要敌人是清王朝，以主要力量打击清王朝的方针是正确的但自从袁世凯出山，他在各帝国主义国家的支持下，玩弄反革命两手，以清廷压革命，又以革命恫吓清廷，企图坐收渔人之利，篡夺军政大权。由此可见，袁世凯已代替清廷位置成为革命的主要敌人，清廷则退到次要的地位，因此吴禄贞把袁世凯视为大敌，从而采取“灭袁”的战略。不仅如此，吴禄贞当时还清醒地认识到要“灭袁”，必须首先“覆清”的辩证关系。他认为只有迅速会师北京，推翻清室，才能使袁世凯无巢可居，无计可施，然后与南方革命军南北夹击袁世凯，铲除中国革命的主要障碍，才能真正达到建立民国的目的。因为吴禄贞对袁世凯的认识是深刻的，对袁世凯出山后的形势是清楚的，所以他制定的“覆清灭袁”的战略和军事计划是十分英明的。尽管在执行期间由于失去革命的警惕性而遭到袁世凯的杀害，使“覆清灭袁”的战略不得实现，使北方的革命遭到失败，但是这一战略是具有重要的历史意义的。它同这一悲惨事件同样成为革命后来人宝贵的革命教训。

著名历史学家萧一山先生指出，在辛亥革命时期“真能了解国内局势之党人，只有吴禄贞深知袁世凯乃革命之劲敌，殊非摇摇欲坠之满清皇室也”。[⑨]吴禄贞的革命挚友孔庚先生在评价吴禄贞根据“覆清灭袁”战略所制定的军事计划时说：“这个计划，既不让宣统逃往热河，也不让袁世凯回到北京，革命成功后，就废宣统为庶民，通电全国，改国体为共和，请各省派代表到北京，开会选举孙中山先生为大总统。假使他不被害，这个计划定可成功，中华民国何至有后来许多灾难呢？”[⑩]孔庚先生还认为吴禄贞的“覆清灭袁”的战略“实在了不起”。因为当时许多革命党人只知反清，不知反袁，甚至信任袁世凯足以安邦定国。汪精卫一伙人竟劝孙中山先生把大总统让给袁世凯，独有吴禄贞此时却提出了“覆清灭袁”的战略，并把“灭袁”提到了首位要事，可见吴禄贞“独具先见之明”。史学家李剑农先生也曾指出：“吴的计划若果实现，则清廷倾覆，已在俄顷之间，便无须后来的和议；袁世凯逼取清政府的大权计划，也将归于泡影。”[⑪]

综上所述，不难看出吴禄贞的“覆清灭袁”战略是十分英明的，他不愧是一位“才识过人”的资产阶级革命家、政治家和军事家。

注：

①、②冯自由：《革命逸史》第二集，第149、119页。

③:《孙中山全集》第一卷，第 532–533 页。

④:《山西文史资料——纪念辛亥革命五十周年专辑》，第 25 页。

⑤:《辛亥革命首义史迹》，第 17 页。

⑥、⑧: 孔庚:《先烈吴禄贞殉难记》

⑦: 张国淦:《辛亥革命史料》，第 203 页。

⑨: 萧一山:《清代通史》，第 2653 页。

⑩:《云梦文史资料》第一辑。

⑪: 李剑农:《戊戌以后三十年中国政治史》，第 114 页。

原载：天马图书有限公司《辛亥河北革命》

吴禄贞死于谁手?

长期以来，吴禄贞被刺流传着三种说法。一说是因个人之私仇而被人杀害；二说是清政府所干掉；三说是系为袁世凯收买吴的部下所干的丑恶勾当。

主张一说的主要为载涛等人。他于1964年著文驳斥了袁世凯和清廷派人刺杀吴禄贞的说法，并指出："据我所知：既非袁之所为，亦非清政府所干，仅系由于个人的私仇，致酿成适逢其会的凶杀而已。"①

主张二说由清政府派人刺杀吴禄贞者，有陈锡璋、李剑农等人。陈在所著《细说北洋》一书中写道："清廷恐吴将来有变，乃任吴禄贞为山西巡抚，藉以联络。可是吴不为利诱而动摇，进而截留清军运往湖北之军火，并弹劾荫昌误国大罪。清廷既不肯明令责斥吴禄贞，又深恐其举兵发难进攻北京，不得已只出于下策，于宣统三年（1911年）以金钱收买被吴黜退之部属第十二协协统周符麟及标统马蕙田，在9月16日深夜刺杀吴禄贞于石家庄正太铁路站房之办公室内。而后割取吴之首级，逃京献功。"李剑农在其所著《戊戌以后三十年中国政治史》一书中亦写道："清廷见吴的行动有异，乃阳任吴为山西巡抚，阴遣人刺杀之于石家庄。"

然而第三说的主张，吴禄贞系为袁世凯派人所刺的人论证较多。起先，他们多半也是主观推论，如《大同报》所载之《民国春秋》就曾大书特书道："袁世凯使人暗杀吴禄贞于石家庄"。事经多年后，袁之内部泄露出杀害吴禄贞秘密，才有了充分的根据。例如被袁世凯视为心腹的警卫团团长唐天喜曾向任芝铭先生讲："袁世凯知道吴禄贞有胆略，很能干，有政治野心，又倾向革命，很嫉妒他。吴也反对袁世凯。"因此"袁常对他说，吴禄贞不是他的人，要去掉他。""清政府派吴为山西巡抚……袁更恨吴，袁世凯出山后，亲到孝感视师，因前线需用军火甚急，袁连电催促，清政府接济袁的军火列车，在石家庄被吴禄贞截扣。袁听了，急得吐了两口血。袁知道吴禄贞决心要在北方起义了，就决心要杀吴禄贞。即派人贿通第六镇协统周符麟，唆使管带马步周（即马蕙田）带人行刺”。[②]“马又勾结连长梁云章，排长杨福奎下此毒手。当夜十二点钟，周符麟由北京专车到石家庄，取吴的人头到北京献功，当即交马蕙田五万元酬金。”[③]

北洋政府内务部长张志谭说：“杀吴禄贞的是袁世凯；袁不杀吴禄贞，就不能来到北京，袁的全盘计划就无从实现。”何遂说：“当1924年冯玉祥、胡景翼、孙岳的国民军占领北京时，段祺瑞的长子宏业曾和他闲谈，大大称赞马蕙田“是英雄，够朋友”。因马蕙田的行动“省了不少的事”。[④]这就是袁世凯、段祺瑞谋杀吴禄贞的佐证。

综上所述，一、二说较牵强附会，不足为信，而第三说可有实据：刺杀吴的主使者不是别人，正是老奸巨猾的袁世凯；执行者也不是别人，正是贼喊捉贼的袁世凯的亲信爪牙段祺瑞。从历史背景来论，较合实情。袁世凯刺杀吴禄贞有两个动机：一是他要挽救清政府被迅速推翻的危机，妄图利用清廷跟南方革命政权讨价还价；二是确保北方的统治。北方是他惨淡经营多年的老巢，是操纵清政府对抗民军的大后方，如果革命力量在北方发展起来，就将他置于死地。因此，他把消灭北方革命力量看得比对付南方革命军更为重要。于是命令坐镇北京的段祺瑞设法收买吴的部下，进行暗杀，以除心腹之患。段找到同乡（安徽人）周符麟，此人是被吴革职的前任第十二协协统，段以50000元的赏金购吴的头，并许以事成后官复原职。周又找到同乡马蕙田，此人是第六镇直属骑兵管带，深得吴的信任，调任为吴的卫队管带。就是这个叛徒贪图50000元赏金，出卖了他的上司吴禄贞。

▲吴禄贞遗像

注：

①：载涛：《吴禄贞被刺真相》。

②：任芝铭：《袁世凯刺杀吴禄贞》。

③：元柏香：《吴禄贞被刺事件鳞爪》。

④：李书成：《我对吴禄贞的片断回忆》。

原载：《河北学刊》1985年第3期，中国人民大学书报资料中心《中国近代史》，1988年第6期全文转载。

白毓昆与辛亥北方革命

白毓昆（1868—1912），字雅雨，号铣玉，江苏南通人，出身于贫苦的世代以教读为生人家，“髫龄能文，读史喜豪杰独特之行。”[①]18岁时中秀才，次年入江阴南菁书院攻读，结业后到上海南洋公学及澄衷学堂任教，同时，“交游多志士”。在爱国主义驱使下他选择地理学为终身事业而绝意仕途，“手编地理教科书，经震东书局出版，学者珍之。”[②]此时间孙中山先生在日本东京成立革命组织同盟会，遂派遣会员秘密回国从事革命活动，白毓昆和同盟会成员密切往来，不久加入同盟会。他通过史地教学启发青年学生的爱国主义，灌输革命思想。

▲北方军政府参谋长白毓昆

为了加强北方革命力量，1908年白毓昆受同盟会派遣，携眷来到天津，先后在北洋女子师范学堂、北洋师范学堂、北洋法政学堂和客籍学堂等多处任教。李大钊同志就是白毓昆在北洋法政学堂授课时的学生。1909年9月白毓昆与北洋高等女学堂教务长张相文（字蔚西）创立中国地学会，发刊《地学杂志》月刊，白任编辑部长。他经常通过讲演，倡言革命，结交幽燕贤豪，引导青年学生积极为革命做准备工作。白毓昆的言教身带“曾经对李大钊同志有重大影响”。“他的革命思想，不但影响了大钊同志，也团结了一批有革命倾向的青年”。[③]辛亥革命前夕，1910年10月至12月，直隶保定和天津各学堂学生在立宪派影响下开展罢课要求召开国会，并争东三省路矿活动，北洋法政学堂为此次运动之中流砥柱，李大钊积极投入这个运动。当学生们请白毓昆先生参与时，白毓昆则公开指出：吁请清廷召开国会运动，是“与虎谋皮，庸何济乎”[④]拒绝参与。结果去直隶总督衙门请愿的学生和市民被镇压，通国学界同志会会长温世霖以请愿之罪充军新疆。从此不少青年接受教训认清了道路，纷纷加入革命队伍。

武昌起义后，白毓昆力图响应，劝其妻儿南归，全力以赴开展革命。他在一次秘密会议上指出：“京津清室根本地也，京津不动摇，则南军恐难持久；且战期延长，生灵涂炭，予不忍视之，吾辈曷速图大举乎？”终以人少力单为难，毓昆毅然曰：“英雄字典中无难字，北方之责岂待人任耶！”[⑤]于是他“暗结团体，待时而发”，先组织“红十字会”，为掩护公开活动，宣传革命；后成立“共和会”组织，联络各方革命力量，密运军火，探听敌情，策动新军起义，并热心为南方革命军制定北伐光复河北的规划。为了扩大革命影响，于12月帮助胡鄂公成立“天津、北京、保定、通州、滦州、石家庄、任邱革命总指挥部”，统一领导直隶各地的反清武装，白毓昆任交通部长。从此他“披广憋携短铳，与女生数人奔走于北京、张家口之间，设联络站于天津梨栈生昌酒店，设弹药制造所于河东大王庄，屡输送炸弹至新保安，并遣同志赴西北……曹州、任邱、静海联络民团。”[⑥]

白毓昆是革命的中坚分子，有勇有谋有眼光。是他最先识别出被袁世凯收买，而专心破坏革命的内奸汪精卫的。在北京之役前，白毓昆就曾经指出：“此必袁世凯用以威胁爱新觉罗氏族也！”[⑦]北京之役因被汪精卫出卖致使革命同志遭杀害而失败，从此胡鄂公等人对汪精卫有了警惕性。白毓昆辅助胡鄂公“顶着袁世凯的镇压，撇开汪精卫的干扰，依靠集体的智慧成立了‘北方革命协会’，其宗旨是崇奉孙中山的三民主义，团结北方和直隶革命组织，以协助南方革命军北伐，扫清伪满，肃清官僚，建立真正共和政体，以贯彻全国革命。”[⑧]北方革命协会成立后，暂时把各革命组织统一起来，在“滦州兵谏”和吴禄贞新军革命相继失败，袁世凯继续玩弄欺骗和破坏革命的形势下，白毓昆和革命协会各团体负责人一致议决，吁请孙中山“制止各省代表与袁世凯中途议和”，“以贯彻全国彻底革命初旨”。[⑨]为达此目的他们相继发动了一系列的武装起义。

白毓昆深知“天津共和会”的主要任务是策动滦州驻军起义。自从新军第二十镇（相当于师）进驻滦州后，军中的革命者就跟天津的革命团体建立了联系，并往来密切，多次酝酿图谋举事，推翻清廷的统治。1911年12月末白毓昆争得各方意见决定策划滦州驻军起义，并与冀鲁民团同时发动占领天津。“遣其友张蔚西氏南下约民军由海道北上，袭据山海关，绝京奉路，旬日之间，北京可举也”。[10]12月31日白毓昆一行十多人从天津到达滦州，开始了起义前的准备工作。白毓昆鉴于“南北和议将决裂，情形已十分紧急，而京奉线一带革命的酝酿，清廷亦有所闻，故力促施从云等立即发动，一可以先发制人，二可以为民军之声援。”[11]随后白毓昆致上海张蔚西氏“电请济师”，即要烟台民军火速从秦皇岛登陆，增援滦州革命。1912年1月2日正式宣布起义，公举王金铭为北方革命军大都督，施从云为总司令，白毓昆为参谋长。

袁世凯和清廷获悉滦州起义后，十分惊慌，便施用软硬兼施的反革命两手对付革命，他们先派驻扎开平的清军通永镇总兵王怀庆到滦州“宣慰”。王怀庆无力阻挠革命乘机逃离滦州，电告袁世凯派兵镇压。

兵贵神速，起义军本应迅速向天津进军，但为了等待山东烟台民军的增援，拖延了进军时间，4日探得参加起义的海阳镇冯玉祥所部已被包围缴械，派去烟台的联络员亦被逮捕，静海各地民团又未发动起来。面对紧急事变，白毓昆、王金铭、施从云当机立断进军天津，直逼北京。正当起义军开拔西进之时，张建功率第三营叛变，并占据滦州城头向一二营官兵射击，王金铭除派石敬亭率队抵御，立刻命令一、二营700余名革命战士和参加滦州起义的革命者全部登车向唐山方向进发。

火车运行至雷庄时被袁世凯派来镇压起义军的曹锟所部所阻止，经过激烈战斗，终因敌我力量悬殊，起义军被击溃了。5日，王金铭、施从云等百人被骗至清军营中一并杀害。

起义军溃败时，白毓昆突出重围，计划回天津再图大举，不料6日行至古冶时，被王怀庆的清军逮捕。王怀庆抓住白毓昆十分得意，严加审讯，“毓昆瞋目叱之曰：‘吾为国充兵，吾自当为国死；今被逮，吾何讳为！吾乃北方革命军参谋长也’。又笑谓诸军士曰：‘我死不足惜，惟诸君今为满奴，异日且将为外人牛马，痛何如之！’王驱之跪，毓昆斥之曰：‘此身可裂，此膝不可屈，杀则杀耳，何辱为！”[12]遂遇害，时年44岁。

白毓昆烈士死得很惨，“先刖其足，后丧其元。”[13]不久，革命同志殡殓埋葬烈士时，从烈士衣袋内取出绝命诗一首：

慷慨吞胡羯，舍南就北难。
革命当流血，成功总在天。
身同草木朽，魂随日月旋。
耿耿此心志，仰望白云间。
悠悠我心忧，苍天不见怜。
希望后起者，同志气相连。
此身虽死了，主义永流传。⑭

这首气吞山河的正气歌，是多么慷慨激昂壮烈！这种为革命事业知难而进，不惜牺牲个人一切的革命情操又该是多么崇高啊！

第二年春天，由白毓昆生前所创办的“红十字会”和天津女子师范学堂以及其他革命战友去古冶收尸，把烈士的遗骨运回天津，革命师生和各界群众在直隶省长公署门前举行了追悼大会。王葆真发言指出：“白雅雨（即白毓昆）先生和滦州殉义诸烈士，为什么在南北议和之际举义殉难呢？他们是坚决主张革命到底，妥协就要失败的，他们是坚决反对与屠杀革命志士的军阀谋妥协的，他们是为了革命大义和四万万同胞的生存而不惜个人生命的。”⑮会后把烈士的灵柩送回家乡。途经上海时，黄兴、蔡元培等人又在张园举行追悼大会，随后，灵柩运抵烈士故乡江苏南通，葬于狼山之阳，并由烈士的挚友江谦氏为文铭其墓。解放后，人民政府复加修葺，供其瞻仰。

白毓昆蓄志革命多努力，起义滦州留英名的一生，鼓舞着成千上万的后来者继续革命去完成他的遗愿。其中李大钊对他的这位导师怀念尤为深沉。1917 年李大钊在《旅行日记》中写道：过雷庄，猛忆此为辛亥滦州革命失败之地，白雅雨先生，王金铭、施从云二队官及其他诸烈士均于此地就义焉。余推窗北望，但见丘山起伏，晓雾迷濛，山田叠翠，状若缀绵，更无何等遗迹之可凭吊者。他日崇德纪功，应于此处建一祠宇，或数铜像，以表彰之。然国人素性但知趋附生存之伟人，不欲崇礼死去之英雄，斯等事又何敢望哉！”⑯1919 年李大钊在《五峰游记》中写道：“到滦州车站，……有一标在此起义，以众寡不敌失败，营长施从云、王金铭，参谋长白雅雨殉难，这是历史上的纪念地。”⑰李大钊抚今追昔，怀念烈士情见于词，表达了这位共产主义运动先驱对资产阶级民主革命健将白毓昆的崇敬心情，并流露出了“来者勿忘”的思想。

注：

①、②、⑥、⑩、⑬：《天津文史资料选辑》第十六辑。

③：《李大钊传》。

④、⑤、⑦、⑧、⑨、⑫：中国近代史资料丛刊《辛亥革命》（六）。

⑪：冯玉祥：《我的生活》（上）第118页。

⑭：《天津师院学报》1882年第1期，第54页。

⑮：《辛亥革命回忆录》（五），第412页。

⑯：《甲寅日刊》1917年5月9—11日。

⑰：《新生活》1919年第二期。

原载：天马图书有限公司《辛亥河北革命》

论辛亥北方革命的地位特征和作用

武昌首义后，爆发在北方即直隶（今河北省）境内的革命，是孙中山先生领导的整个辛亥革命的一个重要组成部分。由于它发生在畿辅天子脚下，由于北方革命党人和劳动人民对封建专制的清王朝和老奸巨滑的袁世凯有着较为深刻的认识，因此北方革命的发动、进程和终结都带着不同于他省革命的特征，其历史意义较为深远，作用也更为显著。以往的有关著作和文章对此论述不多，因此，我想就这个问题略谈浅见，向学术界请教。

一

1911 年 10 月 10 日武昌首义后，各省纷纷响应，相继宣布独立。此时期的北方革命亦在酝酿和发动之中，从 10 月 29 日“滦州兵谏”开端，在不到一百天的日子里，北方革命党人先后陆续领导了张家口、北京、任邱、雄县、滦州和天津等一连串的反抗，包括袁世凯在内的整个清王朝的武斗起义斗争，同时发生了闻名中外的吴禄贞组建燕晋联军旨在“覆清灭袁”，但很快被袁世凯派人杀害的历史事件。这些起义和斗争为何一个接一个的都失败了呢？分析其原因，大概有以下几个方面。

其一，反革命势力强大，革命力量弱小。辛亥北方革命发生在京畿天子脚下，构成了对清王朝的极大威胁，因此清王朝动员所有力量进行围剿和镇压。北方又是袁世凯北洋势力的所在地，他从小站练兵开始，就把直隶当作他站稳脚根、实现其窃国野心的基地。他首先以“新建陆军”为资本出卖了“戊戌变法”，继而又用这支武装镇压了义和团爱国运动，从此赢得了清廷当权派慈禧太后的好感和倚重，1901 年爬上了直隶总督兼北洋大臣的位子。紧接着他又开始在直隶省编练北洋常备军，在保定、天津创办了各种类型的军事学堂，几年间就练出了一支“只知听袁口令，不知满州，更不知革命，袁足以自固”[①]的军阀武装。光绪帝和慈禧太后死后不久，袁世凯虽被摄政王载沣赶回河南彰德，但他通过徐世昌、段祺瑞等亲信仍具有对清王朝的控制能力。他静观事变，乘机而起。辛亥武昌起义爆发，清政府派陆军大臣荫昌率北洋军赴湖北镇压革命，但北洋军并不听其指挥，而“惟袁世凯意旨是瞻。”袁世凯暗中指挥北洋军要挟清政府，清政府为了保持摇摇欲坠的统治，最后只得满足袁氏的要求“请他复出”。于是先后任命袁世凯为钦差大臣和内阁总理大臣。袁世凯身在南方督战，但他的注意力却在北方。他认为北方革命如果发展起来，势必推翻清王朝，并置他于死地。因此袁世凯命令段祺瑞坐镇北京；并把北洋军第三镇从东北调回直隶，布防在廊坊一带，以切断第六镇（吴禄贞）和第二十镇（张绍曾）的联络线；致电清廷内阁总理大臣奕劻，谏阻帝后逃往承德避署山庄。他旋派周符麟赶赴石家庄刺杀吴禄贞；又指使清政府撤销张绍曾的第二十镇统制的职务，而荐举其亲信潘矩楹代理第二十镇统制。就这样，袁世凯施展一系列的阴谋诡计，指挥北洋军把倾向革命的第六镇和第二十镇即将爆发的革命烈火扑灭了。他十分明白：只要保住直隶省才能保住清政府，并以此向南京临时政府讨价还价，窃取革命的胜利果实。在打通北上道路后，袁世凯于 11 月 13 日进京就任内阁总理大臣，从此他直接指挥北洋军和毅军开始了对北方革命斗争的镇压和屠杀。袁世凯从来就把直隶省看作他自己的俸地，不允许他人染指，更不能容忍北方革命党人在直隶发动革命。他调第三镇镇压了滦州起义，用姜桂题的毅军和禁卫军以及巡防营镇压了张家口、任邱、雄县及北京等地的起义，又利用同盟会的叛徒汪精卫告密破获了通州起义。总之，北方革命面对的是阴险狡诈、手握重兵的反革命老手袁世凯和清政府。对比之下，革命力量自然显得力量薄弱。

北方革命力量的弱小，在自身方面表现为力量分散，互不统属。辛亥革命前，北方革命党人虽然先后组建了十余个革命团体，他们积极活动，深入基层发展和联络了一批革命力量。但是，自从 1911 年 11 月 24 日胡鄂公来北方以前，各革命团体仍处在互不统属，分散为战的状态。胡鄂公抵达天津后，尽极大努力才勉强将各革命团体联合起来，成立了“北方革命协会”，制定了统一战斗的纲领，并任命了各地革命武装的负责人。然而由于种种原因，“北方革命协会”始终没能成为北方各革命团体的坚强核心组织。革命力量的弱小还表现在革命者的幼稚和急躁上。幼稚就容易动摇上当受骗，急躁就会缺乏必要的准备，举止失当。这些弱点和不足之处在斗争中都统统表现了出来。例如张绍曾知难而退，没有勇气和力量发动革命，当接到清廷撤职命令时，王金铭、施从云等人要求张绍曾收回清廷撤销职务的成命，劝他不交出军权，立即率军直捣北京；陈之骥当时也游说张绍曾乘机发动革命，“张绍曾初亦慷慨激昂，跃跃欲试，但临登车时，又踌躇徘徊。”[②]结果错过了发动革命的有利时机。吴禄贞等人在革命的关键时刻，没有丝毫的革命警惕性，自认为正义在握，胆大气豪。他把谨慎小心视为懦弱的表现，想用胆量和威风震慑敌人，以显示其英雄气概，而不听从同志们的劝告，不采取必要的应急防变措施，致使敌人乘机扼杀革命，自己也“身首异处，死事至惨”。[③]王金铭、施从云等人的幼稚表现是对敌人阴谋认识不足，他们盲目地冒险前往王怀庆军部，致使雷庄惨败，成百名革命同志惨遭杀害；胡鄂公等人在思想、组织、物质和革命策略上都缺乏必要准备的前提下，在毫无胜利把握的情况下，急于发动，急于求成，结果使革命失败，大批同志被捕被杀。总而言之，北方革命领导者的幼稚和急躁，使革命丧失了主动权，相反地袁世凯却利用了这些弱点，实行了各个击破的反动战术，这是北方革命失败的一个重要原因。

其二，北方革命是在没有外援的情况下进行的。在辛亥北方革命爆发时，除了湖北军政府和南京临时政府陆军部的40万元经费外，再也没有其他的任何援助了，而这笔极少的革命发动费还被汪精卫拿去了一部分。通州起义之所以夭折，就是因为南方军政府答应送来而始终没能送来的急需经费，致使起义一再延期，最后因汪精卫的告密而被袁世凯破获。其他各地起义也同样。由于经费的奇缺，起义者使用的武器还有大刀、长矛之类的古代武器，近代枪械弹药远远不济于事。不仅如此，更缺乏联络和策反经费，这些都与同盟会上层不重视北方革命有关系。当时，同盟会上层某些人认为北方革命成不了什么气候，因此他们没有想方设法尽一切力量给予支援，也不去阻止汪精卫对辛亥北方革命的屡次破坏，更没有揭露袁世凯血腥屠杀北方革命的行径。特别是他们竟容忍袁世凯乘南北议和之机，镇压北方革命，而不作任何形式的阻止和抗议。相反地，他们却多方面制止北方革命同志去阻止和反抗南北议和的正义行动。更有甚者是在北方革命同志反对同盟会上层向袁世凯妥协之时，他们却加速把临时大总统的位置让给了袁世凯。总的说来，同盟会上层领导没有指导，也没有以任何形式支援北方革命，他们相信袁世凯超过了相信北方革命同志，这在某种程度上可以说明同盟会上层抛弃了北方革命。正如李燮和向孙中山上书所讲的那样："北方义师屡仆屡起，响应民军，而我却对岸观火。"④这不能不说这是辛亥北方革命失败的又一重要原因。如果武昌起义爆发后，同盟会主动派得力干部来北方指导革命，再尽力从人力物力上给予必要的援助，同时制止汪精卫的叛卖和破坏行径，及时地揭露袁世凯镇压革命的阴谋，不失时机地进行北伐，"使北方同志响应于内，南军进攻于外，庶几可以击败袁氏而灭清室。"一定会使辛亥革命在中国获得更大的胜利。

其三，汪精卫出卖和破坏北方革命。自汪精卫出狱被袁氏父子收买后，他就甘心充当内奸，"汪见利心动，阴受其贿，力任其事。"⑤他不仅威胁孙中山先生把大总统的位置让给袁世凯，更极力协助袁氏破坏和镇压北方革命。他以"英雄"假面具骗取了革命党人的信任，将革命内部的种种机密报告给袁世凯，使袁世凯一个个地把北方各地的起义斗争镇压下去。此外，汪精卫还帮助袁世凯、张怀芝杀害了许多革命同志。袁世凯杀害革命志士惟恐社会舆论对他不利，所以他便通过汪精卫把革命同志以"土匪论处"而遭杀害。汪精卫曾致电袁世凯："暗杀活动与革命党无关，请严厉镇压"。又致电各地革命党人，不准革命党在议和期间开展革命活动，否则以"土匪论处"。薛成华、王熙普、张先培、杨禹昌、黄之萌、蔡德辰、王丕承、王治增、张雅堂、杨兆林、雷茂林和王斌等革命同志都是这样被杀害的。此外，汪精卫还从经济上、思想上瓦解北方革命，例如他借口北京之役，硬是从胡鄂公手中拿去几万元革命发动经费；又借口南北停战协议而下令说："吾党京津一带同志，自宜遵守诺言，不可有所行动。"而只准组织暗杀队去杀那些妨碍袁世凯实现窃国野心的清廷亲贵。这样一来，在汪精卫的影响下同盟会和革命党中就有不少人热衷于暗杀活动，还有不少人消极等待革命成功。如果同盟会能早日铲除汪精卫这一叛徒内奸，那么，北方辛亥革命会成为另一个局面。

其四，革命党本身的另一弱点。北方革命党人在联络或策反北洋军和毅军的工作上，一味地只顾争取少数军官，而不像南方诸省革命党人那样深入到士兵中去进行发动。因此，北方革命党人的军运和策反工作的进行远不如南方诸省那样显著。诚然，北洋军和毅军多是袁世凯一手编练和控制的，他十分注意封建奴化教育，严禁军士"结盟立会"。另外，他的士兵多招自北方几省的农民，不像南方诸省新军中有较多的“少年学子”，易于灌输革命思想。特别是袁世凯在对军官的提拔和使用上，他首先提拔和使用的是由他所创办的各类军事学堂毕业的学生，而对留学日本和毕业于其他军事学堂的学生则严格限制或禁止在北洋军中任职。因此，北方革命党人是很难打进北洋军中开展革命活动的，这在客观上给北方革命党人策划军队反正增加了困难。尽管如此，北方革命党人还是不畏艰险，经过努力，通过各种途径，不少人打入了北洋军。除少数同志通过艰辛的工作取得一些成果外，多数同志没能深入下去，只满足于“客寄虚悬”的位置，很少下到营队中做艰苦细致的工作，因此未能掌握军队的指挥权，就是老同盟会员吴禄贞也不例外。他虽身为北洋军第六镇统制官，但他却指挥不动第六镇人马为革命所用；第三镇炮兵管带同盟会员刘廷森借镇压山西革命为名，率部投山西革命军，但火车刚到娘子关，所有官兵又跑回第三镇，只有刘廷森一个人投向革命；雷庄战役失败后，革命官兵无人指挥，四处逃散时，白毓昆极想招集残部深入燕山，集蓄力量，重整旗鼓，结果官兵们都不理睬他，也不服从他，他只得西逃，不料误入王怀庆驻地古冶，惨遭杀害。如果北方革命党人也能像南方诸省革命党人那样深入到士兵中间去发动革命，实现“抬营主义”，那么，辛亥北方革命的胜利是会大有希望的。

其五，“反满”口号的狭隘性。辛亥北方革命和各省起义一样，狭隘地利用“反满”口号。集合反满派斗争，虽然在一定程度上起到了组织动员的作用，但是这一口号缺乏广泛的反封建的社会基础和强烈要求变革社会的内容，这种只限于汉族人民的种族革命阻止了满族和其他少数民族人民反封建的积极性。辛亥北方革命虽然在张家口、北京、任邱、雄县、滦州和天津等地组织了起义和爆动，但参加战斗的人员除了革命党人以外，多是青年学生和少数革命分子，除了“铁血会”成员外，广大农民群众是很少参加的。这就说明了辛亥北方革命还没有很好地与广大农民群众的反清斗争结合起来，结果形成了孤军奋战，再加上军事上的盲目性和冒险主义，这些都是辛亥北方革命主观上失败的重要原因。

二

辛亥北方革命除与南方诸省革命相同之处外，又具有本身的特征。北方革命党人身居畿辅天子脚下，对清王朝和袁世凯反动本质的认识较南方诸省的革命党人更为深刻，因此自始至终主张革命到底，反对同盟会上层对袁世凯的妥协政策。对与袁世凯议和则认为“此则袁世凯篡取清室攘窃革命之计，我各省代表不悟，尚欲于清帝退位之时而畀袁世凯临时大总统，此非革命之自杀而何？夫革命者，所以扫除官僚、涤荡专制余毒者也。今清帝退位而代以袁氏，此与父死子传、兄终弟继者何异哉！我北方同志有鉴于此，用是屡举义旗，前仆后继，誓必讨灭袁氏，不使专制余毒永留于中国也。”[⑥]北方革命党人就是在这一彻底革命思想指导下进行推翻包括袁世凯在内的封建王朝反动统治的，因此极力反对同盟会上层对袁世凯的妥协政策。他们尽自己的最大力量，屡举义旗，以达到扫穴犁庭之目的，完成资产阶级民主革命。

在辛亥北方革命运动中涌现出了一批杰出的资产阶级革命家，他们最先都是同盟会内部极力倡导实行“中央革命”的革命左派，主张在京畿天子脚下发动革命，易于推翻清王朝的反动统治。其中吴禄贞、白毓昆最为著名。他们站得高，看得远，对不同时间和阶段的主要敌人是谁，打击对象是谁，都能准确地提出来。例如吴禄贞向来认为袁世凯是革命党人进行革命、建立共和政体的最大障碍，是中国最毒的一个东西。他的结论是：“袁世凯一日不去，中华民国一日不得成功。”[⑦]在此基础上制定了“覆清灭袁”的革命方针。这一方针是符合当时革命形势的，从而表明了吴禄贞是一位“才识过人”的资产阶级军事家、政治家。袁世凯出山后形势发生了变化，在此以前革命的主要敌人是清王朝，以主要力量打击清王朝的方针是十分正确的，但自从袁世凯出山后，他在各帝国主义的支持下，玩弄反革命两手：以清廷压革命，又以革命恫吓清廷，企图收渔人之利，篡夺军政大权。由此可见，袁世凯已代替清廷成为革命的主要敌人，清廷则退到次要的地位。吴禄贞抓住时机不仅制定了“覆清灭袁”的方针，而且及时贯彻这一方针。著名史学家萧一山先生说在辛亥革命时期“真能了解国内局势之党人，只有一吴禄贞，深知袁世凯乃革命之劲敌，殊非摇摇欲坠之满清皇室也”。[⑧]吴禄贞清醒地看到要“灭袁”就必须“覆清”，只有迅速直捣北京，推翻清王朝，打破袁世凯的老巢，使他无巢可居，无计可施，既不能北上，又不能利用清王朝，从而置袁于死地。在此方针的指导下他又制定了军事计划：预定以第二十镇统制张绍曾为直隶都督，阎锡山为山西都督，自任燕晋联军大都督，暗遣革命党人，大肆活动；密约张绍曾率所部沿京奉路西进，直攻北京，分一支军扼守密云以防宣统逃窜热河；令阎锡山派一支兵，守京汉路黄河桥，阻止袁世凯北返，主力沿京汉路北上；吴亲自率第六镇及保定入伍生队、民团进攻北京；一面致电黎元洪派兵夹击袁世凯，不使北返。这个军事计划是适时的，可行的。正如他的战友孔庚所说："这个计划，既不让宣统逃往热河，也不让袁世觊回到北京。成功后，就废宣统为庶民，通电全国，改国体为共和，请各省代表到北京，开会选举大总统（密议推举孙中山先生）。假使他不被害，这个计划定可成功，中华民国何至有后来许多灾难呢？"[⑨]李剑农先生也指出："吴的计划若果实现，则清廷的倾覆已在俄顷之间，便无须后来的和议；袁氏逼取清政府的大权计划，也将归于泡影。"[⑩]

另一位资产阶级革命家则是白毓昆。他不仅伙同张相文先生制定了光复河北的计划，而且他最先识破了汪精卫的叛徒嘴脸并与之斗争，极力主张"覆清灭袁"，将革命进行到底。王葆真同志指出："白雅雨（即白毓昆）先生和滦州殉义诸烈士，为什么在南北议和之际举义殉难呢？他们是坚决主张革命彻底，妥协就要失败的，他们是坚决反对与屠杀革命志士的军阀谋妥协的，他们是为了革命大义和四万万同胞的生存而不惜个人生命的。"[⑪]然而当时同盟会上层领导却看不到北方革命的力量，也不能分析和利用敌人内部的矛盾和弱点去深入进行革命，更没有认识到铲除袁世凯这个中外反革命代理人的必要性，而只是一味的迁就、姑息，说什么"只要袁世凯赞成共和，其余一切都好商量"。最后开会决定："如袁世凯反正归来，则临时大总统当选人即让于袁，以符本会议之诺言。"他们如此热衷于以高昂的代价去交换袁氏的假共和，他们如此坚信袁世凯足以"安邦定国"。而北方革命党人则认为袁氏一日不除，则民主共和便一日不能实现。为此，他们不仅发动了一连串的武装起义斗争，同时，他们还接连致电孙中山和南京临时政府"制止各省代表与袁世凯中途议和，领导各省军民同志扫平伪满，肃清官僚，建立真正共和政体，以贯彻全国革命初旨。"[⑫]但是到头来还是由于资产阶级的软弱性而向袁世凯妥协了。连孙中山先生这样伟大的人物在当时的历史条件下，也不得不顾全黄兴等同盟会上层与袁世凯达成的协议，而放弃北伐，并于 12 月 29 日电告袁世凯："文虽暂时承乏，而虚位以待之心，终可大白于将来，望早定大计，以慰四万万之人渴望。”[13]表示清帝退位后，临时大总统之位置一定让予袁氏。尽管如此，在畿辅天子脚下战斗的北方革命党人仍为实现“不使专制余毒永留中国”的主张，不顾同盟会上层的阻挠，毅然决然地屡举义旗，战斗不止。1912 年 1 月 29 日又发动了天津起义，再次以武装起义的实际行动回击了同盟会上层的妥协政策，并且第三次致电孙中山和南京临时政府反对向袁世凯妥协，主张彻底革命。2 月 9 日晚吴若龙从北京打长途电话告诉在天津的北方革命党人，清帝于 2 月 12 日宣布退位，南京临时政府任命袁世凯为临时大总统。届时，汪精卫以专使名义由宁来京欢迎袁世凯南下就职。北方革命党人闻此消息无不义愤填膺。其时，激进的民主革命战士易宣则激动地说：“我自今日始，当与诸同志决矣，我将赴锦州，在此数日内，以图一逞；明知此去必死，盖欲以一死使天下后世知袁世凯之盗国，汪精卫之出卖革命也。”[14]这铿锵有力的誓言充分代表了北方革命党人彻底革命的大无畏精神，表明了辛亥北方革命在广度和深度上都达到了资产阶级民主革命的最高水平。这就是辛亥北方革命的鲜明特征。

三

北方革命党人在各地发动的武装起义虽然失败了，但它对北方及全国社会具有巨大的推动作用和重大的历史意义。

其一，辛亥北方革命对反动腐败的清王朝的打击是最沉重的。因为辛亥北方革命是在畿辅天子脚下进行的，直接冲击了封建专制的根基，有力地配合和支援了全国各地的革命斗争，促进了辛亥革命的进程，对推翻清王朝的反动统治和结束中国两千余年的封建君主专制起了巨大的推动作用。正如《辛亥六镇兵变纪实》的作者所指出的那样：“滦石事均败，然实示清廷以根本动摇，而速民国成立。”[15]1936 年 4 月关于纪念滦州殉难烈士的《国民政府令》指出：“辛亥光复发轫于武昌，而滦州一役实促其成。”纵观辛亥北方革命的全过程，分析其作用，是会很自然地得出“辛亥革命发起于南方，收功于北方”这个结论的。

其二，辛亥北方革命传播了资产阶级民主革命的思想，使“专制威力所集中，当事者防范之严，侦察之密，过于他省”[16]的北方人民提高了思想觉悟。在某种意义上讲，这是一次思想解放运动，从此民主共和的观念深入人心。尽管以后袁世凯等封建军阀统治一度封锁和压制北方人民，但民主革命势如奔涛，是任何势力所阻挡不住的。北方人民在以后的反袁世凯帝制自为，讨伐张勋复辟，推翻曹锟贿选总统的首都革命和伟大的“五四”运动等一系列的反帝反封建斗争中，一再表明北方人民民主革命的自觉性、积极性和英勇战斗的精神。这些斗争的领导者与参加者很多是辛亥北方革命时期的领导者与参加者或是受其深刻影响的革命青年人。

其三，辛亥北方革命是辛亥革命的顶峰，是一次比较深刻的资产阶级民主革命运动。在辛亥北方革命的历次起义斗争中都表现了资产阶级民主战士不畏艰险，赴汤蹈火，万死不辞的那种难能可贵的彻底革命的精神。在没有外援的条件下，他们顶着汪精卫的叛卖和袁世凯的血腥镇压，挺身而出，独树一帜。在每次战斗中都涌现出了无数可歌可泣的时代英雄，他们气壮山河的英雄气概令人敬仰。革命烈士为革命事业贡献一切的高尚情操和革命精神是永垂不朽的，他们的英雄业绩为北方历史增添了光彩，他们的历史功绩是永远不可磨灭的。

总而言之，辛亥北方革命达到了资产阶级革命的最高峰，在当时历史条件下尽管有其种种缺陷，或者说犯了严重的错误，造成了不可挽回的损失，然而他们所进行的革命斗争已经达到了他们所能认识的程度。所谓的缺陷与错误是他们所代表阶级的软弱性造成的，这种历史的局限性是无法克服的，因此，我们不能苛求于他们。

注：

①：《梁任公先生年谱长编初稿》，第508页。

②：张国淦：《辛亥革命史料》，第195页。

③：《大总统抚恤吴张周令三烈士会》。

④：陶菊隐：《袁世凯演义》，第188页。

⑤：《辛亥革命回忆录》（八），第419页。

⑥、⑫、⑮、⑯：《辛亥革命》丛刊，第316、299、331、268页。

⑦、⑨：《云梦文史资辩》第一辑，第84、83页。

⑧：萧一山：《清代通史》，第2653页。

⑩：李剑农：《戊戌以后三十年中国政治史》，第114页。

⑪:《辛亥革命回忆录》(五)，第 412 页。

⑬:李宗一:《袁世凯传》，第 190 页。

⑭:胡鄂公:《辛亥革命北方实录》，第 180—181 页。

原载：《河北师大学报》1989 年第 2 期，编入时略有增删。

北洋三杰之龙王士珍

王士珍，字聘卿，号冠乔，别号冠儒，直隶（今河北省）正定县牛家庄人。生于1861年7月14日（清咸丰十一年六月初七）。曾祖父王朝凤，精通医术，长于书法。祖父王履安是个秀才，工医之外，擅长武术，有戎马书生之称。父亲如柏和伯父如松都早逝，王士珍兼挑两房。由伯母刘氏和生母丁氏抚养成人。王9岁入塾读书，16岁习弓马。这时家道已经中落，王于1878年考入正定镇标学兵队，不久开赴山海关驻防。

1885年，直隶总督兼北洋大臣李鸿章为培养新式军事人才，仿照德国军事教育制度，奏准在天津创立北洋武备学堂，通饬淮军各部选送学员。王因性格温和，又兼稍通文墨，甚得上司喜爱，遂被聂士成保荐考入北洋武备学堂。王刻苦学习西方军事，肄业三年，“操行学绩俱优”。[①]期满，仍回山海关，督办随营炮队学堂。

1894年中日战争爆发，王奉命率由学员组成的炮队，随直隶提督叶志超于6月开赴朝鲜牙山。7月29日，日军进犯牙山，清军奋起抵抗。激战时，王士珍曾多次请战增援，皆被叶志超所拒绝。成欢驿失陷，叶志超惧敌怯战，遂率残军绕道向平壤撤退。8月下旬，王士珍所率炮队随叶志超抵达平壤，与入朝清军奉天练军统领左宝贵等部会合，兵力15000余人，叶志超为平壤清军总指挥。9月12日，日军兵临城下，王士珍所部防守大西门至七星门阵地。王士珍观察阵地地形后，积极建议：应于城外山上设奇布防，敌至方能应战。叶志超以为王士珍年轻多奇，不予采纳。14日，日军攻城时，王士珍誓言为国效力，率炮队与进犯的日军顽强鏖战，给敌军以杀伤。当王士珍闻知左宝贵壮烈牺牲的消息时，他亲手操炮，轰击日军。作战中他左手无名指被炸掉，额头也被弹片击伤，后在炮队官兵护卫下突围。

平壤失守后，清军撤退时又遭到日军伏击，溃不成军。加之黑夜昏暗，不辨方向，幸好王士珍携有地图，按图指引清军安全抵达义州。此时炮队官兵“饥渴特甚”，他们在一村休息时，从一户人家的乱柴下发现两口大缸，装着衣服和麦粉。王只准炮队官兵以麦粉充饥，临行前，他将银五两放入缸中，仍旧封好，才命炮队上路。

回国后，王改统榆防炮队，仍驻防山海关。和议签订后，王随新任直隶提督聂士成移驻芦台。

中日甲午战争彻底暴露出湘、淮军的腐败，清政府逐渐认识到编练新式军队的重要性。1895 年 12 月，任命袁世凯接替胡燏棻，在天津附近的小站编练新军。袁世凯广为延揽军事教学人才，北洋武备学堂总办荫昌遂将前毕业于武备学堂的高材生王士珍、冯国璋、段祺瑞和梁华殿四人提名推荐。王被任命为督操营务处会办兼讲武堂总教习，旋即转任工程营管带，兼工兵德文学堂监督。王在小站辅佐袁世凯练兵，以悉心筹划、办事认真，博得了袁世凯的重用，凡有关训练军队的上奏或下发的文牍，袁世凯都命王士珍参赞擘画。凡全军成绩考核和升降黜陟，也无不与之磋商。王为袁世凯小站练兵是出了大力的。

1897 年荣禄奉诏到小站检阅新建陆军时，王士珍将工程营设制的水雷、旱雷、踩雷及各种武器都请荣禄亲临阅视，然后一一演习，荣禄看得眼花缭乱，大加赞赏。翌年早春二月，荣禄复来小站检阅，将过海河，王士珍指挥工程营搭帆布桥迎接,荣禄一行人马“行过如履坦途”,深为“惊异”[②]。待荣禄检阅完结回津时，王再次架成此桥，荣禄认为时已二月，河水将要解冻，恐有危险。王士珍禀告说:“勿虑，三日后冻方解。”果然三日后解冻，荣禄“深服”王士珍“料事精赅”。荣禄曾致函袁世凯称王士珍“负治国大才，不第长于兵事也。”[③]1899 年 9 月,王士珍、冯国璋、段祺瑞领衔主持编成《新建陆军兵略汇存》与《训练操法详晰图说》22 册,“成为袁军教学的标准课本，也是晚清编练新军主要的教育典范。”[④]该年冬，袁世凯获悉清廷将任命他署理山东巡抚的消息后，立即派王士珍率少数亲信赴山东视察一切，以便做好所部新建陆军移防山东的准备。王士珍连日奔波山东各地，仅一月余，就将省内，尤其是屯兵处和沿海要塞形势一一了解，随即向袁世凯复命。袁“惊喜过望”,遂令王士珍为小站留守司令,坐镇小站,指挥各营依次开拔。

袁世凯任山东巡抚后，以王士珍参谋全省军务。此时山东义和团反帝斗争已如火如荼地开展起来。山东前任巡抚李秉衡和毓贤对义和团主张以抚为主，而袁世凯则力主痛剿。王士珍权衡利弊后，建议先行劝解，继威以兵，如仍不从，再捕诛首犯，解散胁从。此议为袁世凯采纳。1900年7月，王士珍曾亲自监杀了从北京来山东的义和团大师兄渠魁。在义和团运动发展期间，各国传教士、教民和洋货商人纷纷逃往山东避难。对此，王士珍特编便衣队沿途保护并帮助租赁舟车，资送粮食、衣服、钱财，尽力庇护。同年秋，当八国联军向直隶东南部进犯的时候，王士珍饬令靠近直隶的山东村镇用白垩在墙壁上写上“此山东境”四个大字，侵略者望见，认为有袁世凯等为之镇压义和团和保护传教士，自然不必亲自去了。是年雨季，山东黄河决口，王士珍曾率工程营至险区，日夜奋战，“引水就壑”，使决口提前合龙，从而减轻了灾情，并使数千顷荒滩变成了沃壤，“放民耕种”。

袁世凯为了取媚德国侵略者，任命王士珍为全省操防营务处督办，饬令冯国璋、段祺瑞协助，抓紧军事训练。未几，袁世凯特邀请德国驻胶州总督到济南阅操。总督看到袁世凯的新军确比清朝旧军操练精娴，又知道主持操练的王士珍、段祺瑞、冯国璋三人都是受过德国军事教育的，故当面称赞王、段、冯为“北洋新军三杰”。

1901年11月，清廷任命袁世凯署理直隶总督兼北洋大臣。袁到任后，为了扩充军队，翌年春在保定设立北洋军政司，王士珍被任命为总参议，总管全军操防营务。不久王士珍偕王英楷赴直隶南部州县，会同地方官精选壮丁六千余人，集中保定编练为北洋常备军（即新练军），王士珍为左翼翼长。在此期间，王士珍为袁世凯推行常备军制，编写了《常备、续备、后备各军章制》，为北洋陆军六镇的建立打下了基础。

1903年，清政府成立练兵处。练兵处总理练兵大臣由满族亲贵奕劻兼领，袁世凯为会办大臣，操实权。袁荐王士珍为军学司正使，旋调任军政司正使，并先后兼任北洋军第二、六镇统制官，授正黄旗蒙古副都统，赏头品顶戴。故新军编定营制，厘订饷章及军屯要扼，多由王士珍主持制定。

1906年10月，清政府抽调两万北洋军在彰德举行秋操，王士珍以军令司正使充总参议。整个秋操几乎全是在王的指挥下进行的，从始至终井井有条，大得各方称赞，中外被邀参观者，赞誉王“调度擘划，为不可多得，所以特别对王垂青，其誉望也骎骎乎驾于冯、段二人之上”[⑤]。

是年冬，兵部和练兵处合并为陆军部，王士珍被任命为陆军部右侍郎。

1907年王士珍以侍郎衔外放为江北提督，节制文武，兼理盐漕事务。第二年王的生母病逝，清廷给假三个月。期满召见，令继续统率第七镇回任江北提督任上。1908年秋，王率江北新军参加太湖秋操，秋操尚未结束，革命党人熊成基率新军在安庆举行起义。两江总督端方致电请王士珍派兵往剿，在王部追击下，起义遂告失败。

王士珍任江北提督以前，长期在军中任职，虽官运亨通，但私饱尚属有限，自从外放江北提督后，乘机敛聚，宦囊渐丰。先后在北京西单、前门和天津等处购置房产，并在故乡正定县广置产业。他首先委其叔父王如云在牛家庄盖起家宅一处，家庙一处，小学堂一座。不久，又在正定城内西门里购宅基地20余亩，大兴土木，建造王氏宗祠和公馆四百余间。同时期在本县和邻县藁城购地15顷。

1908年11月，光绪、慈禧相继死去，由三岁的溥仪继位，其父载沣摄政监国。载沣本想杀袁世凯，为光绪帝报仇，但惧怕袁之北洋势力及帝国主义奥援，仅发上谕勒令袁世凯回籍“养疴”。袁世凯失宠后，王士珍亦称病请开缺，一则为免招嫉忌之祸，二则报袁氏知遇之情，所以一辞再辞，至1910年（宣统二年）才获准离职。

1911年10月，武昌首义爆发，袁世凯在“非袁不能收拾局面”[⑥]声中，东山再起。他首先奏请起用已开缺的王士珍，任王为襄办湖北军务。袁任内阁总理后，王士珍被任命为陆军大臣。

王士珍心有清室，念念不忘其恩泽。当袁世凯逼迫清帝退位，令段祺瑞等北洋将领致电内阁奏请“立定共和政体”的电文发出后，王深为不满，遂有电致段：“责以皇恩浩荡，不应发此电。”[⑦]溥仪退位既成事实，王士珍又竭力为其退位力争优厚条件。溥仪退位，王士珍表示忠于清皇室，决计辞职，他说：“身任陆军大臣，决不愿署名于皇帝退位诏后。”遂即“退居乡里不问政事”[⑧]。

袁世凯继任中华民国临时大总统后，鉴于王士珍“不攘权夺利，不植党营私”[⑨]，故几次派人去正定请王士珍回京担任要职。皆被王婉言谢绝。

1914年夏，袁世凯派长子袁克定专程往正定迎王士珍北上，并嘱：“王公不来，勿归也！”袁克定一行抵正定，毕恭毕敬请王士珍出助一臂之力，再次被王拒绝。未几，段祺瑞去南方视察回京路过正定，预先电报王士珍“拟正定下车，登门拜访。”王士珍届时到车站迎接，专车到站，段派亲信下车请王上车会见，二人说话间，火车便开走。王身不由己，只得赴京。遂就任模范团筹备员，被授为陆军上将。5 月 9 日，袁设立陆海军大元帅统率办事处，任王为六大办事员之一，王“实权最大”[10]。

1915 年 5 月，段祺瑞称病退居西山，袁以王士珍署理陆军总长。8 月段辞职，由王继任陆军总长。

王士珍为人精明圆滑，时称“好好先生”。正当帝制密锣紧鼓之时，上书劝进者比肩继踵，惟独王士珍“迄不签署”[11]。有人向他试探，他淡淡地说：“自己人嘛！何必来这一套。”[12]袁氏帝制自为，引起国内外朝野上下的反对，致使北洋集团内部分崩离析。1916 年 4 月 23 日王调任参谋都总长。此时袁世凯极想利用王士珍团结北洋僚属维持局面，故二人密谈“退位之法”[13]。6 月 6 日，袁世凯终因帝制失败羞愤成病而死，副总统黎元洪继任总统，段祺瑞任国务总理兼陆军总长，王士珍仍任参谋部总长。不久，因“参战”问题引起府（总统府）院（国务院）之争，段祺瑞为了通过对德宣战案以换取日本的军火和贷款，极力主张按照日本的意图对德宣战；黎元洪则受英美影响不主张对德宣战，王士珍提出“德国不可轻侮”[14]的劝告。1917 年 5 月，黎元洪免去段国务总理兼陆军总长职务，王士珍被任命为京畿警备总司令，李经羲任总理后，又任命王为陆军总长兼参谋部总长。

段祺瑞被免职后，离京赴津，积极联络各省督军，一面谋以武力倒黎，一面又暗中支持张勋策划丁巳复辟，企图利用张勋赶黎下台。当倪嗣冲、曹锟在段祺瑞指挥下发兵北上，威胁北京时，手握重兵身为陆军总长兼京畿警备总司令的王士珍不是积极着手北京防务，而是一味把希望寄予张勋进京调停上。6 月 14 日张勋率辫军进京，6 月 30 日夜王士珍为张勋所胁，跟随张勋、康有为等进清宫奏请复辟，随后又同梁鼎芬、李庆璋一行人去总统府，逼迫黎元洪“奉还大政”。因此，复辟王朝授王士珍为“内阁议政大臣”，和“参谋部大臣”等职，并赏穿军衣。特别是当冯玉祥等人率军攻入北京，张勋作最后挣扎之时，王士珍和陈宝琛还为张勋出谋划策，“决定拟一道上谕给张作霖，授他为东三省总督，命他火速进京勤王。”[15]由此可见，王士珍是参加了丁巳复辟的人。待段祺瑞率讨逆军兵临北京城下时，王始督率模范团参加讨伐张勋的战斗。

丁巳复辟平息以后，王士珍深感无脸见人，准备再回故里隐居。然而，段祺瑞不但不追查其罪责，却对其竭力抚慰，还说王士珍对维持北京秩序有功，继续留任参谋部总长职务至年底。

段祺瑞重掌北洋政权后，与代总统冯国璋在对付南方护法军政府的策略上，发生分歧。冯国璋为了拉拢西南军阀，提出了与段祺瑞“武力统一”相对立的“和平统一”政策，并暗中指示与他有联系的北洋将领通电主和，致使段祺瑞的“武力统一”政策遭到失败，不得不于11月15日辞去本兼各职，王士珍被任命为陆军总长，30日冯国璋又任命王士珍署理内阁总理。但此时段派势力正盛，致使冯国璋的“和平统一”政策遭到段派的阻碍和破坏。虽极力主和，但他不敢轻易冒犯刚愎自用的段祺瑞，使反战主和旗号暗淡无光，措施软弱无力。当冯国璋任命段祺瑞为参战督办后，王士珍也立即向段妥协，将陆军总长一席让于段祺瑞亲信段芝贵。尽管如此，在王士珍任总理期间，还不断受到段派机关报的恶意攻击，段祺瑞还多次指使徐树铮等人进行倒阁活动。经不起风波的王士珍，终于1918年2月20日借病请辞。冯国璋特任内务总长钱能训兼代国务总理。

1920年10月，江苏督军李纯暴死于南京任所，总统徐世昌保荐王士珍为苏皖赣巡阅使，王辞以老病。第二年特任为德威上将军，管理将军府事务。未几，王士珍辞去军界职务，以“野鹤闲云”自处。不久，宣布担任月薪500元的北京电车公司董事长。在此期间，王士珍曾回正定小住，为伯母和生母建造“节孝牌坊”。直皖战争、直奉战争时，王士珍以北洋元老身份从中调停。

1925年2月1日，段祺瑞召集善后会议，推王士珍为善后会议议长，王坚持未就。

1926年5月，吴佩孚联络张作霖、阎锡山“讨伐”国民军。及国民军退出北京，王士珍被北京社会团体及知名人士推为京师临时治安维持会会长和京师救济联合会会长，以维持北京秩序，并一度调和直奉之间矛盾。

▲王士珍晚年

1928年5月，蒋、冯、阎向张作霖发动全线攻击，王士珍、熊希龄等人在北京发起和平运动。张作霖退出北京，王士珍再次出任治安维持会会长，电请南京政府迅速和平接收京津地区。

王士珍在军政界多年，各界都比较相信他，因此他两次组织治安维持会，尽心竭力维持社会秩序，使北京免遭战争灾难，为京师民众所钦重。此后，王士珍还曾几度主持北京的慈善事业。

1930 年 7 月 1 日，王士珍患肠癌在北平去世。

注：

①：高拜石：《古春风楼琐记》，第六集，第 151 页。台湾新生报社出版，1981 年 9 月 30 日。

②：尚秉和：《德威上将军正定王公行状》，第 3 页。北平文楷斋承刻印。

③：同②，第 4 页。

④：刘凤翰：《武卫军》，第 193、492 页。台湾中央研究院近代史研究所编印，1978 年 6 月。

⑤：同①，第 163 页。

⑥：李宗一：《袁世凯传》，第 173 页，中华书局出版，1980 年 11 月。

⑦：杜春和、林斌生、丘权政编：《北洋军阀史料选辑》上册，第 266 页，中国社会科学出版社出版，1981 年 6 月。

⑧：见《正定县情》（未刊）。

⑨：同①，第 164 页。

⑩：同⑦，第 94 页。

⑪：同②，第 9 页。

⑫：同①，第 166 页。

⑬：李希泌、曾业英、徐辉琪编：《护国运动资料选编》（下），第 661 页。中华书局出版，1984 年 7 月。

⑭：同⑦，第 205 页。

⑮：爱新觉罗·溥仪：《我的前半生》，第 102 页，群众出版社出版，1982 年 12 月。

原载：中华书局《民国人物传》第 7 卷

民国代总统冯国璋事略

一

冯国璋，字华符，一作华甫，直隶（今河北）河间县西诗经村人，生于1859年1月7日（清咸丰八年十二月初四）。其祖父冯丕振，家境富裕，有地300亩，为该村四大户之一。其父冯春棠，因科举落榜，精神失常，又因遭天灾，家道逐渐中落。冯国璋有胞兄弟四个，他居行四。老大冯佩璋，常年经营戏班，奔波外乡；老二冯蕴璋，自幼读书，被推举为拔贡；老三冯琥璋，文庠生。

▲冯国璋

冯国璋自幼聪颖，7岁进私塾读孔孟书，20多岁时到直隶省会保定莲池书院深造，因家境贫寒，又无他助，辍学回籍。当时，正是西方资本主义国家入侵，国家处于危难之时，不少爱国青年纷纷投笔从戎，效忠社稷。在这种形势下，冯国璋于1884年投淮军当兵。从此，冯国璋在清末民初的动乱年代，幸获机遇，得到清王朝和袁世凯的赏识，青云直上。

二

1884年，25岁的冯国璋只身来到大沽淮军直字营，通过在该营任文书的族叔介绍，入伍当兵。因冯具有一定文化程度，经常帮助士兵书写家信或帮伙房记账，人缘不错，亦取得了该营统领刘祺的信赖。第二年，经刘统领保荐，冯国璋进入天津武备学堂，习步兵科。该学堂是直隶总督兼北洋大臣李鸿璋为培养淮军中下级军事人才于 1885 年创办的，聘有德国军事教官，所设课程有兵法、地利、军器、炮台、算法、测绘，并操习炮队、步队、马队、工队及分合阵法，另外还兼学经史。冯国璋是该学堂第一期学员。在学习期间，他曾回原籍参加科举考试，当时特设数学附生额。因他擅长算术，考中秀才。后重返回天津武备学堂继续学习军事。冯国璋学习刻苦，精通枪炮阵式，诸悉营垒作业，各科成绩优秀，曾得到该学堂总办荫昌和德国教官的赏识。1890 年毕业，被留校任教。

当时冯国璋已届而立之年，他不安于现状，想大立军功，出人头地，于是在 1893 年进聂士成军中效力。在中日甲午战争前夕，冯曾随聂士成赴东北和朝鲜等地考察和测绘地形，为时半年，跋涉数千里，餐风宿露，历尽艰险。所达之处，对山川要塞均用新法绘图说明，地形地物，了如指掌。所搜集的资料以聂士成之名编成《东游纪程》一书，由冯国璋任注说编辑。及至第二年，聂士成率部在朝鲜和东北等地抗击日本侵略时，这部著作发挥了极大的指导作用。“各军皆败，只有士成军可战”。[①]故此，冯国璋得到了聂士成的垂青，被任命为该军军械局督办。

中日战争后，冯国璋得聂士成保荐，以清朝驻日公使裕庚随员身份赴日。冯国璋在日本期间，为考察日本军事，结交了日本军界人士福岛安正、青木宣纯等人，并博览大批近代军事著作，取得了大量有关军事教育的资料，不舍昼夜，抄录和整理了几大本有关军事训练和近代军事科学发展的“兵书”，冯亦因此大长才干。

1896 年冯国璋回国后，将精心整理好的笔记资料呈送聂士成，聂又转呈袁世凯。当时，袁世凯正在积极筹办小站练兵事宜，急需军事教学人才，见到冯所整理的军事资料如获“鸿宝”，称赞冯国璋说：“军中之学子无逾公者”，[②]遂招冯国璋入小站辅佐编练新军。与冯国璋同时进小站的还有他在武备学堂时的同学王士珍和段祺瑞等人。冯国璋在教学中结合实际，深入浅出，深受学兵的拥护和爱戴。未几，冯国璋即被任命为督操营务处帮办兼步兵学堂监督。不久，又升为督操营务处总办。冯国璋鉴于新建陆军初创，在训练工作上应有所遵循，经过精心筹划，与王士珍、段祺瑞等人合力编成《训练操法详晰图说》22 册，成为随营学堂的标准教科书，也是清朝末年我国军事学校和编练新军机构的主要教材。由于冯国璋等人对袁世凯的赤心辅佐，使小站练兵的声誉大振，冯国璋也逐步投向袁世凯的怀抱。

袁世凯出卖“戊戌变法”，深得那拉氏宠信。1899年3月，新建陆军改称“武卫右军”，队伍扩大一倍。不久，袁世凯被任命为山东巡抚，率军赴山东防御德国军队的入侵和镇压义和团运动。袁世凯派出7000武卫右军，勾结驻青岛的德国侵略军和各地教堂武装，大肆搜捕和屠杀团民。此时，冯国璋以督操营务处总办身份，将10000多人的山东勇营逐步改编为武卫右军先锋队，并曾一度率队在直隶与山东交界的德州一带，围追堵截义和团。1900年冯国璋参预镇压义和团运动有功，经袁世凯奏保，升为补用知府。不久被调至济南主管武卫右军和山东全省军队督操事宜。

袁世凯为了在德国人面前出风头，决定举行秋操，命冯国璋、王士珍、段祺瑞昼夜加紧操练军队。1900年秋季，袁世凯邀请德国驻胶州湾总督一行抵济南观操。总督在袁世凯等人的陪同下登上观操台，只见军旗一色鲜明，队伍整肃精壮，军威凛然。时冯国璋发出洪亮的口令，队伍“一举足则万足齐发，一举枪则万枪同声，行若奔涛，立如直木”。总督一时深感军旅操练精娴，又知道指挥操练者都受过德国军事教育，故当面称赞冯国璋、王士珍、段祺瑞为“北洋三杰”。后来人们以三人性格特征（如王士珍持重如龙，段祺瑞威骜如虎，冯国璋多变如豹）而分别冠以“龙、虎、豹”之称。

1901年，清廷擢升袁世凯为直隶总督兼北洋大臣，冯国璋亦随之赴任。袁世凯野心很大，到达直隶后，便开始大规模地扩充北洋军。所谓北洋军是因直隶总督兼北洋大臣李鸿章、袁世凯编练新军而得名。袁世凯首先在保定设立编练北洋常备军的专门机构——军政司，该司分兵备、参谋、教练三处，冯国璋出任教练处总办。冯国璋竭力修明操法，制订章程和编练计划，从而把新旧军队的训练统一起来，使编练新军一时颇著成效。未几，清政府派冯国璋与满族官员铁良、凤山赴日本考察军事。归国后，冯国璋出任清政府练兵处军学司正使，同时督办北洋各武备学堂，兼任北洋陆军速成学堂和将弁学堂督办，因此北洋军阀集团中不少军官都是他的门生、故旧，为他后来充当直系军阀首领打下了基础。

1906年，冯国璋署理正黄旗蒙古副督统，兼任陆军贵胄学堂督办。该学堂是清廷专门为培养满蒙高级军事人才而设立的，其成员是王公世爵、四品以上的宗室以及现任二品以上满蒙文武大员子弟。该学堂还附设王公讲习所，在固定时间里专召亲王们去听冯讲课。冯国璋利用此机会结识了不少满蒙贵族，并赢得了清王朝的信任。于是，1907年冯国璋升任陆军部军咨处正使。1908年又升任清西陵梁各庄值班大臣。1909年军咨处改为军咨府（相当于参谋部），冯被任命为军咨使。在此期间，冯国璋为清王朝制定了全国练兵、驻防和守卫的统盘计划，成为身兼数职的清廷军政要员。

1909年，光绪、那拉氏相继去世，光绪之弟载沣辅佐其子溥仪登极执政。载沣为了集中权力并替其兄光绪帝报仇，便把袁世凯开缺，赶回河南彰德。冯国璋怕受株连，便借口"值西陵与祭，坠马受伤"，和原配吴夫人病丧、母孙太夫人逝世为由，请辞回籍，但未得到批准。清廷仍委派他负责办理日常军务，冯国璋对袁世凯感恩知报，仍暗通音信，表示忠诚，并竭力为袁世凯东山再起创造条件。

1911年（辛亥年）8月，清政府为了震慑革命人民反清斗争力量，决定10月在直隶永平府（今芦龙）举行秋操，冯国璋被任命为东路军总指挥。10月10日，武昌新军爆发了起义，迅即占领武汉三镇。清政府急忙派陆军大臣荫昌率两镇北洋军赴湖北镇压革命，同时又任命冯国璋为第二军总统，随后增援南下。

冯国璋在率军南下路上，完全以袁世凯的密令是听，根本不理会荫昌的指挥。当冯国璋率军途经彰德时，只身去洹上村养寿园向袁世凯请示机宜，袁世凯授意于冯"慢慢走，等等看"六字秘诀。清政府迫于无奈，只得请袁世凯出山。袁世凯得势后，马上奏请由冯国璋接替荫昌第一军总统职务。袁对冯说："非筹备周妥计出万全，断难督师进攻。"冯国璋即按照袁的指示，调兵遣将，做好进攻准备。当清廷被迫授袁世凯军政全权以后，袁才命令冯国璋攻打汉口和汉阳起义新军。于是冯命令部将李纯、王占元和陈光远，指挥三协北洋军轮番猛攻。起义新军面对北洋军的猛烈攻势，化整为零，躲在汉口街道两边的建筑物内狙击北洋军的进攻。冯国璋见起义新军拼死抵抗，难于长驱直入，便决定放火烧毁街道两旁的商店和民房，使起义军无法存身，从而发起猛攻。11月1日，冯借风势命令士兵放火，烈火由北而南，由东而西，一时间整个汉口便成为火海，三天三夜未熄，使方圆30里的繁华商埠倾时成为一片焦土，商民损失不可计算。11月27日冯国璋又指挥北洋军攻占了汉阳。此一役，冯国璋被清廷封为二等男爵。正当冯国璋待长江一鼓可渡，武昌垂手可得之时，袁世凯为了用革命力量迫使清帝退位交权，密令冯国璋“按兵不动”。冯一时摸不着袁世凯的意图，并对袁产生怀疑，于是亲自赴京托人向隆裕太后启奏，请求拨给饷银400万两，可独力平定“叛乱”。太后表示，400万两饷银一时难以筹划，但可以先拨发三个月的饷银，并准备临朝时召见冯国璋。不料袁世凯抢先一步受到太后召见，使冯国璋的如意算盘成为泡影，甚至还差一点被袁世凯干掉。[③]不久，段祺瑞迅速抵达汉口，接替冯国璋指挥北洋军的职务。12月15日，袁世凯命令冯国璋离汉赴京，继载涛任禁卫军总统，兼察哈尔都统。

起义军在北洋军武力的威迫下，一时失利，谋求妥协，即以清帝退位为条件，答应袁世凯出任临时大总统；袁世凯又反转过来利用革命力量，胁迫清帝退位，指使段祺瑞纠集40余名北洋军将领通电反对帝制。在袁世凯、段祺瑞等人的胁迫下，隆裕太后及皇室亲贵走投无路，被迫答应于2月12日下诏退位，却遭到禁卫军的强烈反对。禁卫军是1903年组建的一支保卫清王朝的武装，共一师一旅，计12000人。除兵步第三标是汉人外，其余各部官兵全系满蒙人。冯国璋之所以能以汉人统率禁卫军，是因为他以前曾为陆军贵胄学堂总办，且近在汉阳之役又被封二等男爵，再加上1912年1月1日孙中山就任中华民国临时大总统后，袁世凯曾指使冯国璋领衔联合段祺瑞等48名北洋将领发表了“誓死拥护君主立宪，反对共和政体”的通电，因此，王公满族都认为他效忠清室，予以信赖。冯国璋被清廷任命禁卫军总统，从而完全掌握了京畿防务大权。袁世凯逼迫清帝退位，遭到禁卫军官兵的反对，以致议和条件迟迟不能发表。这时，冯国璋决心助袁一臂之力，亲赴禁卫军总部召集全体官兵，高声宣布大清皇帝辞位后之优待条件，对于禁卫军额数俸饷亦仍维持不变，声言非此不能保全皇室。冯并以身家性命担保，尊号仍存不废，让权不让位，两宫保全及禁卫军待遇皆担保到底，无论个人调任何职，必仍以禁卫军自随。于是一场企图阻碍清帝退位的禁卫军风波被平息下来，冯国璋在关键时刻为袁世凯篡权立下了汗马功劳。

袁世凯任总统后，冯国璋任总统军事处处长兼统禁卫军。1912年9月，出任直隶省督军兼民政长。1913年晋升为陆军上将，因此成为袁世凯的左膀右臂。

三

辛亥革命后，资产阶级民主观念深入人心，因此，中国资产阶级各政党也仿照西方国家议会选举的模式，开展了激烈的竞选活动。在1912年12月参众两院初选和1913年2月的复选中，由同盟会改组的国民党获得了绝对的优势。国民党领导人之一的宋教仁盲目乐观，满以为国民党取胜后，可由他出来组阁担任国民总理了。老奸巨滑的袁世凯此时恐怕政权被国民党夺去，他认为宋教仁是国民党的灵魂，也是他独裁专权的最大障碍，于是指示跟踪宋的特务应桂馨、武士英于1913年3月20日晚10时在上海火车站将宋杀害。宋教仁被杀后，孙中山立刻从日本回国，提出"武力讨袁"，于是国民党纷纷备战。袁世凯鉴于此，便一不做二不休，决定先发制人，首先撤了国民党人充当江西、安徽、广东三省督军职务，并派北洋军南下。7月12日，国民党江西督军李烈钧率部于湖口反袁，"二次革命"爆发。13日黄兴在南京被迫宣布讨袁。23日，冯国璋受命出任江淮宣抚使率部由津浦路南下，一路上攻陷了宿县、蚌埠和滁县各处，8月6日直达浦口。16日，他的女婿、参加反袁斗争的南京第八师师长陈之骥，率少数卫兵偷偷过江向岳父投降。陈将南京群龙无首的混乱情况及其设防布局向冯国璋作了详细汇报。冯国璋喜形于色，对陈之骥说："你提供的情况很是重要，待我挥军渡江，我俩里应外合，攻下南京，给你立个首功。"随后，冯国璋会合张勋辫子兵及刘冠雄海军，部署了联合攻克南京的作战计划。南京何海鸣率讨袁军与北洋军鏖战半个多月。9月2日，冯国璋指挥北洋军炸毁城墙进入南京。北洋军如同野兽一般，恣意烧杀淫掠，南京商民家破人亡者，不可胜数，许多妇女被奸淫后投秦淮河自尽。张勋辫子军兽行尤甚。冯国璋攻占南京有功，被袁授予一等文虎章。南京陷落，"二次革命"宣告失败。袁世凯得知南京虎踞龙蟠的战略要地对他控制南方至关重要，因此他本来打算在攻克南京后任命心腹大将冯国璋为江苏都督，然而事不凑巧，因为冯国璋在攻占南京前夕，允诺了张勋提出的"先攻入城者为都督"的协议，张勋不惜辫军惨重伤亡，抢先一步攻入南京，冯国璋只得保奏张勋为江苏都督。9月10日，冯国璋北上继任直隶都督。然而张勋治军无方，终引出"南京交涉案"。日、英、美等国公使以张勋在南京其侨民生命财产得不到完全保证为由，向袁世凯施加压力。于是袁世凯于12月16日任命冯国璋出任江苏督军。

冯国璋接任江苏督军前，于 1913 年 10 月带着袁世凯的命令，由津浦路南下，仍以江淮宣抚使的名义检阅江苏各地驻军和视察江苏各属情形，并在浦口宣抚使行辕内设参谋、副官、军法、军需、军医、军械等机构，为即将接替张勋做好了准备。冯首先将江苏驻军进行整顿，并遵照袁世凯的手谕，除张勋手下军队尚未实行解散外，其余南京军队一律解散，所裁士兵一律资遣回籍。12 月，袁将张勋调任长江巡阅使，移驻徐州，冯国璋于 29 日接印赴任。

冯接任江苏督军后尚能与民政长韩国钧通力合作，对江苏的政治、军事、经济和文化等作某些改革。冯国璋打着维护江苏社会秩序的旗号（其实是为了镇压革命党人），首先于前清江宁府署设立江苏全省执法处；在此之前又从天津调来大批警察，代替张勋军警维护南京治安。冯国璋又将沿江的四路要塞加以整顿，统一指挥，任命王遇甲中将为总司令；同时设立军事研究所，又在南京设立宪兵司令部，任命陈调元为司令；接着又成立陆军讲武堂、水师学堂、陆军警察学校。冯国璋在军事上的一系列措施，旨在加强北洋军阀的统治权力，但在客观上保障了江苏社会秩序的稳定，因此江苏在冯国璋统治的几年间，经济、文化的发展是有长进的，这与江苏民政长韩国钧对江苏社会经济的某些改革也是分不开的。

除此以外，此时期内冯国璋为了左右江南数省，利用袁世凯交给的权力，建立了“长江三督”势力。当时的江西督军李纯和湖北督军王占元都曾经是冯国璋的部将，为了维护自己既定的权益，都有结盟的欲望。经冯国璋的召唤，李纯、王占元二督军也心领神会，共拜冯为盟主，从此在政治、军事及经济上互为依托。对外，在英美帝国主义支持下，保护长江中下游不受其他帝国主义染指；对国内，则保其地盘和权益不落入其他军阀手中。总之，冯国璋一时手握四师重兵，据有富庶的江苏省，在国内各省军阀中间举足轻重。

袁世凯为了笼络冯国璋，于 1914 年 1 月特将自己的家庭教师周砥介绍给冯国璋结为夫妻。周砥，字道如，江苏宜兴人，为周盛传之后，其封翁为某省候补道。周砥早年毕业于天津女子师范，曾在天津市从事小学教师工作，后经女师校长傅增湘介绍被袁世凯聘为家庭教师。袁氏父子确实是企图通过姻亲关系左右冯国璋的，因此袁世凯指挥部下将这次婚礼办得格外隆重，一时轰动了大江南北。袁世凯不仅派韩国钧代表自己为证婚人，并派三夫人闵氏和长子袁克定护送周砥到南京。袁氏给周砥陪送的金银首饰、珠宝玉器达120余担，其他妆奁五光十色，不可胜数。冯国璋以大礼相待，场面十分热闹，婚后结算，仅招待费就支出白银数万两。冯国璋不仅获取了周砥，而且还被授以“宣武上将军”。冯深感袁氏的知遇之恩，曾多次通电支持袁世凯解散国会，撕毁约法，反对内阁制，主张总统制，曾通电竭力叫嚣中国“应于世界上总统之外，别创一格，总统有权则取法美国，解散国会则取法国，使大总统以无限权能展其抱负”。

四

袁世凯爬上正式大总统的宝座，还嫌不过瘾，又产生了做皇帝的野心。当冯国璋获悉袁氏父子在京策划帝制的消息后，十分惊讶。经与周夫人商量，决定进京了解内幕，遂于1915年6月亲赴北京谒袁。冯问：“外闻有总统要改帝制的传说，不知确否？”袁答：“华符，你我都是自家人，我的心事不妨向你说明，历史上开创之主，年皆不过五十，我已是将近60岁的人了，鬓发尽白，精力也不如昔。大凡想做皇帝的人，必须有个好儿子，克绳基业。我长子克定脚有毛病，是个无用的跛子，次子克文只想做个名士，三四子都是纨袴，更没出息。我如果做了皇帝，哪一个是我的继承人呢？将来只能招祸，不会有好处的。”还说什么他已在英国伦敦买好了房子，如果国人逼他做皇帝，他就去英国当寓公。冯见袁世凯如此信誓旦旦，也就信以为真了。然而正当袁“指天誓日，力辩其无事”的同时，他的亲信左右却正在积极筹备帝制，冯国璋不敢不信又不敢全信，只得去密电向反对帝制的总统府机要局长张一麐询问，不久得到“事出有因”的答复。冯国璋深感受骗，便愤愤不平地说：“他哪把我们当自己人呢！他的做工倒真不坏！”④从此，冯国璋与袁氏的矛盾逐渐尖锐化。

袁世凯对冯国璋很不放心，便采取了严密的防范措施。首先在冯国璋身边安置王子铭等人监视其行动；又据传张勋曾接袁世凯一密电，谓冯国璋为人不可靠，嘱其就近监察。不仅如此，袁世凯的死党、上海护军使郑汝成被刺后，袁又派其亲信杨善德率第八师移住上海监视冯国璋。未几，又加派卢永祥率第十师驻吴淞，也为了防备冯国璋。冯国璋见此情形，明白了袁世凯不再相信自己，从此与袁氏父子的关系逐渐疏远，不肯再为袁世凯卖力。不久，袁氏父子指示江苏巡按使齐耀琳选举代表，举行改变国体投票。齐指派代表时，冯暗示督军署人员一律不当代表，不参加投票活动。在举行投票那天，冯国璋托病不去；齐亲自到署劝请，他才勉强到场，然而却呆坐在那里，一言不发。12 月 18 日，袁世凯任命冯国璋为参谋长，急电催促进京就职。冯乃托词害病拒不进京，并策动江苏军民电请“挽留”，李纯等督军也致电主张留冯。袁世凯没办法，只得允他在南京“遥领”。然而，袁世凯仍不放心，一面派阮忠枢、荫昌等人赴宁继续催冯离宁北上，一面电令杨善德、卢永祥、倪嗣冲调兵控制长江下游。12 月 25 日，蔡锷率护国军宣誓讨袁，冯国璋鉴于全国讨袁运动兴起，也就不再装病了。3 月 9 日致电袁世凯销假视事，从此放开胆量，公开反对帝制，遂成为“北洋派中反对洪宪皇帝之第一中心人物”。

冯国璋一面向袁世凯迭电密陈请“勿轻开战祸”，一面通过梁启超、胡鄂公等人与西南滇桂军阀唐继尧、陆荣廷信使往来，以促使西南独立和陆荣廷攻击广州，驱逐袁世凯死党龙济光；同时，又劝说四川的北洋军与护国军停战，并且指使四川、湖南将军陈宧、汤芗铭通电拒绝袁世凯的命令。当袁世凯派曹锟率北洋军入川与护国军接火之日，梁启超派人赴南京，请冯国璋协助蔡锷反对帝制维护共和，冯国璋对来使说：“我是他（指袁世凯）一手提拔起来而又比较亲信的人，我的电报对他是个重大打击。我们之间，不可讳言是有知遇之感的。论私交我应该拥护他的，论为国家打算，又万不能这样做，做了也未必对他有好处，一旦国人群起而攻之，受祸更烈。所以，我刚才考虑的结果，决计发电劝袁退位。”⑤于是，冯叫秘书拟好两电，一电致袁世凯，劝其退位；一电分致鄂赣与西南各省，表示他反对洪宪帝制的态度。不仅如此，冯还主动联络江西李纯、浙江朱瑞、湖南汤芗铭、山东靳云鹏等将军联名发出密电向各省将军征求收拾时局的意见，时称“五将军密电”。其电文内容，要求南方者:（一）取消独立,（二）退出战区,（三）保护战地人民；要求北方者:（一）取消帝制，（二）惩办帝制罪魁，（三）请元首自行辞职以觇全国人民之意愿。可见“五将军密电”是冯国璋企图以“中立”省将军首领的名义，召唤非独立各省区，形成第三种力量，以图联合护国军，打倒袁世凯的一种计谋。

3 月 19 日，当直隶省巡按使朱家宝将“五将军密电”呈送袁世凯过目时，袁气急之下，几乎晕倒。帝制派见此电，亦个个瞠目无词。足见“五将军密电”对袁氏帝制的打击程度。袁世凯鉴于全国人民反对帝制斗争正方兴未艾，内部已处四分五裂、众叛亲离之势，深知已临灭顶之灾，但为了仍然保住权力，企图继续盘踞大总统职位，便于 3 月 22 日宣布取消帝制。

自从“五将军密电”泄露后，冯国璋与袁世凯的裂痕更无法掩饰。于是冯国璋一不做，二不休，决定对袁施加更大压力，以迫使将政权让予他。为此，冯于4月1日和16日公开致电北京政府，劝袁及早退位。4月1日电文云：“南军希望甚奢，仅仅取消帝制，实不足以服其心。就国璋观察，政府方面须于取消帝制而外，从速为根本解决，以前帝制发生，国璋已信其必酿乱阶，始终反对，惟间于谗邪之口，言不见用，且恐独抒己见，疑为煽动。望政府回想往事，立即再进一步，以救现局。”4月16日电文中又指出；“国璋耿直成性，未能随时俯仰，他人肆其谗构，不免浸润日深，遂至因间生疏，因疏生忌。倚若腹心，而密勿不尽与闻，责以事功，而举动复多掣肘。减其军费，削其实权，全省兵力四分，统系不一，设非平日信义能孚，则今日江苏，已为粤、浙之续矣。……默察国民心理，怨诽尤多，语以和平，殊难餍望。实缘威信既隳，人心已涣，纵挟万钧之力，难为驷马之追，保存地位，良非易易，若察时度势，已见无术挽回，毋宁敝屣尊荣，急筹自全之策。庶几令闻可复，危险无虞。”袁世凯看过冯国璋以上两通电文，气急败坏，火冒三丈，然而冷静下来又不得不拟电好言相劝，复电略谓：“亟愿退隐让贤，遂我初服。但大局安危，北方秩序，于临去之前皆须预为措置。弟素知我，当谅苦衷，并非有心恋栈。”冯看过电文，深知老袁又用民初借口北方秩序，拒绝去南京就任临时大总统的故伎欺骗自已，于是便随手拟电指出：“……近虽取消帝制，论者皆谓民国中断，大总统原有地位业已消灭，绝难再行承认。”可见冯国璋反对袁世凯继续掌权的决心。

冯国璋公开通电劝袁世凯迅速退位，严重威胁袁世凯的政治生命。于是袁世凯不得不派亲信阮忠枢南下向冯国璋乞情。冯国璋在阮忠枢的请求下，答应联络各省，担任调停。未几，便提出“和平八条”，即：一、遵照清室赋予组织共和政府全权的原则，承认项城仍居大总统之地位；二、慎选议员，重开国会；三、惩办奸人；四、各省军队须依全国军队按次序编定番号；五、明定宪法，宪法未定之前，仍遵守民国元年约法；六、民国四年冬以前之各省将军，巡按使照旧供职；七、川湘前敌各军一律撤回；八、大赦党人。这八条内容虽有些杂乱，但不难看出，冯国璋企图以实现八条充当第三势力的盟主，调解独立的滇黔四省与“中央”的冲突。于是他4月25日通电指出：“四省若显违众议，自当视同敌，经营力征；政府如有异同，亦当一致争夺，不少易改。”5月18日冯国璋以“和平八条”为宗旨，在南京召开黑龙江、吉林、奉天、直隶、山西、山东、河南、湖北、湖南、江西、安徽、江苏、福建、察哈尔、热河、绥远和沪淞 17 省区将军或将军代表会议,时称“南京会议”。冯国璋意图通过南京会议逼袁下台,而由他取而代之。但由于倪嗣冲的破坏和各省区将军代表谋略不一，遂使南京会议夭折。冯弄巧成拙，被舆论斥责为：“与其名为解决袁氏地位之会议，毋宁名为解决自己地位之会议。”⑥

袁世凯帝制激起了全国人民的无比愤怒，导致护国战争爆发，北洋军阀集团内部四分五裂，袁世凯于 1916 年 6 月 6 日在全国人民的声讨声中，忧惧而死。显然在此过程中，冯国璋是起了一定作用的。

五

袁世凯死后，黎元洪出任总统，1916 年 10 月冯国璋被选为副总统，11 月在南京宣布就职，仍兼江苏督军。冯国璋就职副总统后，便在南京设立副总统办事机构，并以国家元首的姿态公开接见中外记者，大谈治国方略，主张中国建设要渐次进行，反对国民党的激进方针，一时政治上颇为活跃。1917 年初，江苏商民鉴于冯国璋坐镇南京，维护社会治安有功，便发动集资为冯国璋竖立“丰碑”；未几，江苏军界联合会闻知，亦愿加入发起，改为建立冯公生祠，取华符之“华”字名为“华园”，并拟铸造铜像。为此成立了以仇来之为主任的筹办华园事务所。事为冯国璋所闻，他“恐为人所讥议，立即致函辞谢”，谓：“华园一事承绅商各界雅意，至感至佩。惟国家多事，民生日艰，功德二字尚非歌颂之时，谅薄自惭，亦万不敢忝承盛意，华园一事千万打消，如不能中断，请即改为劝工场，以利民生经济。”⑦不久，将建华园和铸像之捐资建成贫民工厂和劝工场，此事一时传为美谈，并为冯国璋增添了几分光彩。不仅如此，冯国璋更以反帝制余孽面孔出现。在段祺瑞出任国务总理后，将阁员名单派人送到南京请冯核准，冯一看名单上竟有筹安会成员曹汝霖，便对身边的人说：“这张名单我能同意吗？连帝制余孽也要当阁员了，太不像话了，芝泉（段祺瑞）真是胡闹呀，我准备把它退回去！”表现出对帝制余孽之憎恶。

1917 年 2 月,冯国璋赴京调解黎元洪与段祺瑞因对德断交而引起的“府院之争”。冯到京后，住在禁卫军司令部，整天忙于接见军政各界要人，发表个人对时局的看法，“欲求对外一致，不可不先求内政刷新”，一时赢得各界的好感。他还在中国大学以"教育救国"为题演讲,获得了师生的欢迎。当时,段祺瑞因不满国会和黎元洪的外交政策而辞职赴津,冯国璋受黎之托亲自赴津挽留,并与段联袂回京。冯见段刚愎自用,目中无人,最后表示无力调解。回南京后,冯国璋预料到段祺瑞之嚣张蛮横,必将对己不利,于是决定集聚实力,迎击段祺瑞的种种挑战。他除壮大"长江三督"势力外,又竭力联络各省督军和英、美势力,从而伏下了未来的直皖之战。不久,黎元洪在美国公使"允为后盾"的支持下,断然下令免掉段祺瑞国务总理的职务。段愤然赴津,立即煽动"督军团"倒黎,于是皖系各省督军在段的指挥下,纷纷独立,使黎进退两难。这时,冯国璋曾致电表示支持黎元洪,并建议由王士珍出来组阁。由于王士珍首鼠两端,害怕招致灾祸,一时未敢答应;段却趁机派其亲信徐树铮怂恿安徽辫帅张勋出面调停,且暗示使清逊帝溥仪复辟。结果黎氏受骗,解散国会,引出了一场复辟的丑剧。

1917年7月1日,张勋在北京复辟,黎元洪避入日本公使馆,致电南京冯国璋请代行总统职权,维护共和。冯国璋于7月3日通电全国指出:"国璋在前清时代,本非主张革命之人。……国璋今日不赞成复辟,亦犹前清不主张革命,……彼(指张勋)视京师为其营窟,挟幼帝以居奇,手握主权,口含天宪,名器由其假借,度支供其虚糜,化文明为野蛮,委法律于草莽,此而不忍,何以国为!"第二天,冯国璋在军署接见英国领事时说:"中国政体已走上了共和。不容许再有皇帝,我可以告诉你们,我跟段总理都是站在反对地位的。"⑧复辟初平,冯国璋于14日致电"奉还大总统职权,请黎元洪复职"。黎愧于解散国会,故决心去职,致电冯国璋说:"惭魂虽化,枯骨犹生,黾载河间,奠我民国。"段祺瑞企图乘机使其亲信倪嗣冲接替冯国璋江苏督军之职,于是大施调虎离山之计,18日致电促冯北上就大总统之职,并派靳云鹏为专使赴南京迎冯国璋北上。靳对冯说:"段此次组阁,表示必可听冯四哥的话,二人同心,其力断金!"冯深知段之野心,不为靳语所迷惑,断然拒绝段祺瑞的安排,并针锋相对地提出离宁条件:调其部下江西督军李纯为江苏督军,陈光远为江西督军,第十五、第十六师为总统卫队。靳致电段祺瑞报告;段则以吴光新、傅良佐为长江上游警备总司令兼四川查办使和湖南督军为交换条件,答应了冯的要求。冯国璋鉴于自己的势力在长江下游得以巩固,便于8月1日率第十六师及其随从参谋长师景云、军务处长熊炳琦、军需总监张燮元、参谋项致中等人抵达北京就职。

冯国璋进京后，先拜访黎元洪，再次力言劝其复职；又派内务部总长汤化龙为大总统代表，进宫答谢清廷对他荣升大总统的祝贺。随后，他便将王士珍、段祺瑞请进府来，叙述“北洋三杰”之友谊。冯极为亲切地说：“咱们老兄弟三个连枝一体，不分总统、总理、总长，只求合力办事，从今而后再也不会有什么府院之争了。”冯把“府院一体，内外一心”的高调呼得山响。然而这仅是表面文章，冯国璋决不是第二个黎元洪。他是一个有军队、有地盘、有势力、有野心的不低于段祺瑞的实权人物，决不像黎元洪那样甘心当“活动的盖印机器”。因此，冯国璋来京就职代大总统，无疑加深了冯段之间的矛盾，促进了北洋集团和分裂。段祺瑞刚愎自用，非常看不起冯国璋。冯国璋来北京前夕，段祺瑞听到冯用债券收买上海外商，借制药为名，从中牟利的消息后，便对身边的人说：“我与冯是旧友了，此君有个钱癖，固所深积知。但以今日环境论，我决不能反对，因小失大，致伤感情。且系苏省官绅合办，彼既事前未征求我的意见，我只好装作聋聩。”段祺瑞宣扬散布冯国璋有“钱癖”，并非无端攻击。冯国璋自保定发迹后，通过各种搜刮手段，已陆续聚敛了大量的财富，成为军阀、大地主和大资本家三位一体的典型人物。例如，他在原籍河间和阜城、兴济等地有土地 3000 余亩；在江苏与张謇合办盐垦公司，购地 70 万亩；在诗经村、天津、北京有房千余间；在直隶夹山、遵化、兴隆有 3 座金矿；在南京、北京、天津有 10 座钱庄和银号；并且在中华汇业银行和“北四行”均有大量股票和存款。尽管如此，仍不能满足其贪欲。当他走进总统府看到三海活蹦乱跳的鱼群时，却又动了心计，正好一个姓李的嬖人对其买好，进言说：“三海之渔，自明清以来从未网罟过，如果打出卖给鱼商可值 10 万余元。”李某见冯犹豫不定，又说：“成文规定，三海鱼鸟花草历来是皇帝、总统私产。”于是，冯国璋招鱼商捕之，议价 3 万元。从此，冯国璋落得贪婪名声，所以段祺瑞是很藐视他的。

段祺瑞上台后，以“再造共和”功臣自命，独揽军政大权，拒绝恢复《临时约法》和召开国会。于是孙中山以维护《临时约法》为号召，联络海军总长程璧光及西南军阀于 1917 年 8 月在广州建立了与北京政府对峙的护法军政府，宣布段祺瑞为民国叛逆，声言出兵讨伐。段祺瑞面对此局势，立即决定对南方实行“武力统一”的军事讨伐。9 月，命令驻保定王汝贤、范国璋两师北洋军赴湖南作战。北洋军入湘，两广受到威胁。于是桂系军阀陆荣廷实行援湘。18 日零陵镇守使刘建蕃和驻衡阳湘军旅长林修梅通电宣布湖南独立，从此，护法战争首先在湖南爆发。正当段祺瑞全力对南方用兵之际，代大总统冯国璋却提出了与段祺瑞的“武力统一”对立的“和平统一”政策，即保持西南各省军阀割据现状，以换取他们对北京中央政权的承认，保持中国名义上的统一。冯为了贯彻他的“和平统一”政策，利用他直系军阀首领的地位，密遣其婿陈之骥赴湘，运动王汝贤、范国璋联名通电主和。于是王、范通电：“恳请大总统下令征求南北各省意见协议组织立法机关，议决根本大法，以垂永久而绝纷争……”10 月 20 日冯又指使“长江三督”联名提出停止湖南战争，撤回湖南督军傅良佐，改善内阁和调整倪嗣冲安武军驻防四项主张。于是，段对南方战争彻底失败，于 11 月 15 日辞去本兼各职，冯任命王士珍署理内阁总理。12 月 25 日，发布“弭战布告”，责成“南北两军各守原防，停止敌对行动”。冯国璋的“和平统一”政策暂时占了上风。

六

段祺瑞虽然下野，但皖系实力仍存无损。因此段下台后，竭尽全力破坏冯的“和平统一”政策。首先拉拢直系主战派首领直隶督军曹锟于 12 月召开“天津会议”，煽动继续对南方用兵；同时，段还指示徐树铮勾结奉系军阀张作霖派兵入关，以威胁冯国璋。冯虽调十五师、十六师来京，却仍感力量单薄，而敷衍西南的“和平统一”政策因进行缓慢而无效果，致使护法战争于 1918 年 1 月中旬重新交火。段祺瑞的阴谋得逞，冯在北京陷于孤立。1 月 26 日冯借出京“巡视”为名，率领 1000 余名卫队，准备赴南京与李纯等人商讨反段大计。当冯的专车抵达天津时，曹锟率直隶军政大员在车站欢迎。冯一行人在天津曹家花园小住一夜，曹锟向冯表示：“无论和战，吾辈坚决服从命令。”第二天，冯国璋继续乘专车南下，27 日下午抵达济南，山东督军张怀芝登车晋谒总统，并同车赴蚌埠。倪嗣冲率亲信十余人到站迎接，见到冯劈头第一句就说：“在天津小站时，咱还是个文官，如今居然也领兵了，咱们多时相好，如今你是大总统，我还是个督军，天差地远，我看这督军觐见大总统的大礼就免了吧！”下车后到了倪嗣冲署府，冯国璋也不甘示弱，刚坐定，就对倪嗣冲说：“督军不听中央的命令不必说，就是一个师长、旅长，索饷索械比什么人都凶，一点点不如意就通电反对中央，请老弟代我想想，这样的总统做得下去吧！”因事前倪嗣冲接到段祺瑞密电命令他阻止冯国璋赴南京，所以对冯的态度极为恶劣，他竟然指着冯国璋说："是战是和，你是当总统的，总统先有个主意，究竟你的主意何在？你为何不明白说出来！你和段总理已是数十年的老朋友了。可是，现在你只顾自己的总统地位，而不顾总理的面子，此种举动真令吾辈寒心。"不待冯讲话，倪又连珠炮般地发泄内心的不满："不知总统是否还记得当年在天津武备学堂当学生时候，校长不是我们安徽的李文忠（李鸿章）吗？如今安徽人真倒霉了，当年卵翼出来的学生一个个都忘了本，对咱们捣起蛋来，这还了得吗？"说到此他竟然拍案大哭起来，说："总统，现在国家已经危险万分，我们北洋派也到了万分危险的时候。你看南方的势力这样嚣张，还有小人在总统跟前挑拨是非，说你是直派，说段总理是皖派，说你俩闹意见，现在又造谣说直皖两派要分家。若真的分了家，我们自相水火，那北洋派就完了。"[⑨]倪的一席话竟使冯国璋也流下了眼泪，跟随冯国璋的田文烈见此情形，便说："总统原来是与倪督军、张督军诸君商议讨伐西南之事呢，既然这样，待总统回去即下讨伐令好了。"冯国璋欲赴南京，倪当即说："你若回北京，我可以放行，若去南京，我便扣留你在此。"冯国璋不得已，只得折回北京。

冯国璋回到北京后，于1月30日下讨伐令，派曹锟、张怀芝、张敬尧率军进犯湖南，并于2月下旬下"罪己令"说："上次湖南事起，阁议主张用兵，国璋冀以武装促进和平，而未尝以力征誓于有众。长沙陷落，大损国威，正宜明申纪律，鼓励戎行，乃因湘有停止进兵之电，粤有取消自主之意，信步为输诚，认甘言为悔祸，于是布告息争，以冀共维大局。……国璋不审傅良佐之躁率而任用之，是无知人之明也；叛军幸胜，反议弭兵，国璋轻许之，是无料事之智也。既从幸戾于一身，敢辱高位以速谤？……惟念摄职出自约法，讵容轻卸仔肩……总期大勋用集，我武维扬，立即返我初服，以谢国人。"冯国璋效法专制君王用"罪己诏"的形式缓和与段祺瑞一派的紧张关系，尽力向段表示让步，以平息皖系军阀政客们的怨气。于是，冯国璋以大总统的名义任命曹锟为湖南宣抚使，张敬尧为攻岳前敌总司令，吴佩孚为副司令，激励北洋军分四路进犯湖南。待北洋军攻占岳州后，皖系军人联名致电冯国璋："请用段氏组阁。"冯国璋虽屈服于皖系的压力，表现软弱，但仍想软中有硬，故在"罪己令"中表示自己"摄职出自约法"，所以当王士珍向他提出辞职时，先是尽力挽留，后因段派逼迫过甚，只得任命内务总长钱能训代理，结果又遇阻力，最后无可奈何，乃于3月23日复任段祺瑞为国务总理。

段祺瑞的“武力统一”又占了上风，但冯国璋并不甘心“和平统一”政策的失败，他密电曹锟率兵南下“适可而止”，不必过于深入为他人效力，“以恢复湘省为止”。曹接电后，心领神会，回电说：“决不令主座为难，尽请放怀！”吴佩孚率直军于3月27日攻占长沙后，段电吴“直捣两广”，吴借口饷械供应不及，故意按兵不动。段为了早日完成他的“武力统一”，便极力笼络曹锟、吴佩孚。当段准备升任曹锟为两湖巡阅使兼湖北督军的消息传出后，冯国璋急忙致电曹锟：“久戎于外，直隶根本之地，未免空虚，倘有疏虞，便无退步。”于是4月27日直军占领衡阳后，曹锟力辞两湖巡阅使，立即回到天津。吴佩孚亦屯兵不前，并与护法军划界停战，“两惧无忤”，致使段的“武力统一”到此为止。段祺瑞企图再以名位引诱曹、吴继续为其卖力，便授曹锟为川粤湘赣四省经略使，授吴佩孚为“孚威将军”。未几，段祺瑞又“秘以副总统许曹”，并且亲往湖北犒师。冯国璋此时恐怕曹锟再次受骗，便派陆建章赴天津说服曹锟，放弃南征，回到直系与李纯等人合作把局面转向和平。结果陆建章在天津被段的第一亲信徐树铮诱杀。段祺瑞深知阻碍“武力统一”的主要障碍是冯国璋，于是便指使亲信王揖唐为首的“安福俱乐部”收买政客，操纵国会选举，把冯赶下台去。

当安福系政客组织新国会的时候，冯国璋及其直系一派军政人士毫无警惕，他们没有利用对直系的有利时机和条件与之相争。冯国璋的副总统本来是旧国会选举的，代总统也是遵照《临时约法》规定就职的，因此，冯国璋本应竭尽全力维护旧国会和《临时约法》而阻止新国会产生，只有这样才能维护直系的权益和自己的地位。然而冯终不是政治里手，其身边谋士们也多被段氏权术所愚弄，麻木不仁，致使冯国璋不得不表示“无心恋栈”总统地位，同意废弃旧国会，拥护新国会，并且还赴会演说，待新国会召开。安福系乘冯国璋继黎元洪总统任期已满，按照事前段祺瑞的部署选举徐世昌为新总统，冯只得把总统的“宝座”让了出来。10月29日，冯离京回到乡里河间，脱离了北京政坛。

徐世昌上台后，企图调解直、皖两系矛盾，为了取悦冯国璋，便批准下台的冯国璋仍有节制第十五、十六师的权力。不久，又派师景云赴河间迎请冯晋京，以疏通冯、段感情。由于冯国璋戒于陆建章被谋杀的教训，迟迟不敢登程，直到靳云鹏组阁，稍有了安全保障，他才于1919年10月经天津抵达北京。冯国璋此次进京虽然是打着调合直、皖两系分裂的旗号而来，但实际上，他依然想通过他的斡旋促进直系内部团结，以对抗皖系，并伺机东山再起。此外，他进京的另一任务，则是企图把陆军部于1919年6月裁撤的第十五、十六师的粮饷局夺回来，以保其外快财源不致中断。然而一切都未能如愿，他于12月28日突然病逝，时年62岁。

冯国璋作为中国近代史上的封建军阀，曾经充任清廷将领，镇压过义和团，并成为袁世凯的心腹干将，屠杀湖北革命军民和镇压“二次革命”，阻挠历史的前进，逆潮流而动。但在另一方面，在民国初期复杂的政治斗争中，能在关键时刻维护共和，反对帝制，反对“武力统一”，对于历史的发展产生过一定积极影响，在中国近代的军事建设上也发挥过一定的作用。这些都是应当予以肯定的。

注：

①：刘凤翰：《武卫军》，第263页。

②：张一麟：《故代理大总统冯公事状》。

③：申君：《清末民初云烟录》，第75页。

④：高拜石：《古春风楼琐记》。

⑤、⑧：冯耿光：《谈冯国璋二三事》。

⑥：《民国日报》1916年5月20日。

⑦：《晨光报》1917年1月14日，2月27日。

⑨：冯玉祥：《我的生活》（上），第268页；《民国日报》1918年4月2日。

原载：南开大学出版社《北洋政府总统与总理》

河北省政协《河北文史精粹》转载

冯国璋与中国近代军事教育

中国近代军事改革是从1895年中日甲午战争失败后开始的。以前史学界不少人往往把这一改革归功于袁世凯，严格地说来，这是不符合历史事实的，因此也是不公正的。探讨我国近代军事改革的历史，我们愈加发现在从汲取外国近代军事理论知识到付诸实现的一系列过程中，付出较大贡献的人物应属北洋三杰，即王士珍、冯国璋和段祺瑞，尤其冯国璋的贡献最为突出。笔者现依据史料，试图对冯国璋对中国近代军事教育的贡献作必要的介绍、分析和评价，抛砖引玉，求教于史学界的同行。

一

毋庸置疑，冯国璋有一段依附袁世凯充当清王朝忠实鹰犬和袁世凯独裁政权"功臣"的历史，并且参加过血腥屠杀义和团、疯狂镇压辛亥革命和"二次革命"的罪恶活动。但是，用历史唯物主义观点来分析中国近代史和冯国璋的一生，就会明确看出，历史和阶级的局限性是不会影响冯国璋作为近代杰出的军事教育家而立足于中国近代史册的。

冯国璋的青年时代，正是西方资本主义国家猖狂侵略我国的年代。当时不少有志报效祖国的青年人在爱国思想的驱使下，纷纷投笔从戎，走上了保卫国家，打击侵略者的疆场，冯国璋就是这其中的一员。他于1884年进淮军当兵，第二年入北洋武备学堂刻苦学习西方军事知识，他精熟枪炮阵式，谙习营垒作业，各科成绩优秀，曾得到该学堂督办、满州贵族荫昌的赏识，故此他毕业时即被留校任教。次年，他为了施展他的抱负，毅然离开学堂进聂士成军中效力，曾于1893年随聂军门率十多名武备学堂的学生赴东三省和朝鲜各地考察和勘测地形，为时八个多月，跋涉两万余里。餐风宿露，历尽艰险，所达之处，山川要塞均用新法绘图说明，地形地貌，风土人情，驻军防守，了如指掌，所搜集的资料以聂士成之名汇编成《东游纪程》一书，其中冯国璋担任注说编写任务[①]。正是由于参加了东三省及朝鲜各地的考察，使他在第二年的中日战争中才有力地辅佐聂士成指挥清军在朝鲜和关外各地大挫了日本侵略者的锋芒。

中日战争结束，聂士成保荐冯国璋以清政府驻日公使裕庚军事随员身份赴日考察军事。冯国璋在日本期间，不仅结交了日本军界人士福岛安正、青木宣纯等人，而且通过他们实地考察了日本军事教育，同时还阅览了大量的近代世界军事著作，使之大开眼界，获取了大量的有关近代军事教育的宝贵资料。冯国璋不舍昼夜，把记录的资料分门别类，汇编成册。1896年回国，他将精心编辑的军事资料呈送聂士成，聂又转呈袁世凯。时袁世凯正在天津小站筹办练兵事宜，急需军事教学人才，于是，袁即召冯国璋入小站帮办练兵事宜。尽管袁世凯有一段在朝鲜率兵作战的历史，但严格地说他对军事仍是个门外汉，他之所以被清廷任命督办小站练兵事宜，乃是他施用钻营、巴结之术，利用“非唯知兵，且谙外交”[②]的骗局，好不容易才从胡燏棻手中夺得小站练兵权的。然而袁世凯却有善于用人的长处，当他看到冯国璋呈上的数册军事教学资料时，“则以为鸿宝也，谓军界之学子无逾公（冯国璋）者”。[③]于是即刻任命冯为督操营务处帮办，不久任命他为总办兼步兵学堂督办。冯国璋得到袁氏重用后，喜出望外，决心大干一场，于是他统筹兼顾，精心谋划，忠于所事，为在小站以新法编练北洋军做出了重要贡献。

在这里应该突出提到的乃是他利用已掌握的近代资本主义国家军事教育的知识，结合中国的实际，与王士珍、段祺瑞等人一起合力编著成了近代军事教科书——《训练操法详晰图说》22册，作为新建陆军随营学堂的标准教科书，也是清朝末年我国军事学校和编练新军机构的主要教材，1899年（光绪二十五年七月十八日）编竣。在编著该书过程中，冯国璋付出了很大的精力，他不仅担任综观全书，“讨论折中，而兵法、操典、营制、饷章以及各项图说”的主编任务，而且还根据自己的擅长亲自编著了从第一册至第十册步兵操法、枪法和作战等重要章节。此书是遵循由易到难、由低到高的循序渐进的程序安排编写的，这样的安排是同当时中国军队的实际情况相适应的。诚然，要把落后的旧军队编练为新军，不单是以先进的武器代替落后的武器，而且还要在训练制度和军队编制等诸多的方面也同时进行一系列相适应的改革。冯国璋十分清楚由旧军变新军的当务之急乃是对新军进行严格的训练，因此他在编著步兵训练各种队形变换一节中，就严格规定了 14 个项目，作为训练的基础。例如："1. 一队成一字法；2. 一队成三哨法；3. 一队成半哨法；4. 一队成小排法；5. 一队成一路法；6. 一队由一字变成三哨法；7. 一队由一字左右转弯成三哨法；8. 一队由一字变成半哨法；9. 一队由成三哨变一字法；10. 一队由成三哨变成半哨法；11. 一队由成小排变成三哨法；12. 一队成三哨调转方向方法；13. 一队成三哨变四行预备放法；14. 一队成三哨变方城法"。[④]此外"散"与"合"的训练也有 12 项之多。训练要求认真反复，不厌其烦地进行，直到十分熟练为止，只有这样练就的军队才能成为有组织有纪律的军队，这是第一步。第一步走好了，则投入第二步，第三步训练，陆续进行实弹射击或军事演习，这一系列完整严格的训练过程的进行和完成，不仅提高了军队的素质，也增强了军队的战斗力。冯国璋在小站就是这样积极辅佐袁世凯编练军队的，"单凭袁个人的瞎搞是搞不出所以然的"。[⑤]

1898 年（光绪二十四年十月），清政府将新建陆军改为武卫右军，次年十一月袁世凯升任山东巡抚。他为了扩张实力，决定改编山东旧军为新军，遂调冯国璋担任山东全省军队督操事宜。冯国璋到山东后，仿照新建陆军营制的训练模式，遵照袁世凯"加意操防，痛除从前积习"的指令，[⑥]将山东旧军三十四营在短时期内编练为武卫右军先锋队二十营。由于冯国璋认真改编和严格训练，使营制纷杂，号令不齐，散漫无纪的山东旧军成为面貌一新的新军。次年袁世凯特邀德国驻胶州湾总督抵济南观众操，时冯国璋亲自号令全军，队伍"一举足则万足齐发，一举枪则万枪同声，行若奔涛，立如直木"。德国总督一时深感军旅操练精娴，故当面誉冯国璋为"北洋之杰"。

综观上述，我们说冯国璋是一个既有近代军事理论的知识，又善于实践的近代军事教育的内行。尽管冯国璋军事教育理论知识中有相当一部分是抄自西方国家军事操典中的，在付诸实现过程中又在很大程度上加上了清王朝和袁世凯的封建练兵思想，但是经过冯国璋等人的努力，毕竟使中国部分军队走上了近代化的道路。这一事实确实是难能可贵的，是中国近代军事史上的重要一页。

二

1902 年末，袁世凯任直隶总督兼北洋大臣，冯国璋随其担任北洋"军政司”教练处总办，负责北洋新军统一编练任务。他首先设立“练官营”，选派得力教官，修明操法，经过严格训练，使“北洋旧军与新成之军，教练渐归一律”。当时由于袁世凯在小站练兵时的部属大多数已升高级军官，原来的中下级军官都已依次晋升，因此急需培养和造就大批具有近代军事知识的中下级军官。为了解决北洋军急需人才的问题，次年春袁世凯上奏清政府，任命冯国璋督办成立北洋行营将弁学堂。冯国璋为了办好这所学堂，从营建开始，要求十分严格，规定“学堂、斋舍、操场以及仪器、自修各室，皆取各国新制。”[⑦]冯国璋亲自动手修订教材，制定章程，又高薪聘用日本步兵少佐多贺宗之任总教习，日本工兵大尉井上一雄任副总教习。[⑧]学堂开办初期，主要招收北方各省“曾经带兵员弁，粗识文字，有志上进者，作为学员”。教授“以军制、战法、击法为主，并随时就地实演战击诸法”。[⑨]第一期入堂肄业的还有“武职则至提镇，文职则至道员，且有侍卫班，以宫禁之虎臣，厕子诸生之列，资望既峻，约束良难。’[⑩]冯国璋不仅制定严格的校规纪律约束这些学员，而且还亲自过问校风军纪事宜，据他的长孙冯海仑回忆说：“我祖父当军校督办时，对于学员管教十分严格，赏罚严明，有一次一个学员（此人系满人贵族），在校外宿娼并偷吸鸦片烟，无人敢管。当时有人告密，我祖父立即亲临现场，搜查属实，当即命令随从将其人及烟具等物一并带回学校。此人口出不逊，表示贵族身份，随从人员如实以告，我祖父大怒，将军帽用力摔在地上，并声言‘我可以不作此官，也要严明纪律’。他亲自用军棍责打该员，致使军棍折成两段，遂将此员开除军校。此时我父亲也是该学堂学员，这是他亲眼目睹，从此全学堂学员深受教育，再无人敢违反校规，学堂受到当时社会上各界人士的好评。”[⑪]未几。清政府又设立北洋陆军师范学堂和经理、军械学堂，亦附属于将弁学堂，均由冯国璋督办。

冯国璋在任职练兵处军学司正使和督办北洋各军事学堂期间，除制定办学方针和规章制度及管理学堂教学外，还用极大的精力主编了大量的军事教材。他对每一种教材都以十分认真负责的态度从头至尾进行审阅和修改，直到满意后才批准定稿印刷。如今保定图书馆收藏的数十种教材多都是经过冯国璋审阅的，并且他还为某些教材写了序言。从这些序言中，我们可以鲜明地看到冯国璋严谨的治学精神、渊博的军事知识和丰富宝贵的办校经验。总而言之，冯国璋凭着自己对军事教育极深的责任感树立了极高的威望，赢得了军校师生的爱戴，使“四方材俊，一听（冯）公部勤举”，

[12]为中国近代培养了一大批军事人才。由此可见，冯国璋不仅是保定军校的开拓者，也是我国近代军事教育的创始人。他为我国军事近代化起到了积极的推动作用，为以后段祺瑞、郑汝城、赵理泰、曲同丰、蒋方震、贾德耀等人在保定继续督办军校打下了基础，同时也影响到了全国各地军事教育的发展。

冯国璋开办军事教育成绩斐然，1906 年被清政府授署理正黄旗蒙古副都统并兼任贵胄学堂总办。该学堂是清政府专门为培养满族高级军事人才而设立的，“专考收王公世爵及四品以上宗室，现任二品以上京外满汉文武大官之聪颖子弟，教以普通学术及陆军初级军事学，并入军队观览学习。”[13]此外，该学堂还附设王公讲习所，多由冯国璋亲自给王公授课，故此冯国璋赢得了清政府的信赖和重用。1908 年他升任清西陵梁格庄值班大臣，1909 年又被任命为军咨使（相当参谋总长），成为清政府一身兼数职的军政要员。

冯国璋之所以能取得清政府的垂青，除其他原因外，是与他在军事教育上取得的成绩分不开的。正如袁世凯在 1907 年保举赏给冯国璋三代正一品封典片中所说：“经臣行令副都统冯国璋督理北洋武备各学堂，受事之始，几无从着手。该署副都统统筹全局”，“时逾四载，功效彰明。如练官营，将弁学堂，成就不下千员。此次速成各学堂，成就又七百余人，而由堂遣赴东西各国留学人数尚不在内。成材之众，近所罕见。”[14]冯国璋遵照清政府和袁世凯的旨意在保定等地创办近代各种军事学校，使中国近代军事教育发展到了一个新阶段，它不但在培养军事人才的数量，而且在质量上都远远超过了 19 世纪 80 年代和 90 年代李鸿章和袁世凯的两阶段。这些掌握了近代军事思想的毕业生先后被派到各军队代替了以前的旧军官，使中国军队的素质发生了变化。1904 年末，美国商第少尉访问保定军营后，使他产生了极其良好的印象，他的意见是；“军佐们都很聪明，并表明了训练极好，而未入流的军佐则不仅了解他们的职责，还能加以执行，士卒们军容整洁，操练纯熟，还能够胜任最艰巨的工作，他们都配备了最新式的毛瑟枪，维护得也很好，在保定看到的士卒与中国的多数部队都不同，枪法和美国的军队一样准确。”[15]随着军校的广泛开办和军队素质的提高，无形中使中国军队的防御和作战能力也向前迈进了一大步。19 世纪 80 年代外国侵略者还狂妄地叫喊着：“一小队外国军队，只要组织好了，并且武装齐备，就可以在整个中国从这一端到那一端长驱直入而遇不到有效的反抗。”[16]那么，到了20世纪初，他们则不敢肆无忌惮地讲这类话了。他们看到的是“旌旗一色鲜，队伍整肃精壮”和“军旅操练精娴”的北洋新军。当时，美国驻华陆军武官估计除意外因素外，必须要拥有一支70000人的外国军队才能夺取北京。鲍威尔在《字林西报》上也发表评论说：“一支小小的外国军队能够在中国登陆，并且夺取任何重要目标的日子已经过去了。”⑰

冯国璋把近代资本主义军事教育介绍到中国来，并付诸实现，不仅推动了中国的军事改革，而且从政治和社会观点来看，也在改变着我国重文轻武的传统观念。由于军事教育的进行和普及，军校毕业生逐渐代替了行武出身的军官，并以资产阶级军事条例管教军队。这样一来，“给普通老百姓摆出了一支有纪律的军队，这与他们过去熟悉的一帮穿制服的强盗是远为不同的人。这些行为良好的军队的出现，使当地老百姓很快便失去了害怕的感觉，而觉得这些整齐、有秩序的士卒有些稀罕。人民终于表示军事职业是可以尊重的了。”⑱“这一事实表明，军职的威信业已提高了。”⑲吸引着一些优秀的人才从军，《字林西报》报道说，在1904年有5000名考生从全国各省来参加保定军官学堂的入学考试。法国驻华武官也说：“对军事事务的兴趣在全帝国不断增长，每一个人、学者、学生等等都想接受训练和穿军装，‘祖国’一词开始有了一些意义。”⑳从这里可以想见，清朝末年军队素质的提高在一定程度上也推动了中国资产阶级革命的早日爆发。

三

1913年，冯国璋协助袁世凯镇压“二次革命”后，于该年10月继张勋任江苏督军至1917年8月进京代理大总统，在长达四年之久的江苏督军任上，冯国璋仍没有中断其资产阶级军事教育家的事业。初到江苏，他鉴于该省动乱的社会秩序，除严饬军警保护地方秩序外，便大兴军事教育，于1914年1月设立教育团和军事研究所，招收被袁世凯解散了的军队连营级军官入团肄业；不久又在南京成立陆军讲武学堂。任命张宗昌为堂长，8月创办了陆军警察学校，任命万德尊为校长，专门培养军警人才，“以固社会治安之稳定。”在发展军事教育的同时，冯国璋还于次年10月仿照德国军队退役条例，将所部退伍官兵“酌量其程度优劣，拨交铁路、邮政、税务机关任职。”他声称这样安排“既省津贴饷需，又可征调便捷。”㉑此可谓我国安排退役军人之先例。

冯国璋兴办军事教育，招收失业的军官入学校进行教育，又将退伍官兵安置在适当的部门，不仅使他们有了容身之地，而且生活也有了保障，这样安置的结果就相对地减少了社会秩序的不安定因素，这些积极措施的实行促进了江苏文化经济的发展，受到了各界人民的好评。

1916年11月，冯国璋为了提高军人文化素质，在南京创立了“军事图书馆”，鼓励军人进馆阅读书刊，受到了驻南京军队官兵的拥护。该年冬，冯国璋又招集江苏各界人士代表，倡议发起成立“全国教育会”。决议先在南京设立筹备处，渐次普及全国各省区。这一措施虽然因种种原因而没有在全国取得落实，但江苏教育会的成立，却有力地促进了该省教育事业的发展。“二次革命”后，江苏省教育事业较他省之所以有长足的发展，是与以冯国璋为首的江苏当局重视教育分不开的。冯国璋在江苏督军任上，不仅兴办军事教育，而且还鼓励地方绅士兴办教育事业，其夫人周砥对江苏女校的兴起与发展起了一定的推动作用。当时形成了江苏兴办教育与其他省军阀摧残教育的鲜明对比，这是一个不可忽视的历史事实，对以后江苏省社会政治经济的发展有着深远的影响。

1917年1月，以军事教育为己任的冯国璋为了国防的需要，致电黎元洪总统，恳切建议在武汉、济南、上海、福建等地分设陆海军事学校，以加强军事教育，提高军事素质。冯国璋的这一建议虽然因社会的动乱而没有落实，但我们从这里可以看到冯国璋发展军事教育的眼光是远大的，胸怀是开阔的。不是吗？解放后，我党我军不正是在这些地区办起了各种军事学校，培养了成千上万的军队干部，加强了保卫祖国的防御能力吗？这正是我们对历史借鉴的结果，这也说明冯国璋作为一个资产阶级军事教育家，他的影响是多么长远啊！1917年3月8日，冯国璋在北京以中国大学校董的身份，向该校全体师生讲演时阐明了教育事业在国计民生中的重要地位，他说：“今天我国为民国，非专制时代可比，既然为民国，即应以民为主体，故希望国家发达，必先希望人民发达，然欲人民发达，必先由教育入手，只有国民有了专门文化，才能负起国家的责任，现在诸生在校求学，学成以后仍从事教育事业，为对国负责之根据。诸生以所学转授后生，后生又转授后生，则将来全国人人皆学生，其势如合我全国为一大学校，然后，我国民乃能得最后之希望，……”[22]在这里，冯国璋首先提出了把全国建成大学校的设想，这说明他已从军事教育范畴已发展到全民教育领域，这是他教育思想的结晶。

1917年8月1日，冯国璋进京代理大总统职权后，在日理万机的日子里，还经常过问军事教育事业，他经常召见军事学校的长官垂询教务现状，并以极大的努力维持军校的财政开支。为了建立一支海军，他还计划成立一所海军大学，并且在8月30日的国务会议上提出在象山建立海军大学的设想和建议。冯国璋在任代总统期间对军队教育也是十分关心的。例如他为了整顿军纪，于8月21日曾颁布军谕四项：谆谕军人毋忘国耻；饬令军人振奋精神；严禁军人私争意气；劝励军人克守忍耐。[23]10月14日以对德宣战极宜整顿军纪，特颁军人告诫十则：本忠诚，守信义，幸勿虚伪矫诈；正礼貌，肃威仪，幸勿亵慢放荡；修道德，崇朴素，幸勿奢侈华丽；敬长官，睦同僚，幸勿骄傲粗暴；重服从，明退让，幸勿抵抗夸张；爱名誉，励廉耻，幸勿污辱贫鄙；耐劳苦，尽职分，幸勿推诿敷衍；奋事功，竞进步，幸勿委靡柔懦；急公益，端志趣，幸勿营私党：尊人道，重公德，幸勿残忍扰害。[24]告诫的文字通俗易懂，内容朴实无华，可以说这是冯国璋长时期对北洋新军进行教育的指导思想。冯国璋任代总统时期内，在资产阶级军事教育思想支配下，曾颁布了一系列有关军队教育的文告，这些文告虽然没有明显效果，当然也不可能会对军阀控制的军队发生作用，然而文告的内容却表现了冯国璋注重实际的精神，说明他的军事教育思想较其同时代的人是高出一筹的，其影响也是十分深远的。

综上所述，冯国璋青年时代曾受到资产阶级军事教育，尤其是他两次东渡日本考察军事，大开眼界，受益匪浅，从而他选择了军事救国的道路。回国后，从他辅佐袁世凯小站练兵到督办北洋将弁学堂，直至任代理大总统的22年中，他以军事教育事业为己任。从传播和介绍资本主义的近代军事，到结合中国的实际编著中国近代军事教材及其直接参予军队改革事宜，为改革中国军队的落后面貌做出了贡献，在中国近代军事史上占有重要的地位。冯国璋是一位既有实践经验又有理论著述的我国近代杰出的军事教育家。

注：

①:《近代稗海》第一辑，第 148 页。

②:《八十三天皇帝梦》，第 7 页。

③：张一麟：《心太平室集》卷四，第 14 页。

④：《训练操法详晰图说》第八册，第 30-21 页。

⑤：高拜石：《古春风搂琐记》第六集，第 154 页。

⑥：《养寿园奏议辑要》卷四。

⑦、⑩、⑫：《近代稗海》第五辑，第 599 页。

⑧：《保定陆军军官学校》，第 7 页。

⑨、⑬、⑭：《清末新军编练沿举》，第 303、320、327 页。

⑪：冯海仑：《回忆祖父冯国璋二三事》，未刊稿（河北社会科学院历史所保存）。

⑮、⑱、⑲：拉尔夫·尔·鲍威尔《中国军事力量的兴起》，第 182、186、184 页。

⑯：明恩溥：《中国在动乱中》转引自《天津历史资料》，总第二号，第 67 页。

⑰：《字林西报》81 卷，1906 年 9 月 21 日号。

⑳：《字林西报》82 卷，1906 年 10 月 21 日号。

㉑：《申报》1915 年 10 月 29 日。

㉒、㉓、㉔：《晨报》1917 年 3 月 9 日、8 月 22 日、10 月 15 日。

原载：《军事历史研究》1989 年第 2 期

论冯国璋反对帝制维护共和的贡献

毋庸置疑，冯国璋曾经充当过清王朝和袁世凯政权的“功臣”，参加过屠杀义和团和镇压辛亥革命及“二次革命”的罪恶活动。然而在清末民初新旧思想斗争激流的波及下，在资产阶级民主思想浪潮的推动下，他的思想也在逐渐地由维护帝制转变为拥护共和，其表现则为促使清帝退位、反对袁世凯称帝和平靖张勋复辟叛乱，其言行对我国近代史产生了积极的影响。以往史学界对段祺瑞“三造共和”评议论争不已，而对在反对帝制维护共和斗争中较段祺瑞更为有影响的冯国璋却无人问津。为了还其历史的原貌，撰此拙文，略陈己见。

一、走上共和的第一步

1911 年 10 月辛亥革命爆发前，冯国璋身居清政府军咨府正使之显职，武昌起义后被任命为清军第一军统，率部南下镇压革命，在袁世凯的鼓动下于 11 月 2 日攻陷汉口，27 日攻陷汉阳，被清政府封为“二等男爵”。对此他受宠若惊，一再表示“愿为朝廷效死”，因此竭力反对袁世凯在英国公使调停下与革命军议和停战，曾致电清政府，“万无和理，退兵之议，更有难行”。①又致电袁世凯，要求强渡长江，进兵武昌。当袁世凯复电不准时，冯国璋便开始怀疑袁世凯别有用心，并“托人向隆裕太后启奏，要求拨给饷银四百万，愿把平定‘叛乱’的任务独力承担起来，无须依靠袁的力量。”②未几，袁世凯命段祺瑞代替了冯的第一军统职务，12 月 15 日冯国璋只得北上。清政府鉴于冯效忠清室，命他继载涛接任禁卫军总统。禁卫军是 1908 年专门组建的一支保卫皇室的亲军，共 12000 人。冯接禁卫军后，与满族王公打得火热，并与古北口提督姜桂题领衔 15 名北洋将领，以忠君爱国为宗旨奏请内阁“力主君主立宪，反对共和”，故被选为立宪会会长。可见，此时的冯国璋实属一个十足的保皇派。但是，随着中华民国临时政府在南京成立，各省陆续宣告独立，以及革命声势的日益高涨，特别是1月22日孙中山声明：“如清帝退位，袁世凯宣布赞成共和，当即推袁为大总统。”和袁世凯派特使与黄兴达成“确定共和”的五项秘密协议后，冯国璋的思想发生了质的变化，逐渐由反对共和转为赞成共和。这一转变明显地反映在他2月4日领衔60人致电伍廷芳的电报中：“北方军界不忍生灵涂炭，现多主张共和国体。”[③]

当时，尽管在革命力量逼迫下，清帝退位已指日可待，但清廷少壮派保皇势力仍在作垂死挣扎，宗社党首领良弼虽然于1月26日被革命党人彭家珍炸死，但是良弼的残余势力仍广布于禁卫军中。正如恽宝惠所指出的那样：“当时袁世凯意图推翻清室，篡夺革命成果。当孙、袁条件洽定以后，禁卫军官兵以为皇室当然灭亡，满族亦归消灭，无不激昂反对，以致议和条件迟迟不能发表。虽然皇族愿甘退让，隆裕太后已被袁压迫，忍泪屈从，而此万余人者，若变生肘腋，袁固不能调前敌之兵，喋血京师，且亦无以维持北方之威信。”[④]狡猾的袁世凯面临危途，只得请新继任禁卫军总统的冯国璋清除这一阻力。冯国璋在顺应共和和报答袁氏平素提拔之恩思想的支配下，在做了大量对部下开导说服后“亲赴禁卫军司令处（时称处不称部），在西苑广场召集全军官兵，自登高桌，向众高声宣布大清皇帝辞位后之优待条件及优待满蒙条件，内并有禁卫军额数俸饷仍如其旧之语，云非此不能保全皇室，并任众发言质问”。由于冯国璋精心策划和慎重处置，使一场阻止清帝退位的风波，“乃得平安渡过”。[⑤]清室迫不得已于12日宣布退位，涂炭中国260余年的清王朝封建专制统治宣告结束。

诚然，封建专制的推翻和资产阶级共和国的诞生，是以孙中山为领袖的资产阶级革命派20余年奋斗的结果。但在逼迫清帝退位，在实现共和的过程中，冯国璋是起了一定作用的。他平息禁卫军风波为清帝迅速退位扫清了障碍，因此他其行动是顺应历史发展潮流的，同时也表明冯国璋走上了共和的道路。

二、反对洪宪帝制

1913年12月冯国璋继张勋任江苏都督。从此，他坐镇南京，据长江中枢之要镇。袁世凯生性好疑，因此对手握重兵的冯国璋猜忌日渐加深，不断在冯的身边安插亲信、爪牙，加以监视和牵制。既然对冯国璋如此不信任，所以袁氏父子搞帝制自为也是背着冯国璋进行的。但毕竟是纸里包不住火，当冯国璋从梁启超处得知袁氏称帝的消息时，深感袁氏之反动，表示反对帝制复活。他对梁说："我之辩说远不如子，子之实力亦不如我，必我与子同往，子反复予以开导，我隐示以力为子后盾，庶几千钧一发，危机可免。"于是偕梁于6月22日进京以作最后之谏诤，"当其偕同梁启超谒见袁世凯之时，语及帝制，世凯立即面予拒绝，意志坚决，一以表明帝制运动，非出本意，如有其事，亦系左右及部属所为；一则可以探测国璋是否有拥戴之意，一石两鸟，用意良深，国璋计不及此，竟以诳报人，代为辟谣"。⑥冯国璋回南京后不久，8月10日袁世凯的宪法顾问美国政客古德诺发表《共和与君主论》，公开为帝制辩解。几天后，杨度等人则成立"筹安会"，公开鼓吹帝制复辟。此时，冯国璋方恍然大悟，深感受到袁世凯的欺骗与愚弄，愤愤不平地对左右人说："他项城哪把我们当自己人呢，他的做工倒也真不坏！"从此，冯国璋逐渐表示反对袁氏称帝。

冯国璋反对袁氏称帝，主要是基于维护共和国体。自从走上共和后，随着共和国体的巩固，他的言行与思想已逐渐与共和融为一体。例如他在直隶督军任上时就曾指出共和国体的好处是"一切平等，官民可以和衷共济"。⑦任江苏督军后，由于身居资本主义经济发达、资产阶级思想活跃的南京，使他受到影响。他不仅接近进步党人士，也与国民党人士进行接触，同时又阅读了不少资产阶级政治经济的书籍，这里的客观环境使他的思想更加趋向资产阶级。这就是冯国璋反对袁世凯称帝的思想基础。除此之外，冯国璋反对袁世凯称帝也还有其当时不便公开的目的，乃是他认为以前惟袁世凯马首是瞻，那是为了觊觎大总统的"宝座"。如今袁氏父子要帝制自为，帝位世袭罔替，父传子，家天下。他十分清楚，如果袁氏做了皇帝，他只能一辈子当奴才。为了不再当奴才，就得反对袁世凯称帝。起初，他鉴于以往与袁氏的知遇关系，只有消极抵制，例如1915年11月当袁世凯指使江苏巡按使齐耀琳指派代表举行国体投票时，冯国璋暗示督军署（时已改将军署）人员一律不当代表，不参加国体投票活动；江苏省举行投票那天，冯国璋托病不到场，齐氏亲自到署劝请，冯才勉强到会，然而却坐在那里，一言不发，呆若木鸡。12月12日袁世凯悍然下令称帝，冯表示十分不快。18日袁世凯任命冯国璋为参谋长，急电催促进京就职，冯乃托词"害病"，拒绝进京就职，并策动江苏军民电请“挽留”。长江三督亦致电袁世凯主张留冯国璋坐镇江南，遂使袁世凯“调虎离山”之计破产。正当袁世凯对冯无计可施之时，蔡锷于12月25日宣布云南独立，组织护国军讨袁。冯国璋鉴于全国讨袁运动兴起，便通电销假视事，从此放开胆量反对帝制了，遂成为“北洋派中反对洪宪皇帝之第一中心人物”[⑧]。冯国璋先后密晤冯耿光和蔡锷、唐继尧的代表宋德棠、李宗黄磋商反帝制问题，并答应“隐为严守中立之保证”。当袁世凯1916年2月命令北洋军分兵三路，大举向云南、四川进犯之时，冯国璋致电袁世凯“勿轻开战祸”，公开反对对西南用兵，并于2月15日授意江西将军李纯阻止以第六师师长马继增为司令的第一路军由湘西进犯护国军。与此同时，他还通过梁启超、胡鄂公等人与唐继尧、陆荣廷信使往来，不绝于途，并暗示陆荣廷驱逐袁氏死党、广东将军龙济光。同时，密电与护国军对峙的北洋军“自动停战”，指使四川将军陈宧和湖南将军汤乡铭通电“不承认袁世凯发出的命令为有效”[⑨]，当四川将军陈宧派胡鄂公赴南京向冯国璋保证“对时局的态度，完全惟（冯）上将军之马首是瞻”[⑩]后，冯国璋又进一步主动联络江西将军李纯、山东将军靳云鹏、浙江将军朱瑞及安徽将军长江巡阅使张勋联名拟密电向各省将军征求收拾时局的意见，时称“五将军密电”，其电文内容均对袁世凯和护国军提出要求：“其属于南方者：（一）取消独立；（二）退出战区；（三）保护战地人民。其属于北方者：（一）取消帝制；（二）惩办罪魁；（三）请元首自行辞职以觇全国人民之意思。”[⑪]“五将军密电”是冯国璋企图以“中立”省将军首领的名义，召唤非独立各省区，形成第三种力量，以图联合护国军，打倒袁世凯的一种谋略，可见密电的矛头主要是对准袁世凯的。

3月19日，当直隶巡按使朱家宝将“五将军密电”呈送袁世凯时，袁氏一急之下，几乎气绝身亡，帝制派见此电文，亦个个俯首无词，足见“五将军密电”对袁氏帝制的打击程度。袁世凯不得不于3月22日下令撤销“承认帝制案”，仍称大总统。

自从“五将军密电”泄漏后，冯国璋与袁世凯的裂痕更无法掩饰，于是冯国璋一不做，二不休，决心对袁施加更大压力，4月1日致电北京政府：“南军希望甚奢，仅仅取消帝制，实不足以服其心。就国璋观察，政府方面须于取消帝制而外，从速为根本解决。以前帝制发生，国璋已信其必酿乱阶，始终反对，唯间于谗邪之口，言不见用，且恐独抒己见，疑为煽动。望政府回想往事，立即再进一步，以救现局。”时过半月，未见北京复电，于是冯国璋16日直接致电袁世凯，历数袁氏帝制之失策。电文最后说："默察国民心理，怨诽尤多，语以和平，殊难餍望，实缘威望既隳，人心已涣，纵挟万钧之力，难为劝驷马之追，保存地位，良非易易。若察时度势，已见无术挽回，毋宁敝屣尊荣，急筹自全之策。庶几令闻可复，危险无虞。"[12]这是北洋军阀集团中敢于公开劝袁退位的第一通电报。随后北洋军阀集团中的其他成员，包括以前吁退"速正大位，刻不容缓"的帝制派干将们也多受其影响，纷纷致电袁氏，劝其退位。从这里可以见到冯国璋反洪宪帝制的影响程度，正如刘厚生先生著文所指出，冯国璋反对袁世凯称帝电文"措词之露骨，远在蔡锷、梁启超两人所发通电之上。其仇视袁世凯之程度，比之西南诸人，尤为深切"。[13]

冯国璋为早日收拾时局，迫袁退（总统）位，于17日与江苏巡按使齐耀琳联名提出包括遵守民元约法在内的八项调停办法，又串通张勋和倪嗣冲于5月召开未独立省区代表参加的南京会议。南京会议表面上是与各省区代表商议维系袁世凯总统地位，而实际上则是冯国璋效辛亥项城之故事，与南方议和，迫袁下野，取而代之。会议期间虽多数省区代表主张袁世凯退（总统）位，但终因冯、张、倪三方意见龃龉，无法统一，冯国璋于6月1日致电北京政府："国璋能力只可维持江苏秩序，不至紊乱，其他未能兼顾"[14]，而将南京会议草草收场。

尽管南京会议没有达到冯国璋取袁而代之的目的，但对袁世凯继续掌权却是一个有力的打击。与此同时，受冯国璋指使的四川将军陈宧和湖南将军汤芗铭先后于5月22日、29日宣布独立，袁世凯深感"人心大变，事无可为"，陷入无限痛苦与绝望中，终于在6月6日一命呜呼，结束了一生。

当然，袁世凯的败亡，其根本力量是全国各界人民的反帝制斗争，孙中山先生领导的中华革命党人在各地的武装起义，进步党梁启超、蔡锷等人在云南发动的护国战争都严重地打击了袁世凯帝制活动。然而袁世凯在受到以上打击后，仍在痴心妄想继续大规模用兵，直到他得知其心腹亲信"幡然变计"，宣布独立与其脱离关系之时，才深感自己处在四面楚歌中，再也无力主战了。由此可见，北洋集团内部的分裂，是加速袁世凯败亡的一个重要因素，而在这一分化过程中，冯国璋的所作所为显然是起了相当重要的作用的。他的一系列顺应时代潮流的举动，无疑是应该加以肯定的。

三、平靖张勋复辟

冯国璋在经过反洪宪帝制斗争和当选副总统以后，他的资产阶级思想更加坚定了，对资产阶级共和国的认识更为深刻。这一思想的集中表现则是他以坚定的共和立场平靖张勋复辟。1917年5月，张勋先后在徐州召开有关准备复辟清帝的会议时冯国璋曾致电并派代表规劝，“适可而止，毋走极端”，甚至饬令各代表即行解散。1917年6月当冯获悉张勋等复辟派企图利用府院之争的混乱局势拥戴溥仪复辟的消息时，立即致电张勋，历举复辟之不可者五端，严厉斥责张勋等人。6月12日张勋逼迫黎元洪解散国会消息传到南京，冯国璋对此大为不满，通电主张“国体不变更，国土不分裂”。7月1日张勋拥戴12岁的废帝溥仪复辟后，黎元洪避入东交民巷，并发电请冯国璋代行大总统职权，冯接电后，立刻召集军事会议再度表明态度，决议反对复辟，训令军政长官“一切政治进行，悉遵共和轨道”，“倘辖境内有人假借（复辟）名义，希图乘间煽动扰乱地方，应即以土匪论，严拿惩办，以绝祸源[15]。”7月3日通电讨伐张勋，电文指出：“……国璋在前清时代，本非主张革命之人，待辛亥事起，大势所趋。造成民国，……共和国体，民已安之。约法诛叛民国者，虽大总统不能免于裁判；清皇室亦有倡议复辟置清重典之宣言。诚以民生不可复扰，国基不可再摇，处共和国体之下而言帝制，无论何人即为叛逆。国璋今日之不赞成复辟，亦犹前之不主张革命，……。安徽督军张勋，逼勒清帝擅行复辟，自称政务总长议政大臣，又捏造大总统与陆巡阅使及国璋劝进之伪奏，进退百僚，行同儿戏。……。若任其横行，不加声讨，彼恃京师为营窟，兵挟帝以居奇，手握主权，口含天宪，名器由其假借，度支供其虚糜，化文明为野蛮，委法律于草莽，此而可忍，何以国为。是用誓扫妖氛，恭行天罚，刻日兴师问罪，殄此元凶[16]。”这通著名的讨伐张勋电文表明了冯国璋对复辟帝制祸首张勋的愤慨心情和对共和国体维护的决心。同日，在接见冯耿光时说：“这次督军团意在逼黎下台，不料反闹出这场复辟的把戏。不久以前，全国一致推倒了‘袁皇帝’，这不是专对项城个人的问题，谁做皇帝，人民都不赞成。说句干脆的话，今天的中国人已经不愿意再有这种老一套的制度，因此我们既反对洪宪，也必然反对宣统复辟，这一点不必研究了。”也就在当天，冯国璋在接见英国和日本领事询问冯对复辟抱何态度时，冯国璋的答复是：“中国的政体已走上了共和，不容许再有皇帝。”英、日领事又问：“副总统既不赞成复辟，有什么对策？”冯大声地说：“只有打！打！打！”冯国璋在说三个打的时候，还捋起袖子，每次都伸出一只拳头比给外国领事看，以表示他的决心。外国领事原为刺探中国当局对复辟的态度而来，冯既有这样坚决的表示，也就不再多谈，告辞而去[17]。这段史料淋漓尽致地表现了当时冯国璋反对张勋复辟和维护共和国体的坚强信念。第二天又与段祺瑞联名通电数张勋罪状八条，动员全体北洋将领共起反对张勋复辟。

冯国璋反对张勋复辟不但有言，而且有行动，他在声讨张勋复辟的同时还制定了进兵张勋徐州老巢的作战计划。他清楚张勋北上只带去 3000 名辫子军，张勋的主力军仍在徐州、兖州一带，因此他的讨逆计划中首先是命令第五混成旅等部移防浦口，做好北伐的准备；第二步是攻占徐州，以断张勋之归路；第三步再进兵北伐。于是他将第二师等部编为北伐军，以刘询为北伐军司令，随后将第七十四旅和第五混成旅合编为一师，以张宗昌为北伐军第一路先锋司令。再将巡辑队和教育团扩编为一师，以刘槐森为师长，为北伐援军。7 月 5 日冯国璋又主持召开了由鄂、赣、浙三省督军代表参加的军事会议，进一步商议了三省出兵进军徐州及北伐的计划，同一天将参与复辟的前秘书长胡嗣瑗拒之门外。7 月 6 日冯国璋在军署就任代大总统职，通电指出：“国璋自维德薄能鲜，弗克负荷，顾念我中华民国政权所寄，未可虚悬，法律事实，两无可诿。兴师讨逆，尤急待统一之令，不得已遵于七月六日宣告恭代，权在南京就职。一俟此间军事布置就绪，即当北上。……”[18]冯国璋宣誓就职后，便命令第五混成旅将张勋驻浦口的辫军四营全部缴械，并电令山东督军张怀芝派兵扼守津浦路韩庄一带，以阻辫军北窜；又电令直隶督军曹锟速率军全力讨逆；电令察哈尔都统田中玉“严加布防，勿使张勋携宣统逃窜内蒙盘据边疆”。在武力围剿定武军的同时，冯国璋又派员赴徐州招抚张勋的领统张文生，电令海州镇守使白宝山弃暗投明。7 月 8 日下令免张勋长江巡阅使及安徽督军职，同时照会各国公使“请勿调本国军队自卫，所有各国侨民生命财产均担负完全责任。”[19]综上所述，如此周密完善的讨逆计划，在短时期内做出，并付诸以实现，确实是难能可贵的，可以说冯国璋讨伐张勋的战略思想是无懈可击的。正是由于冯国璋以元首身份坐镇南京，运筹帷幄，才使张勋复辟仅为时十天就被平息了。试想当时如果没有这样一个全国性的平息张勋复辟的中枢指挥系统，单凭段祺瑞少数人的马厂誓师，是决不会迅速平息这场叛乱的。因此，与其说段祺瑞具有再造共和的功绩，倒不如说冯国璋的功绩更为卓著。

冯国璋在平靖张勋叛乱过程中的言论和行动，正是他那忠于共和国体思想的具体体现。这个思想是在他身居资产阶级思想活跃的江苏省长达四年之久，受着资产阶级的影响和熏陶而形成的。与他相比较，身居北京的段祺瑞和其他北洋将领则逊色多了。段祺瑞讨逆，完全是属于权力之争，他被黎元洪免职，负气逃至天津，策划反动督军起兵反对以黎元洪为代表的中央政权，利用张勋复辟打倒黎元洪，坐收渔人之利。他的所作所为完全是拿着国家机器当儿戏，正像后来冯国璋所讲的那样："攻打张勋复辟，固属芝泉出名，张勋之入京，谁使其来，芝泉定不能诿为不知，如此事算得功劳，则无论何人，皆可再变一回戏法。"[20]

▲1917 年 7 月，张勋复辟，大总统黎元洪避走东交民巷，行前发表通电，请冯国璋以副总统代行大总统职权。复辟闹剧平息后，冯国璋请黎元洪复职，并将"代理职权奉还黎大总统"。然而，黎元洪自觉做了张勋复辟的帮凶，羞愧难当，连续通电拒绝复职。此时，北洋各路将领纷纷通电支持冯国璋就任代总统。1917 年 8 月 1 日，冯国璋抵达北京，受到首都各界的热烈欢迎。8 月 6 日，冯国璋通电全国，宣布就任代理大总统。

注：

①、③、⑥、⑭、⑯、⑱：《中华民国史事纪要》，民国纪元前一年十月初二、元年二月四日、四年七月六日、五年六月、六年七月三日，七月六日。

②：申君：《清末民初云烟录》，第75页。

④、⑤：《八十三天皇帝梦》，第216、217页。

⑦、⑲：《申报》，1912年9月22日、1917年7月9日。

⑧、⑨、⑫、⑬：刘厚生《张謇传记》，第232、279页。

⑩、⑪：《护国运动史》，第282、283页。

⑮：《大公报》1917年7月10日。

⑰：冯耿光：《谈冯国璋二三事》。

⑳：《民国日报》1918年7月15日。

原载：《河北学刊》1989年第2期

中国人民大学书报资料中心《中国近代史》1989年第7期全文转载

《新华文摘》1989年7、8期论点摘编

周道如女士与江苏女学

1914 年 1 月，传来了一个轰动大江南北的新闻，袁世凯的家庭教师周道如出嫁了，长江三督之首冯国璋再作新郎。冯国璋同周道如女士的婚礼格外隆重，袁世凯特派江苏民政长韩国钧做自己的代表为证婚人，并且亲自派自己的三夫人闵氏和长子袁克定将周女士送抵南京。袁世凯拿出 50000 元为周女士购置了金银首饰、珠宝玉器，多达 120 余担，袁府上下送给的其他妆奁五光十色，不可胜数。

冯国璋断弦已久，身边只有一个年过四十的姨太太，如今娶来了才貌双全的周女士，且为大总统的女教师，真是喜上眉梢，兴高采烈，连做梦也在笑。新婚之日，冯国璋决定大摆筵席，庆贺三天。各省军政长官均派代表前来致贺。江苏各地文武官员没有一个不来道喜的。一时间，南京城里冠盖云集，赠联赠诗者甚多。其中安徽督军倪嗣冲的赠联尤为绝妙：

将略裼轻裘，夺龙蟠虎踞，好作洞房，从兹儿女莫愁，想顾曲英姿，当不愧小乔夫婿；

家风奇芜楼，喜裙布荆钗，迎来琼岛，为报湖山如画，有执柯元首，始得归大树将军。

从此，周道如离开袁府，来到了冯国璋的身边。

周女士，名砥，字道如，1874 年生于江苏宜兴，相传为明代宰相周延儒的后裔。她幼年随父母北上，居住天津，父亲是某省候补道，不幸早年逝世。周道如幼承母训，饱读经史，习礼知书，17 岁入天津女子师范学校第一班，刻苦磨砺，异常勤奋，希望毕业后献身国家教育事业。她以微薄的薪水，养家糊口，深得学校监督（校长）傅增湘的器重，毕业后被派往女师附小任教，因“女士于国学。素有根底”。[①]又被女师聘为教员。

一天，直隶总督兼北洋大臣袁世凯把傅监督召进府中，托他聘请一位品性醇良、知识渊博、容貌妍美的女士当家庭教师。傅增湘满口应允。他回校后，把学校里那些才貌双全的佳女写在纸上，逐一推敲，左思右想，选定了周道如女士，立即禀报了袁世凯。

袁世凯为了看看周女士是否中意，便以其夫人的名义下了请柬，邀周女士入府。全家上下见了周女士，纷纷赞叹不已。袁世凯也喜出望外，非常佩服傅增湘的眼力，果然周女士姿色绝美，举止大方，彬彬有礼，说话流利，并且擅长书法，酷爱诗文。袁世凯极为满意。于是备了重礼，将周女士接进府中，举行了隆重的拜师仪式。从此，周女士开始了家庭教师的生涯。

起初，袁世凯命令他的女儿、儿媳和八九个妙龄的姨太太跟从周女士读书习礼。周女士性情温和，态度娴雅，与袁家眷属相处融洽亲善，极合得来，经袁世凯的允准，不久便把周的母亲也接入袁府，直接供养。

袁世凯被黜后，全家老少随之归隐，周女士在众多女弟子的请求下，也迁至洹上村养寿园。袁世凯篡夺了辛亥革命果实，成为民国临时总统，周女士又随其家眷住进新华宫，仍为家庭教师。

以前，袁氏的家塾只设女馆，袁世凯只是让他的几个姨太太读些书。自从袁世凯登上大总统宝座以后，便在北海增设男馆，令其儿孙及袁府男性少年进馆读书，由著名学者严修掌教。女馆则由周女士掌教，随着女馆的扩大，袁世凯通过周女士从天津女子师范学校优秀毕业生中又聘请了杨蕴中、董文英等人进府执教。

袁世凯就任正式民国大总统时，周女士已到“而立”之年，袁世凯几次通过姨太太为周女士物色佳婿，均被周女士婉言谢绝，她表示要终身奉母，于是婚姻之事便暂时不提了。

周女士在袁府执教十余载，不但与那些女眷友好相处，也与爱好文学、多才多艺的二公子袁克文结为知己，共赏诗画。二公子居南海流水音时，绘了一幅《寒庐茗话图》。他捧着画轴请周女士指教，并让周女士题诗，周女士嫣然一笑，稍加思索，挥笔而就：

结得人间翰墨缘，琳琅一轴集群贤。
拈题试咏窗前雪，品水争尝岩下泉。
放眼湖山供啸傲，寄情诗酒小留连。
茫茫浊世趋荣利，几辈逍遥似谪仙。

由此诗可看出，他们二人志同道合，有着追求光明、不满现实的思想。他们相逢恨晚，志趣相投，可惜只结得翰墨缘，而未成美姻缘。

青春易逝，转眼间周女士已是迟暮秋娘。袁氏一家老小都很为周女士的婚姻忧虑，但袁世凯对此事的考虑总是跟政治连在一起的。

1913 年“二次革命”以后，袁世凯心腹大将冯国璋坐镇南京，势力达半个中国，以“江南柱石”著称。袁世凯惟恐冯国璋产生二心，不与己谋，总想用什么法子把冯笼络住。袁世凯思来想去，终于拿定了主意，家人们不是都为家庭教师周道如的婚事发愁吗？恰好冯国璋断弦已久，这不正是使“二马”入槽的好办法？冯国璋身居显职，持据要津，周女士也不会不为之所动。一天，袁世凯把周女士叫到案前，摆出十分慈祥的样子，语重心长地说：“冯上将军是我的老部下了，南京虎踞龙蟠，实是重镇，国家屏翰，周先生的经济学问，足以补助冯上将军，他果能以智保身，以忠谋国，功名富贵，始终是全国首屈一指的人物哩！”[②]周女士天生聪颖，机警过人，此话的用意如何她当然明白。她想一生总寄居在袁家也非长久之计，现在也该考虑一下自己后半生的落脚之处了。于是，她没有让袁世凯多费唇舌，便欣然同意了这门亲事。

于是，袁世凯给冯国璋发了函电，说明了亲自充当月下老给他介绍周女士的事情，冯国璋早就闻知袁府家庭教师为人和善，颇具姿色，高兴万分，立刻应允，马上回电：“北上迎亲”。并选定 1914 年 1 月 19 日为良辰吉日，举行文明结婚仪式。从此，周女士与冯国璋结为伉俪。

周女士来到冯国璋身边后，因为才干所及，经常参与政治，舆论界称她“具有决断之才，能佐其夫解困难问题”。[③]成了冯国璋的重要政治顾问。

周道如女士对女学教育事业最为关心。她到南京时，南京仅有一所省立女子师范学校和二三所女子小学校，但因办学经费不足，许多女教员大半强尽义务。不少教育界人士纷纷晋见周女士，其中不少人是她天津女师的同学和学生，所以她们之间无话不谈，毫不拘束。周女士对女学深表关心和重视。她驱车前往各女学参观，深入了解女学不振的原因，每到一校，从办学方针、课程设置、教学方式到办学经费等细致询问，并提出自己的看法，对职员和学生予以鞭策和勉励。南京城内胭脂巷私立女子小学校长邵自平与周女士来往甚密，周女士不吝资财，出钱资助，这所学校办得异常活跃。省立第一女子师范学校校长吕惠如与周女士时时一起切磋文学，并常常谈及女学问题，也得到了周女士的支持和援助。

周女士尤为关心桑梓宜兴的学生，很重乡情，经常在假日把宜兴籍学生请进府中，问寒问暖，热情款待，予以资助，并且给学生讲学习的重要性，勉励她们勤奋苦学。她陪冯国璋视察江苏各地，首先去的就是女学。

周女士经常劝冯国璋关心教育，重视教育。1914 年 4 月下旬，周女士得知南京驻军侵扰学校秩序一事，便立即向冯国璋讲明危害，致使冯国璋及时向南京和江苏各地发布了“嗣后军警不得侵扰学校及擅行搜查情事”的命令。1916 年冯国璋在南京倡议发起全国教育会，并试图普及全国。只因军阀割据，受到阻碍。在全国军阀混战，以学校为兵营，教育事业受到严重践踏的时代，惟独江苏教育的情形似乎要好一些。这在一定程度上与周女士重视教育是分不开的。

1917 年 8 月，冯国璋北上就任民国代大总统后，周女士已身患重病，但她还不忘与南京教育界的朋友们共同筹办中等女子职业学校一事，她捐资 20 万元外，还答应按时照数给江苏各女校汇款资助。

1917 年 9 月 10 日，周女士不幸与世长辞，北京、南京、上海、天津等地的教育界纷纷举行追悼大会，沉痛哀悼周女士。其呈幅挽联这样写道：

兴女学为邦家之光，早有声名在河北。
以妇人忧天下而死，遥知魂梦到江南。

注：

①：《洪宪纪事诗三种》，第 259 页。

②：《古春风楼琐记》，第 359 页。

③：《民国日报》1917 年 9 月 17 日。

刊载：《民国春秋》1990 年第 3 期

丁巳复辟的来龙去脉

丁巳复辟亦称张勋复辟。张勋已是祸国殃民、遗臭万年的历史罪人，无可争议。但是进一步研究这一历史事件，剖析其来龙去脉，对揭露野蛮、愚昧、虚伪和顽固的复辟势力和了解辛亥革命后暗无天日的军阀统治是很有意义的。

历史总是沿着曲折的道路向前发展的。辛亥革命推翻了清王朝的反动统治，建立了共和国，结束了中国两千多年的封建君主专制制度，使中国历史向前迈进了一大步。但因为软弱的资产阶级没有力量从根本上消灭产生封建君主的社会基础，因此，民国初年继袁世凯“洪宪帝制”后，社会上几股复辟势力又在蠢蠢欲动，彼此呼应，伺机进行复辟。尤其是根据《优待条例》保留在紫禁城里的小朝廷，更为复辟势力的精神支柱；左右局势的北洋元老和掌握重兵的各省督军为了争权夺利或直接参与或为其利用而极力支持；德日帝国主义为巩固和扩大他们对中国的侵略权益也先后答应援助复辟势力，致使在1917年中国政局一时混乱的六七月间在中国历史上出现了一股复辟逆流，这次复辟发生在农历丁巳年，所以称丁巳复辟。

拥戴溥仪复辟的首先是以张勋为首的封建军阀。张勋（1854—1923），江西奉新人，行伍出身，早年投靠袁世凯，参与镇压义和团升至总兵，辛丑年“护驾”慈禧太后有“功”又升至云南提督，后调任江南提督，统率江防营驻扎南京。辛亥革命爆发后，起义军围攻南京，张勋率军负隅顽抗，战败后退守徐州，继续与革命军为敌。民国成立后，他公然抗拒断发令，他和他的官兵顽固地留着发辫，穿着号坎，表示仍然效忠清王朝，因此引起各界人民和进步官兵的憎恶，称他为“辫帅”，他的队伍为“辫军”。1913年“二次革命”爆发，张勋奉袁世凯命令率“辫军”野蛮屠杀革命军民，攻破南京后竟然下令“三天不点名”，放纵官兵任意杀掠。因镇压革命有“功”被袁世凯提拔为长江巡阅使，并将所部扩充到六十营两万人。洪宪帝制，张勋被袁世凯封为一等公，从此张勋拥兵徐州，成为声势赫赫的地方军阀。

张勋心存清室，念念不忘其恩泽。他经常向官兵灌输“凡我国官吏，莫非大清臣民”的“忠君”思想。袁世凯死后，军阀混战纷争，政局十分混乱，张勋认为“人心思旧”，只要捧出溥仪，“立建龙旗，宣言复辟”，必能“薄海远近，望风兴起”[①]。于是他由彰德致祭回徐州后，迫不及待地以他特殊的身份和地位，邀集有关督军以团结共同对抗国民党和西南地方政权为理由，先后在徐州召开四次策划拥戴废帝溥仪复辟的会议。在1916年6月七省督军参加的第一次徐州会议上，张勋明目张胆地带头缅怀大清朝的“深仁厚泽”，要求“尊重优待清皇室各条件”，并倡议建立北洋系督军联盟，张勋敲响了为清室复辟的锣声。该年9月张勋又召集13省督军开第二次徐州会议，会议不仅对国民党和西南各省进行抨击；并且对中央政府和国会施加无理干涉，段祺瑞的亲信倪嗣冲等人竟然在会上提出了解散国会和废止旧约法的提案，使复辟气氛十分猖獗。会议推举张勋为盟主，制定联合会章程12条，正式形成了复辟的军事联盟。从此徐州成为复辟的大本营，反动政客和复辟狂们诸如康有为、顾鳌、薛大可、陆建章、阮忠枢之流不绝于途，有的还被张勋聘为高级顾问。为了加紧复辟的锣声，张勋又于1917年1月再次召开第三次徐州会议，由于段祺瑞大力支持，会议作出了“罢斥佞人，取消国会，拥护段总理，淘汰阁员和促成宪法”五项决议。因为段祺瑞阴谋利用这次督军会议做“倒黎”的工具，致使国内局势空前复杂，复辟势力蠢蠢欲动。

自从黎元洪任总统，段祺瑞充当国务总理以来，黎、段之间争权夺势，演成了“（总统）府（国务）院之争”，最后“参战”问题成了双方争执的焦点。段祺瑞想通过“参战”取得日本的更多的支持，坚决主张对德国宣战；而依靠国会势力的黎元洪则以美国为奥援，表示反对对德宣战。于是段祺瑞企图利用徐州督军会议推翻黎元洪，解散国会以排除“参战”之障碍。

张勋复辟心切，于5月又召开第四次徐州督军会议，段祺瑞正式派代表参加会议。段的代表和几个惟恐天下不乱的督军极力赞同张勋在推倒黎元洪的同时举行复辟的决断，并竭力支持张勋早日进京乘机复辟，再造清室。

丁巳复辟是张勋在徐世昌、段祺瑞和王士珍的怂恿、支持和利用下进行的。“当权的北洋系的元老们，都曾经是热心于复辟的人。”[②]其脑筋思想与民主政治绝不相容，因此极力反对共和政体，其中以北洋系军师自居的徐世昌最热衷于复辟勾当。“徐世昌对于清皇朝，始终抱有浓厚的感情。清朝被推翻以后，他对逊帝溥仪始终是关心的”[③]。早在袁世凯逼劝溥仪退位之前，徐世昌就与段祺瑞等人策划过先行退位，“等离间了军民，再让辞位的皇帝复位”的阴谋。后来因为袁世凯急于称帝，才打乱了徐的这一安排。洪宪帝制撤销，徐世昌又要袁世凯“仍旧维持原议”[④]即溥仪复位，并密电张勋、倪嗣冲说：“民党煎迫至此，不如以大政归还清室，项城仍居总理大臣之职，领握军权”[⑤]。只因为蔡锷起兵护国，袁世凯没有来得及办就一命呜呼了。

袁世凯死后，徐世昌再次策划复辟清室。他“深知复辟之举必赖有外力支援”[⑥]，于是在彰德完丧后，速派陆宗舆带着答应日本的条件东渡日本，乞求援助。当府院之争闹得不可开交的时候，黎元洪电请徐世昌从中调和，“徐谓国会若不解散，调和无从着手”[⑦]。“段免职，黎敦请徐世昌担任，徐固辞。”[⑧]徐世昌在这关键时刻的举动沉重地打击了黎元洪所代表的共和制，有力地支援了段祺瑞“倒黎”的勾当，从而助长了张勋复辟的气焰。“徐州会议、督军团之变，徐实其暗幕中之一人”[⑨]。尽管徐世昌在丁巳复辟失败后，也煞有介事地喊叫反对张勋复辟，那不过是为了掩盖他自己参与复辟的行径，或只不过是为了反对张勋所包办的复辟罢了。陶菊隐先生说得好：“如果换上徐世昌或者王士珍‘辅政’，可能反对复辟的人又转变而为赞成复辟的人。”深刻地揭露了北洋军阀与丁巳复辟的暧昧关系。

冯国璋为人圆滑，当段祺瑞派曾毓隽持亲笔信去南京试探冯国璋对其“倒黎”和“参战”的态度时，冯说：“江南的事我虽是以副总统的身份坐督江苏，但有些事还是以徐州的张绍帅（张勋字绍帅）为首。他年资在我等之上，是我们的老大哥，遇事总要请他来主持。这件事关系很大，应该向张绍帅商量。”[⑩]然后冯国璋依照段祺瑞的要求写信请张勋出面支持“倒黎”和“参战”，并表示“一切愿意服从大哥”。当即派总参议胡嗣瑗，持信会同曾毓隽去徐州面见张勋。随后冯又密电有关督军到徐州共同策划，致使徐州会议上“倒黎”之声甚嚣尘上，督军们一致公举张勋主持此事宜。张勋则声言“倒黎”要以保溥仪复位为条件。于是各省督军和代表同意张勋保溥仪复位的请求，并授予“便宜行事”的大权，最后在一块黄绫子上签字画押。未几，张勋率兵由徐入京，路过天津的时候，“段派的军人，群集于天津。他们便利用张勋作刽子手，怂恿他入京开刀。张主张解散国会的一个重要条件，就是要复辟，段派表示允可"[11]。由此可见，丁巳复辟是张勋在冯国璋、段祺瑞的怂恿和利用下进行的。正如张开儒致谭延闿电云："今日大患，不在张、康，乃在冯、段。"[12]

北洋系的另一元老王士珍更是丁巳复辟的策划者和执行者。王士珍心怀清室企望复辟不自今日起，辛亥革命袁世凯劝清帝退位，要段祺瑞以前敌将领名义致电内阁奏请"立定共和政体"。当通电发出后，"王士珍有电致段，奏以皇恩浩荡，不应发此电"[13]。从这里可以看出王士珍保皇面孔，所以张勋刚入京就紧紧抓住王士珍，催他出山，为复辟出力。王士珍也义不容辞地凭着当时自己的威望和阅历全力支持复辟。

黎元洪免去段祺瑞国务总理后，倪嗣冲、曹锟发兵北上威胁北京。为保卫北京的安全，黎元洪任命王士珍为北京警备总司令。当时就王士珍的威望来说与段祺瑞不相上下，所以一般人士都认为由王士珍控制北京的局面"可保无虞,尽可放心"。然而,当张勋进入北京,王士珍便马上与之勾结,同流合污。随后，下令大开城门，把几千名野蛮的辫子兵放进城里。接着王士珍又跟张勋一同进宫和清室遗老、废帝召开御前会议。会后，王士珍率领梁鼎芬、李庆章一行人去总统府，逼迫黎元洪"奉还大政"。王士珍为复辟可谓立下汗马功劳,因此复辟王朝授任王士珍为"议政大臣"和"参谋部尚书"等职，并赏穿军衣，可谓殊荣。综述王士珍在复辟期间的所为，充分说明了他既是复辟的策划者，又是复辟的执行者。有人说"王士珍是在张勋的暴力下无力抵抗，才不得已而为之。"这样为王士珍辩护是十分荒谬的，也是违背历史事实的。张勋进京只带来十营5000名辫子兵，装备又十分简陋落后。而当时王士珍手中掌握的北京驻军却有四个多师的兵力，装备也比较精良和先进，此外还有空军、警察和保安部队近万人，这怎能说王士珍屈从于张勋的暴力而无力抵抗呢？说到底是王士珍的骨子里就是保皇复辟，复辟清室是他梦寐以求的。如今有了复辟的机会，他当然会义不容辞、甘心乐意地大干一场。王士珍利用骗取黎元洪对他信任而掌握了维护北京秩序的权力，与徐世昌、段祺瑞从不同方面，以不同的方式支持和参与了丁巳复辟。从上所述，丁巳复辟这场丑剧用形象的比喻来说，台上表演的是张勋，而编导则是北洋元老们。

丁巳复辟除了翻云覆雨把变更国家政体和拿人民生命当儿戏的封建军阀支持和参与外，德日帝国主义也参与了这一复辟活动。当宗社党党魁溥伟逃往青岛乞求德国“相助复辟”时，德皇胞弟亨利亲王亲至青岛与溥伟会晤，并答应“将竭力支持”[14]。1917年春德国出于保护它在中国的侵略权益和阻止段祺瑞政府对德国宣战，进一步表示愿向张勋复辟集团提供经费和供应军火武器。德国公使辛慈去徐州会见张勋，随后从天津运去枪支8000多支，大炮4尊，并进一步表示德华银行“可假以举大事。”[15]日本帝国主义为了独霸中国，借世界大战之机急于侵略中国，便积极插手于复辟勾当。“日本本不赞成我国革命，亦阴有所布置”[16]，除支持善耆、升允在东北、内蒙的复辟活动和对徐世昌、陆宗舆复辟清室表示支援外，更关注张勋集团的复辟行径。日本黑龙会成员佃信夫专来中国与张勋策划复辟阴谋，他对张勋说：“寺内首相当会满足阁下的希望，赞成复辟。”[17]当日本寺内正毅首相看到张勋派升允送去的徐州会议誓约时，则立即表示：“尽可按计划行事，如有需要援助之处，尽可提出。”[18]日本国民议会松平康国和田信夫等议员也极力主张日本政府尽力支援张勋拥戴溥仪复位。于是天津的日本驻屯军便跟直隶省长朱家宝发生联系，派一个少将军衔的日本军官协助张勋集团与活动在东北、内蒙一带的善耆和巴布扎布的“勤王军”进犯张家口，雷震春、朱家宝在京津一带策应。然后，张勋、倪嗣冲借口防卫北京发兵北上而一举成复辟大业的作战方案。此外，日本川岛浪速还充当善耆的顾问，日本军阀和财阀主动为善耆的复辟活动派遣军官，提供经费和军火。“日本财主大仓喜八郎男爵给了他几百万日元活动费。日本军人青森、土井等人给他招募满蒙土匪，编练军队。”[19]

丁巳复辟前日本的政界和军界就是否公开支持中国复辟的问题有所分歧，于是1917年春日本参谋本部次长田中义一以游历为名来中国与各方和有关督军接触。田中首先从北京到徐州，张勋在定武军总司令部设宴欢迎，会后同田中密谈三个多小时；田中随后到南京，又跟冯国璋密谈。到杭州游览观光时，照例与浙江督军杨善德密谈一番，转回上海，乘轮船西上至武汉跟湖北督军王占元举行密谈，随后回到北京。田中在北京时，深感此次访问中国收获丰富，见识匪浅。最后乘火车去沈阳，又跟奉天督军张作霖举行秘密会谈。据陪同田中去各地的陆军部讲武学堂堂长陈文远先生回忆说，田中去各地与督军举行密谈只有翻译中岛比多吉一人在座，双方谈什么极为保密。但是最后陈先生还是从张作霖那里知道了密谈的内容。张作霖对陈文远说：“田中说中国革命，实行共和，本来日本是赞成的。中国革命成功也是靠着日本支持。可是最近日本政府考虑共和政体与中国的国情不合，最好还是恢复帝制，请宣统重新出来执政”。[20]由此可见，田中跟各省有关督军的密谈显然是涉及了清室复辟的问题。因此我们说丁巳复辟与田中访华是有着密切关系的，这再一次地说明了日本帝国主义对中国的干涉和侵略。

丁巳复辟除了以上几个方面的因素外，紫禁城里废帝及其身边的封建王公贵族也是复辟的一个重要力量。这一伙人的反动能量是不可低估的，他们妄想把因辛亥革命失去的天堂在一个早晨就夺回来。因此他们竭力利用当时人民头脑中的封建思想残余，极尽造谣蛊惑之能事和施恩行贿之手段，迫不及待地妄图复辟。袁世凯搞帝制失败后，他们就大造舆论说什么：“帝制非不可为，百姓要的是旧主”，“与其叫姓袁的当皇帝，还不如物归旧主哩！”[21]声嘶力竭的呐喊声回应了张勋、康有为的复辟行径，也共鸣了一切热望复辟人的心声。此外，贵胄、遗老们还绞尽脑汁贿赂和收买政府官员和民国将领，赠送肴馔呀，赏赐马骑呀，等等不一而足。说来也奇怪，遗老、贵胄们煞费苦心的惨淡经营也真见效了，有的人竟然想方设法，甚至不惜钱财奢望得到清室的赏赐。不仅一般人如此，就连两广巡阅使陆荣廷也不例外。丁巳复辟前他曾到北京偷偷进宫向废帝溥仪请安，并报效崇陵植树 10000 元。于是清室对陆大肆赏赐一番，弄得陆荣廷神魂颠倒，回广西后还不断来信请废帝太保世续“代奏叩谢天恩”。张勋在复辟前虽未来得及进宫请安，但张勋“借发辫为标帜，待时复辟”的行径早已尽人皆知，因此从那时起清室的遗老们便自我安慰地讲什么“有了南陆北张两位忠臣，大清有望了”。[22]妄图复辟的遗老、贵胄们不仅在紫禁城内干着复辟勾当，而且在青岛、大连和东北等地以溥伟、升允、善耆为头子的宗社党残余势力，在沙俄和日本的支持下纠集蒙古王公贵族、旗军残部和反动会道门组织“勤王军”“扶国军”进行复辟活动。据升允招供，他在沙俄支持下共同制定了借俄蒙之兵进逼张家口，以收京师的复辟计划。来自清王室的复辟势力与其他各地复辟势力串通一气，遥相呼应，并且还通过各种途径与张勋复辟集团取得联系，企图结交同党，扩大复辟实力，以达到复辟目的。

1917 年 6 月，黎元洪和段祺瑞之间因对德国“参战”问题使府院之争白热化，段愤而赴津，黎元洪将段免职。段被免职后，暗中联络各地军阀组成督军团，进行“倒黎”活动。首先由段的亲信安徽省长倪嗣冲通电各省宣布与中央脱离关系，继由浙江、福建和北方各省督军、省长先后响应宣布独立，并在天津设立“各省军务总参谋处”，由雷震春任总参谋长，筹备成立临时政府，企图与北京相对峙。黎元洪为了渡过危机，争得各方意见，任命蛰居于天津的李鸿章之侄李经羲为国务总理。李与张勋素稔，在李慑于各独立督军的形势下，声言："必须张勋北来，方肯偕同到京就职"[23]，黎元洪此时害怕各省脱离中央于自己统治不利，便不得已同意李经羲的请求，明令张勋进京。张勋得到入京命令，欣喜若狂，叫喊什么："今而后吾之计划得实行乎"！[24]遂于6月以调停名义率军北上，过路天津时又取得徐世昌和段祺瑞一伙人的赞助，张勋更为踌躇满志，以为复辟功业"应天顺人"。14日来到北京，一面晋谒废帝溥仪，一面勾结同党，拼凑实力。28日康有为化妆进京，当晚与张勋谋划复辟大业，由张勋的参谋长万绳栻、冯国璋的总参议胡嗣瑗和段祺瑞的参谋长雷震春掌管和布置复辟事宜。

列宁指出："什么叫复辟？复辟就是国家政权落到旧制度的政治代表手里"[25]。7月1日，张勋率王士珍等孤臣孽子，冒天下之大不韪涌入清宫，恭请溥仪"重登大宝"接受朝拜，高呼万岁，然后张勋递上《吁请复辟折》。张勋念道："非建设巩固帝国，不足以图存。臣等反复密商，共同盟誓，代表二十二省军民真意，恭请我皇上收回政权。"溥仪当即宣布"临朝听政，收回大权与民更始"，一天就下了八九道上谕。复辟王朝以对复辟的功劳大小，论功行赏。授张勋为内阁总理大臣兼议政大臣、北洋大臣和直隶总督，并册封张勋为忠义亲王；授王士珍为议政大臣兼参谋部尚书；徐世昌、康有为为弼德院正副院长；雷震春为陆军部尚书；万绳栻、胡嗣瑗为内阁阁丞；冯国璋为南洋大臣兼两江总督；陆荣廷为两广总督。其余官制均按照宣统初年办理。随后张勋向各省发电："凡我同胞皆属先朝旧臣，受恩深重，即军民人等，亦皆食毛践土，世沐生成。接电后应即遵用正朔，悬挂龙旗。"

丁巳复辟闹得北京乌烟瘴气，人心惶惶，不少人纷纷离京出走。张勋拥戴溥仪复辟的消息传出后，立即遭到全国各界人民的强烈反对，北京人民拒绝悬挂龙旗，报纸停刊，以示抗议；上海、长沙、广州各界人民集会声讨复辟罪行，我国留日学生也举行讨逆大会。孙中山先生得知复辟的消息后"愤不欲生，召集各要人，各同志会议，誓不与共天日，协议扫穴犁庭计划"，[26]并发表《讨逆宣言》进一步表示维护民国的决心。黎元洪逃入法国医院避难，表示坚决拒绝与复辟狂同流合污。由于全国上下一致声讨和抗议溥仪复辟，各国公使也被迫决定对复辟暂时采取不过问态度。各省督军及要人也一致通电，声罪致讨，竟没有一个人援助张勋。人心的向背决定了复辟的必然失败。这时，事先支持复辟的段祺瑞乘机窥伺方向，他见自己的政敌黎元洪已经垮台,又鉴于“张勋横造逆谋”,引起全国人民“普天共愤”的声势，于是便决定利用人民反复辟的力量起兵讨逆，以达到他自己重新掌权和窃取“再造共和”的功勋。遂自称讨逆军总司令，梁启超、汤化龙为参赞，届日亲临马厂，慷慨誓师，部署了曹锟为西路军司令，段芝贵为东路军司令，率第三师、第八师和冯玉祥的第十六混成旅直捣北京的作战方案。讨逆军进展迅速,先后攻占卢沟桥和黄村后,东西夹攻复辟军。复辟军的中坚是5000名辫子军，在讨逆军的打击下“顾东不能及西，顾西不能及东”，只得退回城里，固守待援。此时段祺瑞派汪大燮、刘崇杰通过驻京外国公使团，提出停战条件：解除武装；取消复辟；保全张勋性命；仍维持清室优待条件。张勋顽固拒绝，战火重起。12日讨逆军分三路进攻北京城，双方在天坛、广安门交火，辫军统领李辅廷鉴于众寡悬殊，接受收买，缴械投降。战斗推进到前门一带，张勋命令辫军另一统领苏锡麟在他的南河沿公馆至天安门一带严密布防，且有清宫禁卫军助战。正当张勋最后挣扎之时，王士珍摇身一变充当起“和事佬”来，派警察总监吴炳湘劝告双方停战。张勋在两个德国人的保护下狼狈窜入荷兰使馆，讨逆之役即告停火，不到半个月的丁巳复辟亦宣告结束。

丁巳复辟失败后，张勋气急败坏地发电痛斥北洋元老背信弃义，出卖朋友,电云“变更国体,事关重大,非勋所独能主持。云岁徐州历次会议,冯、段、徐、梁诸公及各督军无不有代表在场。即勋此次来津，徐东海、朱省长均极端赞助，其余各督军亦无违言。芝老（段）虽面未表示，亦未拒绝。勋到京后，复派代表来商，谓只须推翻总统复辟一事自可商量。勋又密电征求各方面意见，亦皆许可。密电俱在，非可讳言。现既实行，不但冯、段通电反对，即朝夕共谋之陈光远、王士珍，首先赞成之曹锟、段芝贵等，亦居然抗颜反阙，直逼京畿。翻云覆雨，出于俄顷，人心如此，实堪浩叹。勋孤忠耿耿，天日可表，虽为群小所卖，而此心至死不懈。但此等鬼蜮行为，不可不布告天下,咸使闻知。除将历次会议记录并往返函电汇集刊印分送外,先此电达。”当外国记者访问张勋时，他又一再说明．“复辟一举是执徐州会议各督军的共同意见，冯国璋有亲笔信，段祺瑞、段芝贵、徐树铮、曾毓隽是知道的，我这里有他们的签名。”可是当张勋向万绳栻索取当日各省督军和冯、段代表赞同他出来进行复辟，而签名画押的那块黄绫子时，万推说留在天津没带来。当张勋派人去天津取时，张勋夫人说：“那块黄绫子连同冯国璋派胡嗣瑗带去徐州的那封亲笔信，就在段祺瑞策动马厂誓师前两天，经胡嗣瑗从万绳栻手中以二十万现洋的代价一并被冯国璋买去。”[27]

丁巳复辟平息后，本应该按照民国宪法和人民意愿严加追究和法办复辟祸首及复辟主犯，但由于段、徐、王及讨逆军的多数将领是复辟的同盟者，他们做贼心虚，因此不敢采取严厉措施处置。祸首张勋躲进荷兰使馆避难，其他主犯除雷震春、张镇芳被冯玉祥的军队捕获外，大都逃之夭夭。段祺瑞14日回到北京，假惺惺下达通缉复辟罪犯的命令，又大喊大叫组织什么军事法庭。然而只打雷不下雨，张勋虽然受到免职拿办的处分，但他在外国使馆里毫不在乎，并且声言要公布“复辟记录”。参加徐州会议的有关督军因害怕张勋把与自己有关的复辟丑事披露出来，纷纷电请冯、段对张勋宽大处理。于是北京政府除在形式上向荷兰使馆要求引渡张勋外，也就不再认真追究了，不久便给张勋自由，他迁入新居。1918年徐世昌任总统后，便明令对张勋免于追究，不久任命张勋为林垦督办。

北京政府更袒护与张勋“朝夕共谋”复辟的王士珍、江朝宗、陈光远等人，不但不追究其罪责，反而说他们“维持北京秩序有功”。王士珍继任参谋总长，江朝宗调任迪威将军，陈光远为绥远都统。北京政府对康有为、刘廷琛、万绳栻、胡嗣瑗等罪犯也只是通而不“缉”；雷震春、张镇芳在狱中备受优待，吸食鸦片，自由自在。

丁巳复辟，清室有不可推卸的罪责，因此在冯玉祥率部平息复辟后即发出驱逐溥仪出宫和严惩复辟祸首的通电：“（一）取消清室优待条件，每年四百万两优待金立即停付；（二）取消宣统名义，贬溥仪为平民；（三）所有宫殿朝房及京内外清室公地园府，尽皆收归国有，以为公共之用；（四）严惩此次叛逆诸凶，以遏奸邪之复萌。”[28]冯玉祥代表进步官兵驱逐溥仪出宫的消息传出后，举国上下拍手称快。但却遭到徐世昌、段祺瑞的反对和阻止。在此之前，当讨逆军围攻北京时，徐世昌担心清室免遭意外，便给世续写信说：“现在外兵四逼，张军已不能支。目前第一要义，则为保卫圣躬，切不可再见外臣，致生意外。优待一事，自必继续有效。昌在外已屡设法转商前途，仍当竭力维护，以尽数年之心志。俟京中略为安宁，昌即来京，共图维系。”段祺瑞在讨逆通电中也百般为清室着想：“至于清室逊让之德，久而弥彰，今兹构衅，祸由张逆，冲帝既未与闻，师保尤明大义，所有皇帝优待条件，仍当永勒成宪，世世不渝，以著我国民念旧酬功，全始全终之美。”当段祺瑞由津至京时徐世昌又再三告诫段说：“此次复辟，本非清室本心，幸勿借此加罪清室。”徐、段保清室已成既定政策，所以冯玉祥发出驱逐溥仪通电后，段祺瑞恐有行动，便急令第十六混成旅全体速离京返廊坊驻防，并训斥了冯玉祥的所谓过火言行。

▲张勋

清室复辟罪行昭彰，遗老废帝心惊胆战，写好了第二"退位诏书",准备再次向人民低头认罪。但段、徐、王认为公布"退位诏书"反着痕迹，带来很多不必要的麻烦，于是便以清室内务府声明的形式代替"退位诏书"在大总统命令中发表。就这样用金蝉脱壳之计，使清室躲过了社会上的视线。正如爱新觉罗·溥仪所讲那样："由自认'临朝听政'的退位诏，一变为'张勋盘踞，冲人莫可如何'的内务府声明，这是北洋系三位元老与紫禁城合作的结果。想出这个妙计的是徐世昌太傅，而执行的则是冯国璋总统和段祺瑞总理"。因此，"紫禁城在这次复辟中的行为，被轻轻掩盖过去了。紫禁城从复辟政局既定那天所展开的新活动，不再为外界所注意了。"冯、段、徐为何煞费心机地如此偏袒清室遗老、贵胄和废帝呢？其主要原因乃是他们害怕露出他们自己支持与参与丁巳复辟的马脚来于他们的统治不利。其次乃是他们都是清室旧臣，对废帝遗老、贵胄怀着深厚情谊。因此他们不仅不追究清室参与复辟的罪责或废除优待清室的条件，反而利用权力之便百般袒护，甚至否认清室曾参与过丁巳复辟。由此看来，徐、段之流同张勋等复辟狂是一丘之貉，统统是热心复辟的历史罪人。

丁巳复辟是封建主义残余势力不甘心退出历史舞台的最后一次绝望表演，它的失败再一次清楚地表明了人民是历史的主人，历史决不能走回头路。任何反动势力违背人民的意愿，逆历史潮流而行，必然会碰得头破血流，遭到可耻的失败。讨逆战争的胜利，是当时全国各界人民反复辟力量决定的。冯国璋、段祺瑞虽然不是真心复辟，只不过是利用讨逆夺取政权而已。尽管如此，他们在讨逆战争中的作用还是值得肯定下来的。尤其是冯国璋全盘指挥了讨逆战争，因此他们在客观上顺应了历史的发展。

丁巳复辟教训了统治阶级，它告诫：谁搞复辟，阻碍社会进步，谁就是中华民族的不共戴天之敌，到头来落得个身败名裂，骂名千载的历史罪人。丁巳复辟也教育了广大人民，进一步提高了人民对封建主义的警惕性，认识到了中国社会要前进，就必须彻底根除封建主义余孽。尽管当时中国还处在军阀混战的黑暗年月，但神州大地正在蕴育着中国人民彻底的反帝反封建的新民主主义的革命火种，它定将在短时期内像火山爆发那样冲出地壳。

注：

①、⑰、⑱:《近代史资料》总第35号。

②、④、⑤、⑲、㉑、㉒、㉙: 爱新觉罗·溥仪:《我的前半生》，第110、112、108、94、97、106页。

③、⑥:《天津文史资料选辑》第三辑，第95、67页。

⑦、⑪: 李剑农:《戊戌以后三十年中国政治史》，第267页。

⑧、⑩、⑫、⑬、⑳、㉓、㉗:《北洋军阀史料选辑》上，第212、293、223、266、282、212、299页。

⑨:《戊午周报》第十八期，《纪事》，第27页。

⑭: 孙瑞芹译《德国外交文件有关中国交涉史》，第三卷。

⑮: 章宗祥:《复辟问题小议》。

⑯:《近代史资料》总第50号，第177页。

㉔: 许指严:《复辟半月记》。

㉕:《列宁全集》第十三卷，第303页。

㉖:《时报》1917年7月2日。

㉘: 冯玉祥:《我的生活》(上)，第254页。

周学熙与近代直隶工商经济的兴起

周学熙是我国近代著名的企业家和经济学家。清末，他在直隶任职期间，在迎合清政府“新政”的同时，结合直隶省的实际创立了直隶工艺总局，引进外国的先进技术和企业管理经验，选用德才兼备的人才，兴工振商，有力地促进了直隶近代工商业的发展。探讨和研究周学熙大兴工艺的创举和工商管理经验，对我们今天的经济发展和改革是大有裨益的。

一、放弃科举，寻求强国之道

周学熙（1866—1947），安徽建德（今东至）人，字缉之，号止庵。其父周馥系李鸿章幕僚，曾任山东巡抚和两广总督。周学熙生长在这样一个官僚家庭，从小受着孔孟之道的传统教育，然而他偏爱数学和地理学科，在29岁考中举人后，因受当时“教育救国”的影响，遂在家乡从事教育事业。未几，其父周馥为其捐了候补道的官衔，通过开平矿务局督办张翼，进该局任总办。1900年6月，八国联军攻陷天津，周逃往上海，不久，受山东巡抚袁世凯之招，赴济南任山东大学堂督办。1901年末，袁世凯出任直隶总督兼北洋大臣，周馥被清政府任命为山东巡抚。周学熙为了避开父子关系所带来的不便，于

▲周学熙，字缉之，号止庵，安徽至德人，1866年生。1893年中举，1897年任开平矿局董事，旋升总办。其后历官直隶银元局总办、工艺局总办、启新洋灰公司总理、滦州煤矿总理。入民国后，两度任北洋政府财政总长。1915年发起创设华新纺织公司。1919年任中国实业银行总理，1923年创办华新银行，至此形成华北首屈一指的实业集团。

第二年5月赴天津，被任命为天津候补道兼办直隶银元局。8月袁世凯赴保定时对周说："我月余归来，冀见鼓铸之成功。"[①]周果不负重托，终于"两个月里鼓铸当十铜元一百五十万枚"[②]，从而解决了直隶市场的钱荒和北洋军费的拮据，受到清政府的赏识，被推为"当代奇材"[③]。1903年被派往日本考察工商企业。

周学熙在日本三个月的短期考察，使他大开眼界，受益匪浅，促使他下定了发展工商业的决心。回国后，他慷慨陈词地指出："日本维新最注意者，练兵、兴学、制造三事。其练兵事专恃国家之力，固无论已，而学校工场由于民间之自谋者居多，十数年间，顿增十倍，不止其进步之速，为古今中外所见，而现在全国男女，无人不学，其日用所需洋货，几无一非本国所仿造，近且贩运欧美，以争利权。"[④]他认为中国如要富强，也必须走日本"兴学办厂"的道路。从而确立了他"兴工治富"的思想，这是周学熙从多年摸索中所探求的一条"强国之道"。

二、经世济民，创设直隶工艺总局

要"兴工治富"就得改革，要改革就得成立得心应手的机构。周学熙回国后立即向袁世凯提出创办直隶工艺总局的要求和设想，他在呈文中指出："今宫保（即袁世凯）锐意振兴工艺，洵为直隶士民之富。窃以为宜就天津设立工艺总局，以津海关道总其成，选派曾游欧美熟习外洋商情之道员会同办理，所募工艺洋员，统归节制。考求直隶全省土产及进口所销各货，凡有可以仿造者，力为提倡保护，不必官事制造，但厘定章程，专司考察，择取日本凭帖奖牌之类，鼓舞而奖励之。窃谓果能得其要领，三五年间必有勃然兴者。"[⑤]袁深领其意，欣然允准，周学熙被任命为总办，后为督办，于1903年9月创办了直隶工艺总局。周学熙为确保"兴工治富"方略在三五年内落实，首先抓住了工艺总局人员的选用和《局规》的制定。他量才用人，"所用之人亦照生意规矩，须一人得一人之用，不得瞻徇情面以致人浮于事"；他精兵简政，全局在职人员仅有23人，"薪水以酌量才干及办事多少为准，每月按定数发给。不得挪移挂借分文，至应酬一切不准开支，以重公办"[⑥]。他还亲自制定《直隶工艺总局局规》五章46条，在总纲中明确地规定直隶工艺总局是"以提倡维持全省之工艺为宗旨"，"以诱掖奖劝使全省绅民勃兴工业思想为应尽之义务"，"以全省工业普兴，人口有自立之技能为目的”。在其他章条中，还详细规定了从督办、提调到门号、杂役各自的工作范围和要遵守的规章制度，要求每个职员“必须扼守宗旨，尚勤、尚实、尚公、尚廉，各秉血忱，拔除旧习，坚忍持久”。如第九条：“始终勤慎结实，任事若有劳绩者，分别酬金，或详情议叙，以示鼓励。”第十二条：“如习于圆通，遇事唯诺，不任劳怨，是无热心，即属凉血；纵使甘于无功无过，亦与本局宗旨相背，应在淘汰之例。”⑦周学熙为了使全局职员遵守《局规》，他把《局规》印刷，人手一册，并对那些是否遵规守章的人，实行优者以赏、差者受罚、恶者开除的措施。由此可知，周学熙主持的直隶工艺总局的确是一个讲究实际、注重效率的机构。

周学熙明确指出，直隶工艺总局“括全省工学界之枢纽，以创兴实业为宗旨”。为了带动、劝勉和鼓励全省各州县“兴工办厂”，在总局成立的同时，又创兴实业为宗旨。为了带动、劝勉和鼓励全省各州县“兴工办厂”，在总局成立的同时，又创立了高等工业学堂（即河北工学院前身），其目的在于做出示范，培训人才，传授技术，普及工艺，进而发动全省民间资力兴工治富，“以敌洋货，而利民用”。周学熙在“工非学不兴”思想的支配下，规定学堂以培养既能“精通理法”，又能“发明工业”的高等人才为培养目标。周不惜高薪聘请日本和法国人来校任教，并亲自为其制定了“科学与实业如影随形，为国而思，握实业之霸权，必有通于各种科学之人才，然后旧者可图改良，新者可期发达”⑧的教育方针。高等工业学堂初办对分设正科和速成科两级，专业分为应用化学科、机械学科、制造化学科、图绘科、机器专科等。为了使学生通过实习加深对理论的理解，周学熙还指示该学堂在教学实际中实行“既习其理，又习其器”的教学方法，开办了实习工厂，除供高等工业学堂学生实习外，广招社会青年入厂学习技术。由于周学熙料事精细，办事认真，讲究科学管理，终使直隶工艺总局成绩斐然，在短短三年中，不仅培养出了一批既有专门技术又会科学管理的人才，而且所属工厂还生产出了各种轻工产品和各种机械，使直隶不再“仰赖洋货”，从而担负起了直隶省各属之兴办工学的责任。直隶工艺总局在不断完善过程中，又逐渐增设了教育品制造所、劝工陈列所、劝业铁工厂、种植园、劝业会场，并且还附设了工商研究所、工商演说会、仪器讲演会，同时还帮助天津士绅开办了初等工艺学堂、织染缝纫公司、造胰公司、牙粉公司、玻璃厂等，为下一步在直隶全省实行工艺普及打下了基础。

三、劝民兴工治富，沟通城乡经济

周学熙振兴直隶省工商业的计划和步骤是十分周密的。他为了劝民兴工治富，宣传工艺产品和利用民间资力兴办企业，在天津创办了“劝工陈列所”。其宗旨，“重在联络商情，考查市况，必须有人时在市面调查各货销路之畅滞，式样之新旧，以及材料之美恶，运道之远近，然后见景生情，改良、仿造、逐事进步”⑨，这在当时闭塞落后、墨守成规、对西洋工艺品多耳目所未经见的直隶省是十分必要的。周学熙在其创办呈文中说：“为开通民智，提倡工商业之进步，必须罗列多品，启人智慧。”陈列所不仅陈列直隶工艺总局所属各厂产品，而且“搜集本省土产，外省货物，外国制品，分类陈列，标其价格、品质及产地，以供商家之观览。”在第一次开幕时，除陈列直隶工艺总局所属工厂和天津各厂的产品外，还陈列了直隶省部分州县的产品，例如有河间工艺局的行军折叠床，故城的挂面，饶阳的各种丝绸及捻线缎，大名百泉公司的各种葡萄露酒及怀来县仿西式饼干和罐头等。周学熙为了沟通直隶城乡经济，在陈列所开幕后，他又以直隶工艺总局的名义，饬令直隶各州县将著名土特产品送往陈列所展销。据不完全统计，参加天津展销的有宣化县、涿县、霸县、固安县、滦县、迁安县、平泉县、束鹿县、景县、沧县、青县、晋县、灵寿县、平山县、赞皇县、藁城县、深县、饶阳县、赵县、高邑县、柏乡县、冀县、枣强县、广宗县、内邱县、钜鹿县、南和县、邢台县、鸡泽县、磁县等30余县。周学熙举办商品陈列的活动，在一定程度上沟通了直隶城乡商品经济的交流，达到了传播、观摩和改进工商业的目的。

为了大张旗鼓地劝民兴工治富，1905年9月周学熙以直隶工艺总局名义发布《劝兴工艺示文》。他在时代紧迫感的驱使下，指出：“人之有财，如鱼之有水，水涸则鱼枯，财去则民困，此自然之理也。吾国幅员之广，生殖之繁，甲于环球，而财力则异常缺乏，此由实业不讲，而游民滋多。凡日用所需之物，莫不取给于外洋，民穷财匮日甚一日，循是不改，贫民之受困固不待言，即富者亦安有独全之理。”在他的劝助下，“天津绅商已多集禀设工厂；各属官绅亦陆续送徒来津学习，毕业回籍已有开办获利者”。他鉴于“直隶地方宽广，民间生计无多”的情形，极力劝勉直隶各州县“志士仁人，殷商大户，所望同心努力，急起直追，或独出资财创办工厂，或纠合同志设立公司”。为了招待来津联系办厂的各州县士绅，周还“特备静室，以待各属士绅。凡来津考察工艺者，无不倒履相迎，推诚相与，一切开办之法，保护之方，莫不代为筹画，总以扶助成立之主义”。不仅请上来，而且还走下去。周学熙组成劝工委员会，经常有计划地派出劝工委员会带领各行各业的工匠师徒，携带各种机器设备赴直隶各州县村镇，一面粘贴广告，觅地开机，演说工业要理；一面与当地官吏、绅士组织乡民就地参观。对已开办好的工厂给以肯定、表扬，对不完善者则帮助改良，用现身说法，进行劝说和诱导，绝不强迫。

周学熙为了使直隶工艺总局名副其实保护工商者利益和充当工商界耳目、参谋，他又设立工商研究所，以开拓其智识；举办工商演说会，以增益见闻，规定每月初三、十八日由各学堂专业教员及博通绅商主讲。其内容有：空气力学、镀镍器具、电话机制造、铁筒冷气吹造法、熔铁练法、土钢与洋钢优劣比较、土铁与洋铁原质分析、火柴改良、美国面粉介绍、铜铁利用、中国漆优于洋漆之比较、机器齿轮、建筑新法等。

由于直隶工艺总局所属各厂、会、所“本为传习，并非谋利”，故影响甚巨。从 1903 年至 1907 年五年间，全省 142 府、厅、州、县中开办工艺局、所、厂者 85 处，资本总额除十八厂不详外，为库平银 42.52 万两，平均为 6346.2 两。其各局、厂、所主要产品有：纸张、各色布匹、棉纱、织席、毛巾、花带、草帽、编筐、粉笔、织毯、皮革、木器、服装、烛皂、烟酒、鞋帽、绸、缎、水泥、织机、铜铁工具等。

四、“铁棉救国”与骨干企业的创建

周学熙从帝国主义商品侵略中国的过程中，看到了棉纱、棉布和钢铁制品占有举足轻重的地位。他在爱国主义想思支配下，拟以发展钢铁棉花来与外洋抗衡，因此他在发展直隶近代经济过程中提出了“铁棉救国”的口号。1906 年他在天津创办了北洋劝业铁厂，在办厂宗旨中指出：“凡制造各种机器，莫有不资于铁，是厂之设，以创造机器开工艺先声，挽利权而便民用。”[10]铁厂分机器、木样、翻砂、熟铁、电镀、铆锅等车间。由于周学熙量才用人，治厂有方，仅一年多时间，铁厂就生产出锅炉、汽机、汽剪、汽碾、车床、刨床、钻床、铣床、起重机、织布机、抽水机、石印机、铅印机、压力机、火柴机、榨油机、磨面机、轧棉机、消防水龙、喷水车等。该厂所造各种机器支援了各州县兴工办厂的需要。例如该厂生产的铁轮织布机被高阳发展工艺的士绅购去，又派青年去总局实习厂学习织布技术，然后在高阳地区兴起了“织布热”。周学熙的孙女周叔帧曾著文指出：“高阳土布之发展，盖当时由工艺局行文各县，提倡手工艺，经高阳李氏派人来实习机织，并由劝业铁厂供给织机，返乡之后，逐年推广，遂造成河北高阳县土布之巨大工业。”⑪

我国近代棉纺织工业虽然在19世纪末和20世纪初有了较大的发展，但多在江浙一带，北方的纺织工业远远落后于南方各省。在1900年前，全国26家纱厂中竟没有一家设在直隶省内，因此外省和外国棉纺织品大量涌进直隶市场，而使直隶土布“赔累不支”。周学熙鉴于此，决意发展棉织业，他首先利用手中的权力，对于直隶土布免税，以广开销路，随后又着手创办新华纺织公司，广集商股，订购机器，培训技术工人，先后在唐山、天津等处设立纱厂。该公司所产棉布精良，广受消费者欢迎，利润倍增。为了解决纱厂的原料供给，周还创办了实验棉田，引进美国优良棉种，改良本地品种，并且草拟“长芦棉垦计划”，想仿效张謇在江苏发展棉花种植的经验，开垦直隶沿海土地广种棉花。1920年他建议将长芦盐地400万庙改种棉花，但因遭到种种阻力而终未实现。尽管如此，他的“铁棉救国”方略还是有其一定成绩的，这是一个不可忽视的历史事实。

周学熙大兴工艺发展直隶近代经济的另一重要贡献，则是在他有计划地帮助和鼓励投资者创办中小企业的同时，还集中资金创办了滦州煤矿、启新水泥厂和耀华玻璃厂等大型骨干企业，为以后的河北工商业的继续发展打下了一定的基础。

周学熙创办滦州煤矿是为了抵制英商开平煤矿。开平煤矿是1877年直隶总督兼北洋大臣李鸿章允准唐廷枢集商股120万两设立的，因矿床丰富，经营颇有成效。1892年唐病故，由官僚张翼继任督办。张为了扩大生产，允许英国人投资该矿。1898年周学熙进该矿任会办，第二年升为总办。1900年6月帝国主义八国联军侵略我国，天津、北京相继失陷，时张翼与英国墨林公司代理人、该矿工程师美国人胡华以英国人已向该矿投资为借口，将该矿作为英国企业名义注册，暂归英国势力保护。周学熙认为此项办法“甚为不妥，拒不付签，因而辞职”⑫。袁世凯升任直隶总督后，在爱国绅士支持下，表示收回开平矿权，指示周学熙与英国墨林公司交涉。后因英国政府偏袒墨林公司，照会清政府，阻止华人收回开平矿权，致使收回开平矿权运动失败。于是，周学熙于1906年集资300万两在开平矿附近另立滦州矿，借以抵制开平矿，以达到“以滦收开”的目的。与此同时，周学熙用直隶官银号巨款为垫款又创办了“启新洋灰公司”。周学熙聘任德国人昆德为工程师，生产步骤按科学规程操作。当时国内建设对水泥需要量大增，启新公司为了打开销路，千方百计提高产品质量。起初产品商标为“太极图”，后改为“马牌”。由于厂方重视信誉，产品除畅销国内，还出口东南亚各国。

周学熙开办滦州煤矿和启新水泥厂获利后，又于1922年与拥有佛克玻璃制造法专利权的比利时商人合办了耀华玻璃厂。由于新法生产，品质优良，短时间获得高额利润。除股份分红外，周曾用部分款项或资助一些无力兴办的企业，或给农村以低息贷款。可见，周学熙经办滦州煤矿等骨干企业为发展近代河北城乡经济显示了力量。

注：

①、③、⑤、⑪：周叔帧：《周止庵先生别传》。

②、⑫：胡光麃：《波逐六十年》。

④：周学熙：《东游日记·跋文》。

⑥：《北洋公牍类纂》卷十八。

⑦：《北洋公牍类纂》卷十六。

⑧：《直隶工艺志初编》志表类卷上。

⑨：《直隶工艺志初编》丛录类卷下。

⑩：《直隶工艺志初编》志表类卷下。

原载：《河北学刊》1988年第1期

李石曾与留法勤工俭学运动

留法勤工俭学运动是中国近代史上的一个重大历史事件，是“五四”运动的重要组成部分。它使一批见闻闭塞、有志报国的中国青年学生走出国门，赴法留学，进而开阔了眼界，增长了见识，提高了认识社会和改造社会的能力，遂致许多热血青年走上了革命道路。然而，长时期以来，史学界对留法勤工俭学运动史的研究是很不够的，甚至有不少文章对这一运动的主要发起人和实际组织者李石曾也不能实事求是地论述。笔者为了客观地评价李石曾在留法勤工俭学运动中的地位和作用，特撰拙文，以就教于史学界诸同志。

李石曾是留法勤工俭学运动最早、也是主要的发起人

留法勤工俭学运动起源于辛亥革命前后兴起的留法俭学和旅法华工教育活动，这一系列的活动是与著名的革命民主主义、无政府主义者李石曾密不可分的。

李石曾，名煜瀛，字石曾，人皆以其字称之，河北省高阳县人。出身于官宦之家，其父李鸿藻为清王朝军机大臣，协办大学士，因此少年时代的李石曾就被清廷赏荐为户部郎中、道尹、盐运史等官衔。其幼年时从齐禊亭学习经史子集。齐先生是一位思想进步的学者，他不鼓励李石曾作八股与试帖诗，而是向他传播某些民主思想及自然科学方面的知识，使李石曾从幼年起就憎恶黑暗的封建专制统治。1902 年李石曾随驻法国公使孙宝琦赴法留学，学习蒙达尼农业实用学校专攻农业科学，继之进巴斯德学院研究生物化学。就学期间，他鉴于巴黎牛奶供不应求，便开始研究中国大豆的营养成分与功能，发现大豆的营养价值无论是蛋白质还是脂肪含量都

优于牛奶，于是决定把中国的豆腐制品介绍到法国去，从而萌发了在法国巴黎建立中国豆腐公司的想法。

李石曾为了在巴黎创办中国豆腐公司，便于1908年回国在高阳县布里村举办豆腐技术训练班，培训制作豆腐制品的技术工人。未几，便将自愿赴法的十余人带往法国。1909年中国豆腐公司生产出了中国豆腐和几种豆制品，受到了巴黎各界人民的欢迎，并获得巴黎万国食品博览会荣誉奖。该年6月孙中山至巴黎参观豆腐公司，极为赞赏，并著文写道："吾友李石曾留学法国……以研究农业而注意大豆，以兴开'美国乳会'而主张豆食代肉食，远行化学诸家之理，近应素食卫生之需，此巴黎豆腐公司之所由起也。"[①]李石曾在法国创办中国豆腐公司之举既是中国豆腐制品技术传往国外的开端，同时也是他倡导留法勤工俭学运动的缘起。

中国豆腐制品在巴黎获奖后，李石曾信心倍增，决心再展宏图。当他计划扩大公司规模时，深感从家乡招来的三批42名青年工人的文化基础很差，不利企业发展。为了适应公司扩建的需要，他决定提高工人的文化素质。他采取业余教育的措施，提倡"以工兼学"，即要求工人每晚学习两个小时的文化课，为此，设立了法文、国文、数学、化学、卫生、修身等课程。李石曾对工人要求很严，除学习外，还规定不许吸烟、饮酒及赌博。工人经过业余教育，收到良好效果，在工人中形成了一种"尚俭乐学之风"。

李石曾通过自己初到法国时的"苦学生活"和豆腐公司工人们勤俭求学的实践，逐渐认识到这是一种使国内青年以较低费用来法国留学的好方法。为了进一步达到"以工兼学"的目的，李石曾鼓励工人中有志于求学者"以勤工之积蓄，为求学之资本"，实行"日间做工，夜晚学习，亦可从事数年工作后，在经济上有了积蓄，而后脱离工作，进入专门学校，专门从事学习"。这一倡导深得华工欢迎。"烟酒赌博之风，为之绝无。"[②]在实践中，李石曾又将"以工兼学"的方法发展为"勤以作工，俭以求学"。其时蔡元培抵达巴黎，对李石曾勤工俭学的创举十分赞扬，在他为李石曾撰写的《勤工俭学传》的序言中指出："昔者李石曾君之创设豆腐公司于巴黎也，设为以工兼学之制。试之有效，乃提倡俭学会。……由于勤于工作，而俭以求学之主义，益确实而昭彰矣。"[③]

1911年李石曾回国参加辛亥革命。革命后他看到封建势力的猖獗和民智的低下，感到要改造这种状况就得提高青年一代的文化素养，就得学习西方先进国家的文化和科学技术。于是他提出了“改良社会，首重教育，欲输世界文明于国内，必以留学泰西为要图”。[④]李石曾把法国看作是世界上最先进的国家，首先提出赴法勤工俭学的倡议，先后联络吴稚晖、张继、张静江、褚民谊、齐笠山等人，于民国元年在北京成立了“留法俭学会”，从而发起了留法俭学运动。当时担任教育部总长的蔡元培给予了大力支持。李石曾等人在北京开设了“留法预备学校”，招收青年学生数十名，补习法文和工艺课程，半年毕业后，第一期于1912年末赴法，实行俭学运动。

赴法俭学生在法国得到了满意结果，更加鼓舞李石曾将留法俭学运动推向前进。第一次世界大战期间，法国男子参军参战，一时使法国劳动力十分缺乏，法国政府为了弥补劳动力的不足，便派员到中国招工，致使数万名华工陆续低达法国。李石曾为开展俭学运动和华工教育再次来到法国，除组织“华工俭学会”和“华工补习学校”外，又与法国教育界人士于1916年成立了“华法教育会”，中方由蔡元培任会长，李石曾任书记，吴玉章任会计。从此李石曾不畏艰难，奔走于巴黎北京之间，成为留法勤工俭学运动有力的推动者和实际的组织者。

李石曾是留法勤工俭学运动的实际组织者

为了更加广泛地掀起留法勤工俭学运动，李石曾首先利用报纸杂志进行宣传和介绍。1917年3月7日在上海《中华新报》上发表了《留法俭学会缘起及会约》，4月18日又发表了《移民意见书》，5月19日再发表《与实社社员之谈话》，极力鼓吹、大力宣传留法勤工俭学的意义和途径。与此同时，他又倡导和呼吁在全国各地相继成立“华法教育会分会”，以此作为各省区组织留法勤工俭学运动的主管机构。随后又在各地筹建留法工艺补习学校，并首先在其故乡创办此类学校。1917年6月李石曾来到保定接洽开设留法勤工俭学补习学校事宜，他在保定育德中学师生大会上作了《留法勤工俭学之利益及可能》的报告，全校师生大为震动，不少师生报名要求出国深造。几天后李石曾回到故乡高阳，与挚友段子钧等人在布里村创立“留法预备学校”，9月25日呈报教育部备案。呈文指出：“窃维我国今日实业教育实为当务之急，而所重者又不仅在厚资大业之经营，其小农小工之职业教育与普通社会尤有密切之关系，近来赴海外之侨工日多一日，若能先与相当之教育，始渡重洋，俟其返国，所益于国民生计智识者必多。职此诸故，前与同志在法国组织勤工俭学会，近将于中国各省组织该会预备学校，以为以工求学之预备。”此后在保定、北京、天津、长辛店、上海、重庆等地设立留法预备学校20余所。每所预备学校的创立都离不开李石曾的筹划与捐资，还以卖彩票和组织义演等方式向社会募集资金。布里预备学校就是李石曾请梅兰芳、韩世昌、姜妙香和侯益隆四大名角在京义演筹集款项办成的。学校成立后，从招生、聘用教师到课程设置都是李石曾根据留法勤工俭学的实际情况确定下来的。为了保证学生的质量，他在招生简章中规定学生的资格是：“身体强壮，素有职业，尚未成婚，向无烟酒赌博放荡之嗜好，粗通国文，得有切实保证者，均可报名入校。”⑤课程的设置以法文、图画及工艺实习为主科，附以中文及普通知识。李石曾特邀早年在“巴黎豆腐公司”工作的段应华、齐连登和张秀波等人任工艺和法文教员。从1917年至1920年，高阳布里预备学校共办三期，大约100余人，其他20余所预备学校也大致如此。由于李石曾的精心组织，在短时期内培养了千余人的赴法勤工俭学生，为大规模的留法勤工俭学运动准备了必要的生员条件。他在总结这一运动时指出：“留法勤工俭学，在战争以前，余及同志数人，即提倡之。嗣因欧战，海道中阻，曾稍停顿。但余回京后，即竭力进行，在京内外，设预备班数处，一面练习法文，一面学习工作。停战以后，此项同学，即陆续来法。实行勤工俭学之计划。”⑥

李石曾十分关心和具体帮助青年学生解决赴法勤工俭学的困难问题。这里，提一下他为湖南准备赴法的勤工俭学生解决困难之事。湖南最早响应留法勤工俭学运动的罗承鼎，当他听到赴法勤工俭学的宣传后，很快组织湖南青年投入了这一运动。遇到湖南军政当局的拒绝后，便偕同戴勋等人赴北京。首先会见主办留法勤工俭学运动的李石曾，诉说了湖南军阀统治的现状。李石曾深表同情与支持，立即帮助解决了住处和伙食，并安排他们暂进北京大学法文班听课。罗承鼎等人在京数月“客囊久空”，“李先生必尝以数十元济之”⑦。不仅如此，他还为湖南青年赴法奔走联络，待取得熊希龄、章行严等人的同情与支持后，又与侨工局切磋，经过努力才好不容易借得一笔款，专供湖南青年赴法之用。1918年6月蔡和森为湖南青年赴法事宜来京，也是首先找李石曾接洽的，可见他在留法勤工俭学运动中的地位和影响。李石曾安排湖南青年30余名先后进北京、长辛店、保定和布里留法预备学校补习法文和工艺课程。正因为李石曾对湖南青年学生的关怀，蔡和森等人才对李怀有真挚的情谊，在他们的通信中经常提到他的名字，充满了感激之情。他们称李石曾为留法勤工俭学运动的“中坚”[8]。湖南之所以成为留法勤工俭学运动最活跃、赴法人数最多的省份之一，是与李石曾的支持与关怀分不开的。

1919 年夏秋之季，留法勤工俭学运动蓬勃开展的时候，李石曾信心百倍地说：“勤工俭学现在已由提倡时代入于实行时代。今以数月之经验，已敢言完全不成问题。余深愿国中志趣坚定之青年，来此一试此绝好之读书方法也。”[9]李石曾见国内各地的留法勤工俭学运动的道路已经开通，他又来到巴黎具体部署和迎接大批勤工俭学生赴法。青年学生赴法后由李石曾和他主持的“华法教育会”接待安排，精心照料。当时分为暂时读书与立时觅工两种，“皆由李石曾接洽”。[10]

李石曾为了使青年学生早日赴法并以低价购买船票，首先与法国海部官员交涉中国青年赴法船位。经多次交涉法国海部才答应特备一船专由上海至法国马赛运送留法青年学生，仅收船价的三分之二。这样一来更方便了赴法青年学生，并减轻了经济负担。从 1919 年 7 月起，在 5 个月内就争取了 500 个便宜的船位。青年学生抵达法国马赛后，多由李石曾亲自或派专人迎接，随后按照每个人的具体情况，即法语、技能程度和所带经费多少或送入工厂作工或送进学校补习法文。李石曾利用他在法国的声望和关系与法国企业主和学校当局磋商留法青年入厂或入校学习事宜。“法国有些工厂，李石曾同他们很熟，写信介绍些学生加入，谓这是学生，不能作苦重工，工厂碍着面子，当然收下，安在机器房工作。”[11]李石曾还请法国劳动会介绍所为学生介绍工厂。“李石曾先生对于法国的工党很联络；同学到各工厂虽难受人欢迎，对于找工作的事生许多阻碍，然李先生尽力为之，总还不至十分吃力。”[12]学生入工厂工作，“皆系学习性质，此种办法，照理应当付钱与厂中，而今日反受厂中之补助费，……纯系侥幸，且靠李石老之面子，方能如此。”[13]

李石曾除利用社会关系托朋友为学生找工作外，还不辞辛苦亲自去各地工厂为其找工作，“昼夜不遑”。例如：“他到蒙达时，遇一法友业照像者，即便问之，可带徒弟否？彼允带徒一名，于是有人可往学照像矣，顷又遇一法友业缝纫者，问可带徒弟否？彼亦允带徒弟一名，于是有人可以学缝纫矣。诸如此类，有隙便入。”[14]就是这样，为学生找工作“日日奔走经营，设法位置。”[15]李石曾对没有技术难觅工作的学生，便与法国职业教育社所办的艺能专习所交涉，“欲送学生前去学习，六月后，再另觅工厂作工。”[16]对于既没技术又不懂法语者，乃先设法令其补习几个月法语，再设法使其学一种技艺，分别送他们到蒙达尼、米兰等地中学补习法文或学习工艺。他甚至关心学生在假期无工可做，便与所在学校联系“请其于暑假内继续开班”[17]。还为居住在巴黎的那些法文不好又无技能的同学，“于每个工厂中派一个老华人（多为豆腐公司的工人）作翻译，以便督促其学习法文。”[18]

另外，李石曾还十分关心中国女子赴法勤工俭学的问题，曾发函与北京彭志云先生计划女子来法作工，亦希接洽照料[19]。为了解决女子赴法勤工俭学问题，他曾计划在巴黎设立一家刺绣工厂，招募中国女子去作工，并可以求学。

综上所述，可见李石曾对赴法勤工俭学生的精心照料，可谓关心备至，“几乎忙个要死”。正因为如此，留法勤工俭学生说：“假使没有李石曾先生在此经营，而无技艺又不通法文者必不能觅得任何工作。是其所以能容纳吾国作工的学生，非是利用华工之鄙贱，实由于李石曾先生及华法教育会之力也。”[20]他们异口同声地说：“为我们办事的只有李先生一人。”[21]留法勤工俭学生们评价李石曾：“其为人宁静淡泊，遇事不忙，有诸葛之风。且事无大小，必自经手。……终日无一刻闲暇，少谈空论，而专主实行。此其所以为今日数百旅欧学生及将来数千万旅欧学生之泰山也。”[22]他们赞扬李石曾是“专欲使工读理想成诸事实，正辟留学途径，造福贫寒子弟，无丝毫作用存乎其间，心地光明开大，甚可钦佩。”“我们不能不佩服，不能不称颂李氏为实际的伟人。”[23]周恩来、徐特立、蔡畅等人也承认李石曾是领导留法勤工俭学运动的领袖，是他们“信仰最深的人”[24]。

毋庸置疑，倡导和组织留法勤工俭学运动的蔡元培、吴玉章、吴稚晖、张静江、张继、汪精卫等人也做出过贡献，但是要以翔实的史料为依据来评价他们中间每个人在留法勤工俭学运动中的地位和作用，就不能不承认李石曾是居于首位的，起主导作用的，而蔡元培等人则次之。正如肖子障在《遣回勤工俭学生之真相》一文中指出的那样，“蔡于在法各种运动，除作文及以资望为各名誉的职员外，实际事务，盖纯由李石曾氏为之尽力，蔡何曾过问？”[25]蔡元培在多次讲话和著文中也都是肯定李石曾为留法勤工俭学运动的倡导者和组织者的，就是吴稚晖也称“法国勤工俭学系石曾先生发起的。”[26]华法教育会临时干事会的报告中亦称李石曾在留法勤工俭学运动中“进行甚力”，华法教育会法方会长欧乐说：“那勤工俭学生事，完全是李石曾先生管的，与我无关。”[27]熟悉留法勤工俭学运动的李璜是这样评说几位与此运动有关的先生们的，他说：“谈到留法勤工俭学，则必联想到李石曾、汪精卫、蔡元培、吴稚晖四人，其实汪精卫仅署名提出，蔡元培未参加工作，始终其事者只有吴稚晖、李石曾两先生。”[28]这样评价应该说是客观的。我们说只有李石曾是整个留法勤工俭学运动的实际组织者，发挥了杰出的领导作用，这是历史的事实。

李石曾之所以在整个留法勤工俭学运动中都能以坚强的毅力克服种种困难，推动勤工俭学事业健康发展，是因为他把此事业视为生命，休戚与共。他曾经说：“我是不从事政治生涯的，政治上无论如何腐败，我可忍下。若有人破坏我留学事业，反对我教育运动，充其量我可以牺牲一己之性命以办事”[29]。留法勤工俭学事业在李石曾的一生中占有重要地位，“几占他全部中之三分之一或占一半，也不为之夸张。”[30]

李石曾是拯救留法勤工俭学运动困境的第一人

第一次世界大战结束后不久，整个欧洲陷于经济萧条的局面，法国也不例外，甚至较其他国家更为严重。经济萧条，使工厂开工不足，这样一来，不仅使新抵达法国的勤工俭学生觅工无门，而且就是先前已进厂的勤工俭学生也不断遭到工厂主的解雇，遂使三分之一以上的留法勤工俭学生的生活来源趋于断绝，给留法勤工俭学运动带来了困难。

诚然，造成留法勤工俭学运动困难的原因是多方面的，但与李石曾的失误也有一定关系。首先是他对大批中国青年学生赴法及法国社会是否能容纳这部分劳动力缺少调查与研究。运动初期，法国社会缺乏劳动力，他利用此时机使上千名勤工俭学生赴法，一时弥补了法国社会劳动力的不足，随后一批一批的中国青年学生抵法。但随着欧战的结束和法国士兵的复员回到工厂，以及法国经济的萧条，致使留法勤工俭学生觅工遇到困难。面对这种状况，他本可以做出减少或暂时停送留法勤工俭学生的决定，但是已被留法勤工俭学运动蓬勃开展的情况冲昏了头脑，他不仅没有做出相应的决定，相反地继续鼓吹青年学生赴法。1920 年 2 月末，在广州举行的一次茶话会上李石曾竟说：“到法国留学的一日多于一日。……民国元年去了一百余人，最近一年内又去了八百余人，以后去的仍是源源不绝。吴稚晖先生常说要有两万人到法国留学方好。乍听此数似乎很大，实在也是可以做得到的。”[31]结果在李石曾等人的鼓动下又有800余人赴法。显而易见，这样做的结果，已大大超过了法国社会的客观承受程度，给留法勤工俭学运动带来了困难和挫折。

其次，乃是缺少严密的组织性和计划性。正如他的前任书记继伦女士所说：“李先生是个好人，可惜做事有头无尾。”[32]诚然，留法勤工俭学运动初期，有计划的在各地设立补习学校，培养赴法勤工俭学生，为留法勤工俭学运动的健康发展做了必要的准备，这是非常难能可贵的。但运动高潮到来，要求赴法的青年学生倍增，在赴法人群中除中学生外，还有商人、店员，甚至还有年龄尚小、身单力薄的小学生，使赴法勤工俭学生的成份大为复杂化。李石曾面对运动高潮到来没有得力措施，尽管后来三令五申要国内华法教育会对赴法勤工俭学生“慎重选取”，为此他还规定了五个条件：身体强壮；志愿坚定；初通法语；粗通技艺；能预备数月旅费[33]。然而这已为时晚矣，而且也未能认真执行。

第三，是用人不妥。1920年春，李石曾回国后，在法国管理留法勤工俭学生的工作，由在“华法教育会”工作的人承担，这些人多为李的同乡或亲友。他们办事无能力，甚至利用职务之便贪污国内捐款或学生存款，致使勤工俭学生与他们公开对立。正当此时蔡元培抵达法国，他偏听偏信华法教育会职员之言，主观决定，宣布与勤工俭学生“脱离经济关系”，[34]从而使留法勤工俭学生与华法教育会关系破裂，使留法勤工俭学运动更陷于困境。

可喜的是，李石曾面临困境没有回避，也没有推卸责任，而是不顾病体，勇敢地站出来去拯救。为此他付出了最大的努力。首先，他积极与中法两国政界有关人士协商，利用法国退回的庚子赔款的一部分，在法国建立一所大学，以解决滞留在法国的勤工俭学生的入学问题。“在里昂设立中法大学，即李石曾先生欲借此解决勤工俭学问题。谁知吴稚晖接手办理，乃大变其方针，竭其智能以排斥勤工俭学生”[35]，并伙同驻法公使陈箓勾结法国警方将进入中法里昂大学的100余名勤工俭学生驱逐回国。尽管李石曾帮助剩下来的找到部分工作，又介绍一部分到比利时和瑞士进入农、工、商实业学校，但此时他已无力解决全部勤工俭学生的入厂和入校问题了。然后，他将身无分文、食宿困难的勤工俭学生安置在“华侨协社”和“豆腐公司”等处，每天发给每人五法郎救济费。之后他迅速回国奔走于上海、北京、广州、重庆各地游说各省军政要员和大商人、大富豪出资援助在法的勤工俭学生渡过难关。他将一笔一笔的救济金汇往法国,以解燃眉之急。为了解决被法国驱逐回国学生继续学习的问题,李石曾又多方募捐,在上海和北京创办学校,“在李先生之意总期于此能得根本解决”。然而,他的努力已是杯水车薪,无法解决整个运动的困境。尽管如此,从他当时的所作所为来看,不愧是惟一尽其全力拯救留法勤工俭学运动的人。

尽管李石曾在倡导和组织留法勤工俭学运动中存在着不足,甚至错误,但“石曾先生处在那个年头与环境,已算最有组织与计划的了。如在各地设预备学校预习法文,以及纳费若干,入什么程度的学校,以及接送、照料生活等等繁琐事务工作,可以说已尽到一个提倡者的责任,并有超人的耐心与爱心。”所以李石曾被时人誉为开“中国青年学生大规模出洋之先河”。

注:

①、㉘、㉚:《一代振奇人——李石曾传》,第44、108、159、133页。

②、④、⑦、⑫、⑮、⑯、⑰、⑱、㉑、㉖、㉛:《留法勤工俭学运动》,第51、11、137、407、406、246、244、386、384、301、159、326页。

③:《旅欢教育运动》,第73页。

⑤:《教育公报》1917年10月20日。

⑥:《河北文史资料选辑》,第28期第10页。

⑧:《新民学会会员通信集》,第1集。

⑨、⑪、㉓、㉝、㉟:《时事新报》1919年10月15日,12月29日,1922年2月12日,1920年2月13日,1923年8月29日。

⑩、⑬、㉒:《赴法勤工俭学运动史料》第2卷,第164、173、181、710页。

⑭、㉙:《留法俭学报告书》。

⑲:《湘江评论》第4号1919年8月4日《法国通讯》。

⑳:《工读》第 6 期 1920 年 3 月《法国通讯》。

㉔、㉕、㉞:《赴法勤工俭学运动史料》第 1 卷，第 52、130、131 页。

㉗、㉜:《赴法勤工俭学运动史料》第 3 卷，第 484、485 页。

原载：《近代史研究》1992 年第 4 期

张绍曾与西盟会议

张绍曾是中国近代史上重要的人物，是具有广泛影响的爱国将领和民主革命家。他青年时代立志救国，率先响应孙中山先生领导的辛亥革命，为加速清王朝的灭亡，做出了贡献。在以后的各个历史时期，他在爱国主义的驱使下反对分裂，维护统一，反对复辟，主张共和，反对军阀混战，倡导和平统一等一系列运动中起了促进作用，他是一致向前看、向前迈进的人物。尤其是 1912 年 10 月他任绥远将军期间，利用群人智慧，以平等对待蒙古王公，成功地召开了著名的“西盟会议”，从而维护了国家的统一，促进了民族的团结，在民族的发展历史上占有重要的一页。

▲张绍曾

近年来，不多见这方面的文章，本文仅就张绍曾主开西盟会议的来龙去脉及有关问题提出一些浅薄的看法。文内不妥之处，期望得到同志们的指正。

一

张绍曾（1879—1928），直隶（今河北省）大城县人。1888 年随父在天津附馆读书，1895 年秋考入北洋武备学堂，刻苦学习，学业优异，1898 年被官费保送至日本士官学校深造，在该校学习炮兵科；1902 年与吴禄贞、蓝天蔚致电清廷，提出返国组织义勇军对俄军作战，结果为清廷所拒绝。同年毕业回国，被任保定北洋陆军速成学堂教官，后调北洋陆军第二镇任教官，正参谋官。1903 年升任第五镇炮标统带官（相当于炮兵团长），1906 年升任北洋督练公所教练处总办，1909 年升任陆军贵胄学堂监督，后改任陆军部一等咨议官，1910 年随载涛出国考察英美军事，1911 年 2 月继陈宧任北洋军第二十镇统制（相当于师长）驻沈阳，3 月赏给“陆军副都统衔”。

张绍曾出身贫寒，从小就立志救民救国。在日本留学时“受到孙中山等革命党人的影响，具有一定的革命思想和主张”[①]，与士官同期同学吴禄贞，二期同学蓝天蔚，志趣相投，往来密切，故结成莫逆之交，被誉为“士官三杰”。1907 年春，同盟会创始人之一宋教仁，在奉天（今沈阳市）成立“同盟会辽东支部”张绍曾和挚友吴禄贞，蓝天蔚一起加入同盟会，并为“辽东支部负责人”，[②]从此张绍曾更加“服膺孙中山先生的三民主义”[③]，参加了东北地区革命党人的活动。

张绍曾担任第二十镇统制官后，给军中革命官兵以极大鼓舞，推动了革命组织的迅速发展。他在一定程度上支持孙谏声、冯玉祥、王金铭、施从云等人“以读书为名,成立的“武学研究会”、“山东同乡会”等革命团体，以“传播革命思想，联系革命同志，密图举事”[④]。张绍曾本人也在静观形势，待机行动。旧历七月初，他曾向同盟会驻沈阳代表王葆真表示：“同情革命，将来有机会时一定有所表现。”[⑤]

1911 年秋，清政府决定在直隶永平府（今卢龙）举行第三次秋操，张绍曾的第二十镇，吴禄贞的第六镇和蓝天蔚的第二混成协都被列入东路军参加秋操。“士官三杰”企盼着把这次京畿秋操变成操地起义，直捣北京清廷巢穴，于是他们“秘密议决”，乘秋操，新军实弹射击，先将禁卫军扫清，再整军入京，密约武汉同志举兵使清廷首尾难顾，一举灭之。[⑥]正当张绍曾率第二十镇参加秋操的混成协驻军滦州，秋操开始之时，武昌首义发难，清政府将参加秋操的各镇，先后组成第一、第二军开赴武汉前线镇压革命。张绍曾的第二十镇被编入第二军准备南开，在形势突变之时，张绍曾拒绝了清廷要他率军南下的命令，在滦州按兵不动，静待时机。不久，革命党人彭家珍押运军火从奉天运往武汉前线接济，事先电告张绍曾在滦州将军火扣留。有了枪支弹药，张绍曾便征求蓝天蔚意见，他们认为起义时机尚未成熟，于是他与驻奉天第二混成协统蓝天蔚，第三镇第五协统卢永祥联名用“兵谏”的形式于10月29日向清廷提出改革政治12条政纲，并要清廷立刻答复。清政府害怕第二十镇由滦州进逼北京，于是用开快车的方式要资政院立即起草宪法，并对张绍曾传谕嘉奖，不久又下罪己诏，用以敷衍张绍曾等新军将领。这便是辛亥革命时期轰动一时的“滦州兵谏”。

“滦州兵谏”虽然迫使清廷接受并颁布了立宪政纲，但它已为时过晚，失去了“戊戌变法”时期立宪政纲的作用。尽管如此，它在一定程度上阻止和削弱了清政府镇压武汉民军的力量，因此对清政府说来，是一个沉重的打击，对武昌起义是一个有力支援。

“滦州兵谏”没有提出从根本上推翻清廷的要求，可见张绍曾的革命勇气是不足的，在客观上使清廷和袁世凯钻了空子。事后，张绍曾也识破了清廷和袁世凯的骗局，所以当清廷任命袁世凯为内阁总理大臣的消息发表后，张绍曾立即给军咨府打电报指出：“临时政府必须由国会制定宪法选举产生，清廷敕任的内阁总理大臣不合宪法。”⑦矛头指向袁世凯。虽然他在接受吴禄贞等革命同志的劝告后，积极策划武装起义，但为时晚矣，时被袁世凯奏请清廷免去他的第二十镇统制官的职务，离开军队，回天津休养。未几，张绍曾以“长江宣抚使”的身份去上海推动南北议和。孙中山打电报召张到南京，计划任命张为陆军总长或广东都督，张则说：“我以在野之身，不为个人名利，奔走和平，谋求国是，容易获得人家谅解，并且处处都好说话，如果有了职位，就受到局势限制，不大好办事了，报国之日方长，做什么事都是效命国家，不在有无官位。”⑧孙中山先生敬重张绍曾“志趣高尚”，也就不勉强任他的职了。不久张绍曾回到天津，当年当选为进步党直隶支部长，4月任总统府咨议官，9月授陆军中将，10月被任命为绥远将军，加陆军上将衔。

二

武昌起义，各地响应的时期，沙俄政府认为“中华帝国的解体”时机已到。于是唆使外蒙叛国集团，搞所谓“独立”活动。12月5日，驱逐了清朝驻库伦（今蒙古人民共和国乌兰巴托）办事大臣三多及全体官兵出境，16日成立“大蒙古国”，哲布尊丹巴活佛为“皇帝”，改元“光戴”，拼凑了有内蒙古王公参加的“内阁”。随后又驱逐了驻乌里雅苏台将军奎芳。外蒙“独立”，激起了全国各族人民的反对。孙中山首先发电，劝告外蒙活佛取消“独立”。1912年4月北京政府发表声明：“凡蒙藏回疆各地方为中华民国领土”，“蒙藏回疆各民族同为中华民国国民”。库伦叛国集团在沙俄支持下，不仅拒绝了这些劝告，而且向内蒙各盟旗发出《劝降文告》和《优待条件》等反动文件，并派出骑兵闯进内蒙古向各盟旗施加压力，妄图“将全蒙一齐联合起来”，共同脱离中国。[⑨]首先响应库伦“独立”的是哲盟科右前旗反动扎萨克乌泰，他接受外蒙劝降后立即向俄借款50000两，募集兵丁5000之多，又向库伦递交了《蒙旗情欲投降蒙古国》奏折，要求援助。库伦当即嘉赏乌泰亲王爵，沙俄援助步枪5000支[⑩]。乌泰在沙俄援助下，利用札萨克权力和喇嘛教的势力，大肆挑拨民族关系，胁迫群众参加叛乱，一时间全旗“老弱及不愿应募者，号哭于道，纷纷迁避”，一片恐怖悲惨景象[⑪]。1912年8月20日乌泰勾结葛根庙活佛宣布“独立”，发表《东蒙古独立宣言》。同时宣布“独立”的还有扎赉特旗和科右后旗。昭乌达盟扎鲁特左、右翼两旗部分王公也先后发动叛乱。此外还有部分扎萨克王公和喇嘛活佛秘密投奔库伦，“如哲盟的科尔沁左翼前旗的扎萨克郡王棍楚克苏隆，科尔沁左翼后旗的公爵那孙阿尔比吉呼，克什克腾旗的台吉诺勒嘎尔扎布，卓盟喀拉沁右旗的管旗章京海山和土默持左旗的匪首巴布扎布、穆荣阿等。”[⑫]至此，蒙古脱离中华民国的危机已十分严重。

为了阻止和平息这场由沙俄直接导演的叛乱丑剧，民国政府在全国人民要求下，除对蒙古王公喇嘛颁布了一些安抚和争取的法令外，于10月初任命张绍曾为绥远将军，前去那里平叛和处理错综复杂的民族问题，并要他稳住西二盟之局势。

当时的内蒙分为6盟：哲里木、桌索图、昭乌达、锡林郭勒盟为东四盟，简称东盟；乌兰察布、伊克昭盟为西二盟，简称西盟。西盟共13旗，人少地广，南北500里，东西1300里，是“秦晋、直陇、伊新以及察哈尔一带之屏障也，‘是故乌伊两盟而安也则秦晋直陇伊新及察哈尔等处亦随之而安’乌伊两盟苟有与库伦结合之事，则秦晋直陇伊新及察哈尔诸地扰攘无宁日，而中原之大局将亦因而牵动矣！此地理上所必至之势者也，然则乌伊两盟之关系不亦重且大呼。”[⑬]“况且库伦称‘独立’以来，文檄乌伊两盟，希图煽惑者二次。”[⑭]他们打着“同族同教”的旗号，妄图联合各盟“自立为国”。并指使西盟王公训练兵丁“拱卫活佛，维持黄教……固守地面”。[⑮]

辛亥革命推翻了清朝君主专制制度，建立了民主共和国，对这一重大事变，因民族、阶级、阶层之间的利害不同而看法亦有不同，在蒙族中的一些当权人物中，他们对孙中山先生革命口号中的“驱除鞑虏”一句的反感很强烈，他们虽然也明白这一口号的矛头是指向清朝统治者，但“鞑虏”二字有牵连到蒙古的意味，因此，他们对辛亥革命表现了极其冷淡甚至抵触的态度。中华民国建立后，西二盟的蒙古王公们认为自己已受清廷厚恩，子孙享受着“世袭罔替”的爵禄，清廷被推翻后，怕本身的富贵爵禄也随之取消，因此，反对民国的倾向日趋发展，随时都可能发生叛乱。尤其是库伦“独立”后，影响已波及内蒙。张绍曾到达绥远后，便被许多蒙古兵包围起来，张指挥第二十镇第八十标打退蒙兵后，乘此兵威安抚败退的王公。随后，于 29 日照会乌伊两盟各旗王公到绥远城“共同筹议一切解决办法”。

张绍曾召开西蒙会议的用意在于：一、“断绝库伦之羽翼。”当时情势已十分清楚，外蒙叛乱集团在沙俄的大力支援下，接连不断“招降”内蒙各盟旗王公，两盟形势已岌岌可危，如果放手旁观，势必西盟会迅速变成库伦继续南犯的桥头堡，因此，张绍曾果断决策断绝西盟与库伦的关系，“欲断库伦之羽翼，非联络乌伊两盟不可；欲联络乌伊两盟，非召集两盟重要人员公同会议不可”。[16]二、宣传共和之真旨。两盟地处西北，很少了解甚至误会辛亥革命和共和的真正含义，外蒙叛国集团正是利用这一点极尽挑拨和拉拢之能事，妄图达到“自立为国”的目的。张绍曾高瞻远瞩，决定召集会议宣传共和的真正含义，“欲蒙人晓然于共和之真旨，有利而无害，就顺而去逆，又非集其通达政体之人员于一处耳，提而面命之，决不能去其疑虑。”[17]可见张绍曾召开西盟会议的理由是十分充足的。然而这一举动却遭到了乌盟上层的反对，张绍曾并不灰心丧气，11 月 5 日电告民国政府，21 日便以大总统命令的形式，派朱泮藻，率部前往四子部招抚和勒命乌盟盟长勒旺诺尔布到绥远城开会。勒王抵绥，张绍曾隆重欢迎，并对勒王“晓以五族共和大义”。勒王慨然感悟，输诚悔罪说：“民国之待遇蒙人，较胜前清优加万万，五族共和，诚非虚语，本盟前此悖谬，皆由误会而生，望将军恕之。”[18]随后张绍曾以大总统命令，进封勒王为亲王，“以劝来者”，“勒王感谢之忱莫可言罄。”不久，伊盟盟长阿尔宾巴雅尔也来到绥远城参加会议。12 月 1 日勒王通告乌伊两盟各旗官员速来绥协商，他在通告中不仅说明他自己受到张将军的恩礼，了解了共和的真旨，而且还指出：“我蒙地接俄疆，俄人窥伺已久，辄欲假保护蒙古之名，以遂其并吞蒙古之愿，即以此次俄库协约条件而言，蒙民自由处更何堪设想。此皆库伦哲布尊丹巴活佛等蠢尔无知，甘受其愚之所致也。凡我蒙遗隐尤，本王有见于此，翻然醒悟，调悉共和政体之善，深望我蒙族诸公与我同心协力，赞助进行，……本王拟请张将军筹设良法，安我西盟，惟此事关重大，本王未便独断专行，拟请诸公刻日亲身来绥，共同商办一切为盼。”[19]从乌盟勒王 11 月 24 日到绥后，由于张绍曾诚心实意的邀请及乌伊两盟长的极力协助，陆续来绥者有：达尔罕旗的蕴栋旺楚克、茂明安旗的拉什包楞多尔济、乌拉特前旗的克什克德勒格尔、中旗的巴宝多尔济、后旗的拉什那木济勒多尔济、伊盟杭锦旗的阿尔宾巴雅尔、达拉特旗的逊博尔巴图、郡王旗的特古斯阿勒坦呼雅克图、扎萨克旗的沙克都尔扎布和鄂托克旗代表绷苏克巴拉珠尔绰册济尔噶勒，准噶尔旗代表那逊达赉。总之，除伊盟乌审旗扎萨克因居住不定未接文前来，其余 12 旗的扎萨克或代表都前来参加会议。

张绍曾为了开好这次会议，决定以“不刚、不柔、厥德、允休”为其宗旨，又以“破除专制旧习，做到五族平等和灌输共和思想”为其会议精神，可见张绍曾为召集西盟会议是费了一番心思的。起初他设想向到会的扎萨克和代表宣传“利蒙族，安国家”的思想，后又觉得过于空虚，于是组织吕均等人就西盟的政治、外交、军事、实业、教育等诸方面为蒙人“设身处地”进行筹划。吕均总司其事，最后形成“西盟王公会议条件大纲”。其内容是：实行赞助共和，不承认俄库协约，请民国派兵保护西盟要地，筹划蒙生计，振兴蒙人教育。1913 年 1 月 9 日开预备会，张绍曾说明会议精神后，将大纲交蔡汇东向会议作了说明。蔡汇东最后说：“张将军此次交议各条，有一不为蒙旗谋福利否？有一不为国家策治安否？望诸王公熟思而慎虑之。设有重要之事为此条所未列入者，诸王公增之可也；如此条所列而各蒙旗情势有不能办到者，诸王公减之可也。……前清办理蒙族事件不问蒙族之愿否，而惟以压力使之服从者，民国无此政体也。”各扎萨克和代表听后大悦，随后进行讨论。几天后讨论完毕，对纲要中的采矿、伐木和开垦提出异议，其理由“则以为有碍牧畜，坟茔召庙”。张绍曾等认为言之有理，表示接受，照王公意图修正。“各扎萨克乃大悦，自是张将军交议各条，遂于彼此谈话之间，全体同意矣。”[20]

1 月 23 日西盟会议正式开幕，各扎萨克一致钤印通过会议纲要。乌盟盟长勒亲王首先讲话，他说：“前者本盟各旗，不知共和国体究为何物，是以种种误会，因之而生，幸赖贵将军抚临兹地召集各旗会议，决定大纲五，子目十八，从兹以往，本盟当遵守勿渝，岂惟乌伊两盟之幸，抑亦民国安边永久之图也。”[21]接着，伊盟盟长阿亲王也登台演讲，他在谴责库伦叛国集团后肯定了西盟会议的召开。他指出“本盟各旗承将军召集来绥，招待之优，数百年来未曾一见。本王代表各旗谨谢将军厚意。今与乌盟议定关于西盟重要条件大纲五子目十八，谨呈将军……，从此西盟巩固日即大同，国家其无西顾之忧乎。”[22]

两盟长演讲完毕，张绍曾在热烈掌声中讲话。他首先表彰西盟诸王公“赞助民国，实出诚心”地通过了西蒙会议大纲。接着他讲了“种瓜得瓜，种豆得豆”的道理。他说：“天下祸福利害之事本属无常，亦在当事者之自种其内耳。其所种之因为祸为害，则其将来之所受也。祸耳害耳，决无福与利之可言。其所种之因为福为利，则其将之所受也。福耳利耳，亦决无祸与害之可言。”[23]最后他谴责了沙俄支持库伦叛国集团的种种罪行，指出他们是自取灭亡，别无他途。最后，潘礼彦先生还代表来宾讲话，进一步肯定了西盟会议的作用。

会议期间，乌伊两盟各扎萨克联名发出通电拒绝承认俄库协议，指出：“库伦仅外蒙一隅，本不足以代表全蒙，哲布尊丹还只系教主不能干预政权，乃敢背叛祖国，私与外人订约，殊属冒昧。本盟万无承认自取灭亡之理……佛俄协约实乃断送蒙命，本盟绝对否认。”[24]与此同时西盟又发出劝告库伦弃邪归正的电文：“……我蒙同系中华民族，自宜一体出力，维持民国……夫俄人之谋并吞我蒙者已非一日，现以我蒙古有与民国密切关系之故，或用甘言，或用厚利耸我分离，万一入其范围，种种实权尽归俄人掌握……。”[25]

西盟会议最后的一项是进爵和受勋仪式。乌伊两盟盟长分别由郡王进封为亲王，由贝勒进封为郡王并给予一等嘉禾章；其他扎萨克及其代表也都进封一级并给二等嘉禾章。会后张绍曾举行盛大宴会，隆重地招待了西盟盟长和各旗扎萨克及其代表，王公们十分感动，纷纷表示：“一定服从将军的命令，死心踏地地效忠民国。”[26]至此，西盟会议园满结束。

三

西盟会议是在沙俄支持库伦叛国集团疯狂入侵和大肆招降内蒙各盟旗，民族行将分裂的危难情况下召开的。由于张绍曾等人宣传五族共和，精心图治，以民族平等之精神，对待西盟王公以及一切为西盟着想的种种政策，在短时期转变了西盟官民对民国的看法，王公们顿开茅塞，大有“觉今是而昨非”之感，从而表达了维护民族团结效忠民国的决心和愿望。由此可见，西盟会议在民族团结史上占有光辉的地位。

尽管袁世凯时代的民族关系是统治阶级实行民族压迫与被压迫民族反抗这种民族压迫的关系，尽管西盟会议期间张绍曾在一定程度上执行了袁世凯收买西盟上层的策略，但是在当时历史条件下召开这次会议的积极意义是十分明显的。正如孙中山先生在打给贡桑诺布尔等蒙古王公的电报中所说“……俄人野心勃勃，乘机待发。蒙古情形尤为艰险，非群策群力，奚以图存……戮力一心，共图大计……”[27]

张绍曾在民族关系危急关头，及时召开西盟会议，揭露沙俄侵略行径，宣传五族共和思想；团结西盟官民，共同防御外蒙入侵并制定开发两盟的计划。这就是“群策群力，奚以图存”，这就是戮力一心，共图民族平等、民族团结大计。总而言之，西盟会议对库伦叛国集团是一个打击，对国家的统一和对西盟的开发是一个贡献，从此西盟人民更加珍惜民族团结和国家的统一。在张绍曾指挥晋东北三路军队同库伦军作战过程中，西盟人民进行了大力支持，有的送粮带路、参军参战做出了重大贡献。

张绍曾召开西盟会议，安抚西盟王公，宣传了五族共和，平息了库伦对内蒙古的骚扰，为维护国家统一和民族团结做出了贡献。他真心实意维护民族团结和国家的统一的思想和行动是与袁世凯欺骗和利用的权术大相径庭的。他渴望解决西盟问题，而袁世凯却是利用张绍曾，换取对西盟的欺骗，一旦达到目的，张的事业也就从此终结了。张是个老成持重的人，因此他能被袁利用，张任长江宣抚使是被袁利用，张任绥远将军也是袁的利用。如果张绍曾拒绝其利用，历史上也就没有西盟会议了。从这个历史侧面看，张绍曾倒是利用了袁世凯为国家做了一件大好事。这样讲也是符合历史辩证法的。

袁世凯任命张绍曾为绥远将军，但他始终对张绍曾是不放心的。为了监视他，曾派总统府中惟一的女顾问沈佩贞任绥远将军府高级参议。待等绥远局势稳定后，于 1914 年 4 月，袁疑张与国民党有关系，乘调整行政区划之机，将张绍曾调离绥远，授给张一个“树威将军”的徽号、月薪 1000 元，在北京将军府养了起来。然而张绍曾并没有心灰意冷，他鉴于复辟帝制与反复辟斗争形势的发展，便挺身而出，与蔡锷密议讨袁事宜。他给蔡出了不少谋略，并约定：“蔡到滇发难，张即与联络好的北方军人，共同响应。”[28]指使景耀月密电张作霖反对帝制，因其受监视未能做出响应。1916 年 10 月任陆军训练总监。

1917 年张勋在北洋军阀利用下在北京演出了复辟的丑剧。张绍曾十分气愤，极力支持冯玉祥在廊坊誓师讨伐张勋。

1921 年 9 月，他与张一麟承吴佩孚之意旨发起“庐山会议”。因主张脱离实际，终无所成。直奉战前联络各方人士极力调停，无济于事。1922 年 6 月任陕西省长，张未就职，同月忍辱负重，出任三届内阁陆军总长，并兼任“蒙疆善后委员会”会长。1923 年 1 月接任二十三届国务总理，兼陆军总长和政治善后委员会委员长，虚心接受孙中山先生的“先裁兵，后统一的兵工计划”，并与孙中山共同提出和平倡议。由于各派军阀不顾国家统一,一味扩充自己实力，直至曹锟贿选总统前。6 月，张绍曾宣布辞职，在天津闲居下来。

1924 年冯玉祥北京政变后，张绍曾劝冯玉祥说：“能请出中山先生来治理国家，是最可喜幸的事情”，“除了孙中山先生来做领导，中国前途是不会好的。”由于张绍曾支持冯玉祥，主张革命，为张作霖、孙传芳等军阀所怀恨，1928 年 3 月 23 日于天津采风班被刺客杀害。

张绍曾的一生是爱国的一生，他追随孙中山先生为民主革命做出了贡献。中华民国成立后，他维护统一，反对分裂，反对复辟，反对军阀混战，顺应时代潮流起了进步作用。但是在有的问题上，例如：“滦州兵谏”提出立宪 12 条政纲；对待军阀问题上，暴露了思想上的中庸、守旧和行动上的迟缓和优柔寡断，坐失革命良机。列宁指出：“在分析任何一个社会问题时，马克思主义理论的绝对要求，就是把问题提到一定的历史范围之内。”[29]对于历史人物的研究也是如此。张绍曾毕竟是一个资产阶级政治家，因而决定了他在革命中的动摇和不彻底性，尽管如此，他的历史功绩是应当充分肯定的。

注：

①、④：鹿钟麟：《滦州起义的前前后后》。

②：宁武：《东北辛亥革命简述》。

③、⑦、⑧、㉖：张绍程：《张绍曾事迹回忆》。

⑤：王葆真：《滦州起义及北方革命运动简述》。

⑥:《辛亥革命》(六),第 339 页。

⑨:《库伦条约之始末》,第 62 页。

⑩、⑪:《关于蒙王乌泰事项》。

⑫:博彦满都:《辛亥革命时期的内蒙古》。

⑬、⑭、⑮、⑯、⑰、⑱、⑲、⑳、㉑、㉒、㉓、㉔、㉕:《西盟会议始末记》。

㉗:《南京临时政府公报》第四号。

㉘:张绍程:《回忆张绍曾二三事》。

㉙:《列宁全集》,第十二卷第 401 页。

原载:《河北广播电视大学学报》总 84 期
被 2014 年第 3 期《高等学校文科学术文摘》摘发

朱启钤开发避暑胜地北戴河

避暑胜地北戴河，风光旖旎，景色秀丽，建筑优美，园林吐翠，曾使多少游客如饮醇酒，流连忘返。也使未曾一游的人们衷心仰慕，渴望观光。胜地确迷人，当知创业者。朱启钤先生为了同外国资本主义侵略势力进行竞争，曾经披肝沥胆地对北戴河避暑地进行开发、绿化。他绞尽脑汁，甘洒汗水，亲手建设，在北戴河建设史上留下了值得后人忆念的贡献。

朱启钤在中国近现代史上是个复杂人物，做过清朝的官，又是民国政坛的风云人物。退出政坛后，转而从事经济、文化活动。新中国建立后，他寓居北京，备受党和国家的关照，毛泽东曾通过章士钊详细询问他的起居，周恩来亦几次探望过他。他饱经沧桑，一生既有不能掩盖的历史罪责，又有不可磨灭的历史功绩。

▲朱启钤

北戴河海滨原来是临榆县毗邻海边的荒僻山村，1893年修筑津榆铁路时，一位叫金达的英国工程师在勘测路线时，路经此地，被这里的自然景色惊服了。此处沙软潮平，气候宜人，实为避暑休养之宝地。他返回京津以后，就像发现了新大陆一样，大加渲染，四处炫耀，很快引起了各国人士（起初多为传教士和商人）的关注。于是，他们争先恐后，纷至沓来，在北戴河海滨购地建房。清政府获知此事以后，深恐外国人侵吞北戴河，便饬令开平矿务局督办张翼以自己的名义买下了蓬蓬山一带地皮。1898年清政府正式开辟北戴河，以将其建成北方最佳的避暑海滨。随后，一批批外国人携其家眷，从京津各地接踵而至，来此避暑。据不完全统计，大约有60多个国家在这里建筑近200余处房舍，已居住1000多位外国人。他们饱览这里的美丽风光，享受着大自然赐予的舒适安逸，深深地陶醉了，由此便滋生了强烈的占有欲。

外国列强为了霸占这块避暑宝地，费尽心机，施展伎俩，精心策划，结成了“石岭会”、“东山会”、“庙湾会”、“夏令会”、“基督教会”、“灯塔会”等各种名目的团体，划分各自的势力范围，用各种手段购买或霸占土地，建屋筑舍。其中势力最大，手腕最歹毒的是“石岭会”。他们借助领事裁判权等特权，竟然大耍无赖，蛮横无理，以每亩地五角钱的低租侵吞当地农民的土地，并且肆意干涉当地中国居民间的民事纠纷。装出一本正经的面孔，以主人的姿态出现，主动担负起管理本地的道路交通、公共卫生以及社会治安等项事宜，其目的无非是想霸占这一风光宝地。而当时居住在北戴河的中国上层人士，则显得异常软弱，对洋人的嚣张气焰熟视无睹，不敢吭气，北洋政府的官员也不敢据理力争，任凭外国人骄横姿肆，为所欲为。

面对这种情况，朱启钤看在眼里，急在心头。他已经识破了洋人的狼子野心，深感北戴河大有“喧宾夺主之势”，出于一片爱国热情，他毅然挺身而出，于1918年秋季开始联合中国同胞着手组建专与外国组织抗衡的“地方自治公益会”，用以维护北戴河海滨的主权。他亲自执笔，草拟章程，并且不辞辛苦，四方奔走，疏通关系，使章程顺利得到内务部和直隶公署的批准。第二年8月28日，“公益会”在西山成立，他亲自担任该会会长。在成立大会上，他慷慨陈词，发表了热情洋溢的讲话，指出“公益会”成立的宗旨是负责海滨的地方公益事业以及市政建设、管理和税收等项事宜，目的是“谋公共之健康，宜有高兴之娱乐”(《公益会报告书·其一》)。公益会打破了帝国主义分子企图霸占北戴河的黄粱美梦。从这以后北戴河开始有了统一的规划和谐调的建筑，推动了北戴河海滨的日臻繁荣，在当时这真是一个了不起的壮举。

朱启钤创建和领导的公益会从成立到1932年海滨自治区成立的十多年间，为北戴河海滨的开发和建设付出了巨大的心力。为把北戴河海滨建成真正的人间乐园，朱启钤挖空心思，制定方案，不吝资财，肯出血本。在国弱民穷的年月，筹措资金是最令人头痛的事，他便采取聚义募捐的办法筹措资金。他亲自带头，解囊献款，捐大洋1000元。在他的感召下，其他“公益会”会员也随之应捐。他又多方通融，几经协商，通过与交通系的关系征集资金，使得北宁铁路局每年补助该会4800元，再加上征收地皮税等措施，终于筹措了一笔数目可观的资金。于是，朱启钤便按照既定的开发方案，大兴土木，开始了北戴河的开发建设。

交通在北戴河建设中举足轻重，于是朱启钤首先以修路为举要。他招募大批民工，破土动工，日夜苦干，西自北戴河口，东至金山嘴，又从海边至联峰山后，一连开通了东经路、西经路、鹰角路、金山嘴路等十几条干支道路。道路两旁栽植了树木，又在树下筑起座椅，以供游人憩息。

朱启钤鉴于北戴河医药卫生事业几为空白、人们治病买药困难的状况，于1919年又集资数千，在西山修建了联峰山医院，并与北京医院联系，每年由该医院派医务人员分期分批到这里服务。他还特邀京津著名医学专家来此行医。北宁铁路局也曾派医生来海滨服务。1936年“公益会”决定将临时医院改为常年医院。

此外，公益会还想方设法补助刘庄小学，并且创办了陆庄小学和草厂庄小学，使北戴河的教育事业也发展起来。

为使海滨风景愈加绚丽多采，朱启钤领导的“公益会”于1919年至1921年还修建了“莲花石公园”。凭着扎实的古建筑造诣和丰富的古建筑经验，他在130余亩的土地上亲自勘察，参与设计，使“莲花石公园”成为北戴河的一个重要景点。它以莲花石为中心，向四周辐射，北面建起“松涛草堂”，是专为游客设置的餐厅；东侧辟有鹿囿，其周围青山翠柏各得其所，交相映衬，鹿鸣松涛，交吟幽谷，常使游人心旷神怡，流连忘返；公园东南建有运动场，正南建有虹桥，园正中树碑立传，正面刻有徐世昌的诗文，背面是朱启钤撰写的《莲花石公园记》，记述了开辟北戴河海滨的经过。移来的四五千株松树，各具情态，栽植得体，给游人带来无穷乐趣。

同时，朱启钤还引进了10余种树种，在西山德国兵营兴建苗圃，此苗圃面积达10余亩。先后培育了白果树、马尾松、落叶松、罗汉松、龙爪槐、杏仁树、合欢树等多种名贵树苗。继之，他又引进了德国槐和法国梧桐，为绿化北戴河海滨准备了丰富多样、取之不尽且具有观赏价值的树种。朱启钤在筹画指挥公园建设时还经常参加苗圃的各种劳动。

后来，朱启钤又从北京运来明代嘉靖年间铸造的大钟，在莲花石公园北面的观音寺前建起一座气势雄伟的钟楼，并在寺前山涧建起一座桥。为让世人永远铭记朱启钤对开发北戴河的业绩，“公益会”决议以朱启钤的号蠖园为此桥之名，曰“蠖公桥”，从此观音寺年年游客甚多，香火不绝。

“公益会”还在北戴河设立了中国银行办事处和邮局，更方便了游人的避暑生活，使北戴河海滨逐渐闻名遐迩。

15年间，朱启钤领导的“公益会”，独立行使了北戴河海浜的行政权和管理权。北戴河海滨的建设亦始终是按照中国人的意志进行的，维护了中国人的主权。他对外国人毫不留情，“持强为壤者，判之；侵略与欺凌我华人者，干涉之”（《公益会报告书·其四》）。公益会还以临榆县署的名义颁布管理条例，不许外国人在北戴河海滨为非作歹。曾经张贴布告：禁止在海滨驾驶汽车、摩托车，严禁在海滨乘醉驰怒马、采折公园花木，不论国人与外人，违者一概科罚之。

总之，朱启钤以及他领导的公益会，按照民族意志，利用国人智慧和力量开发建设了北戴河。朱启钤先生为此付出了最多的心血。每当我们慢步在北戴河海滨胜地时，抚今追昔，是不会忘记朱启钤建设北戴河海滨的功绩的。

原载：《民国春秋》1992年第3期

论英美与直系军阀的关系及其支援

袁世凯时代的中国政权，可以说是各帝国主义共同支持的封建地主和官僚资产阶级政权。袁世凯称帝前后，因为西方帝国主义忙于第一次世界大战，无暇东顾，放松了对中国的侵略，而东方日本帝国主义却乘机加紧侵略中国。因此，当袁氏准备复辟帝制向外国寻找援助势力的时候，“日本愿意为扶助”。1915年5月袁世凯接受了日本提出的企图灭亡中国的“二十一条”，从此日本军政和外交人员大批来到中国，日本对中国的侵略推进到了一个高峰。

袁死黎继，中国军政大权操在段祺瑞为首的北洋军阀手中，日本侵华势力在中国也越发膨胀起来，通过历次借款控制了中国的部分政治、经济和军事。段祺瑞亲日卖国行径终于引起了全国人民的愤怒，在人民广泛的反日运动打击下，北洋军阀集团内部开始分裂。冯国璋为首的直系军阀为了扩充他们一派的势力，进而与皖系争夺中央最高权力，也在积极向外寻找支持力量。第一次世界大战结束，英美势力重返中国，这样就很自然地充当了直系军阀的后台，从此直系军阀视英美为“同盟者”，意图在英美的大力支持下压倒皖系统一中国。但是英美帝国主义对直系军阀的支持不像日本帝国主义支持皖系军阀那样赤裸裸地由政府出面。英美在支援它的在华代理人过程中做得比较隐蔽，比较狡猾，也比较克制，可以说具有投机式的灵活性。英美很少由政府出面与直系军阀签订什么大宗借款的条约和协定，而是除了在政治道义上给予支援外，多是指使本国的商业集团甚至商人在适当的时候给直系军阀以少量的物质援助。一旦感到无利可图或对自己不利或直系军阀统治发生危机时，英美便打起“中立”和“不干涉内政”的旗号来标榜自己，甚至向中国人民露出狡猾的笑脸。在某种程度上做出“顺从”中国人民反直系军阀的社会潮流，以便重新物色新的代理人。

尽管如此，并不能减轻英美帝国主义充当直系军阀统治的后台的责任和它侵略中国的丑恶行径。

一、英美与直系军阀的联系和在政治上对直系军阀的支援

自从冯国璋1914年12月接替张勋为江苏督军后，为了控制长江流域，他先后保举其部属李纯、王占元、陈光远为江苏、湖北和江西督军，是为“长江三督”。在这一过程中，英美驻华公使及驻该势力范围内的领事与驻华机构人员纷纷与冯国璋等人往来密切，他们以各种方式进行结交，旨在以维持长江流域不受其他国内外势力的侵扰。冯国璋驻南京时经常派其亲信金陵关监督温世珍出入英国南京领事馆，以沟通双方感情。李纯、齐燮元任江苏督军期间为了进一步联络和取得英美支持，先后聘请了美国人西德尼罗伊安德森，柯兰和芮恩施、丁家立，何锦思等人为顾问，并经常派温世珍、庄乐峰与英美领事馆及英国驻上海海军提督联络。英美公开表示支持冯国璋提出的与段祺瑞“武力统一”政策对立的“和平统一”政策。并再次表示保护以李纯为首的“长江三督”的势力范围不受其他势力的侵犯。

冯国璋1919年12月18日死后，直系军阀首领地位落到了曹锟、吴佩孚手中。曹吴为了对抗皖系军阀，进而夺取中央权力，继续执行亲英美路线；英美为了对抗日本也竭力支持曹吴与日本支持的皖系军阀争斗。1918年10月10日美国总统威尔逊致电徐世昌总统说：“中国若不早息争端，殊难协同友邦一致达到维持正义之目的。贵大总统就任，更应和衷共济，统一南北，则于国际事务中可占其应有之地位。”[①]18日英美驻华公使朱尔典和芮恩施谒见徐世昌时，共同劝告“中国南北和平，早日实现”，美使还表示在财政方面予以协助。英美的表态并非真心实意协助中国和平统一，而只不过是以此种方式向日本支持的皖系军阀的“武力统一”政策的一个反击而已。于是当时中国社会“名流”立即响应成立了“全国和平期成会”，25日徐世昌以总统的名义下和平令。徐在英美支持下，也企图继承冯国璋的“和平统一”政策赢得社会舆论界的好评。1919年2月20日南北和平会议在上海开幕，直系军阀李纯在英美支持下积极提出和平建议，并为会议的顺利进行排除了种种障碍。终因段祺瑞没有和平诚意，指示其代表“和谈只许失败，不许成功”。并指使皖系军阀破坏已签订的停战协定，最后蛮横无理拒绝交出“参战军”，致使“和会”陷于停滞状态。3月初英美虽然联

合意法等国公使提出劝告，但由于日本公使小幡拒绝参加，使第二次劝告破产。不久，段祺瑞在日本的策划下将“参战军”改为“国防军”，最后改称“边防军”，妄图继续发动内战，以实现日本独占中国的政策。未几，日本主动向段祺瑞提供借款500万元。英美得此消息后，立即提出严正抗议，迫使日本先付100万元后，再不敢继续付款。综上所述，可见，英美在直皖战争前，对直系军阀的支持。

由于日本极力支持皖系军阀段祺瑞发动内战，实行武力统一，致使南方军政府和全国舆论界当时都倾向直系，不少团体人士纷纷要求驻华外交使团“主持公道”。曹锟也于7月10日致北京外交使团一函“列举日本有助段嫌疑的各项事实，促公使团注意。”[②]于是英美公使对日本公开支持皖系军阀的行动大为不满，声称发表抗议。日本鉴于英美势力咄咄逼人，也只得有所忌惮，不得不宣布“表示中立”。7月14日，日本公使又“宣言否认助段”。

直皖战争前夕，美国驻华使馆副陆军参赞还赴保定访问了曹锟、吴佩孚。同时吴佩孚致函美国驻华公使芮德克，请他及其外交界同事们协助，“不要他的五个安福系敌人利用各使馆作避难所。”因此，英美公使声明不承认安福系分子为国事犯，并建议以外交使团的名义发表声明“拒绝收容祸首。”[③]但由于日本公使的坚决反对，英美只得告诫本国侨民不得收容安福系祸首。

在第一次直奉战争中，英美更明显得站在直系的一方，对付日本支持的奉系军阀张作霖了。如战前张作霖乘天津疏浚海河机会，将一部奉军充当夫役“以布下内应力量”，不久被直系天津镇守使赵玉珂发现，报告曹锟。曹锐使杨以德向海河工程局英国人平爵内交涉，终将该项疏浚工程暂行停止，夫役全部解散。[④]使张作霖内应计划破产。5月7日当奉军在滦州集中时，英国公使艾思顿提出声明：“如果开滦矿局受到影响或者英国侨民的生命财产受到损失，一定惟张作霖是问，如果京奉车不通，必要时拟派英军前来保护通车。”[⑤]第一次直奉战争时美国人侯雅信充当吴佩孚的外交顾问，当直军追击奉军进入天津时，日本当局坚持根据《辛丑条约》天津周围三十里，不许进入中国军队的规定，禁止直军通过天津，一时使吴佩孚的追击奉军计划不能顺利进展。侯雅信则立即向驻津各领事提出备忘录，抗议同盟各国对吴佩孚的歧视。最后他取得美国驻津总领事斯图尔特丁富勒的支持，“吴终于被许可留在天津指挥战斗。”[⑥]6月英国军舰借保护开滦煤矿，派兵登陆，压迫奉军迅速退至关外。

此外，英美人士还主动居间调停直系与对方的军事争端，以便使直系从中获得好处和利益。1922 年 6 月，美国传教士杨格和负责掌管沈阳基督教青年会的 LE 普莱特充当调解人，去山海关，以促成吴佩孚和张作霖的休战，并在美国“克尔留号”军舰上签订了双方停战协定。

1921 年 9 月，英国驻长沙领事鉴于吴佩孚急于早日结束对湘战争，以便抽出兵力对付四川援鄂军，于是主动出面居间调停，促使湘军总司令赵恒惕与吴佩孚在岳州签订了《停战协定》。湘直《停战协定》签订之日，援鄂川军已经兵临宜昌城下。英美军舰见直系守军十分危机，便命令水兵在宜昌登陆，制止川军开炮，接着英美驻宜昌领事出面调停直、川之争。然后当吴佩孚率援军赶到宜昌时，英美领事便宣布调停失败。因此战争再起。吴佩孚以优势兵力压倒川军，10 月，刘湘被迫签订《停战分防条约》。如果英美不助吴佩孚施“缓兵之计”，或英美领事不干预双方战事，那么当时直军是守不住宜昌的。可见英美帝国主义正是为了帮助它的工具直系军阀才出面作和事佬的。

英美为了扶植倒行逆施的直系军阀的反动统治，竟不顾中国人民的强烈反对，公然出面支持曹锟贿选大总统。尤其是美国，对曹锟贿选特感兴趣，特别支持。因此可以说曹锟贿选总统是在美国支持下，在美国公使指导下进行的。1923 年 4 月，曹锟贿选前夕，美国驻华公使亲自赴保定同曹密谈“最高问题”，6 月美国总统哈丁表示：“美国银行团可以帮助中国‘统一’”。贿选时，美使舒尔曼亲临选场助兴；曹锟当选后，美国公使又首先发电祝贺，表示承认。⑦

1924 年 9 月直系与皖系发生了江浙战争，英美更明目张胆地站在直系军齐燮元、孙传芳一方，打击皖系军阀卢永祥。战争爆发前，英国驻华公使马克列强硬指出：上海周围 30 里内不得驻军或采取军事行动；上海兵工厂应予封闭；吴淞口炮台须卸下炮闩；沪宁路不得运兵。显然这是美帝国主义对直系军阀的一种支持。战争发生后，上海港口驶来 20 余艘英国军舰，水兵纷纷登陆。9 月 17 日各国舰队司令在英国旗舰上举行会议，最后决议并致电江浙双方：“划黄浦江为中立地带，舰队不得驶入”。⑧卢永祥见形势不利，遂收缩军事，最后不得不东渡日本。企图帮助卢永祥的徐树铮也在英租界被逮捕。

二、英美从物质和军事上给直系的帮助

直系军阀不满足于英美只在政治上的帮助。随着直系势力的增长，直系的实际首脑人物吴佩孚曾多次向英美寻求财政和军火物资方面的援助。为了获得英美物质上的支援，直系军阀先后聘英美人士为顾问，如前面提到的李纯和齐燮元曾高薪聘请五六位美国人为政治、经济、军事、外交顾问，直系首领曹锟也及时聘请保定基督教青年会总干事罗伯特克拉克为顾问兼翻译。在吴佩孚大本营充当顾问的更有英国人葛林、马立师，美国人甘璐德、侯雅信等。直系军阀曹吴掌握中央政权后，还进一步聘请了一批英美人士为政府各部顾问。例如法律顾问韦罗壁以及哥伦比亚大学教授、哲学家约翰·杜威，农商顾问安德林，交通顾问克拉克和理查林，财政顾问芮恩施。曹锟聘请这些人的目的是企图以这些顾问充当双方牵线人，从英美取得贷款及军火物资的援助。1922 年 7 月由直系军阀控制的国务院总理颜惠庆、财政总长董康和财政委员会主席顾维钧与协约国的公使们商讨停付庚子赔款问题时，曾提出贷款申请，颜惠庆说："中国打算以二厘五的附加税作担保，用来把欠内欠外的浮动债款转为有固定利息的长期债款"。第二天英美法日四国银行团举行会议，决定:"应中国政府的要求，银行团应受权在为期六个月内，分期预付不超过一千五百万美元的贷款，附加于浮动债款上。"[⑨]于是中国政府向四国银行团申请两宗贷款用于整理公款和行政开支。但是，在四国银行团讨论贷款提案时，日本公使小幡声称，他的"政府认为中国政局太混乱，不应给予财政上的外援。"因日本反对，提案终被否决。尽管如此，英美人士都倾向给直系以财政援助。美国公使舒尔曼还劝告他的政府"把缴付庚子赔款的期限带头推迟二年，以期待其他国家起而响应。这样就可使得新政府能筹借一笔公债，足够维持几个月财政上的最低需要。"[⑩]英国人士也因日本的破坏使借款提案破产而恼火，英国驻华使馆参议客来佛 8 月 8 日在给英国外交部远东司主管秘书助理维克托韦尔斯利的信中指出："正是由于缺乏财政援助，才造成北京政府的软弱无力，而这反转过来，都给了张作霖以新的生机。"[⑪]巴兹尔·牛顿则建议他的政府给中国一笔小额贷款。不久曹吴政权从汉口英美烟草公司和亚细亚火油公司以征税名义每月获得 20 万元。

尽管 1919 年美国公使建议外交团签订了禁止向中国出售武器的协定，

英美又声称以政府的名义向中国输出军火。然而那时，主要是为了限制段祺瑞发动内战。但是后来美国却违背诺言输出军火援助直系军阀，吴佩孚在军火与财政上得到了美国的一些帮助。例如在1923年，美国曾一次供给了300万美元的军火，又经过美驻华公使介绍，美国商人和吴佩孚做了步枪10000支，子弹2000万发，机关枪250十架的交易。吴佩孚在洛阳建有飞机队和飞机机械厂，替他训练和设计的是美国人博洽亚等。[12]不仅如此，英美政府还暗中支持本国的“商业集团”甚至“私人”向中国出售军火。例如1922年吴佩孚从一个叫墨菲的美国人手中购得45000支步枪和70000发弹药，同年吴又在美国人詹姆士·施礼文的帮助下，从美国获得6架美制“科蒂斯”式飞机。随后，吴又从汉口的一家外国商行购买军用汽车30部和5000桶汽油。第二次直奉战争前，吴佩孚还通过一个住归化（今呼和浩特市）的美国侨民亨利·克利本道夫订购了400箱子弹，85箱手枪。这批武器运到时，吴已经失败，为上海海关所查封。甚至在1930年6月美国还向吴佩孚贷款500万元的枪弹专用款，以助吴东山再起。

吴佩孚不仅在军事上依靠英美，而且在民用工业和其他建设方面也以英美为后台。例如1921年英曾与美国驻汉口领事商议借款500万英镑用于建筑民房；郑州纱厂的机器也是从美国购进在慎昌洋行指导下安装的。吴还企望从美国进口现代农业机械和请美国专家考察汉阳兵工厂制造飞机。1923年吴佩孚还用美国红十字会救济会在洛河上修了一座桥。1924年吴还与汉口的美国商行洽谈，计划贷款1000万元用来修建直鲁豫三省公路。[14]此外,吴佩孚还和英国福公司订立了道济铁路借款150万英镑。直系另一军阀齐燮元也以疏导淮河的名义从美国得到了一笔可观的借款。

英美帝国主义不仅在政治上声援，在物质上援助直系军阀，而且在关键时刻还直接出兵镇压中国人民反抗直系军阀的斗争。例如：1922年10月开滦煤矿50000工人发动罢工斗争时，英帝国主义为了保护他们在矿上的利益，派了“一个联队的兵力”，再加上“矿上的英国军队”协助开平镇守使和天津警察厅长杨以德进行镇压。美国军队亦在场。声称:“如不速决，由列国派兵前往护路。”[15]第二年吴佩孚、肖跃南对京汉铁路工人进行血腥大屠杀，也是在英美帝国主义支持下进行的，中外反动派共同造成了世界著称的“二七惨案”。

1927年8月23日孙传芳率五省联军6万人，分3路渡江攻击龙潭、栖霞山和镇江时，英国舰队大力助战，疯狂炮轰狮子山炮台和沪宁车站的国民革命军，并命令4艘军舰驶进吴淞口，掩护孙传芳军队渡江。英军“见孙军退到绝顶，情势危殆，为图挽救孙军，竟不顾国际公法，悍然以十英时的巨炮，向半山我军轰击。一时炮声隆隆，烟雾蔽天，整个栖霞山均为烟雾所笼罩。山顶敌军视界不清，瞰射效力反而大减。李师长乃于烟幕中一哄而上，山巅敌军数千，悉数俯首成擒。帝国主义者原为助孙而来，结果适得其反，可谓心劳日拙了。”⑯

1924年10月吴佩孚在第二次直奉战争中失败后，英美帝国主义不甘心直系军阀垮台，希图助吴死灰复燃，东山再起。为此英美人士及驻华使节绞尽脑汁为其谋划。如：吴佩孚退出天津前夜，美国驻屯军司令前往吴的专车上劝吴说：“将来贵国需要将军之处甚多，莫以小小波折致令英雄气短。”⑰英国人士也对吴说：“长江是我们的势力范围，如果你再退到那里，我们帮助你，你还是很有希望的。”⑱所以不几天后吴佩孚再次退回长江流域，以图做最后挣扎。

三、英美对吴佩孚的吹捧与吴对英美的失望

英美帝国主义在与日本帝国主义争夺中国的局面中，先后选中冯国璋、曹锟和吴佩孚作为自己的代理人跟日本支持的皖系、奉系军阀混战，从中扩大侵华权益。尤其是在第一次世界大战结束后，英美势力重返中国的时候，英美选中吴佩孚为其代理人是有其来头的。吴佩孚是以反皖系段祺瑞而闻名的。“惟其反段，所以反日”，在直皖战争中，吴以劣势打败了占优势的皖系军阀，从此英美帝国主义对吴则“期望甚殷”。另外，直系军阀曹锟和吴佩孚在本质上同段祺瑞、张作霖同样是对内镇压，对外卖国求荣的。因此，英美帝国主义相信扶植曹吴，同样会捞到莫大的权益的。事实正是如此。在直系军阀把持中央政府期间，曹吴出卖中国主权，以换取英美帝国主义的支持和援助。如：“1921年以中美无线电台借款的名义，允许美帝国主义在上海、北京、广州、汉口、哈尔滨设立电台；又以中美无线电报借款名义，允许美帝国主义在拉萨、巴东、重庆、兰州设立电台；以中美烟酒借款名义，将全国烟酒税抵押给美帝国主义；以铁路借款的名义，将沧石路、京奉路、川粤汉等铁路的主权抵押给英帝国主义。”⑲1924年1月英国公使麻克类爵士访问洛阳，吴佩孚同意

将焦作、门头沟两煤矿交给英国，英国将道清铁路无条件交还中国，以作报答。[20]以上几点不过是直系军阀卖国勾当的几个例子而已。在政治上直系军阀屈从英美，干出了一件件丧失国格人格的丑事。例如1922年中国政府参加美国操纵的以宰割中国为目的的“华盛顿会议”，竟然高薪聘请曾担任过美国国务卿的著名侵华分子蓝辛为代表团总顾问，他在华盛顿会议时包办代替一切。因此，“中国代表团”成了美帝国主义的傀儡，他们所提出的《十大原则》不是代表中国人民的利益，而是代表美帝国主义的利益。美国代表要中国“门户开放，机会均等”，中国代表团表示“完全赞同门户开放主义；准备接受该主义实施于中国全部不设例外。”[21]1923年5月5日，津浦路上发生了临城土匪劫车事件，26名外国人被押往土匪住处，于是英美日法意五国公使先后向直系政权提出抗议，并限三日内救出被押外侨，并提出共管中国铁路的种种无理要求。

当时，曹锟因急于贿选总统，便不顾中国的法律和人格全部答应帝国主义的无理要求：一面答应外国人干涉中国路政，准备把铁路上的指挥权、用人权、财政权拱手交给帝国主义；一面向土匪投降，任命土匪头子孙美瑶为山东新编旅旅长；并革职查办了一批地方官员。可见直系军阀对外国人如此保护，如此听话，奴性十足。

吴佩孚为了追求英美的垂青，不惜其身份，与英美传教士和新闻界人士交朋友和保护外国人。例如当华中人民掀起声讨各国传教士非法活动的爱国运动的时候，吴佩孚却派兵保卫住在开封和汉口的英美传教士；1923年年末湖北枣阳的传教士被“土匪”绑架,其中有美国人朱琳尼·R·吉兰夫人。当吴佩孚知道这一消息后，立即悬赏10000元营救吉兰夫人。由于吴佩孚维护英美人士的利益，所以他受到了英美人士的称赞甚至吹捧。他们不顾中国历史事实，竟把吴佩孚在第一次直奉战争中的胜利说成是“在意义和重要性上，仅次于1911至1912年伟大革命的业绩”。[22]把吴佩孚的武力扩张行径美化为正义的事业。

美国人侯雅信是吴佩孚最相信的外国顾问，他经常出入吴的司令部，在直皖战争时，曾一度充当吴的新闻代言人。他不但在《华北明星报》、《密勒氏评论报》、《大陆报》、《京津泰晤士报》和《远东时报》上撰写歌颂吴佩孚的文章，而且还在自己接办的《北京导报》和《益世报》上公开呼吁支持吴佩孚的“武力统一”政策。“他的报纸王和追逐敌人的行动，步调一致地驰骋在胜利的顶峰。”[23]吴佩孚的老朋友安德森和芮恩施也撰文称吴佩孚是一个“优秀的军人”，“民主的平民政府的拥护者”。

吴佩孚深知广交中外新闻界朋友“会帮助他传播对旁人的责难和宣扬他的政策”，对他有巨大好处，所以不少英美驻华新闻记者，诸如《泰晤士报》和《英商公会月刊》通讯员——英国人福来萨，《纽约论坛报》的特约记者兼《大陆报》编辑——美国人裴裴，《密勒氏评论报》的彼得·S·乔伊和戴荣，以及美国驻上海总领事佑尼干和约翰霍普金斯大学教授，曾任中国政府法律顾问的韦罗壁以及美国著名的哲学家约翰杜威等人，都是吴佩孚的朋友，他们先后都写了不少吹捧吴佩孚的文章。吴佩孚当时之所以能以“爱国将领”的面具蒙蔽人民，是与这些英美人士的大肆吹捧有重要关系的。例如直皖战争后，美国记者甘璐德写文章评论吴佩孚：“每个人都信任吴佩孚。他的诚实和勇气是毋庸置疑的。”当吴佩孚提议召开国民会议时，甘璐德又指出：“吴正在为清除中国的伪军国主义而战斗，并且开始了一个能使民主政治得以顺利试行的新的时代。”[24]

当张作霖藐视吴不过是“小小师长”时，立即遭到了英美人士的强烈回击，纷纷为吴辩护，指出吴佩孚是直系和当前国民运动的“真正主脑”，是“黑暗的中国地平线上惟一的光明点”。因此，“吴非仅仅是‘小小师长’，他不但是北方的，而且是全中国的支配人物。”[25]《密勒氏评论报》的董显光，则把吴佩孚抬到了最崇高的地位，他称吴佩孚是“当代伟人，中国的民族英雄，平民权利的无畏战士”。董显光把所能歌颂一个著名人物美德的语言，都献给了吴佩孚，说：“吴的锐利的眼光，表示智慧和果断；他为人谦逊；个人的勇气闻名于部下；他的贫穷是由于诚实；他的不自私，感召了士兵对他的忠诚；这个深受重望的英雄，虽是一个军人，却又是一个学者；他不喜欢当众炫耀或阿谀奉承。”总而言之，董显光的结论是，吴佩孚乃是全中国的表率。著名教授和哲学家约翰杜威也在《新共和》杂志上撰文歌颂吴佩孚：“记住胜利者方面首脑中一个人的名字，那就是他的军队打了一个以寡敌众的特殊战争的惟一人物。这个名字就是吴佩孚。至少，他不是为了直系而去攻打安福系。他一开始就宣布他是为国家清除军人对文官政府的控制，为反对向外国人出卖祖国的卖国贼而战的。”[26]此时，传教士的《美以美会教报》为吹捧吴佩孚也不甘落后，该报指出：“中国终于有了一个‘当代伟人’，至少有一位作者甚至把这个孚众的新英雄和华盛顿相提并论。吴佩孚比起中国大多数将领，有着较好的经历。举一事为例，他受过很好的教育，吴佩孚是不能被忽视的，他好像注定要在几年之内成为中国的中心人物。如果他得胜，中国似乎可以指望从这位与其说像斗士毋宁说更像学者的身上发现足够的力量，使他的国家有机会为自己建立一个民有、民活、民享的政府。”[27]

不久，吴佩孚图陕、图鄂扩张地盘的行径暴露了他那军阀的反动和残酷的本质，激起国内各界人民的反对，而英美有关人士不顾舆论仍在极力为其辩解：“一切愿意中国好起来的中外人士，都把他们的崇高期望和非甘情愿的担心集中在吴将军的身上；倘若我们有时不得不被迫去听那些来去匆匆的喃喃疑言时，我们就嗤之为失望论者的没有价值的产物，这些人迄今似乎在敏感地把一切希望都倾注在改善中国事务所取得的进展上，为了达到他曾经坚决为自己规定的目标，他必须使用他力所能及的任何武器，即使这些武器是未经精炼的；他必须确立并且坚定地巩固他在长江流域的权力。但真正的重要问题还是这个最后的目标。”[28]同时英美国家仍表示支持吴佩孚的扩张政策，仍称吴佩孚是“一个无比的人物”。

1922年直系军阀集团公开分化为天津、保定和洛阳三派，尤其是在吴佩孚镇压“二七大罢工”和曹锟贿选总统得逞后，直系威望大为下降。此时，曹锟吴佩孚也逐渐失去了部分英美人士的尊重。然而，却仍有一些英美人士坚持把曹吴当做“抵抗日本势力的惟一可依靠的领导者”。他们仍不遗余力地继续吹捧“曹锟是个诚实的人，同中国其他诚实的人一样。”[29]但终究在社会舆论的压力下，他们也不得不说：“吴佩孚现在不再是救星了”，“因为中国的救星可能尚未出世”。1923年12月，福来萨在《英商公会月刊》上撰文指出：“尽管吴佩孚在许多方面已经证实是令人失望的，但他仍旧是他那一派的希望。因为，假如说，他的行动在许多事例上是做错了，而他的诚实和爱国心却仍是可以依赖的。”[30]但为时不久，吴佩孚终于在第二次直奉战争中，因冯玉祥等人发动北京政变而彻底失败了。从这以后，大多数英美人士对吴才放弃了幻想，但仍有不少人抱着同情吴佩孚的心情还为其鼓气。如1924年11月22日的《字林周报》上的一篇《作为将军角色的吴佩孚》文章所指出：“他的常胜将军的徽号已成过去，他作为军队司令的盾牌失掉了光泽。但他作为中国无与伦比的战士的声誉依然存在。对他的军事才能具有印象的外国人都相信，不用多久，我们就将听见他重整散众，率领新兵再度北上，同张作霖、段祺瑞决一胜负。”[31]这里说明了英美某些人士对吴佩孚还是要支持到底的，即便是彻底失败了，也希望他能重整旗鼓，东山再起。

果然不出所料，1925年秋，吴佩孚就任十四省讨贼军总司令，英美人士再度表示赞助。但没多久，因吴佩孚违背讨贼宗旨，转而联奉抗击冯玉祥的国民军，从此众叛亲离，一蹶不振。吴佩孚最后的一点威望也消失了，于是他的英美同盟者也纷纷讲："吴并不比其他任何军阀好"。

英美都是十分狡猾的帝国主义国家，它们与直系军阀的关系是建筑在维护和扩大其侵华利益和互相利用的基础之上的，一旦它们鉴于无利可图或鉴于其代理人将要失去这种作用的时候，它们也就以各种理由为借口，渐渐疏远乃至最后抛弃曾经被视为亲密同盟者的直系军阀了。因此在直系军阀与英美关系中也有着不甚愉快，甚至常常陷于双方讨价还价的龃龉状态之中，最后直系军阀不得不对英美失去希望。当1924年5月吴佩孚第三次向美国驻华司令威廉·P·康纳尔求援失败后，他已经深知要取得美国的援助是困难的，从此吴佩孚记恨在心，企图给予报复。不久美国企求吴佩孚为美国合众无线电公司在与中国订立合同时给以影响，并提出中国对美国纸烟商业征收地方税的问题，结果吴佩孚对此无动于衷，并指示白坚武回答美国人说："此税将出自消费者的囊中，而并非来自外商。"[32]

直系军阀统治中国的三四年中是中国政府的最穷困时期，因此直系军阀政权的财政危机已达到顶点。由于历届反动政府的大肆卖国，待到直系军阀统治时，使其对内对外借款再无任何抵押品可作担保了，因此中外银行都拒绝向直系贷款。就连自称直系最亲密友邦的英国，1923年5月也声明："英国政府不愿以巨款与中国政府而用于英国政府所不愿意之用途。"[33]第二次直奉战争前夕，英国还伙同日法等国提出："不让北京政府提取德债款。"[34]不仅如此，以英美为首的四国银行团还扣了中国政府的8月份盐税11万余磅抵克里斯浦借款和英法等债；[35]10月，正值直奉战争的紧急关头，直系军费极为短缺之时，英美和其他帝国主义仍不放松对直系政权的逼债，这一月的盐税总数200万元被列强扣得只剩十余万元。[36]在这步步加紧的压迫和气势汹汹的逼债索款声中，已很难看出英美对直系军阀的"友谊"了。

第二次直奉战争，直系失败后，曹锟、吴佩孚等直系军阀虽然对英美有所不满，但依赖英美的幻想还没有完全幻灭。1925年吴佩孚再起之后，先后以"粉碎广州过激党"和"抵抗俄国威胁，镇压中国人民反英运动"为条件不厌其烦地一而再、再而三向英国求援，结果一次次呼救，全遭拒绝。然而，吴佩孚等直系军阀在最后的挣扎中，仍抱着侥幸再试一试的心理。1926年3月21日，吴佩孚派代表再次访问英国驻汉口总领事葛福，探询如果吴佩孚在北京就职，那么向英国订购武器弹药的可能性如何时，葛福回答说："英国政府不会向他供应武器或金钱，他们最多能做到的是向一个稳定、友好的政府提供方便，俾从英国方面得到这些东西。"[37]因为此时的英国政府鉴于广东国民革命军声势浩大，相信国民党迟早会掌握中国局势的。因此不再愿意继续支援与国民革命军为敌的直系军阀吴佩孚了。6月20日英国公使麻克类派代表去保定会见吴佩孚时，吴佩孚大加"抱怨美国对于他同世界范围的危险孤军作战漠不关心"。当国民革命军逼近武汉时，吴佩孚最后要求汉口美国总领事罗赫德给予一些援助，罗赫德还没有来得及作出决定时，吴佩孚就被北伐军打败了。吴佩孚退出武汉，在绝望中向麦可维海军少将请求保护，也同样遭到拒绝。

▲吴佩孚

吴佩孚退守河南作最后挣扎时，再次派他的交涉员向英国驻华使馆陆军参赞请求支援一笔贷款，以便给他的已经四个月没有发饷的军队发饷。这个参赞马上对交涉员说："无论从哪方面讲，英国都不能援助吴。"[38]至此，吴佩孚吞食了最后一颗苦果，认识了英美帝国主义乘人危机，惟利是图的本质。他虽然在以后还多次与英美人士有所接触，但在思想和行动上的依赖已不占重要地位了。

注：

①、③、⑤、⑧：陶菊隐：《北洋军阀统治时期史话》，第822、994、1145、1346页。

②：李剑农：《戊戌以后三十年中国政治史》，第 302 页。

④：《天津文史资料选辑》，第二十三辑，第 137 页。

⑥、⑨、⑩、⑪、⑬、⑭、㉒、㉓、㉔、㉕、㉖、㉗、㉘、㉙、㉚、㉛、㉜、㊲、㊳：《近代史资料》1983−2，第 118、103、104、105、112−114、115、133、117、121、122、132、123、127、128、129、86、94、97 页。

⑦、⑫：胡绳：《帝国主义与中国政治》，第 187 页。

⑮：《唐山革命史资料汇编》，第四辑，第 53 页。

⑯：《李宗仁回忆录》上，第 508 页。

⑰：《文史资料选辑》第四十一辑，第 160 页。

⑱：《孙中山全集》，卷下，《演讲》，第 62 页。

⑲、㉑：荣孟源：《历史笔记》，第 342、343 页。

⑳：章君谷：《吴佩孚传》卷 2，第 433−435 页。

㉝：《晨报》1923 年 5 月 9 日。

㉞、㉟、㊱：《申报》1924 年 8 月 7 日，9 月 8 日，11 月 7 日。

论1924年“北京政变”

1924年10月，在全国革命形势的推动下，爱国将领冯玉祥发动了北京政变。政变不仅使以曹锟、吴佩孚为头子的直系军阀政权迅速崩溃并驱逐溥仪出宫。更主要的是在政变胜利后冯玉祥将军主动邀请孙中山北上“主持大计”和孙中山先生北来扩大革命宣传。从此，以反对帝国主义，反对军阀为中心的革命运动便在我党和国民党左派领导下迅速开展起来，揭开大革命的序幕。

以北京政变为契机的一系列革命活动大大提高了广大人民群众的民族和阶级觉悟，为即将到来的北伐战争提供了有利条件。尽管政变后不久北京政权就落入到了军阀官僚手中，然而，北京政变为革命开拓了有利的形势，对北方及全国革命的发展起了推动的作用，则是应该肯定的。北京政变在中国近代史上将永远占有光辉的一页。

多年以来，我们对北京政变的研究是不够的，评价很低，甚至还有曲解，把它说成“是英美与日法两派帝国主义在中国的战争”。①“北京政变的结果不仍然是损害中国主权，增加中华民族的奴运，完成帝国主义共管中国的阴谋吗？”②历史已经证明，这些对北京政变的过激评论显然是不公正的。本着“百家争鸣”的方针和繁荣近代史的研究的精神，本文试就北京政变的由来、经过及其历史地位作一概括评述。不妥之处，请同志们指正。

一

北洋军阀是由袁世凯建立起来的封建买办性质的反革命武装。袁氏之所以敢于窃夺辛亥革命的果实，实行独裁统治，一是有帝国主义为靠山，二是他手中有这支反动武装。1916年袁世凯死后，北洋军阀分裂为皖系、直系和奉系等派系，从此以后各派军阀在帝国主义支持下争权夺利，连年混战。从 1920 年到 1924 年，在短短的三四年内就发生了一次直皖、两次直奉战争。军阀战争给人民带来无穷的灾难，人民生命财产受到了极为残暴的蹂躏和掠夺。各派军阀为了战争的需要，一面大肆出卖国家权益向帝国主义借款，一面疯狂搜刮人民，加重人民的负担。军阀还在各地遍布特务，钳制人民言论，使广大人民没有丝毫政治权利。特别是在 1922 年第一次直奉战争后，直系军阀窃据北京政权，曹锟、吴佩孚气焰万丈，睥睨一切，他们对外卖国求荣，对内则高揭“武力统一”旗号，镇压人民，消除异己。1923 年 2 月 7 日，直系军阀吴佩孚在帝国主义唆使下，残酷镇压京汉铁路大罢工，杀死工人领袖林祥谦、铁路总工会法律顾问共产党员施洋，屠杀工人 40 余人，伤 300 余人，犯下滔天罪行。他们实行高压政策，竟然发布命令禁止人民纪念“五七”、“五九”国耻，禁止进步报刊的出版和发行，甚至禁止各地剧场上演《捉放曹》、《击鼓骂曹》等剧目，闹得天怒人怨，真是到了“时日曷丧，予及汝皆亡”的地步。当曹锟、吴佩孚自以为统治地位“稳定”的时候，他们便在英美帝国主义支持下，演出了贿赂总统的丑剧。曹锟以 5000 元一票对国会议员进行贿买，并通过武力胁迫选举他为大总统。从此曹、吴及直系军阀变成了众矢之的。

曹锟贿选及其倒行逆施，激起了全国人民的反对，在我党的领导和影响下，全国各地掀起了反对曹锟、吴佩孚的斗争。孙中山先生发表宣言指出：“中国人民全体，视曹锟之选举为僭越叛逆之行为，必予以抗拒而惩戒之。”[③]在全国各界反曹、吴斗争的推动下，加速了直系内部的分化，在直系将领中逐渐形成了以冯玉祥将军为代表的进步力量。

冯玉祥（1882—1948），原名冯基善，字焕章，安徽巢县人，出身寒微，12 岁投军。由于“他身体魁梧，声如洪钟”，又苦练了一身军事操练的硬本领，不断升迁。清末已从哨长（相当于排长）升至管带（相当于营长），辛亥革命时，冯玉祥在清军第二十镇与王金铭、施从云等革命志士发动了著名的滦州起义，革命失败，王、施等惨遭杀害。他经过一段颠沛流离后又进了北洋军，陆续担任北洋陆军第十六混成旅旅长、第十一师师长和陕西、河南督军及陆军检阅使等职。

冯玉祥将军出身贫苦，反对倒退，向往光明。他虽然出自北洋军阀系统，但他对祸国殃民的军阀统治却非常痛恨。1916 年在反对袁世凯称

▲1924年10月23日，冯玉祥发动“北京政变”，电邀孙中山先生北上共商国是。图为冯玉祥将军。

帝的护国运动中，他不顾吴佩孚、陆建章等上司的催战，故意贻误战机，力避与护国军交战，想方设法与蔡锷取得联系。最后力谏陈宧宣布四川独立，给袁世凯致命一击。1917年张勋复辟时，他不仅通电反对，还率军参加了平息这场丑剧的运动。中国共产党成立前，冯玉祥将军读了孙中山的书，十分佩服并曾多次主动与孙中山先生联系，他曾向孙中山先生“表示只要用的着我时，无不尽力以赴”。[④]1923年，孙中山先生把各地反对直系军阀的情况告知冯玉祥将军，并促他“早日发动倒直行动”。该年年底，冯玉祥将军派马伯援向孙中山先生报告说：“目前直系兵力数倍于我，如冒险盲动，必遭失败，待时机到来，我一定有所举动。”[⑤]由此可见，冯玉祥将军发动北京政变，推翻曹、吴直系军阀政权，是基于爱国思想和受孙中山先生的影响，是在革命形势推动下的革命行动。

当然，冯玉祥将军与吴佩孚之间的矛盾也是促使他发动政变的原因之一。自从冯玉祥将军所部归直系统辖后，一直受着吴佩孚的压制和排挤。诸如在扩编队伍、发放军饷、军火等问题上，冯、吴之间经常发生冲突，冯对吴又从不肯俯首听命，特别是1923年北京政府在吴佩孚的威逼下撤了冯玉祥将军的河南督军职务，紧接着又克扣冯部军饷长达11个月不发，致使冯、吴之间矛盾更加尖锐。但是，冯玉祥将军深知自己反吴势孤力单，孤掌难鸣。于是，他除了积极训练部队加强战斗力外，便着手联络倾向革命的陕西陆军第一师师长胡景翼、大名镇守使兼第十五混成旅旅长孙岳等人，他们在反对曹、吴和拥护孙中山问题上达成了协议，并约定：“利用形势，相机而动。”

“只要各帝国主义分裂中国的状况存在，各派军阀就无论如何不能妥协，所有的妥协都是暂时的。”[⑥]事实正是这样，第一次直奉战争后，奉系军阀张作霖退回东北。为了向直系报仇和继续扩大地盘，企图再行入关夺取中央政权，他在日本帝国主义支持下埋头整军经武。他不仅从日本购进大批军火，还在日本帮助下大办军事工业。同时，张作霖还和全国各地的反直势力结成反直同盟。正当张作霖锐意整军奋战之时，曹锟、吴佩孚又疯狂叫嚣“以武力统一全国”，各地兵连祸结。穷兵黩武的吴佩孚为了先发制人，便策动陈炯明进犯广州，勾结英国帝国主义唆使广州商团叛乱，以牵制孙中山的北伐；同时又指令直系军阀齐燮元、孙传芳夹攻属于皖系的浙江督军卢永祥，1924 年 9 月爆发了江浙战争。张作霖与卢永祥订有同盟，江浙战起，张作霖便立即通电讨伐曹、吴直系军阀，他将奉军编为 6 个军，自任总司令，迅速向山海关和热河地区进发。

贿选总统曹锟得知奉军进逼的消息后，急召吴佩孚入京主持作战部署，9 月 18 日在中南海四照堂任命吴佩孚为讨逆总司令，并分军三路迎敌。第一路军彭寿莘为东路总司令，出山海关攻辽沈；第二路军王怀庆任中路总司令，出喜峰口攻平泉、朝阳；第三路军冯玉祥任西路总司令，出古北口攻赤峰、开鲁。正当两军在山海关激战之际，冯玉祥将军突然班师回京，以迅雷不及掩耳之势，发动了北京政变。

二

自从冯玉祥将军被任命为直军西路军总司令后，便积极开始准备倒戈的军事部署。他利用昏庸的曹锟将孙岳的第十五混成旅调来拱卫首都之机，为其政变布置了内应力量。待等一切布置妥善之后，冯玉祥才下达开拔命令，9 月 24 日从北京出发，8 天才走了 200 多里路，10 月 1 日到达古北口。冯玉祥将军以西路军无兵站为由，借口筹借军饷、粮秣便停了下来。他审时度势，一面积极探听北京和山海关前线的消息；一面作班师回京的准备。此时蛰伏于天津的皖系头子段祺瑞派代表来会见冯玉祥将军，表明段反对内战。代表告诉冯玉祥将军说段祺瑞已与山东督军郑士琦、山西督军阎锡山接洽妥当，届时定能采取一致的倒直行动。接着张作霖又派来代表马炳南联系。冯玉祥将军当即向马炳南表明：“只要你们的队伍不进关，我们的计划必能顺利进行，推翻曹、吴是不成问题的。”又说：“将来事成之后，拟请孙中山先生来主持大计，这一条你们是不是赞成？”马炳南回答说：“完全不成问题，一切听你的主张，我们没有不赞成的。”冯玉祥将军又重复说：“一是请孙中山先生北来，二是你们的队伍不进关，只此两条就成。希望赶快回去转达此意，切勿食言，现在是怎样商定的，将来就怎样实行。我这里已经布置妥当，不久就有主和息争的通电发出。”[⑦]最后，马炳南代表请求冯玉祥将军在热河的军事行动从缓，以便奉军从热河抽出兵力加强山海关一线的主攻力量，冯玉祥将军答应了马炳南的请求。

吴佩孚对冯玉祥将军所进行的倒戈谋划虽然毫无所闻，但是他对冯玉祥是不相信的。从战争开始他先后派王承斌、胡景翼监视冯玉祥的行动。然而王、胡却在不同程度上参与了冯玉祥的倒直同盟。所以吴佩孚对冯玉祥将军的防范已不起任何作用，相反更加坚定了冯玉祥将军发动政变的决心和信心。1924 年 10 月 11 日，冯玉祥将军进驻热河的滦平县，这时由于奉军加强了对山海关一线直军的攻击，致使直军前线形势十分危急。在平泉方面，王怀庆指挥的中路军原是直隶巡防营的旧班底，毫无战斗力，一经与奉军接触，即溃不成军。冯玉祥将军的西路直军因进军迟缓，始终未与奉军接火。当时整个战局对直军十分不利，于是吴佩孚不得不亲赴前线指挥。当冯玉祥将军得知东路直军九门口失陷和吴佩孚亲赴前线督战的消息后，便立即派参谋长刘骥火速回京会同胡景翼、孙岳两位将军完成政变部署。时过不久，冯玉祥将军接到吴佩孚参谋长张方严从前线拍来的催战电报：“此间形势危急，不有意外胜利，恐难挽回颓势。”催促西路军迅速前进，且有“大局转危为安，在此一举”之语。[⑧]接着冯玉祥将军接到他留驻北京的蒋鸿遇打来电报说：“前方战事紧急，吴已将长辛店、丰台一带所驻之第三师（吴的精锐部队）悉数调往前方增援。”[⑨]冯玉祥将军根据以上情况断定时机已到，不容再缓，乃于 10 月 19 日召集所部张之江、鹿钟麟、李鸣钟和胡景翼的代表邓宝珊等举行紧急会议，正式宣布班师回京推翻曹锟、吴佩孚统治。随即下达命令：“命胡景翼率开赴喜峰口及通县的军队，星夜南下，攻占京奉路之军粮城、滦州一带，截断京奉路直军之联络，并防阻吴军西归；命鹿钟麟率部由热河兼程返京，会同孙良诚、张维玺两旅开往北苑，再与留在北京的蒋鸿遇旅会同入城；命李鸣钟率兵一旅直驱长辛店，截断京汉、京奉两路交通；又命已抵承德的张之江、宋哲元两旅，限日班师。”[⑩]命令下达后各部火速向北京方向进发。先头部队鹿钟麟旅于 22 日到达北苑，当夜 12 时进抵安定门，孙岳的守城部队大开城门迎接冯玉祥将军部队入城。进城部队按照预先部署先后占领电报局、电话局和车站等交通要道，迅速地接管了北京全城的防务。不久，总统府的卫队也由孙岳的部队包围缴械，拘囚曹锟于中南海延庆楼内，解散了贿选的国会，驱逐了猪仔议员。此次政变由于计划周密，行动迅速，只在一夜之间便顺利成功。第二天全城贴满了安民告示，大街上佩带“不扰民，真爱民，誓死救国”臂章的士兵在巡逻，北京市民敲锣打鼓、燃放鞭炮表示庆贺。

23 日，冯玉祥将军回到北京，立即发出由他领衔主和电报：“国家建军，原为御侮；自相残杀，中外同羞。不幸吾国自民九以还，无名之师屡起，抗争愈烈，元气愈伤，执政者苟稍有天良，宜如何促进和平，与民休息；乃者东海衅起，延及东北，动全国之兵，枯万民之骨，究之因何而战？为谁而战？主其事者恐亦无从作答。本年水旱各灾，饥荒遍地，正救死之不暇，竟耀武于域中。吾民何辜，罹此荼毒，天灾人祸，并作一时。玉祥等午夜彷徨，欲哭无泪，受良心之驱使，作弥战之主张，爰于 10 月 23 日决意回兵，并联合所属各军另组中华民军，誓将为国为民效用。如有弄兵好战，殃吾国而祸吾民者，本军为缩短战期起见，亦不恤执戈以相周旋。现在全军已悉数抵京，首都之区，各友邦使节所在，地方秩序最关重要，自当负责维持。至一切政治善后问题，应请全国贤达急起直追，会商补救之方，共开更新之局，所谓多难兴邦，或即在是。临电翘企，伫候教言。”[11]随后，冯玉祥将军又用曹锟的名义下停战令，免吴佩孚本兼各职。25 日，冯玉祥将军召集军事政治会议讨论改革政治和处理政变后各项事宜。由于冯玉祥将军的努力，会议一致认为“孙中山先生领导国民党进行的国民革命运动是当前中国唯一的出路，只有实行孙中山先生的主张，才能彻底消灭军阀统治，改变中国的政治面貌；决议电请孙中山先生北上主持大计，以打开更新的局面。”[12]但在孙中山先生尚未北来之时，临时组成以黄郛为首的摄政内阁，处理政府一切事务。在 25 日会议上，冯玉祥将军还宣布：凡是参加政变的各部队，改为“中华民国国民军”以为国民效用。会议公推冯玉祥将军为总司令兼第一军军长，胡景翼为副总司令兼第二军军长，孙岳为副总司令兼第三军军长。此外，临时内阁还决定取消步军统领衙门，任命鹿钟麟为北京警备总司令。

当吴佩孚在山海关前线得知冯玉祥将军发动北京政变的消息时，马上把前线的指挥权交给副职张福来，亲率精锐部队万人回救北京。冯玉祥等将领早已料到吴佩孚要作最后挣扎，在天津周围严密布防，并派孙岳部长驱保定解决曹世杰的第十六混成旅。吴佩孚到天津后背腹受敌，几经接触，全军覆没，被迫由天津退到军粮城等待援军。吴佩孚离前线时已电江浙的齐燮元、孙传芳，及湖北的肖耀南率部北上增援，但因山东的郑士琦11月1日派兵封锁津浦路交通，阻止了江浙直军北上救吴。同一天，山西的阎锡山也出兵石家庄截断京汉路交通，使吴佩孚的豫鄂援军北上计划也成为泡影。不久，奉军入关占领唐山、芦台一带，吴佩孚处于三面包围中，吴佩孚见大势已去，只得登舰南下。至此，北京政变宣告胜利。

三

北京政变是中国近代史上的重要历史事件，它的历史地位和作用都是十分重要的。首先，北京政变的胜利提前结束了罪恶的第二次直奉战争，推翻了曹锟、吴佩孚祸国殃民的贿选政府，严重打击了北洋军阀的反动统治。军阀战争是飞扬跋扈的军阀为了争夺地盘在各帝国主义支持下的罪恶战争，第二次直奉战争又是一场人民受害最大的战争，双方调动60余万大军，耗资几千万元，给人民带来无穷的灾难。北京政变阻止了军阀对国家和人民的一次大破坏、大流血。尽管后来奉军入关和在津浦路及京津周围又挑起战端，但其战争的规模及其破坏程度是小而轻的。

贿选政府是曹锟、吴佩孚直系军阀以野蛮的军事镇压和金钱收买拼凑起来的极端黑暗和十分反动的政权。“曹锟上台之后，不仅吴佩孚得到英美大借款的帮助，武力统一之祸愈遍全国，而英美挟持曹锟这个软弱贪庸的机械于其手，予取予求将无不如愿以偿，中国国权领土之丧失将加倍迅速莫可究诘。”[13]曹锟、吴佩孚政权不仅对外卖国，而且对内镇压，“自京汉罢工，曹吴军阀显出他们凶恶狰狞的面目，施展他们压迫摧残的好身手，杀工人，封工会，逮捕、驱逐和开除许多工人，将二年来澎拜一时艰难缔造的北方和中部的劳动运动”[14]破坏得极为惨重。北京政变推翻这样的反动政权，该是国家和人民的大幸了。因此政变得到了广大劳动人民和一切进步人士的拥护和支持。孙中山先生首先致电庆贺：“义旗聿举，大憝肃清。诸兄功在国家，同深庆幸。”[15]由此可见，冯玉祥将军发动的北京政变推翻贿选政府的行动是符合历史要求和人民愿望的。

冯玉祥将军为了改革中国政治，向临时内阁提出五项施政方案，即：“一、打破雇佣体制，建设廉洁政府；二、用人以贤能为主，取天下之公才，治天下之公务；三、对内实行亲民政治，凡有设施，务求民稳；四、讲信修睦，以人道正义为根基，扫除一切掠夺欺诈行为；五、信赏必罚，财政公开。”新的临时内阁尽管遭到了国内外反动势力的反对，但它的成立却标志着臭名昭著的贿选政权的垮台。冯玉祥将军所拟的施政纲领虽然难以实现，但它却表明了冯玉祥将军及其同盟者的进步政治主张是正义的，因此这个新政府得到了社会进步力量的赞助和同情。

其次，北京政变的另一重大收获，是冯玉祥将军冲破种种阻拦，采取断然行动将清朝末代皇帝溥仪驱逐出宫，这是对辛亥革命的一个重要补充，是一个革命行动。辛亥革命虽然把封建皇帝赶下政治舞台，但在窃国大盗袁世凯和封建残余势力的袒护和支持下，清朝末代皇帝依然存在，溥仪依据民国给予清室的优待条例仍然拥有上千人员住在皇宫，照旧封官授爵，赐谥颁赏，僭用宣统年号，保持着一朝天子的派头。不仅如此，1915 年袁世凯为了称帝取得了满族王公的支持，他重申：“先朝政权，未能保全，仅留尊号，至今耿耿。所有优待各节，无论何时，断乎不变更，容当列入宪法。”[16]袁世凯的倒行逆施使溥仪的“小朝廷”变成了潜在中国民主革命道路上的一个隐患，1917 年 7 月张勋复辟就是这个隐患的突出表现。当时，冯玉祥将军率部平息张勋复辟后，就曾经决意驱逐溥仪出宫，为此他曾经发出通电：“一、取消清室优待条件，每年四百万两优待金立即停付；二、取消宣统名义，贬溥仪为平民；三、所有宫殿朝房及京内外清室公地园府，尽皆收归国有，以为公共之用；四、严惩此次叛逆诸凶，以遏奸邪之复萌。”[17]由于当时冯玉祥将军的地位和力量还未能掌握时局，他所主张的驱逐溥仪出宫的革命行动为段祺瑞所阻止未能实现。这次北京政变胜利后，冯玉祥将军大权在握，决意驱逐溥仪出宫，以实现多年的夙愿。11 月 5 日，冯玉祥将军指示北京警备总司令鹿钟麟、北京警察总监张壁会同社会知名人士李石曾等人，率军警乘车前往皇宫驱逐溥仪出宫。他们先将皇宫卫队缴械,随后向清室宣读修改后的优待条件：“一、大清宣统皇帝即日起永远废除皇帝尊号，与中华民国国民在法律上享有同等一切权力。二、自本条件修改后，民国政府每年补助清室家用 50 万元，并特支出 200 万元开办北京贫民工厂，尽先收容旗籍贫民。三、清室按照优待条件，即日移出禁宫，以后得自由选择居住，但民国政府仍负保护责任。四、清室之宗庙陵寝永远奉祀，由民国酌设卫兵妥为保护。五、其一切私产归清室完全享有，民国政府当为特别保护；其一切公产，应归民国政府所有。”[18]宣读后，鹿钟麟警告溥仪说：“在我们中华民国，不允许皇帝存在，我们有对待皇帝的办法。”溥仪大惊，立刻答应迁出宫禁。随即交出印玺，收拾私物，在鹿、张、李等人的监视下一起离开皇宫。事后，冯玉祥将军又指示临时内阁组成清室善后委员会，负责对皇宫保存的历代文物进行清点、登记、整理、保管，以防遗失或毁坏。皇宫由鹿钟麟派兵严密接管。

冯玉祥将军驱逐溥仪出宫的消息传出后，举国上下拍手称快，唯独遭到段祺瑞的反对。段祺瑞从天津致电冯玉祥将军：“顷闻皇宫锁闭，迫移万寿山（实际上迁至醇王府——笔者注）等语。要知清室逊政，非征服比，优待条件，全球共闻。虽有移住万寿山之条，缓商未为不可。迫之，于优待不无刺谬，何以昭大信于天下乎？望即从长计议。”冯玉祥将军阅毕十分气愤，马上复电谓：“此次班师回京，自愧尚未做一事，只有驱逐溥仪，乃真可告天下后世而无愧。”[19]北京政变冯玉祥将军“驱逐帝制余孽溥仪，以完辛亥革命未竟之功”。[20]这是冯玉祥将军反封建思想光辉之所在，是中国人民反帝反封建民主革命的一个胜利。

第三，北京政变历史地位的重要性，是在冯玉祥将军于政变胜利后电请孙中山先生北上“主持大计”，使孙中山先生北来宣传革命成为可能。冯玉祥将军的邀请和孙中山先生的北来，都是顺乎当时中国革命形势和人民愿望的，因此中国共产党和其他进步人士都发表宣言表示支持。我党早就建议孙中山先生必须面向全国进行革命宣传和革命组织工作，必须“造成全国的舆论及民众的后援，庶几进可制胜军阀，退可扩大宣传”。[21]因此，我们要“站在革命的立场上，热诚地表示欢迎，并愿谆切报告于大众以中山先生北来之意义”。[22]在北京政变前，冯玉祥将军就在一定程度上受了孙中山先生革命思想的熏陶，尤其是在我党帮助孙中山先生改组国民党后，他对孙中山领导国民革命更加向往，视孙中山先生为导师和领袖。因此，冯玉祥将军在酝酿北京政变及政变始终，坚决主张把收拾大局的重任寄托在孙中山先生的肩上。政变胜利后，他马上给孙中山先生发出速驾北来的电报：“辛亥革命，未竟全功，以致先生政策无由施展。今幸偕同友军勘定首都，此役既平，一切建国方略，尚赖指挥，望速命驾北来，俾亲教诲。”[23]孙中山先生为了迅速实现全国和平统一，同时也为了“拿革命主义去宣传”，便毅然决然接受邀请。11月10日，孙中山先生发表北上《时局宣言》，重申反对帝国主义和反对军阀的政治立场。他认为实现国民革命的关键在于人民掌握武装，提出废除不平等条约，要求召开国民会议。11 月 13 日，孙中山先生偕夫人宋庆龄乘永丰舰离粤北上。一路上孙中山先生高举反对帝国主义的旗帜，宣传召集国民会议和废除一切不平等条约的主张，同帝国主义分子和反动军阀进行了不调和的斗争。

在这个时期中，由于孙中山先生积极推行“联俄、联共、扶助农工”的三大政策，获得了我党和广大工农及进步力量的支持，革命精神空前高涨，敢于理直气壮地明确宣布坚定反帝反军阀的立场。他对外国记者说：“帝国主义，不仅是我们走向独立自由道路上的主要障碍，而且是我国的反革命中最强有力的因素。”[24]他在上述的《时局宣言》中鲜明地指出对外要消灭帝国主义在中国的势力，使“国家之独立自由可保”；对内要消灭军阀势力，使“民治之基础莫能摇动”。[25]他还要求召开没有反动军阀和政客参加的国民会议，“以谋中国之统一与建设”。[26]宣言的最后指出：“国民之命运，在于国民之自决，本党若能得国民之援助，则中国之独立、自由、统一诸目的，必能依于奋斗而完全达到。”[27]孙中山先生的北上宣言得到了全国广大人民的共鸣，同时也遭到了国内外反动势力的反对。孙中山先生途经上海时，帝国主义分子出于对孙中山先生的仇恨和畏惧，妄图阻挠他在上海的革命宣传活动，大肆叫嚷什么：“上海不需要孙中山，应阻止他登岸。”英帝国主义者竟然发出恶毒叫嚣：“要驱逐孙中山出上海”，“绝不理睬孙中山所提出的废除不平等条约的要求”[28]等等。对于帝国主义分子的这种蛮横的卑劣行径，孙中山先生予以坚决回击，他指出：“中国人民早已不能忍耐外国侨民在中国领土之飞扬跋扈。”第二天他再次指出：“中国现在祸乱的根本，就是在军阀和那援助军阀的帝国主义者。”“我们这次来解决中国问题，在国民会议席上，第一点就要打破军阀，第二点就要打破援助军阀的帝国主义者。打破了这两个东西，中国才可以和平统一，才可以长治久安。”

在帝国主义分子捣乱面前，孙中山先生无所畏惧地表示：“我为救全中国同胞，求和平统一，开国民会议，去冒这种危险！”[29]他途经日本时，指出帝国主义“共管中国之说，是外国人做梦！”中国人民“有能力来解决全国一切大事”。[30]11 月 25 日，孙中山先生在神户演说时指出：“革命的力量，无论在古今中外的哪一国，一经发动之后，不走到底，不做成功，都是没有止境的。”[31]“要军阀绝种，便要打破串通军阀来作恶的帝国主义：要打破帝国主义，必须废除中外一切不平等的条约。”[32]孙中山先生一路北上途中到处接见记者，发表演讲宣传废除不平等条约好召开国民会议。他的主张博得广大爱国华侨和国内各界爱国人民的拥护。与此同时，中国共产党在全国各地发起了召集国民会议和废除不平等条约的群众运动，有力地支援了孙中山先生的革命活动。孙中山先生北上途中受到人民的极大欢迎，12 月 4 日到达天津时，迎接群众达两万余人；31 日入京，受到各界 10 万余人的隆重欢迎。

孙中山先生的北上，是对国内外一切反革命势力的示威，他的每一次讲话都是颗颗重型炮弹，沉重地打击了帝国主义和军阀政客，唤起了中国人民的觉醒。由此可见，北京政变为孙中山先生开拓北上宣传革命的道路发挥了巨大的作用。正如孙中山先生所说的那样：北京政变“虽然不是完全的革命举动，但是他们欢迎我去，便是给我们以极好的宣传机会”。[33]

第四，北京政变的再一个意义是为国民会议运动开拓了前进的道路。国民会议运动是我党 1923 年反对曹锟贿选提出来的引导群众反帝反封建军阀的政治口号。由于贿选政府及各地军阀对人民实行高压政策，致使运动没能顺利展开。北京政变胜利后，孙中山先生又适时提出召集国民会议的主张，得到了我党的积极支持。1924 年 12 月 3 日，《向导周报》指出：“第一，因为这个会议无论将来成功或失败，眼前便给我们以民众的政治活动之机会；第二，将来成功固佳，即使失败也能够给一部分人以革命需要的教训。”[34]在我党的领导和影响下，各地分别成立了国民会议促进会，发挥组织和指导作用，把国民会议运动推向新的高潮。中共中央还及时指出段祺瑞召开的善后会议“是段祺瑞要用军阀制度而藉着帝国主义的帮助，以统治中国人民的工具”，从而号召工农和各界人民“赶快组织起来，赶快制止军阀的阴谋，赶快努力国民会议之召集！”[35]

由于反动势力的强大，北京政变后，中央政权还是落在军阀手里，段祺瑞被推为“执政”。1925 年 2 月，段祺瑞不顾全国人民的反对悍然召开代表军阀利益的善后会议，已在北京的孙中山先生不但拒绝参加，并给国民党下达了抵制善后会议的通知。为了反对善后会议的召开，我党和国民党左派所倡导的国民会议在历史上是空前的。中国共产党领导人之一李大钊参加并领导了大会，保证了大会的顺利召开。大会不仅抵制了善后会议通过的决议，而且还讨论了中国革命的问题，并相应地作出决议。这一决议虽然不能为段祺瑞的反动政府所采纳和执行，但它向全国各界人民表明了斗争的目标和方向，对于引导群众进一步参加民主革命运动起到了积极的推动作用。

当时，我党对国民会议并不存在幻想。中共北方区委机关刊物《政治生活》曾经指出：“我们始终不当忘记的是，国民会议之本身是一种革命的口号，是一个号召民众之真切的标语”，是一次“公开的，合法的”进行革命斗争的机会。在国民会议运动中，人民得到了教育，认识到了反动军阀是绝对不甘于退出历史舞台的，他们是绝对不会通过议会的形式把政权交给人民的，只有用革命的武装才能把他们赶下台去。

综上所述，可知国民会议运动具有巨大的宣传和组织民众积极参加反帝反封建民主革命运动的作用，它使各界人民广泛地将爱国运动与工农运动密切地联系起来了。国民会议运动是北京政变后直系军阀垮台、新军阀政权尚未巩固起来的一次广泛的反帝反封建的爱国运动。这次运动终归由于反动势力的强大而没能促成国民政权的产生，但它却揭露了帝国主义支持中国军阀官僚与中国人民为敌的狰狞面目和卑鄙伎俩，人民受到了锻炼，为革命播下了种子，扩大了宣传，具有伟大的历史意义。总而言之，以北京政变为契机的、在我党和国民党左派领导下的国民会议运动给人民以教育和鼓舞，给敌人以揭露和打击，它在中国近代史上闪烁着耀眼的光辉，是我党领导统一战线的一次成功的尝试，党为即将到来的北伐战争在政治上、思想上做好了准备。

此外，北京政变还为我党领导的北方工农运动扫除了障碍，在有利的客观形势下，我党把工农运动推向了新的高潮。北京政变后，1925 年至 1926 年全国各地，特别是北方各省区开展了一连串的工农革命运动，壮大和加强了工农革命的力量。1924 年年底，我党在北京成立了以李大钊、赵世炎等同志为领导的北方区委执委会，统一领导了整个北方包括东北和西北广大地区的革命运动。他们在正确分析北京政变后的客观形势时指出：“国民军客观上是人民的工具，因为它是站在人民一方面，不与帝国主义者勾结，主张开国民会议解决国事，给人民发展势力的相当自由。”[36]因此北方区委采取了联合国民军，打击段祺瑞和奉系军阀的斗争策略。由于李大钊派革命同志到国民军中工作，并亲自作冯玉祥将军的工作，使国民军在一定程度上维护了人民群众的利益。在此期间，李大钊等同志还以极大的毅力用合法斗争的手段，利用国民军的关系救出了“二七”以来被关押的工人领袖，解决了因罢工而失业的工人的工作。

使工人运动在1925年年初又恢复到了“二七”罢工前的局面。2月7日，在郑州召开了全国铁路总工会第二次代表大会，大会宣言指出：“我们所受的压迫越大，我们的精神越奋发，去年今日只能在密室中开会，现在我们于第二次‘二七’纪念日又到郑州开会了，我们因此愈觉阶级势力的伟大，这是历史的教训，鼓舞着我们无限的勇气。我们的工会运动从此又到一个新的时期了。”㊲除铁路外，这时期北方各地的各行各业工人在党的各级组织的领导下，开展了反帝反军阀的爱国运动，尤其是工人的罢工斗争呈现出“空前未有之现象”。除了铁路交通外，还有印刷、造纸、织布工人的罢工斗争。尤其北京几百家菜园工人及宣化、张家口的皮行工人也卷进了罢工斗争的行列。在罢工斗争胜利的基础上，李大钊同志运用群众的智慧建立了“工人同志会”的组织。1925年11月成立了北京总工会。

在开展工人运动的同时，李大钊等同志还在北京郊区开展了农民运动，使工农运动结合起来了。青年学生运动更呈现出一派革命的气氛。在各行各业开展革命运动的基础上，中共北方区委积极慎重地发展了党团组织，为了培养革命运动所需要的干部在北京成立了第一所党校，招收学员300余人，经过短期训练派往各地从事革命工作。由于中共北方区委抓住北京政变后的有利形势，对国民军进行争取的工作，为革命创造了有利的条件，因此进一步加速了北方革命运动的步伐，使1925年以后直到1926年“三·一八”以前，北方各地的群众运动呈现出群众革命运动的新气象，各地集会、游行、示威接连不断，参加群众达到几十万人，为“五卅”运动前后北方革命进入新的高潮和不久开始的北伐战争打下了基础。

总而言之，北方可喜的革命形势的出现，尽管有旋涡，有挫折或局部失败，但革命的总趋势是向上的，这不能不归功于北京政变的胜利给开拓的有利途径。如果没有1924年北京政变，军阀政权照旧继续压制人民，革命的形势是不会那么顺利到来的，这就是北京政变意义的所在。由此可见，北京政变在某种意义上也是一种革命，是资产阶级民主革命的一部分。

从上论述，可以看出北京政变的历史作用是巨大的，它推动了历史车轮的前进，为北伐大革命做了准备，在近代革命史上，具有重要的地位。

四

尽管北京政变具有一定的历史地位和作用，然而政变的领导者冯玉祥将军当时毕竟还不是一个成熟的政治家。当时中国共产党和其他革命力量与反革命力量相比还处于弱小地位，因此在北京政变后不久，政权便落入了段祺瑞和奉系军阀张作霖手中。形势的逆转使冯玉祥将军的进步主张遭到挫折。冯玉祥将军心灰意冷，深感自己没有脸去见已经入京的孙中山先生，“他感到见了孙中山先生将不知如何谈起。而且他还顾虑到，如果与孙中山先生过于接近，将会招致段祺瑞对他的猜疑和不满。”[38]这种牵强附会的认识只能说明冯玉祥将军是个政治斗争的门外汉罢了，虽然冯玉祥将军政变之初抱着推翻曹、吴的贿选政府，扫除军阀势力，拥护孙中山先生的三民主义和实现国家和平统一的愿望，但由于他对革命认识不足，没有明确的革命策略和主张，又由于当时反动势力还很强大，奉系和直系残余时刻威胁着国民军的存在和发展。更主要的是冯玉祥将军在当时历史条件下还没有依靠无产阶级和广大劳动人民的革命胆略和勇气，致使北京政变在军事胜利之后，便一步一步走向失败的道路。后来冯玉祥将军在回顾北京政变时曾经谦虚地说：“因为我对于革命，只有笼统的观念，没有明确的主张。革命主义，革命的方法，在从前我都没有考察，所以只有一、二点改革式的革命，而没有彻底的作法。我也赤裸裸地说出来，好使国人知道我作的忽而是革命，忽而又不像革命，其缘故到底是怎么一回事。就革命的观点上说过去，若说是中国革命者，是一个中山主义者，我都不配；至于马克思主义，列宁主义与世界革命的话，更是说不上了。”[39]由此可见，冯玉祥将军所发动的北京政变在当时历史条件下只能为民主革命开拓出一个有利的客观形势，而不能铲除封建军阀赖以生存的社会基础，更不能推翻帝国主义在中国的统治。这个历史使命只有中国共产党领导中国人民实现彻底的新民主主义革命才能胜利完成。但是，我们却绝不能由此来否认北京政变的历史地位和意义。

北京政变是继辛亥革命、讨袁运动之后的又一次资产阶级民主革命的发展，它为北伐战争揭开了序幕，同时也是我党统一战线运动的一次胜利。我们研究近代史，不能也不应该忽视这一历史事件的功绩。

注：

①、②、⑬、㉑:《蔡和森文集》，第 692、673、362、680 页。

③、㉒、㉞、㊲: 转自李新主编《中国民主主义革命时期通史》第一卷，第 160、204、214 页。

④:《冯玉祥将军魂归中华》，第 7 页。

⑤、⑦、⑧、⑨、⑪、⑫、⑮、㉓、㊳: 鹿钟麟等《冯玉祥将军北京政变》见《文史资料选辑》，第四辑。

⑥:《毛泽东选集》，第 49 页。

⑩、⑳、㊴: 冯玉祥:《我的生活》下册，第 404、491、492 页。

⑭、㉟:《六大以前》，第 69、235 页。

⑯: 鹿钟麟:《驱逐溥仪出宫始末》，见《天津文史资料选辑》，第四辑。

⑰: 冯玉祥:《我的生活》，上册，第 254 页。

⑱、⑲: 吴锡祺:《驱逐溥仪出宫》，见《文史资料选集》第四辑。

㉔、㉘、㉙: 转引自尚明轩:《孙中山传》，第 304–306 页。

㉕、㉖、㉗、㉚、㉛、㉜、㉝:《孙中山选集》，第 952–973 页。

㊱:《张太雷文集》，第 100 页。

勿忘季振同同志

1931 年 12 月 14 日，国民党第 26 路军下辖 2 个师 6 个旅 11 个团，17000 余人带着两万多件武器于江西宁都举行起义，宣布加入中国工农红军的行列。这一壮举极大地增强了红军的力量,使红一方面军由第一次反“围剿”时的 40000 多人发展到 60000 多人。这是中国革命史上具有重大意义的历史事件。

宁都起义是在刘伯坚等代表中央革命军事委员会的具体安排下，由原国民党第 26 路军参谋长赵博生和该军第 74 旅旅长季振同、73 旅旅长董振堂和 74 旅第一团团长黄中岳共同组织策划与领导下发动的。起义后，部队开入中央苏区改编为红五军团。中央领导根据他们在起义中的功绩，任命季振同为红五军团总指挥，赵博生为红五军团参谋长兼 14 军军长，董振堂为副总指挥兼 13 军军长，黄中岳为 15 军军长。

70 年过去了，赵博生、董振堂在宁都起义和红五军团中立下的丰功伟绩已彪炳史册，为国人所知晓。可是曾任宁都起义总指挥，在起义中“具有

▲宁都起义领导人：左起季振同、董振堂、赵博生、黄中岳

任何人都不能替代地位”[①]的，起义后被任命为红五军团总指挥的季振同和在起义中发挥了巨大作用。起义后被任命为红五军团第15军军长的黄中岳，1932年5月无端地遭到“左”倾教条主义者的猜忌和怀疑，以莫须有的“谋叛”罪名被逮捕，被公审，被定为死刑（后改为10年徒刑），1934年长征前被保卫局处决了。从此，他们的英名和事迹被人遗忘，直到1981年，党中央对季振同、黄中岳予以平反。尽管如此，今天众多的人们仍不知晓他们的历史。作为史学工作者有必要大声呼吁：“勿忘季振同同志！”

一、季振同是一位倾向革命的爱国将军

季振同，1901年5月6日生于河北省沧县狼儿口村的一个破落地主家庭。幼年曾进私塾读“四书”、“五经”。父亲去世后，家况愈下，母亲将其寄养在外祖父家。未几，开始独立生活，婚后以摆渡为生。1919年春他赴北平谋生，时值“五四”爱国运动发生，他目睹青年学生的爱国热情，受到鼓舞，立志做一名爱国军人，遂进冯玉祥部队在“模范连”当兵。不久升为班长，被选送到保定军官学校，毕业后回“学兵连”任排长。季振同十分仰慕冯玉祥，处处事事以冯玉祥为榜样，以身作则训练和影响士兵。他的马术最为出色，有一次部队驻丰镇时，冯玉祥陪同苏联顾问察看部队军事训练，时部队安排季振同马术表演。季振同跨马出场，跳越障碍，劈杀、马上射击等诸项表演得非常精彩，博得了部队上下异口同声的称赞，苏联顾问对冯玉祥说：“了不起啊！这样的马术在哥萨克也不多见。”[②]

1924年冯玉祥发动北京政变胜利后趁机扩大部队，由一个师扩充到六个师。季振同在短时间内由连长晋升到营长，又晋升副团长，不久被选调为冯玉祥卫队团团长。季振同在冯玉祥身边，深受其影响，他除了工作外，就是看书学习，此期间他读了达尔文的《进化论》、孙中山的《建国大纲》、拉狄克的《中国革命问题》和《甘地小传》等名人传记。他经常对身边的人说：“这些都是好书，使我头醒目明。”“应该为劳苦大众做有益的好事，自己需奋进！不然我会被历史淘汰。”[③]可见这些进步书籍对他很有影响，对他后来的思想变化发生了一定的推动作用。

1926年冯玉祥五原誓师后，赞同共产党人在国民军中建立各级政治机关。刘伯坚、邓小平等一批共产党人先后进入国民军，刘伯坚任政治部副主任，邓小平任军政学校政治部主任。从此季振同获得了与共产党人直接

接触的机会，受到了共产党人的政治影响，思想上进一步倾向革命。季振同钦佩这些共产党人，感到与他们一起革命前途光明。共产党人的形象在他的心目中留下了深刻的印象，他尤其敬重刘伯坚，曾大胆地说："如果国民联军的军官个个都像刘部长那样，我们的军队就能无敌于天下！"④

在北伐过程中，季振同的卫队团除保卫冯玉祥总部外，有时也上战场拼杀。1927 年，冯军在彰武地区受到奉军的攻击，情况十分危机。在关键时刻，冯玉祥命令季振同率卫队团上阵。季振同率部猛插敌人中间，卫队团以一当十，以十当百，英勇作战，突破敌人防线，使战局迅速扭转。季振同指挥果敢，战绩辉煌，受到冯玉祥和苏联顾问赞扬。在战斗中季振同颈部受伤，被送到北京协和医院治疗，冯玉祥曾亲自探望，并把自己的内侄女许配给季振同。未几，蒋汪合流，冯玉祥也走上了排共的道路，季振同对此表示不理解，曾一度流露出惋惜和苦闷的情绪。

1928 年，冯玉祥为了培训自己的军官，成立了"将校团"，自任团长，任命季振同为副团长，具体负责全军的营、团级军官的训练任务。不久，战端再起，"将校团"解散，季振同升任手枪旅旅长。

北伐结束后，冯玉祥的第二集团军占了青、甘、宁、陕、鲁、豫六省的广大地域，他手下的一些战将成为封疆大员。由于各方面的影响，使其内部日趋腐败矛盾不断激化。季振同对此现象极为不满，他曾对冯玉祥说："韩复榘、石友三离总司令的要求太远了！"冯玉祥听后极为赞赏，对季振同寄予厚望，要他把部队训练好，还送他一部《资治通鉴》。季振同遵照冯玉祥的教导，在手枪旅与士兵同吃同住在一起。他同情士兵，为士兵解决困难。他用人唯才是举，不称职均不委任要职。面对有才干的下属，他都十分信任和重用，因此许多人都愿与他共事。他在"学兵团"认识的黄中岳就是一位才干出众、很有头脑、为人精明干练的军官，后归宋哲元指挥。后黄与宋不合，曾拉走一个团。季得知后，请黄来队，从此结为兄弟，委他为主力团长。1929 年韩复榘、石友三叛冯投蒋。蒋冯矛盾加深，不久爆发了中原大战。10 月冯玉祥部队瓦解，残部交给孙连仲收容，此时季振同的手枪旅改建为第 14 师，也归孙连仲部下。未几，这支部队被蒋介石收编，为第 26 路军的番号，命令开往山东济宁一带整编。

整编后，季振同、董振堂都由师长降为旅长，董振堂为第 25 师第 73 旅旅长，季振同为 74 旅旅长，师长由第 26 路军总指挥孙连仲兼，赵博生为第 26 路军参谋长。1931 年 1 月，蒋介石命令第 26 路军赴江西参加对红军的“围剿”战争，部队进入中央根据地前沿宜黄、乐安一线时，官兵亲眼看到红军写的标语：“打倒国民党蒋介石！”“打倒土豪分田地！”“打倒帝国主义！”还有“欢迎白军兄弟们拖枪来当红军”、“红军官兵平等”等标语，使26路军官兵为之一震。曾与共产党人相处过的季振同等人无限感慨，他便对身边的人说：“过去讲共产党是‘赤党’，共产党的军队是‘赤军’，我们五原誓师后也被称之为‘赤’，赤是红色的，真心为国家做事的人才真赤。”接着他问大家：“谁是真正的革命武装呢？”不等大家回答，他深有感触地说：“得劳苦大众之心的军队，才是真正的革命工农武装。”⑤

到江西后，季振同的思想发生了激烈的变化，他开始相信“只有共产党能救中国”的革命信条了。在此期间，他盼望能找到共产党，遂派人寻找刘伯坚。他是第26路军中最早派人寻找中共组织的高级军官之一。他首先派曾经是共产党员，后与党失去联系的74旅政训处处长胡景陶秘密去山西找冯玉祥或鹿钟麟，想通过他们再寻找中共党组织。不久，胡景陶从山西汾阳带回冯玉祥的话：“只能与共产党做朋友，不能为敌。要掌握好部队。”⑥

第26路军进驻宁都后，广大官兵思乡、厌战、恐惧的情绪迅速蔓延，加上“围剿”屡次受挫，薪饷久拖不发，许多士兵染上了疟疾，无药治疗，每天死数百人。“此时士兵生活上，精神上痛苦到了极点”。⑦季振同面对这种腐败现象，十分气愤地说：“这都是他妈的孙连仲干的，这个喝兵血的家伙，卖假的金鸡纳霜欺骗士兵，让兄弟给他卖命，现在士兵死的横尸遍野，伤的没有药治，活的没有饭吃，26路军处于绝境之地！”⑧

“九一八”事变后，中国共产党积极开展北上抗日宣传活动，季振同在党的影响下，曾多次向部队讲：“我们绝不当亡国奴，不当殖民地！我们要自强，雪国耻，收复国土主权。要有勇气回北方去，坚决抗击日寇去！”他首先带头提出并第一个签名打电报给蒋介石，请准许“回北方，打日本”，“谁不让我们去，谁就是卖国”。⑨孙连仲此时想趁机摆脱困境，稳住部队，也同意电呈蒋介石，但他没有签名。部队未等蒋介石电复就离开宁都向北开拔，刚到达20公里处的胡岭嘴时就被蒋介石的电报挡了回来，责令他们“死也得死在宁都”！这件事的发生，进一步激怒了季振同对蒋介石的愤恨和不满。未几，赵博生、季振同、董振堂等人组织了“同志会”⑩，开始了有计划的与红军联络和准备组织起义的工作，为宁都起义在思想上、组织上打下了基础。

二、季振同是宁都起义的总指挥

第74旅是26路军的主力旅，其装备精良，训练有素，战斗力强。当时这个旅全部驻防宁都城内，担任城防和要地守卫任务。可见74旅是宁都起义的一支举足轻重的力量。

赵博生在起义前加入了中国共产党，党组织交给他的任务是争取季振同、董振堂参加起义。在这里与其说赵博生显示了组织和策划起义的才干，不如说是赵博生、季振同和董振堂三人不谋而合，他们彼此是十分信任的。他们遵照刘伯坚的指示，12月12日午前10时在宁都南山上开会共推革命领袖。“季同意赵，赵、董同意季为革命领袖。”⑪赵、董推举季振同为总指挥不仅仅是因为季的74旅掌握城防，是26路军的主力旅，这是次要的。主要的原因是赵、董了解季振同是真正的革命者，如前所述，季是一位深受共产党影响的爱国将军，在江西走投无路时他曾首先派人找中共党组织。他反对蒋介石对红军的“围剿”战争，最后走上了与国民党彻底决裂的道路。由此可见，季振同参加宁都起义是有着牢固的思想基础的。同时，季振同的军事指挥才能也在赵、董之上。

地下党和三人为主要成员的“同志会”十分明确，要保证全军起义成功，就需要一个能够掌握和控制全军的人物出来指挥。当时26路军的地下党负责人显然不具备这个条件；参谋长赵博生虽在全军中有较高的威望，但赵博生不是主官，按当时规定，他是不能直接掌握或指挥部队的；董振堂虽是73旅旅长，但他能掌握的部队只有一个团和旅直学兵连，其他两个团的团长是反动军官。这就是把季振同推上指挥岗位的主要原因。其次，季振同的本人条件也使他能够发挥总指挥的作用，他不仅能顺利地指挥第74旅这一主力旅，而且因为他曾担任过冯玉祥部队的“将校团”副团长，26路军各部都有他的学生，都会听其指挥的。总之，就当时起义领导人的威望和指挥才能非季莫属。至此，“赵博生已不是指挥季振同的人，而是心甘情愿受季振同指挥的人。”⑫季振同对起义的态度是坚决的，积极的，他为了团结教育和争取74旅全军参加起义，对黄中岳、苏进等进步军官做了大量工作，他指出：“只有起义当红军，才是唯一出路。”为了麻痹敌人，为了使部队抖擞精神，以饱满的热情迎接新生，他命令部队正式操练。当他接到中央革命军事委员会部署起义时间为12月13日和起义后将起义部队改为红16军时，冷静地提出两条建议：其一，建议起义时间推迟一天，改为14日晚。因为当时他获悉26路军的两万多套冬衣和12月份的薪饷、经费已运到广昌，不日到达宁都，如果13日起义，冬衣和饷款就不会得到了，这将是一笔不小的损失。如果推迟一天，得到饷款和冬衣，该是多好啊！就当时情况看，只要保守机密，推迟一天是完全可以的。他的建议得到赵博生、董振堂和地下党负责人的赞同和支持，经过请示中央同意，起义时间改为14日晚。这个建议的实现，不仅有助于稳定起义部队的情绪，而且对缓解红军的供给困难也具有一定作用。由此可见，这只能是季振同对革命事业的无限忠诚，而绝不是"左"倾分子所诬蔑的那样："是季振同对起义的犹豫和动摇。"其二，季振同以大无畏的思想建议中央领导对起义后的红16军番号再作考虑。26路军下辖两个师，六个旅，12个团，约两万余人。而当时红军建置是军下设师，师下设团，没有旅的建置。当时红一方面军，共30000多人，分为一军团和三军团共六个军，每个军约4000余人，如果把两万余人的部队编为一个军，显然在人员安置上会出现很多问题。作为起义部队总指挥的季振同，当然会以主人翁的精神提出这个不合实际的问题。可是后来一些"左"倾机会主义者却把季振同这个合情合理的、又被中央接受的把起义部队编为第五军团的建议诬蔑为"名利思想"，显然是十分错误的。

季振同的两项建议对宁都起义的成功具有巨大意义和作用，正因为季振同敢于以主人翁的思想提出合理建议，中央负责人及时接受，这就使季振同等人和起义官兵义无反顾地举行了著名的宁都起义。季振同在指挥起义过程中显示了他的聪明才智。宁都起义的前几天，季振同就命令部队不断紧急集合，以麻痹敌人，便于起义时突然下手。未几，他命令74旅第2团接替城防任务，把精锐的第一团换下来，担任起义的主要任务。14日下午2时，季振同按照事先与赵博生、董振堂等策划好的计划，召开了74旅营以上军官会议。他详细地作了起义的部署，首先严肃认真地向军官们作政治动员说："各位，现在日本帝国主义侵略东北，窥伺华北，我们祖国的命运已处在风雨飘摇之中。国家兴亡，匹夫有责，何况我们都是正规军人。我们要求抗日，打回北方去！蒋介石却热衷打内战，置国家、民族利益于不顾。我们再不能这样下去了！我们坚决要求北上抗日！蒋介石不准许，我们就绕道广东，然后再打回北方去！"[13]季振同动情的话，使大家十分激动，黄中岳、苏进等进步军官首先纷纷表态说："听旅长的话，照旅长的话办事！"

其他军官也先后表示同意。

随后，季振同部署了具体的任务：他命令74旅1团特务排会同73旅学兵连及26路军总部执法队负责控制总部、第25师师部和蒋介石特务部门的三部电台；命令负责城防的74旅2团6时之前切断城内通往城外的电话线，断绝宁都与外界的一切联系，全部戒严，关闭城门，不准任何人进出！命令74旅1团3营营长严图阁率部接替总部特务营的警戒任务，并由9连负责缴械和扣押在总部参加赵博生宴会的团以上反动军官和卫兵的任务；接着又命令74旅1团1营营长卢寿椿率部解决第25师师部，其余部队由苏进副团长指挥集合在县衙院中待命。6时半，季振同下达了起义的命令，各路起义部队跑步向各集合点执行任务。

由于部署正确，指挥果断，经过一夜的战斗，起义已告成功。除了第25师师长李松昆逃跑带走驻石上的一个团外，26路军的两个师、六个旅、11个团，共17000余人携带两万余件武器全部参加了起义。起义胜利后，遵照中央的指示，起义部队迅速离开宁都。季振同命令董振堂率73旅为前锋出东门，过梅江直接开往中央革命根据地。其他起义部队各旅依次跟进。以防中途发生意外，季振同亲率74旅殿后。离开宁都前，季振同命令74旅的一个参谋留守，要他在部队走后把扣押的反动军官放掉，每人发300元各奔前程。

15日晚，殿后的74旅才到达彭湃县苏维埃政府所在地——固厚圩。季振同走在部队的最前边，在熊熊燃烧的火把照耀下，他一眼就看到了朝思暮想的刘伯坚迎面跑过来，季振同跑步迎上去，两个人紧紧地拥抱在一起，眼中涌出了热泪。季振同激动地说："我好想你呀！"刘伯坚说："昨晚我一夜没睡觉，真替你们担心呀！"晚饭后，季振同向刘伯坚等中央首长汇报了起义的主要经过。随后，在刘伯坚的主持下，讨论和研究了宁都起义的宣言，并很快发出。宣言向全中国人民庄严宣告，原国民党第26路军广大官兵不堪忍受国民党军的压迫，终于向热衷于打内战的蒋介石发出猛烈的一击，具有历史意义的宁都起义胜利了。

总而言之，季振同在指挥宁都起义的过程中与赵博生、董振堂和地下党领导人密切合作，起义前周密部署，起义时果断指挥，起义后从容撤离，为宁都起义的完全胜利做出了卓越的贡献。对于季振同在指挥26路军全军起义方面所做出的杰出贡献，早有定论，参加起义的原73旅学兵连地下党支书李青云在起义后的一次会议上曾客观地评价说："赵博生不掌握兵权，董振堂只能带动73旅旅直和一个团，如果不是74旅参加，不可能有这样规模的宁都起义。"[⑭]肖劲光同志也著文指出："由于季振同率74旅参加宁都起义，使这样大规模的起义得以顺利实现，季振同是有很大功绩的。鉴于季振同对整个起义部队的影响，我党任命他为红五军团总指挥。"[⑮]总之，"他在整个起义部队中有任何人都不能替代的地位"。[⑯]

三、季振同是红五军团的首任和二任总指挥

宁都起义的第三天在固厚圩的打禾场上，刘伯坚代表中华苏维埃政府和中共中央军委授予起义部队以红军第五军团的番号，并宣布了任命书。任命季振同为红五军团总指挥，董振堂为副总指挥兼13军军长，赵博生为红五军团参谋长兼第14军军长，黄中岳为第15军军长。接着季振同讲话，他说："半年多来，我们亲眼看到了苏区的许许多多的事情，把帝国主义、国民党军阀、地主、资产阶级对共产党和红军诬蔑的谣言揭穿了，亲眼看到了苏维埃政府和红军受到千百万劳苦大众的真心拥护。"最后，他号召全军团高呼："我们为中国的真正独立与统一而英勇奋斗！，"[⑰]红五军团的诞生具有重大的历史意义，正如《军委总政治部关于一、三、五军团分编问题给各级政治委员的指示信》中所指出的那样："去年宁都兵暴产生了红军第五军团，增加了红军的一支主力军，在中国革命过程中记载了一段光荣的历史。"经过几天的行军，部队进驻瑞金附近的沿坝、石城和九堡一带，按着中央军委的指示，红五军团开始了整编工作。中央军委为了改造这支部队很快地派来了以肖劲光为首的一大批有部队经验的，特别是有改造旧军队经验的同志们去担任五军团各级政治委员，肖劲光任五军团政委。季振同热情欢迎来五军团的各级政工干部，希望借助这些红军的政工干部把这支部队引上革命的道路。他以积极认真的态度协助党组织搞好部队整编，在部队整编时期，毛泽东、朱德等中央领导十分关心，做了很多指导，有时还找季振同等人个别谈话，对他们弃暗投明参加革命给以高度的评价，鼓励他们积极工作，放下包袱。一次季振同从中央谈话回来后，情绪非常高昂。他对毛泽东和蔼谦虚、平等待人的态度，渊博的知识，出众的才华赞叹不已。毛泽东与他谈话以后，他经常流露出对毛泽东同志的崇高敬意。

[18]他曾这样对身边的人讲道："我起义当红军，第一个是相信刘伯坚，第二个是相信毛泽东。"[19]季振同还自觉地遵照中央关于整编的指示精神，认真地学习红四军第九次党代表大会的决议（即古田会议决议），他相信和支持各级政治委员的工作，他力所能及地帮助各级政工干部搞好对部队的教育和改造的工作。他经常跟起义的官兵讲："是啊，虽然起义了，但要成为真正的红军，还得有一个过程哩！"[20]他认真执行和贯彻毛泽东制定的"对起义的军官愿留的，欢迎，组织他们学习，进学校，搞干部训练教育，对要求走的军官，欢送，发给路费，来去自愿"的制度。[21]季振同曾对那些有情绪的军官们说："你们要革命的就留下，一定要回去的，我们欢送。"[22]他还拿出自己的积蓄，分给了那些要求走的人做路费，在一定程度上节约了红军的开支。季振同还时常找肖劲光谈心，暴露自己的思想，严格要求自己，接受同志们的批评和帮助；他还经常下连队，找官兵谈学习收获，畅谈思想改造的体会，并要求他们向红军学习，鼓舞他们清除顾虑，向往革命，树立信心，当好红军指战员。

季振同为人活泼，性格开朗，又热爱文体活动。1932 年 1 月初的一天，他在刘伯坚陪同下，来到瑞金附近的叶坪去见毛泽东和中央军委首长们。季振同汇报了部队的情况后又回答了首长们的问话。当毛泽东作指示后，季振同便亲切地说："毛主席，能不能请贺子珍给我们演演戏？"毛主席笑着说："好！我尽量动员她去。"[23]不久，贺子珍果然来到五军团驻地——九堡，与季振同、肖劲光三人登台给部队演了一出独幕剧，效果很好，受到大家热烈欢迎。

季振同深感中央对这支部队制定的"团结、教育、改造"方针是正确的，因此他对共产党有了更加深刻的认识，他曾多次想把自己汇入这时代的洪流中去，加入中国共产党是他早就隐藏在心底的愿望，自从见到毛泽东后，这一愿望变得更加迫切，更加强烈了。他终于向肖劲光、刘伯坚提出了入党的要求。后经毛泽东和中央军委同意，由朱德和周恩来做介绍人，经党中央批准，于 1932 年初光荣地加入了中国共产党。

季振同入党后，思想进步很快。他想，党相信我，把红五军团总指挥的重任交给我，我也得把自己交给党，跟党要一心一意才是。于是，他及时地向党组织汇报了敌人对他的策反阴谋，将敌人的策反信件交给党组织，并请示党组织如何对待敌人的策反活动。他在党的领导下，对敌人的策反阴谋进行了英勇斗争。从此季振同焕发出更高的热情，和起义广大官兵一样，以崭新的姿态，率领红五军团同兄弟的一、三军团一道活跃在反“围剿”的战场上。

1931 年 1 月 10 日，中央军委发出攻取赣州的训令，任命彭德怀为前敌总指挥，指挥红三军团主力打赣州。赣州三面环水，城墙高筑，易守难攻。三军团指战员打得很英勇，他们进行坑道作业，从地下进行爆破，终因敌人火力太猛，连续几次爆破都未成功，三军团已处在腹背受敌地境地。此时，中央军委急电被“左”倾排挤的毛泽东赶赴前线参加决策，毛主席“提议大胆起用起义才两个月的红五军团，以解红三军团之围”。[24] 2 月中旬，季振同、肖劲光率红五军团遵照军委的命令向赣州疾进，准备增援红三军团。27 日季振同、肖劲光接到彭德怀、滕代远的来信，得知敌军罗卓英、陈诚、公秉藩部自吉安方向来援。季、肖决定在赣州外围阻击增援敌人。赣州守敌自恃有援兵，便不断进行出击，最大规模的一次出击将红三军团挖地道的一个师包围了起来，情况万分危急，军委急调五军团前去增援，季振同选好精锐后疾驰阵地，“五军团的部队手持大刀冲了上去，与敌人短兵相接，展开肉搏战。一时间刀光闪闪，敌人血肉横飞，丢下累累尸体，仓惶退回城里。三军团的这个师才转危为安。”[25]赣州撤围后，部队集结在江口。3 月 12 日军委发布重编一、三、五军团的训令，原属五军团的 15 军调给一军团，14 军调给三军团，13 军和原属一军团的第 3 军组成五军团。中央鉴于季振同在部队整编时和增援红三军团战斗中的积极表现仍被任命为五军团总指挥。

四、季振同的冤案及其平反

事情的发展有时同人们的愿望相反。赣州战役后季振同的思想发生了一些变化，未几，他向肖劲光政委提出离开红五军团去苏联学习的要求，促使季振同思想变化的原因来自两个方面：其一，王明“左”倾思想的影响是季振同要求离开部队的主要原因。在部队整编期间，出现了“左”的偏差，有的师团政工人员适应“左”倾思想强调阶级成分，这样一来就将一些尚可教育的军官也划到反动军官一边，最后被遣送走了。被派到连队的政工干部也采取了“左”的偏激做法，他们发动士兵控诉军官，这就加剧了一些军官的对立情绪，结果“红军要兵不要官”，“凡是军官皆无希望”等各种说法广为流传，随后发生了少数军官逃跑的事件。诚然，在改造与反改造过程中出现这些情况是不奇怪的，完全可以在团结教育的正确方针指导下进行说服教育，部队是能够控制的，然而当时的一些主要领导人受到王明“左”倾思想的影响对发生的以上问题看重了，主张用武力缴械的办法解决问题。然而，季振同对这些做法是十分反感的。其二，国民党方面的反宣传也在加紧进行着。宁都起义后，近两万国民党官兵投到苏区变成了红军的事实，敌人是不甘心失败的，总是千方百计地妄图对这支部队进行策反。红五军团驻九堡等地后时常有国民党的飞机在上空盘旋，投传单，煽动起义官兵反水。国民党的这种反宣传，对红五军团是有一定影响的，1932年1月下旬，14军工兵连的80多人反水，随后部队不断发生逃跑现象。不仅如此，国民党还对包括季振同在内的高级军官进行策反，季振同为人光明磊落，对敌人策反阴谋进行了坚决的抵制和斗争，并将情况及时向党组织进行了汇报。如蒋介石派高参刘骥来与他联系，季振同及时向肖劲光请示，见还是不见？

肖问：“刘骥是什么人？”

“过去是冯玉祥的高参，我们过去很熟。”

“你觉得他来的目的是什么？”

“无非是当说客，争取我回去再给国民党做事呗！你放心，我不会回蒋介石那里去，我已经带着部队起义做了红军的总指挥，而且成了共产党员，回去肯定要杀头的，我不会把头送给他们杀。我也不会回冯玉祥那里去，我就想去苏联学习军事。”[26]肖劲光上报后，中央同意季振同与刘骥见面，见面后季振同向党组织作了详细汇报。可见季振同对党是忠诚的。后来，五军团政委肖劲光说：“我没有发现他主动进行秘密的反水活动。”“赣州战役后表现也是好的，没有发现他有后悔、反叛之意。”[27]然而当时有“左”倾思想的人把敌人策反看得过重了，开始对季振同有了怀疑和不信任的想法和做法，机智的季振同鉴于以上两点，“自知不会有好结果，所以感到去苏联学习是较好的出路”。[28]于是在赣州战役后，他便向肖劲光提出去苏联学习的要求，经请示中央，中央同意了他学习的要求。

季振同虽然离开了五军团，但保卫局并没有放过他。那时我们党还尚未成熟，毛泽东的正确思想已被排斥，“左”倾思想已占据了领导地位。1932年5月，保卫局从一军团逮捕了黄中岳，接着也将等待出国的季振同逮捕，“一条重要罪状就是季振同和黄中岳曾召开九堡会密谋反水”。[29]其实参加九堡会议的还有肖劲光、刘伯坚、左权、高自立和苏进等人[30]，这就戳穿了“左”倾教条主义者对他们的诬蔑。6月公审，公审时“左”倾教条主义者又诬蔑季振同在宁都起义前派人寻找中共党组织的行动是“企图拖枪反水进攻革命，颠覆苏维埃政府”。[31]把指挥宁都起义说成是“投机革命”，定为“反革命分子”，[32]公审后定为死刑。毛泽东曾气愤地说：“季振同同志是参加宁都暴动的组织者，对革命具有相当功绩。”[33]后经中央执行委员会研究，改为十年徒刑。可是在1934年长征前，保卫局在“左”倾教条主义的指使下，将季振同和黄中岳在瑞金叶坪处决，造成了不可弥补的损失。当时季振同年仅33岁。

肖劲光将军著文曾指出：“在延安时曾听毛主席讲过，把季、黄杀掉是不应该的。建国后，在中南海怀仁堂后厅召开的一次高干会议上，毛主席再次讲过，季、黄在宁都起义中是有功的，没有他们，26路军全部起义是不可能的，把他们处决是错误的。”[34]

1981年，这件近半个世纪的沉冤终于平反了。在此以前的漫长岁月中，除了毛泽东曾说过为季振同抱不平的话外，没有任何人敢为季振同说句公道话。为何会出现这种局面呢？我认为大致有两个原因。其一，深受“左”倾毒害的同志在处理季振同、黄中岳问题上只认为是特殊情况下采取的特殊手段，而不去想这是一个大冤案、大错案。可见在立场和思想上仍与“左”倾分不开。其二，参与处理季振同、黄中岳问题的人，没有无产阶级革命家的广阔胸怀，长时期不敢承认错误。自知是错案，但不敢正视，得过且过。

鉴于以上两个原因，长期以来使宁都起义的宣传工作也处于低潮，既没有高质量的学术论文，也没有反映宁都起义的文艺作品，即便有人勉强写上几笔，也十分注意分寸，只宣传赵博生、董振堂，而不敢宣传季振同、黄中岳，甚至在宣传赵博生、董振堂时竟不敢写出季振同、黄中岳的英名来，这显然很不充实，很不完整。实际情况是宁都起义这出威武壮烈的历史剧的主角是季振同，主角不上场，配角能充当主角演好这出剧吗？

在这60多年的岁月里，季振同的妻子和女儿过着颠沛流离、改名换姓的日子。解放前，因为季振同领导了宁都起义，成了国民党蒋介石的叛逆者，因此遭到了国民党特务的追踪和迫害，不得不寄居在亲戚和朋友家中，度日如年。解放后，因为季振同是被共产党保卫局处决的“反革命”，就更不敢暴露身份了。

“恶有恶报，善有善报。不是不报，时间不到。时间一到，一切都报。”为季振同沉冤平反的日子终于来到了。

1978年12月，中共十一届三中全会公报指出：“解决历史遗留问题必须遵循毛泽东一贯倡导的实事求是,有错必纠的原则。只有坚决地平反假案,纠正错案,昭雪冤案,才能够巩固党和人民的团结,维护党和毛泽东同志的崇高威信。”中组部也明确提出:“只要是冤案,不管是谁定,哪一级定的,也不管是什么时期,哪一次运动定的,都要统统甄别、平反。”这就为季振同平反打开了大门。1979 年春季,振同多病的妻子刘玉芝在其女儿季平龄的搀扶下,找到了曾与季振同一起领导宁都起义的苏进和李达等人,请求他们代为季振同平反。1979 年 6 月,姬鹏飞、李达、王幼平、袁血卒、苏进等 12 位曾经与季振同一起工作过的老同志上书中央,如实地反映了在原红五军团任总指挥的季振同和在原五军团第 15 军任军长的黄中岳同志于 1934 年长征前被错杀的问题,建议平反昭雪,恢复名誉。1979 年 6 月 27 日,叶剑英副主席和邓小平等中央领导都亲笔写了批示,指示:“应为季振同、黄中岳同志平反。”叶剑英还批示:“我听毛主席说过(似在延安),杀季振同、黄中岳是错杀了的,现在我觉得这一冤案应该昭雪。”㉟遵照中央领导的批示,中组部派人向 70 多位老同志作了调查,并查阅了有关档案材料。从中组部复查的情况看,季、黄在宁都起义中是有功绩的,影响较大,应予肯定。季、黄本人有爱国抗日的思想,我们已吸收季为特别党员,并决定季去苏联学习,对他在政治上还是信任的。……把季、黄定为反革命是错误的。应予平反,恢复名誉,并恢复季的党籍。中央认为平反的方式,采取发表纪念文章。于是在纪念宁都起义 50 周年时,即 1981 年 12 日《人民日报》、《解放军报》先后发表了肖劲光等老同志的文章,对季振同、黄中岳的革命功绩进行了评价,使这件沉冤近半个世纪的错案得到了平反。随后中组部给季振同的女儿季平龄写信通知:“关于你父亲季振同同志被错杀的问题,业经中央批准,予以平反,恢复名誉。”1991 年 3 月 12 日总政向季平龄颁发了《革命军人因公牺牲证明书》。

注:

①、⑯、⑱、⑲、㉙:《肖劲光大将》,第 122、102、131、136 页。

②、③、⑤、⑰、㉝:《沧州文史资料》第 1 集,第 37、40、46、48 页。

④、⑧、㉜:《解放军将领》第 6 集，第 376、380、392 页。

⑥:陈天秩:《一战期冯玉祥与中共党组织的关系》。

⑦:李青云:《给刘伯坚的信和宁暴经过的报告》。

⑨、⑩、⑪: 董振堂:《宁暴经过》。

⑫:袁血卒:《忆宁都兵暴》。

⑬:苏进:《从黑暗走向光明》。

⑭:王幼平:《忆起义前后二十六路军里的一个中共士兵支部》。

⑮、㉒、㉕、㉗、㉚:《肖劲光回忆录》，第 113、108、118、114、107 页。

⑳、㉓:《回忆宁都起义》，第 91、95 页。

㉑、㉔:《毛泽东传》，第 278、282 页。

㉖、㉘、㉞:《中共党史资料》第 11 辑，第 76、77、79 页。

㉛:《红色中华》1932 年 9 月 6 日。

㉟:《宋任穷回忆录续集》，第 99 页。

论高树勋将军邯郸起义

▲高树勋

高树勋将军起义前是国民党第十一战区副司令长官，是国民党军队中的高级将领，在中国革命与反革命两种命运，两种前途抉择时，于1945年10月30日在邯郸战场举行了起义，站到了革命的一边。他选择革命道路绝不是偶然的。探讨和研究高树勋将军起义的原因和意义，对解放战争历史的研究是十分有益的。本文拟就此问题略抒己见，以求教于专家学者，并能得到同志们的指正。

以前有人说："高树勋将军早已具备了共产主义人生观，他北上的目的就是为了战场起义，就是为了站到革命人民方面来。"持此种观点的同志是十分偏颇的，至少没能做到认真全面研究高树勋将军的一生的历史，因此这种说法是站不住脚的。还有人说："高树勋将军起义是被逼出来的。"我也不同意这种观点。分析当时国共两方面的军事力量和邯郸战场上双方的对峙情况，会得出相反的结论来的。还是邓小平同志讲得好，他说敌人"退走的能力还是有的，至少可以跑出主力"。[①]那么，高树勋将军起义的原因是什么呢？

我认为，应从以下几个方面分析比较客观。

其一，高树勋将军对共产党认识的升华和共产党对他的帮助、影响和启迪，是高树勋将军在内战前线高举义旗的一个重要原因。

在西北军时，正是中国共产党创始人之一李大钊在内的共产党人刘伯坚、邓小平先后在这里开辟工作的时候，那时，作为旅长的高树勋虽曾多次听过刘伯坚等共产党人的演讲，后来他回忆说，那时对共产党的革命理论以及三民主义的认识是很肤浅的，有些模糊概念。从谈话中，可以知道他从那时开始就对共产党人十分尊敬，他认为他们都是中国不可多得的人才，有了他们，中国就有了希望。

1931 年，高树勋将军受蒋介石的胁迫连续参加“围剿”中央革命根据地的战争。“围剿”的屡遭失败，对他震动很大。他在率部进攻根据地时，亲眼看到了共产党的革命标语和传单，特别是从红军放回的俘虏口中得知共产党的革命主张，使他逐渐对中国共产党和工农红军有了符合实际的认识，“他第一次明白，共产党是为穷人打天下的，深受人民拥护，共产党、红军是消灭不了的。”[②]同时,进一步认识到了蒋介石利用“杂牌军”“围剿”红军的险恶用心。从此他采取了应付和逃避对策，最后逃回天津。

1936 年，西安事变后，他在保定任河北省保安处长组织抗日武装之初，频繁地与共产党人接触。我党为了争取宋哲元的二十九军抗战，先后派朱瑞、彭德怀、边章五等同志来保定与宋哲元会谈，高树勋奉命负责接待工作。高树勋对中共人士极为热情，鉴于此，彭德怀同志十分认真地给高树勋将军讲了抗日的形势、任务和前途等问题，还把“兵民是胜利之本”、“抗日战争是民众的战争”等人民战争的战略思想的材料送给了高树勋将军，使高树勋将军受益匪浅。当时，高树勋便提出请我党派人帮助他组建和训练抗日武装。未几，我党派唐哲民来高部协助工作，高树勋委任他为保安司令部参谋，请他与陈明韶同志制定组织河北省民兵训练规则和训练计划。此时期内高树勋曾委托唐哲民到太原向朱德总司令汇报和请示如何抗日等问题。1938 年春，高部驻河南邵原镇时，高树勋又请我党唐天际、钟辉等同志到他的新编第六师创办抗日游击训练班。高树勋下令该师连营干部轮流进训练班学习。在我党的帮助下，高部发展很快，战斗力也得到了迅速提高，很快由师扩编为军。

当时蒋介石掀起第一次反共高潮，命令石友三、高树勋捕杀该部共产党员。高树勋深感无力保护，便先后将钟辉等人安全送走。当时有人劝他慎思慎行不要犯上，他却坦然一笑说：“蒋介石姓蒋，石友三姓石，我高树勋姓高。”他还说：“将在外，君令有所不受。他反他的共，我联我的共。”[③]不久，高部调往冀鲁边地区驻防。八路军东进抗日纵队政委兼司令员肖华按照党的统战政策主动争取高树勋抗日，在盐山县召开欢迎大会，高树勋很受感动，表示愿与八路军协同抗日作战。在以后的几次对日作战中，两军相互支援，给日军重创。1939 年 7 月 12 日，高树勋总部驻地被日军包围，高树勋向四周的国民党驻军求救无望，急电肖华司令员率部解围，肖华率部一夜急行军对日军发起猛攻，日军大败。战后高树勋对肖华同志深有感触地说：“贵军的所作所为，实在令人钦佩，对鄙人教益不浅。”[④]起义后，在给肖华同志回电时他对身边的同志说：“我是从交上了肖华将军这样的一些共产党朋友，才逐渐认识了共产党，知道了做人的道理。”[⑤]

高部调到冀南后，石友三下令要高树勋与八路军进行摩擦战，高树勋采取了消极拖延的应付办法加以抵制，他曾对部下说：“国难当头，与八路军搞摩擦太不应该！”在中国共产党的积极影响下，高树勋将军在抗战最艰难的岁月，在国民党军队高级将领投降日伪军的逆流中，不仅具有坚定的抗日意志，而且出于民族大义，毅然除掉投降日军的顶头上司第三十九集团军总司令石友三，表现了一位爱国军人的高尚的民族气节，高树勋将军的这一行动被刘伯承司令员高度评价为“大义灭亲的壮举”。高树勋继任第三十九集团军总司令后，我党我军更加积极地开展了争取高树勋将军的活动，八路军总部和一二九师首长曾提出：“目前暂不应提打高树勋口号，以留争取余地”的指示精神。宋任穷同志照这一指示精神建议杨得志、崔田民同志具体负责高树勋的统战工作，双方不断派员进行联系。在与八路军的交往中，高树勋将军感受到了共产党人的宽广胸怀，他曾对他的秘书马骏说：“共产党、八路军在艰苦困难的环境中，奋勇抗战，一心一意救国为民，才真正是可以依赖的朋友啊！”[⑥]后来，日寇对高部实行“铁壁合围”，被迫转向外线。

1942 年春，高树勋率部跨越陇海路时，八路军曾派唐哲民前去劝说留在黄河北岸坚持抗日。高树勋将军为了解决给养问题决定暂时撤往国民党统治区，但高树勋将军对唐哲民同志说：“请你转告八路军总部，我和八路军一定合作。国共将来一定要打，现在我们约定好只要内战一发生，我就一定过来。”[⑦]高率部撤到国民党统治区后，划归第一战区副司令长官汤恩伯统辖。此时他率部驻防豫西一带，在战争空隙中他用心研读了毛泽东同志的《论持久战》、《新民主主义论》和《论联合政府》等著作，他对毛泽东的战略思想十分佩服，这对他的思想转变起了重要的作用。有一次，他对身边的人员说："中国最后还是要靠八路军、共产党啊！"[8]

1945 年 5 月，我军代表陈先瑞在河南南召与高树勋谈判时做了进一步的争取工作。"真诚希望高将军认清形势，做一个有良心的中国人。"高树勋当即表示"决不当汉奸卖国贼，等将来时机成熟了便要选择自己应该走的道路，做一个诚实的中国人"。[9]"党中央接到陈先瑞的报告后，作了分析，认为高树勋有争取的可能，希望是很大的。"[10]党中央指示陈先瑞继续做高树勋将军的工作，陈送一份七大文件给高树勋学习，后陈部南下，联系中断。高树勋先后派王定南五次北上找共产党，终于完成了与刘邓首长的联系，实现了他与共产党、八路军合作的愿望。

其二，对国民党当局幻想的破灭是高树勋将军举行起义的又一个重要原因。高树勋将军对国民党当局本质的认识和蒋介石反动集团对他的排挤、歧视、分化和削弱以及实行暗害的行径促进了高树勋将军的思想变化。高树勋将军对国民党当局有一个从现象到本质，从肤浅到深入的认识过程。北伐战争和大革命时期高树勋虽然在军官教导团受到了系统的"三民主义"教育，但他的思想仍处在"不扰民，真爱民，誓死救国"的笼统的爱国主义基础上，对以蒋介石为首的国民党当局的认识是十分肤浅的。1930 年中原大战失败后，所部被迫改编为第二十七师，第二年被迫调往江西对红军作战。高树勋虽尽力指挥部队"围剿"红军，但却遭到失败，他从屡屡失败中认识了蒋介石利用"杂牌军"的险恶用心，从此表示了对蒋介石的不满，未几，便毅然离开部队回到天津。后来他的部队参加了"宁都起义"，变成了红军。蒋介石怀恨在心，下令通缉他，从此他与蒋介石集团结下了怨恨。1933 年他响应冯玉祥的召唤，到张家口参加了"抗日同盟军"，开展了轰轰烈烈的抗日战争。在民族危机之秋，蒋介石集团不积极抗日，却与日寇勾结"围剿""抗日同盟军"，高树勋将军对蒋介石"攘外必先安内"的路线十分反对，进一步坚定了他坚决抗日的决心。"七七"事变后他率抗日武装在敌后坚持五年之久，后来因日寇要消灭这支部队，才退到国民党统治区。因为高树勋的部队是一支"杂牌军"，高树勋本人是一位正直的爱国将军，高树勋曾联合八路军共同抗战，所以受到了蒋介石集团的种种排挤、欺骗、分化和削弱。这里我们可以列举以下事实加以说明：

1. 蒋介石集团对高树勋的部队百般刁难和欺骗。高部在装备和给养上比嫡系部队低三等。1942 年高率第三十九集团军的两个军从前线回到后方，一直得不到补充，全军上下吃不饱，穿不上，蒋介石的嫡系部队叫这支部队为“叫化子”部队。高树勋请求蒋介石批给该部300万元，但去何应钦那里去领这笔经费时却一个也领不出来；而嫡系胡宗南部一要就是几千万元，蒋介石从无一次驳回，何应钦每次都主动拨给。这件事气得高树勋在重庆几次骂大街，对蒋介石怨愤不已。

2. 高树勋率部在敌后抗战，蒋介石派特务多人监督。高树勋请共产党派人整训部队并与肖华的东进纵队联合抗日的举动，都被蒋介石的特务秦启荣、田希源等人告密为“通共”、“搞赤化”。高树勋将军不仅得不到重用，更遭嫡系将领的欺凌。在西安的一次军事会议上，胡宗南竟敢当众训斥高将军，却不让他讲一句话进行辩护；国民党六大会议圈定中委时，全军总司令中只有高树勋一人未被圈定，此事使高将军十分难堪。不仅如此，高树勋将军在重庆受训时还险遭大特务戴笠的杀害，此事使高树勋耿耿于怀。

3. 蒋介石集团剥夺高树勋的军权。高树勋在敌后历尽艰辛抗战五年回到后方，带回了一个集团军的兵力，总以为会受到欢迎和慰问，然而出人意外的是蒋介石下令调高树勋赴重庆受训，又将高树勋的六十九军拨给汤恩伯指挥，紧接着又派其亲信胡伯翰任第三十九集团军副总司令兼新八军军长，从而剥夺了高树勋的军权。高树勋对此气愤不已。

4.1944年，高树勋率部驻防河南南召时曾与八路军陈先瑞在李青店谈判达成停战协定，这件事在国民党军政界引起轩然大波，蒋介石更加仇视高树勋，故命令胡宗南派李文的九十军由卢氏移防嵩山一带对高树勋部进行监视。因此高树勋衔恨甚深。

5.1945年日本投降后，蒋介石阻止高树勋率部北上受降，收拾失地，下令“原地驻防，待命”。高树勋对此愤愤不平，大呼“天理何在！”他毅然出兵伏牛山，挥师北上，接受日军投降。

6. 蒋介石授意孙连仲在新乡组成“北上兵团”时，为架空高树勋，任命高树勋为第十一战区副司令长官，但要他把新八军交给池峰城指挥，高树勋以“池峰城赶不上第三十军副军长黄樵松”为借口拒绝交出新八军。后来，蒋介石又指使孙连仲待新八军到达保定后缩编为一个师交由池峰城指挥。

用不着过多的举例，以上几点就足以说明了高树勋与蒋介石集团的关系已恶化到了一定的程度。高树勋将军已充分认识到了如果继续把命运系在蒋介石的战车上，终归难逃厄运，只有和共产党建立联系，才能不被蒋介石吃掉。由此可见，蒋介石集团对高树勋的排斥行径变成了促使高树勋将军起义的一个重要原因。

其三，高树勋将军的政治素质和谋略也是他在关键时刻起义的一个重要原因。高树勋将军出身贫苦，使他具备了中国劳动人民勤劳勇敢和艰苦朴素的优秀品质，这一阶级烙印对他说来是很深的。后来他虽然当上了国民党军队的高级将领，但他始终没有忘记自己的贫苦出身，无论在何地驻防，他都能教育部队同情劳动人民。他厌恶那些搜刮人民、挥金如土、妻妾满室的显贵们，这是他区别那些骑在人民头上作威作福的国民党多数高级军官和政客的界限，是他接受孙中山、冯玉祥先生爱国主义和三民主义，特别是他接受中国共产党革命方针政策的基础。

高树勋将军还是一位勤于刻苦学习和善于动脑的人。他利用战争空隙时间不仅读了古今中外的军事著述,而且读了大量的政治书籍,毛泽东的《新民主主义论》、《论持久战》、《中国革命战争的战略问题》、《论联合政府》、《抗日战争胜利后的时局和我们的方针》等著作以及中共中央的一些文件，他都设法弄到并认真进行学习和研究。“由于读书和多年战争的影响，他逐渐得出一个结论：蒋介石背叛了孙中山先生的三民主义，把‘革命’二字当作他愚弄人民群众的手段。一天，他读了一篇描述沙皇统治下农奴生活的文章，对照自己周围的情形，他感到中国的现状亦是如此。他看到自己把共产党赶走了，国民党官僚却跑来，又把农民的土地夺走，他很难过，觉得孙中山的‘三民主义’只是停留在那些官吏的口头上而已。”⑪这段具体生动的描述正好说明了高树勋将军不同于其他多数国民党将军们只知道“军人的天职就是服从上级的命令”。他在敌后抗战5年，为了摆脱蒋介石的阻挠，曾不只一次地作出“将在外，君令有所不受”的决定。例如；抗日紧张年代，蒋介石和石友三命令他率部出击八路军，他却采取了拖延应付甚至不执行命令加以抵制的做法；日本投降后蒋介石命驻防豫西的高树勋所部“原地待命”，他却率部北上，接受日本投降；蒋介石命令他率部进攻解放区，他却率部起义，站到人民方面来。可见，高树勋将军的学习生活，使他变成了一位有政治头脑的高级军事将领，使他的思想与行动始终与时代的脉搏相一致。因此，高树勋对蒋介石政权完全失去希望。他开始派人与中国共产党联系，他说：“我之所以这样做，是因为我读了许多共产党的书，还因为我请了一百多个共产党员来我的部队工作。”⑫试问，如果高树勋将军像多数那些只知升官发财的国民党将军那样，他是绝对不会顺应历史车轮发动邯郸起义走向光明的。

我们知道任何事物的发展和变化都是外因通过内因而起作用的，高树勋将军邯郸起义也同样是这样的，如果以上三个原因是其内因，那么，它的外因是什么呢？这就是高树勋将军邯郸起义成功的又一个重要原因。

其四，刘邓首长的精心组织和英明策划是高树勋将军起义成功的重要条件。刘邓首长正是遵循列宁关于“起义是一种艺术”[13]的原则，以极大的气魄和惊人的胆略来组织和指导这次起义的。在平汉战役准备阶段，刘邓首长就计划“在打军事仗的同时打政治仗，争取一部分敌军起义”。[14]为了争取一切可以争取的国民党高级将领站到和平民主的旗帜下来，便对北上的国民党军队进行了认真的研究，其中明确指出：“第十一战区副司令长官高树勋是‘杂牌军’中主张和平反对蒋介石内战独裁的首席代表。”当刘邓首长接到毛泽东主席10月17日的重要电报后，便迅速“决定军事政治双管齐下，一面集中优势兵力，歼灭其一点，再及其余，各个击破；一面加紧对高树勋将军的争取工作。”[15]为了争取高树勋将军举行战场起义，刘邓首长还在上党战役进行十分激烈的时候，便开始亲自处理争取高树勋将军起义的许多复杂问题了。在山西黎城接见王定南同志时，邓小平政委说：“你来得正好，我们也准备做这项工作，为了打退蒋介石的进攻，使蒋介石在政治上陷于孤立，必须在国民党军队中开辟新战线，首先要争取受蒋介石排挤、歧视的非嫡系部队，争取一切可以争取的国民党将领站到和平、民主的旗帜下来。党中央、毛主席要求在这项工作上迅速做出成绩。所以你要赶快回到新乡去，做好高的工作。”[16]随之，刘邓首长设立了争取高树勋起义的专门机构，选拔有经验有能力的干部做这项工作。一是成立了以边区议长、总部情报处副处长申伯纯同志为首的，有靖任秋、李新农、席一、刘岱、路展等同志参加的“总部争取高树勋起义工作组”，一是在新八军中成立了以王定南为首的，有地下党员田树青、周树一、唐宏强等同志参加的“促进高树勋将军起义工作组”，两个工作组都在刘邓首长的直接领导下进行工作。刘伯承司令员还及时给高树勋将军写信，欢迎高将军与我党我军联系，希望他不断前进，为革命，为人民做出贡献。

刘邓首长直接指导王定南小组的工作。开始时，刘邓首长同意高树勋单独率新八军和河北民军北上通过解放区到达冀察地区的计划。后来由于敌人改变了北进的计划，国民党军队沿平汉路北犯已不是高树勋的一个军，而是除了新八军还有马法五的四十军和鲁崇义的三十军共三个军共同北上了。邓小平政委及时向王定南指出："毛主席来电指示我军不惜一切代价阻挠国民党的这三个军北上，这已是我们当前严重的战略任务，……所以你要去对高树勋讲，根据形势的变化和需要，让他不要到冀察地区了，而要配合我们完成党中央阻止国民党这三个军北上的战略部署，就地起义。"刘伯承司令员也及时指示说："这正是高树勋将军走向革命的大好时机，要让他当机立断。"⑰王定南向高树勋将军转达了刘邓首长要他配合我军阻止国民党军队北上的指示后感到十分突然，犹豫不决。

尽管高树勋将军具备了在我党政策感召下走向革命的基础，但要他立即举行战场起义则表现为思想准备不足，一时思想混乱，心神不宁，食不甘味。他顾虑起义后第三十军、四十军会遭到毁灭，西北军同仁会像 1940 年他杀石友三那样骂他"不仁不义"；他还顾虑国民党加害他在徐州的夫人。故此进退两难，举棋不定，神思恍惚。王定南迅速将此情况向刘邓首长汇报。刘司令员听取了高树勋将军提出的两个问题后便对王定南说："他杀石友三，不是什么上下级问题，不是不义，而是大义灭亲的革命行动，人民和一切爱国志士都是理解的。"邓小平政委说："他现在起义，不仅对当前作用重大，对今后的政治影响也很大。转告他，时机很重要啊！"刘司令员说："机不可失，时不再来，当断不断，反受其害！关于高夫人在徐州一事，我们可以电请党中央责令新四军派人从徐州接出。"最后邓政委再次强调说："转告高树勋将军，要从大局出发，配合我军行动，对革命作出重大贡献！"⑱王定南向高树勋转达刘邓的指示后，他十分感谢，表示一定走革命的道路。与此同时，刘邓首长命令我军猛攻第三十军、四十军，同时，对新八军实行"围而不打，打而不痛，促其变化"的战术，军事上的胜利促进了高树勋将军的起义行动。当晚高树勋将军做出了"我立即起义，走革命道路"的决定。刘邓首长得知高树勋将军决定起义的消息后，立即派参谋长李达连夜通过火线看望高树勋将军，对起义问题作最后的商榷。刘邓首长在非常之时派参谋长李达到高树勋总部，更加坚定了高树勋立即起义的决心。

李达原是宁都起义前的老西北军的军官，所以他和高树勋一见面，就谈得十分融洽。他们谈了对三十军、四十军应抱的态度，又谈了 1931 年 12 月 14 日赵博生、董振堂、季振同等西北军将领不满蒋介石反共反人民的政策，在江西"剿共"前线举行闻名全国的"宁都起义"的意义，还谈了冯玉祥得到中国共产党的帮助举行著名的"五原誓师"的意义。最后李达遵照刘邓首长的指示和嘱咐，鼓励高树勋将军说："高先生在当前中国面临内战与和平，民主与独裁两种前途大搏斗的历史关头，决心高举和平、民主的义旗，和革命人民站在一边，将比当年冯玉祥先生领导的'五原誓师'影响更大，足与董振堂、赵博生等西北军将领发动的'宁都起义'相媲美。希望高先生做出比五原誓师更光辉的事业来。"[19]高树勋将军听了李达的一席话，异常兴奋，激动不已，当即明确表示 10 月 30 日宣布起义。

高树勋将军率部在战场上起义促进了邯郸战役的胜利。31 日刘伯承亲自赴马头镇与高树勋将军晤面，刘司令员握着高树勋的手说："毛泽东主席、朱德总司令刚才来电，对高先生高举义旗，反对内战，主张和平，非常欢迎。我们今天特地到此代表他们向你和全体官兵表示欢迎和慰问……高先生能在此时此地高举和平民主的义旗，与人民合作，共同为和平民主斗争，乃是国民党所有爱国军人的楷模。"[20]

刘邓首长利用他们的大智大勇，牢牢地握住了平汉战役的主动权，成功地引导高树勋将军在几天时间内改变思想和计划，举行了著名的邯郸起义。这一切都说明了刘邓首长的谋略、决心和行动的正确与坚定，他们善始善终，想得到又做得到，一环扣一环地在短暂的几天内运用强大的政治攻势，不费一枪一弹，从国民党军队中挖出了一个军和一个纵队共 17000 余人，走向革命阵营。这样的胆略是惊人的，这样的举动是空前的。这为我党我军以后开展争取百万国民党军起义投诚工作开创了先例。没有刘邓首长的精心策划和积极引导，是不会发生高树勋将军起义的，所以，高树勋将军邯郸起义是刘邓的一个杰作。

党中央毛主席对高树勋将军起义十分重视，认为这次起义不仅有现实意义，而且有着深远的战略意义和历史意义。

此次起义首先是促进并保证了平汉战役的胜利。高树勋将军率新八军和河北民军 17000 余人宣布起义退出内战这一举动，立即使平汉战场上敌我军事力量的对比发生了变化，国民党军队迅速由三个军 50000 余人锐减为两个军 30000 余人。更重要的是高树勋将军率部起义使敌人受到极大的精神恐惧，士气沮丧，战斗力大为减弱，而我军却受到高树勋将军起义的鼓舞，战斗力大增。刘邓首长抓住有利时机迅速调整部署，集中兵力包抄和截击慌乱溃逃的三十军和四十军，终于在 11 月 2 日敌四十军被我军全部歼灭，敌三十军大部被歼，安阳北援敌军和石家庄南援敌军闻讯而逃。至此，平汉战役胜利结束。由此可见，高树勋将军率部起义对平汉战役我军在军事上的迅速胜利起了十分重要的作用。试想，如果没有这次起义，敌军的兵力就不会减少，精神上也不会遭到如此大的打击，战斗力也不可能有明显减弱。如果我军只在军事上与这支“训练有素”，“更系美械装备”的军队硬拼，是不可能迅速取得胜利的。邓小平政委说得好，他说：“如果硬斗硬，我们伤亡会很大。我一直遗憾的是，后来我们对高树勋处理不公道。他的功劳很大。没有他起义，敌人虽然不会胜利，但是也不会失败得那么干脆，退走的能力还是有的，至少可以跑出主力，他一起义，马法五的两个军就被我们消灭了，只跑掉三千人。”[21]正是因为刘邓首长的谋略，成功地引导高树勋将军举行起义，才促进了平汉战役的迅速结束和获得彻底的胜利。平汉战役的胜利打破了蒋介石妄图占据邯郸，打通平汉路的“黄粱梦”，堵住了华北解放区的南大门，掩护了我军在东北战略的展开，显示了解放区军民保卫抗战胜利果实的力量和决心，加强了中国共产党在重庆谈判中的地位，对全国人民要求和平与民主的斗争都是一个有力的声援。

高树勋将军起义不仅促进了当时平汉战役的迅速胜利，而且极大地震撼了国民党的统治，在国内外引起了极大的影响。首先是这次起义狠狠地打击了蒋介石发动内战和独裁统治。高将军的起义引起了蒋介石及其统帅部的极大恐慌。蒋介石几天没有睡好觉，以其反动的阶级本能与政治经验，他认为高树勋将军的起义是一件关系国民党军政全局的大事，会由此引出一连串的对当局不利的影响和后果的，因此他下命令封锁了高树勋在邯郸起义的消息，禁止国民党统治区的新闻单位报道。当 11 月 8 日重庆《新华日报》发表了高树勋将军起义的消息和起义通电后，蒋介石立刻命令军警当局封锁了该报社并全部扣押印出的报纸。就在这一天，国民党中央社播出了军委会发言人的造谣声明，说什么“新八军、四十军 10 月 25 日在邯郸以南地区突然遭受共军刘伯承部数万人猛烈袭击．于 31 日夜高树勋在磁县以北马头镇，马法五在东城营为共军所俘。马法五被俘后已自杀，高树勋已完全失去自由”。[22]然而纸里包不住火，蒋介石只得流着眼泪吞下这颗苦果了。他不得不承认他发动这次战役“犯了冒进的错误，未留重兵据守后方（磁县）”[23]从而他认识到了他发动内战的准备工作还远没有完成，在战略和战役上的部署都未完成。鉴于此，蒋介石集团决定玩弄“和平”欺骗手法，求得喘息和准备进攻的时间，于是 1946 年 1 月国民党政府在“停战协定”上签了字，并同意召开“政治协商会议”；另一方面采取张群的建议，把内战的重点放到关外，先集中力量抢占东北，再抓关内。虽然蒋介石集团继续玩弄反革命两手，但有利的时局已转向人民方面，中国共产党领导解放区广大军民为粉碎蒋介石的全面进攻，取得解放战争的最后胜利加快了步伐。

高树勋将军邯郸起义后，蒋介石及其嫡系将领们对“杂牌军”更加不信任，从而采取了进一步监控和歧视的态度，他们认为这些“杂牌军非我族类,其心必异”。[24]这实际上是他们自己削弱了国民党军队的战斗力，有利于我军各个击破。刘伯承曾对美国记者杰克说：“当我面临三支敌军时，我就仔细研究每支部队司令官的历史，设法了解这些司令官之间是否存在不和，看哪一个司令官是最不得志的，哪一部分敌军最弱，哪一部分敌人士气最低，然后我就先挑它打。”这就是“利用敌人的矛盾，给予各个击破”的手法，一共产党的高级将领都运用了这种策略，使战争取得胜利。[25]

高树勋将军起义还有着另一个深远的战略意义。起义的第三天，毛泽东主席、朱德总司令及时给高树勋将军发来热诚的贺电：“闻吾兄率部起义，反对内战，主张和平，凡属血气之士，莫不同声拥护。”1945 年 12 月 15 日，毛主席在为中央起草的对党内指示《一九四六年解放区工作的方针》一文中提出了“开展高树勋运动”的号召。毛主席写道：“为着粉碎国民党的进攻，我党必须对一切准备进攻和正在进攻的国民党军队进行分化的工作。一方面，由我军对国民党军队进行公开的广大的政治宣传和政治攻势，以瓦解国民党内战军的战斗意志。另一方面，从国民党军队内部去准备和组织起义，开展高树勋运动，使大量国民党军队在战争紧要关头，仿照高树勋榜样，站到人民方面来，反对内战，主张和平。为使此项工作切实进行和迅速生效起见，各地必须依照中央指示，设置专门部门，调派大批干部，专心致志，从事此项工作。各地领导机关，则要给以密切指导。”[26]高树勋运动的大力开展在全国产生了极为深远的影响，在国民党军队中引起了很大的震动，从而引发出了一连串的国民党爱国将领率部起义投诚的事件。例如 1946 年 5 月 15 日，国民党第三十八军孔从周将军“决心走高树勋道路”，在河南巩县起义，成立西北民主联军第三十八军。5 月 30 日国民党军第六十军一八四师师长潘朔端将军在海城决心“走高树勋道路”，率部起义，成立民主同盟军第一军。6 月 26 日，国民党空军第八大队刘善本上尉“走高树勋道路”，驾驶 B — 24 型飞机起义来到延安。他说：“一天从延安的广播里听到了高树勋将军起义的消息，我的精神受到了一种意外的兴奋，我的生命似乎获得了一种新的力量，隐约望见一条新的光明之路，高树勋将军起义，给了我新的启示”；“我们飞来延安完全是高树勋将军的起义给我们的启示。”㉗高树勋运动的开展正如朱德总司令所指出的那样：“高树勋运动今后必然会得到更大的发展，必然会与解放区军民的抵抗，蒋管区人民的起义鼎足而三。这三个潮流，汇合一致，必然会直接造成反动派的军事失败，有效地恢复全国的和平。”㉘三年解放战争的情况正像朱总司令预见的那样，在三年解放战争中，“高树勋运动”发挥了巨大的作用，取得了出色的成绩，它促成了 1400 名国民党爱国将领率 170 万余人起义投诚。广大国民党爱国官兵的起义和投诚，不仅大大削弱了国民党军队的战斗力，加速了国民党反动统治的覆灭，而且在短时期内壮大了人民解放军的队伍，加速了解放战争的迅速胜利。

高树勋将军起义还具有一定的国际意义，美国著名作家杰克·贝尔登曾把他的事迹介绍到全世界，对被压迫民族人民开展民族解放运动有一定的启示和借鉴作用，因此钟辉将军称高树勋将军是“世界著名的将军”。㉙

注：

①、㉑：《邓小平文选》第三卷，第 337 页。

②：《盐山文史资料》第一辑，第 58 页。

③：高金荣：《回忆跟随高树勋将军时的一些往事》。

④：周贯五：《艰苦奋战的冀鲁边》，第 59 页。

⑤：张云奚：《将军的友谊》，载《人民政协报》，1985 年 9 月 20 日。

⑥、⑧：马骏：《我所了解的高树勋将军》。

⑦：周树一：《回忆争取高树勋将军起义的经过》。

⑨：陈先瑞：《回忆同高树勋火线谈判的经过》。

⑩、⑯、⑰、⑱：《刘伯承回忆录》，第 270、272—273、277、284—285 页。

⑪、⑫、㉕：[美]杰克·贝尔登：《中国震撼世界》，第 405、

406、401 页。

⑬:《列宁选集》第一卷，第 668 页。

⑭:陈石平:《中国元帅刘伯承》，第 220 页。

⑮、⑲:李达:《保卫抗战胜利果实的第二仗——平汉战役》。

⑳、㉒、㉗:《邯郸战役》，第 25、173、188 页。

㉓:王俯民:《蒋介石详传》，第 1061 页。

㉔:沈重宁:《邯郸战役前后蒋介石及国民党的动态和反映》。

㉖:《毛泽东选集》，第 1171–1172 页。

㉘:朱德:《祝高树勋将军起义一周年》。

㉙:钟辉:《抗日战争初期的高树勋将军》。

原载：《河北大学学报》1996 年第 4 期

高树勋将军的一生

一

高树勋，字建侯，河北省盐山县常金乡高金庄人，生于 1898 年 8 月 6 日。

高家始祖高建明，明代时从陕西迁移此地。传到第十五世时，高家出了一个知识分子，名叫高中柱，曾是咸丰年间的文庠生，日子过得很兴旺，几年间便成了一顷多地的财主。后来，家道逐年衰落下来，到高树勋父亲高步武时土地只剩下 50 庙，雇工不成，只得全家老小下地劳动。高步武娶史氏生三子四女，高树勋在兄弟之间排行第二。高树勋记事时日子过得很为艰难，土地只有 30 亩，每年收成不够吃穿。尽管如此，高步武硬是借钱送高树勋进私塾读书，因为他极想使高家的日子再兴旺起来。幼小的树勋很懂事，他深知读书不易，便分外刻苦，受到同学和先生的称赞。高树勋勉强读了两年私塾，15 岁时便下地劳动了。天灾人祸，使高家的日子到了实在不能维持的地步，父亲只得劝树勋离家出外谋生。先到天津，后到北京。先后进血料铺、刻字铺、杂货店当学徒。那时当学徒掌柜只管吃，不管穿，更不付工钱。高树勋为了解决吃穿问题，于 1915 年不畏路途遥远，同一位表兄一起到四川绵阳进冯玉祥的中

▲高树勋在劳动

央陆军第十六混成旅当兵。高树勋被编到一团一营三连，当时孙良诚是他的连长。在绵阳时，部队主要是训练，有时去各县清乡剿匪。冯玉祥治军很严格，就是在清乡剿匪的过程中也加强军纪的整饬，高树勋参军还没几个月，由于刻苦训练，枪法已打得很准了。

1915 年 12 月，袁世凯称帝，25 日蔡锷在云南宣布独立，组织护国军讨袁。冯玉祥是有先进思想的北洋将领，那时，他曾对官兵讲："宁愿牺牲，一定反对帝制到底！"第十六混成旅的广大官兵都反对袁世凯当皇帝。高树勋深受影响，也对帝制恨之入骨。当时，护国军在刘云峰率领下在叙府攻下袁世凯的北洋军第四混成旅。这时，冯玉祥已与蔡锷发生联系，互视为同志，但冯玉祥当时处于北洋军的包围之下，只得服从命令，去叙府增援第四混成旅与护国军开仗。这是高树勋参军后第一次参加战争，他在战争中进退沉着勇敢，不像新兵那样惊慌害怕。未几，冯玉祥率部开往自流井，再赴成都，极力规劝四川将军陈宧宣布独立。四川独立后，冯玉祥的第十六混成旅一度改为护国军第五师，驻防成都东郊。其时四川局势混乱，冯玉祥的第五师受到熊克武等军阀的排斥，冯深感在川立足不稳，便决定取道剑阁回汉中。此次行军规定每个士兵都肩负 500 粒子弹，每天走 90 里山路，道路崎岖，长途跋涉，不少士兵的肩膀压肿了。高树勋在此次行军中得到了锻炼，很多比他年龄大的人都不如他。行军途中冯玉祥接到陆军部的电报，令其回直隶（今河北省）驻防廊坊。于是冯玉祥率军由汉中到兴安，取道襄樊直下汉口，从汉口再乘火车回廊坊。

因为冯玉祥的第十六混成旅在四川时曾一度改为护国军第五师的番号，因此遭到北洋政府总理段祺瑞等人的不满，决定削弱第十六混成旅的力量。不久，段祺瑞下令撤了冯玉祥的旅长职务。由于冯玉祥爱兵如子，官兵们都不愿意冯玉祥离开部队，当冯玉祥被迫走出营房时，官兵们都流着眼泪送别，高树勋像小孩子一样哭泣不止。冯玉祥上车时，官兵便把冯玉祥脱下的军衣撕成碎条子，每人一条留为纪念。高树勋分得一条，他视为珍宝，保存了很长时期，直到冯玉祥重归第十六混成旅。

1917 年 7 月 1 日张勋复辟，冯玉祥在张绍曾等人的斡旋下回到第十六混成旅，遂指挥部队与"辫子军"战于万庄、黄村、丰台，最后从广安门打进北京城，协同友军消灭了五千"辫子军"。高树勋参加歼灭"辫子军"的战争，表现十分勇敢。战后，冯玉祥成立手枪连，从各营挑选队员，高树勋被选进手枪连任班长，连长为韩占元。

高树勋当兵后，不但解决了吃穿困难，而且每月还能节省四、五元。他深知父母生活困苦，便经常把节省下来的钱捎回家中。高树勋当班长后更加注重军事训练，全班士兵在他的带动下刻苦训练，成绩卓著，经常被上司派去为部队和外宾作示范和表演。

段祺瑞二次上台执政后，仍然推行其“武力统一”政策，不断向南方派兵，挑起内战。湖南战争爆发后，护法军进击福建李厚基的北洋军，段祺瑞命令冯玉祥率第十六混成旅增援福建。此时雨季来临，大雨滂沱，冯玉祥不愿与护法军发生战争，便借口大雨冲坏桥梁，迟迟不肯开拔。最后不得已只得乘京汉铁路转陇海路抵达浦口。在浦口，冯玉祥受江苏督军李纯影响，不再南下，停了下来。未几，湖南局势紧张，冯玉祥受命率部援湘。1918 年 1 月冯玉祥部抵达武穴，便发出主和电报，影响全国，使段祺瑞的“武力统一”政策遭到挫折。段祺瑞一气之下又撤掉冯玉祥的旅长职务，冯玉祥和第十六混成旅全体官兵拒绝从命。时，冯部周围已集聚了段祺瑞的嫡系军队，冯玉祥所部大有被歼之势。最后在曹锟的斡旋下，冯玉祥到汉口与南下的段祺瑞会面。为防不测，冯玉祥命令高树勋率全班手枪队员随身警卫。高树勋深知责任重大，经过充分准备，随冯玉祥抵达汉口。在其住处率全班战士严加防范，时刻提高警惕，致使段祺瑞的爪牙们对冯玉祥未敢下毒手。段冯会谈后，冯被任命为湘西镇守使，率部开往湖南常德驻防。

第十六混成旅在常德驻防期间，冯玉祥除注重社会治安外，尤其重视军事训练。为了全面练兵，他成立了体操队、单双杠队、拼刺队、长跑队等专门运动队。冯玉祥还规定每月一小考，三月一大考，一年一总考，成绩优秀者重奖，并升为教练或军官。高树勋参加以上活动十分积极，他的田径和体操及单双杠成绩每次都名列前茅，成为著名的全旅教练。不久，高树勋进入军士教导团，开始学习战术、地形、兵器、战史、筑城及典范等军事知识等。高树勋深感受益匪浅，为以后的升迁奠定了坚实的基础，毕业后任排长。

冯部驻防常德时，爆发了“五四”运动，常德的青年学生也掀起了爱国运动，第十六混成旅官兵不仅不镇压学生，而且支持和保护青年，甚至与青年一起查封日本人开的商店。不仅如此，冯玉祥本人还亲自对日本驻常德领事的无理取闹提出严重抗议。高树勋目睹这些，大大提高了爱国主义的觉悟。

1920年5月，第十六混成旅离开常德，经津市向汉口进发，部队驻扎在谌家矶造纸厂和滠口一带。11月移防河南信阳。直皖战争，直胜皖败，段祺瑞皖系官员纷纷下台，唯独陕西督军陈树藩凭借武力不交出军政大权。时，控制北京政府的直系军阀曹锟、吴佩孚命令第十六混成旅、第七师、第二十师入陕，实行武力夺权。第十六混成旅从渑池、陕州入潼关。此时高树勋已升任骑兵连连长，他率骑兵连在入陕的几次战役中，无论侦察敌情，还是冲锋陷阵都发挥了骑兵灵活、迅速的优势。收复西安后，第十六混成旅扩编为第十一师，未几，冯玉祥署理陕西督军。

1922年4月，冯玉祥率第十一师出陕参加了讨奉战争。此时，高树勋任机枪连连长，他率全连随李鸣钟旅不失时机地抵达直隶省良乡，出敌不意攻击奉军后路，迫使奉军撤退。吴佩孚趁奉军后撤命令直军发起反攻，奉军大败。第十一师的另一路由冯玉祥指挥赴河南打败了暗中与奉军结盟的河南督军赵倜。战后，冯玉祥被任命为河南督军，高树勋随之升任副营长。

1922年10月冯玉祥调任陆军检阅使，率所部驻防北京南苑。此时，高树勋由母亲作主与本县韩集村韩素贞结婚。那年高树勋送新娘回家时见村中缺少牲口耕地，穷人们只能用镐头刨地下种，于是他出钱买了一头大牛，供穷人使用。他又目睹穷人孩子读书困难，出资建了本村的小学校，供穷人家孩子免费入学读书。

二

1924年10月，冯玉祥联络孙岳、胡景翼发动了北京政变，推翻了直系军阀的统治。此时高树勋为机枪营少校营长，未几，奉命率部驻防张家口①。

北京政变后，由于张作霖违背先前与冯玉祥规定的“不进关”的协议，奉军大举入关，使张冯之间矛盾尖锐化。段祺瑞上台后又从中挑拨，致使冯玉祥于1924年11月25日通电下野。1925年春，移居张家口。是年夏，段祺瑞下令以冯玉祥兼甘肃督办，冯即令驻包头的第二师师长刘郁芬率部入甘。此时高树勋升任该师三十四旅一〇一团团长，率全团官兵随二师入甘。经过长途跋涉，于9月抵达宁夏，12月下旬抵达兰州。

刘郁芬、蒋鸿遇稳住甘肃局势后，南口战役发生。刘郁芬从第二师抽出部分骨干和收编的地方部队编为国民军第十二师，共一旅二团；以蒋鸿遇为师长，高树勋因功升为旅长。1926年春，蒋鸿遇率第十二师赴绥远增援南口前线，到五原后，第十二师师长一职由孙连仲接任。是年秋，南口战役失利，国民军被迫西撤，冯玉祥获悉此消息后，便由莫斯科回国。9月16日抵达五原，第二天举行了著名的“五原誓师”，宣布了国民军参加国民党和北伐的战争，高树勋从此成为国民党党员。冯玉祥就任国民联军总司令后，提出了“固甘，援陕，联晋，图豫”的战略方针，随即率军援陕，策应北伐战争。冯玉祥命令孙良诚为援陕总指挥，高树勋率部由绥远出征陕甘两省。

1926年春，吴佩孚联合奉军攻南口的同时，他还命令刘镇华率镇嵩军十万之众攻陕。当时在陕的国民二、三军将领李虎臣、杨虎城虽设防潼关与镇嵩军激战，终因兵力不足，退守西安城。刘镇华多次率部攻城都未得逞，便采取“长期围困，使军民无粮，不攻自破”的战略。西安被围四个月之久，粮食十分困难，饿死者日有增加，但军民齐心合力。共同表示：“城在人在，城亡人亡”。七路援陕大军为了解救西安军民，不分昼夜急行前进，高树勋率所部10月初抵达陕西兴平县，15日援陕先锋部队开始向咸阳敌军发动总攻；在肃清三原、咸阳地区敌人后，孙良诚总指挥率主力军于11月3日兵临西安城下。此时刘镇华集中重兵迎击孙军。数日激战，使孙军毫无进展。孙良诚只得命令刘汝明的第十师和高树勋旅及马鸿逵的一个骑兵团由西安城西浐河西岸迂回到城南王曲、子午镇一带，从敌军背后突然袭击，夺取大小雁塔，将镇嵩军驱逐到西安以东，先解城南之围。刘汝明接命令后，于11月25日黄昏率部向城南移动，高树勋率部紧跟其后。高树勋旅援陕途中多次与敌战斗，人员残缺不齐。为了加强战斗力，高树勋在部队出发前作了动员，要全旅官兵努力杀敌，以一当十，以十当百，发挥西北军的夜战本色，把敌人消灭掉。高树勋在思想上是有把握打败敌人的，一是全旅官兵皆能勇敢作战，二是高旅还装备一个机枪团，装备重机枪36挺，高树勋不到关键时刻是不拿出老本拼杀的。此次作战，他下令要机枪团团长、营长、连长把所有的威力发挥出来。26日黄昏时到达王曲、子午镇附近。

11月27日拂晓战斗打响，刘汝明指挥所部主力攻击大小雁塔；高树勋指挥所部攻击西安城东十里铺刘镇华司令部；其余部队为预备队跟进策应。战斗一打响，敌人仓促应战，随即溃逃。刘汝明师轻取大小雁塔、张家村、黄雁村一带，并继续进击至小南门附近。此时西安守城的杨虎城、李虎臣忽闻救兵从天外飞来，即大开城门夹击敌军，当日西安解围。

十里铺是刘镇华司令部所在地，有重兵把守。高树勋旅刚与敌军交火，战斗就陷于白热化状态。高旅刚消灭一线敌人，刘镇华的增援部队又及时赶到，镇嵩军的火力猛烈压住高旅。正当高旅处于危机之时，刘汝明率第二十九旅投入战斗，紧接着第三十旅也来增援，战局立刻由被动转为主动。高树勋指挥所部再次向镇嵩军发起攻势。镇嵩军面临一线崩溃，刘镇华指挥失灵，镇嵩军一片混乱，纷纷向东夺路而逃。高树勋、刘汝明率军由十里铺向霸桥、临潼方向追击敌人，大获全胜。

1927 年 1 月冯玉祥将军进驻西安，积极整理军政。不久，刘镇华叛吴投冯，阎锡山也派代表前来与冯见面，表示愿意联防合作。国民革命军攻占武汉后，国民政府也从广州迁到武汉，电促冯玉祥率国民联军东出潼关，加速北伐，国民联军改为国民革命军第二集团军，任命冯玉祥为国民革命军第二集团军总司令。其时，冯部共有 27 个师，15 个独立旅，7 个独立团。4 月 28 日奉系军阀头子张作霖不顾各界人民的反对，在北京杀害了李大钊同志。噩耗传来，冯玉祥命令全军开追悼会，全军带孝致哀。5 月 1 日，国民联军在西安隆重地举行了追悼大会。就在这一天，冯玉祥在西安宣誓就职，随后率军东出潼关。

5 月 7 日，冯玉祥进驻潼关，发布作战命令，命高树勋率第十二师随中路右路军由兰田、商县、龙驹寨经武关向荆紫关进击，计划攻占襄阳。高率军一路夺关斩将完成任务，9 月由襄樊向偃城进击，并对汝南加以警戒，随之打败靳云鹗部。未几，兰封大战，紧急时刻高树勋奉命率部赴援，1928 年 1 月初，高树勋指挥第十二师会同友军攻克彰德、淇县、汤阴、临漳各县。高树勋因指挥彰德战役有功，获冯玉祥颁发的革命奖章一枚，纪念宝刀一柄。4 月，高树勋率部参加漳河大战，在磁县、大名一带大败奉军，5 月 5 日攻克大名。

漳河大战激战之际，冯玉祥后方空虚，樊钟秀在豫西收容散兵、土匪并煽动群众组成一支十余万人的队伍反对冯玉祥，分路偷袭巩县、洛阳等地。当时冯军后方几乎无作战部队，冯军受挫，大本营洛阳危在旦夕。此时，冯玉祥命令宋哲元部速由陕救援，命石友三由前线率军攻击巩县等地。4 月 28 日宋哲元抵达洛阳，第二天与石友三会师，稳定了后方。然而，陕军李云龙在钟秀的煽动下，乘宋哲元部援洛阳之际，集合 30000 余人围攻潼关。与此同时，何毓坤、党玉昆等陕军包围西安，昼夜攻击，异常激烈。

冯玉祥深知后方空虚会带来腹背受敌的严重后果，于是命孙连仲、高树勋所部随宋哲元部进陕平乱，巩固后方。其时，北伐战争告一阶段，部队缩编，高树勋回任旅长。5 月 17 日高树勋率先锋军抵达阌底镇牛头原，消灭李云龙一部，潼关解围，高树勋接潼关防守任务。

在陕西出现反西北军进行叛乱的时候，甘肃河州等地回族上层分子因对西北军不满，在吴佩孚残余势力煽动与支持下，掀起了武装叛乱活动，其中马仲英一股势力最大。当地西北军力量单薄，无力镇压，急待援军。冯玉祥获悉报告后，便连派几路大军回甘平叛。10 月，吉鸿昌、魏凤楼、安树德等部驱走河州北原回军，一直从河州西乡进抵大河峡；与此同时，孙连仲、高树勋部进抵甘肃凉州，攻下凉州后又向西宁方向进军；高树勋旅在民乐县歼灭马仲英回军后又连续追击，马仲英节节败退，最后逃往新疆。

马步芳本是怂恿和支持马仲英叛乱的后台，但当他看到西北军大兵压境和马仲英兵败的趋势后便立即收敛其行动，为掩护他支持马仲英反抗西北军的行动，竟不择手段，将与马仲英联络人员杀死，以灭口实。时，孙连仲率军进入西宁，高树勋先后驻守川口、碾伯。未几，为迫使马麒交出军政大权，高树勋也率军进驻西宁。11 月，孙连仲鉴于马步芳骑兵团窃据化隆一带，为了及早消灭这个隐患，即派高树勋旅以清乡为名赴化隆、循化收编马步芳的部队。马麒夤夜派人赴化隆将此消息告知马步芳，并要马步芳相机谨慎应付。马步芳异常狡猾，他深知其父在西宁已在孙连仲掌握之中，唯有暂时俯首听命，才有周旋余地。于是他派出代表远道欢迎高树勋旅到达化隆。马步芳对高树勋奉承备至，唯谨唯恭，并照其父马麒之意赠送高树勋“银币 15 万元，全副鞍马 100 匹和鹿茸、狐皮等贵重礼品，以取高树勋之欢心”。[②]马步芳在高树勋面前还力主严厉清乡，肃清匪类。并暗中指使亲信随同高树勋部队清乡，所到之处，严防各族人民与高树勋部队接近。马步芳还亲自随高树勋赴循化清乡，他为了进一步获得高旅长的信任，竟将当地六名农民和商人诬为土匪，予以惩处。马步芳还亲自揭发族叔马优良、马朝佐等人在凉州主动围攻西北军，建议严办。他标榜大义灭亲，将马优良等人诱捕，高旅长从其所请，一并解抵西宁军法处。由于马步芳对高树勋旅长卑躬谦词，优礼有加，不仅使高旅长改变了对马步芳的看法，更赢得了信任。高树勋返回西宁后，即向孙连仲疏通，允许马步芳收编化隆、循化两县的“宁海军”余众，编成一个团和两个独立营，为国民革命军第二集团军独立第九混成旅，任命马步芳为旅长。[③]

为了开发西北，在北伐胜利，全国即将统一之时，冯玉祥极力主张将甘、宁、青划为三个行政省。于是指使薛笃弼向各方疏通，终于在1928年9月5日国民党中央政治会议第153次会议上作出了将青海设省的决议。第159次会议又决议将甘肃西宁道原属的西宁、大通、乐都、循化、化隆、湟源、贵德7个县划归青海省，定西宁为青海省省会，任命孙连仲为省主席即省长。1929年1月1日青海省政府正式成立。

是年夏，蒋、冯关系恶化，中原大战即将爆发。孙连仲于9月率军离开西宁，准备东下参战。青海省主席暂由高树勋代理。此时高树勋旅已扩编为师，称第十九师，高树勋任师长。高树勋在任职青海省主席的短时期内，为巩固后方，且为青海省各族人民着想，除积极维护地方治安外，还积极施行禁烟、清赋和禁止女子缠足以及考察县政等一系列新政策新措施。10月中旬，高树勋奉命离开西宁。离西宁前，高树勋以青海局势尚不稳定，曾与政府总参议李乃棻商榷接替人问题。李说："非马麒出山，则马仲英无人制服，地方亦难安定。"[④]于是高树勋向冯玉祥推荐马麒代理省主席职务。1930年1月，南京政府任命马麒为青海省主席。为防止西宁空虚，高树勋命马步芳由化隆移驻西宁，第九独立混成旅改编为第二方面军第二师，任命马步芳为师长。高树勋临开拔前，马麒向他保证每月供应冯玉祥军军饷银币50000元。

1930年春，终因地盘和军队编遣问题，蒋、阎、冯发生龃龉，在政治手段解决不了的时候，爆发了中原大战。其时，西北军兵力共有26万余人，高树勋师被编入第五路，为机动预备队。高树勋师由西宁东下全靠徒步行军，这就需要较多的时间。战争自5月开始，高师6月才抵达前线，没等休整便投入战争。此时，许昌战役吃紧，冯玉祥亲临指挥，他命西北军主力向蒋军发动反攻后，即命高树勋、葛云龙两个师由左翼迂回到蒋军侧背。高师迅速攻占临颍、郾城、漯河，成功地切断了蒋军的供应线。此时西北军本可以继续攻击蒋军，打出内线，争取全线胜利。可惜冯玉祥错误地将高树勋等部调往亳州解孙殿英之围，失去了战机。7月高树勋等师经鹿邑进援亳州，与孙殿英部内外夹攻，将蒋军王均、叶开鑫等部击溃。紧接着，冯玉祥又命高树勋等部向津浦路挺进，直取蚌埠、宿县，截断蒋军后路。但因西北军各部数日行军和战斗过于疲劳，伤亡亦十分严重，尤其是军火粮食供应不上，冯玉祥一时为难，西北军只好退至柘城、太康。8月，西北军在陇海路发动全线攻击，高树勋率师由太康进击归德蒋军。时，连日大雨不停，士兵在水中行军作战，已疲劳过甚，给养又无保证，致使攻势受阻。高树勋在指挥所部攻取蒋军的每一个据点都付出很大的代价，部队伤亡严重。此时,在津浦路上作战的晋军由于内部矛盾,不能统一作战,被蒋军击败，退出济南，不久又撤往黄河以北，蒋介石趁机将与晋军作战的部队增援陇海线集中对付西北军。阎锡山的军队不仅不能打仗，亦不能及时供应西北军军火。正当西北军给养、军火供应不济之时，蒋介石向西北军发动了“银弹”攻势，西北军经不起蒋介石“银弹”的攻击，斗志锐减。9 月 18 日东北军张学良发出“拥蒋通电”，随之大举入关。面对军政不利的形势，西北军将领纷纷投蒋，遂使这场新军阀大战最终以蒋胜、阎冯失败而结束。

三

1930 年 10 月，中原大战最后以冯阎失败而告终，于是冯玉祥便把西北军这个破烂摊子交给第三方面军总司令鹿钟麟而宣言下野了。鹿钟麟与蒋方几次谈判都未达到预想的目的，也不得不把总部人员和卫队旅及所属各军统统交给第五路总指挥孙连仲，也渡河北去。孙连仲是西北军的核心人物之一，此时他身负重任，决心整顿残部，经晋南退回陕甘后方，再作主张。他首先派高树勋率所部到山西晋城一带集结。当高树勋抵达晋城时，获悉蒋介石已派杨虎城陕军占据潼关，堵住了西北军的归路，致使西北军回陕计划成为泡影。面临几十万大军薪饷无着、处境危难的局面，孙连钟与高树勋等人协商出路，最后决定暂请山东省主席韩复榘接济。于是孙连仲派参议王铸民、屈益斋赴鲁求援，韩复榘除拨粮款接济外又将他没收日本鸦片商的六袋白面变价得款给予接济。孙高二人害怕用此款会遭议论，有损名声，便将其毒品退回。其时，吉鸿昌、梁冠英、张印湘等西北军将领已先后叛冯投蒋，且都获得显要职位，这对走投无路的孙连仲等人确有一定的吸引力。后来，孙高等人托韩复榘中间说情决定投蒋，未几，蒋介石便派文素松等人前来河南新乡点验部队。蒋介石决定把这支残余部队改编为国民党第二十六路军，任命孙连仲为总指挥。蒋介石对西北军从来是不信任的，为了削弱，只给此路军两个师和一个补充旅的番号，即编为第二十五师、第二十七师和第四十四补充旅。孙连仲只得把原先的第十三师、第十四师、第十五师缩编成三个旅，三个师长也一律降为旅长，合编为第二十五师，自兼师长；原第十二师编制不变，高树勋仍任师长，只改番号为二十七师；张华棠为第四十四补充旅旅长。蒋介石还乘改编之机将该部队的装甲车、野榴弹炮和重迫击炮部队及两个骑兵师划出第二十六路军建制。改编后规定第二十六路军士兵的月饷为其嫡系部队月饷的70%。改编令下达后，部队开赴山东济宁一带驻防。在济宁进一步整编并进行训练。孙连仲为其控制第二十七师，亲自任命副师长和各旅长，王恩布、赵大璞先后为副师长，施积枢、池蜂城、吕如珂分任七十九、八十、八十一旅旅长；孙连仲以李松昆、董振堂、季振同分任第二十五师七十五、七十六、七十八旅旅；并照一旅三团、一团三营、一营三连、一连三排的编制进行整编，每个师都附以炮工辎通信各一个营的编制；另将张华棠、祝常德的两个骑兵旅合编为骑兵第四十四师，任命吴树人为师长。

整编后，孙连仲、高树勋等人鉴于本部官兵多为北方人，故想利用与韩复榘的关系计划在山东落脚驻防，韩复榘也有心利用第二十六路军对付胶东刘珍年的第十七军，于是他电请蒋介石准许第二十六路军调往胶东驻防。蒋介石接电后，便马上回电，不但没有允许韩复榘的请求，反而对韩复榘、孙连仲、高树勋等西北军旧将领产生了孤疑和不信任感，于是决定早日调第二十六路军离开山东。

高树勋在山东济宁期间，整天忙于部队的整编工作，耽误了为儿子请医生治病的机会，儿子夭折给了他很大的精神打击，心情一直不好，他后来经常谈起济宁是个“不幸的地方”。

1925年至1927年的大革命失败后，使中国共产党认识到了陈独秀右倾主义的危害性，坚信中国革命的胜利只有走以武装的革命反对反革命武装的道路。南昌起义向国民党新军阀打响了第一枪，随后相继爆发了秋收起义、广州起义等数十次武装起义，并且在各地建立了革命武装。尽管这些小股武装活动在穷乡僻壤和各省交界地区，然而它有广泛的群众基础，成为后来发展红军和建立农村革命根据地的基础。

1927年以后的三年间，中国共产党领导的革命武装在新军阀混战的空隙中发展壮大，建立了40000余人的红军队伍和十几块农村革命根据地。革命武装的发展引起了蒋介石的注意，特别是李立三“左”倾路线使红军过早地对国民党统治实行攻击，震惊了蒋介石，于是他开始有步骤地利用地方军阀部队对各个根据地进行“进剿”战争。中原大战后期，蒋介石开始部署对鄂湘赣三省交界的中央根据地的“进剿”计划。1930年10月中原大战以蒋介石胜利而宣告结束，从此使他腾出手来集中军队向革命根据接连发动了疯狂的“围剿”战争。

1930年末，蒋介石动用12个师和3个独立旅共14万人的反革命武装，开始了第一次对江西中央革命根据地的“围剿”战争。从11月到1931年1月3日战争结束，革命根据的红军在广大人民的有力支援下取得了歼敌15000余人，缴获武器12000余件的伟大胜利。

第一次“围剿”战争被红军粉碎，蒋介石是不服输的。于是1931年1月29日他任命军政部部长何应钦为湘鄂赣“剿匪”司令，代理总司令职权赴江西全权指挥四省“围剿”部队，又对中央革命根据地发动了第二次“围剿”战争。何应钦2月3日抵南昌发表谈话说：“中央对剿除赣匪已有具体计划，限三个月内如期肃清。本人拟将赣匪剿平方离赣，剿匪不力之军官当严厉惩办。”⑤何应钦还宣称此次围剿之兵力，除原在赣省的第十九路军和第六路军外又增调了第五路和第二十六路军，并命令各参战部队务必于3月中旬齐集江西，向中央革命根据地发起总攻。

从上所述，可知高树勋的第二十七师即将南下，参加第二次“围剿”战争了。

1931年初，蒋介石为了调第二十六路军参加“围剿”江西红军的战争，首先派曾是冯玉祥参谋长和方面军总指挥的曹浩森和刘郁芬为特使赴山东济宁，与孙连仲、高树勋等商议南调事宜。孙、高起初犹豫不决，他们既怕蒋介石以调往江西为名，中途被消灭掉，又怕到江西后被红军打败，落个“战败法办”的可耻下场而被取消。故此蒋介石特使往返数次未决。孙、高为了不放弃军队，就只得服从蒋介石的调遣，终在蒋介石的威胁和利诱下，孙、高才答应开往江西，蒋介石很快发布了南调的命令。

第二十六路军官兵多是北方人。这支部队又历来受到过中国共产党的影响，因此广大官兵极不愿意南下与红军作战，对蒋介石的内战政策十分不满。自部队南开的消息传开后，官兵们反对南开的言论就蔓延开了。有的说；“南方人说话听不懂啦！”有的说：“南方山高路险水流急啦！”还有的人说：“南方瘴气能毒死人啦！”越说越玄，越说越神，使不少官兵去南方作战产生了许多的顾虑和一定的恐惧心理。⑥孙连仲、高树勋深知部队不满情绪，因此在接到南开的命令后，部队仍迟迟不动。蒋介石则设法重金收买，不久又批准增加军饷，补充装备。孙、高于是下令开拔，引兵入赣。但第二十六路军的广大官兵仍反对南下与红军作战。被迫开拔后，担任前导的是董振堂旅的一个团，当运兵车开到孙氏店车站时，官兵齐心合力破坏了铁路，举行了兵变，该团团长郭道培将部队拉走了。孙连仲害怕蒋介石追究此事，急忙派人去做工作，劝说郭团长把队伍拉回来。蒋介石利用第二十六路军为他所用，在部队开拔前邀请该路军高级军官分批到南京传见。1931 年 3 月 3 日，孙连仲、高树勋等人抵达南京见蒋请训，住进中央饭店后，蒋介石亲自设宴，并令孙科、吴铁城等要员作陪。席间蒋介石甜言蜜语，关怀备至，席后又赠以肖像、金钱和贵重礼品。6 日，孙高二人又进见蒋介石，请示“剿匪”方略。孙、高等高级军官在南京时还几次与蒋介石共进晚餐；白天游览古迹，晚上看戏。离开南京时，每人赠与甚厚。西北军将领多是行伍出身，跟冯玉祥多年，生活甚为艰苦，纪律也十分严格，住在西北贫苦省区，没有见过大世面，这次进京经过蒋介石声色货利勾引，一个个神魂颠倒，受宠若惊。有的人直言讲道：“过去我们多年替冯先生卖命，可从未受到像今天这样的接待。相反，个人生活享受一点，还提心吊胆地怕冯先生发觉受处分。现在蒋总司令对我们这样优待，今后一定要好好替他出力。”高树勋先孙连仲离开南京赴南昌指挥部队。在赴南昌途中，高树勋十分得意地对记者说：“第二十五师师长李松昆、旅长季振同、董振堂都是听我的。……”⑦他对参加这次“剿匪”战争满有信心。第二十六路军到达江西后，蒋介石答应发的军饷才刚发下来，但第一次发饷就没有发足，只发了应发给的 65%，而住江西的嫡系部队是照月发足饷的，他们的装备供应也比第二十六路军强过几倍，然而蒋介石却命令第二十六路军去打头阵，当先锋打硬仗。

参加第二次“围剿”战争的蒋军共 20 余万人，比第一次“围剿”实际增兵超过一倍。为了在三个月内消灭红军，蒋介石命令各路“围剿”军务必在 5 月 5 日国民会议召开之前占领中央革命根据地的东固、龙冈、宁都、瑞金等重要城镇，消灭红军主力，向南京国民会议“献礼”。

3 月下旬，各路“进剿”军集结完毕，第二十六路军第二十五师位于宜黄，第二十七师位于乐安，骑兵师位于临川、樟树镇一带。3 月 27 日，何应钦在南昌下达了“进剿”命令，各路军于 4 月 1 日开始活动，以宁都为进犯目标，在从江西吉安到福建建宁东西八里长的战线上分四路向中央革命根据地的腹部地区大举进攻。第二十六路军分为左右两路军由宜黄、乐安向东韶、小布等地进击，4 月下旬分别抵达小树岭、大金竹一线地区。5 月初，高树勋指挥第二十七师占领了乐安以南的招携，几天后高树勋命令王恩布旅经大金竹向中村进犯，而他亲自率池峰城旅、施积枢旅经荫水至东韶。同日孙连仲也指挥第二十五师经河口、黄陂、新丰抵达洛口，两路军企图准备向小埔、龙冈方面合围红军。时，高树勋指挥第二一七师由东韶经南团向小埔进犯途中，得意地对副师长赵大璞说："再前进，红军不就完了吗？"[⑧]正当高师长盼望早日结束这次战争时，没想到自己已进入了红军设下的口袋。朱德、毛泽东已于21日制定了"攻击南团消灭高树勋部队的作战方针。"[⑨]5月15日，高树勋率第27师抵达南团附近，孙连仲率第二十五师于17日占领洛口准备向红军侧后攻击时,20日晚高树勋接到南昌行营急电，命令第二十七师迅速向沙溪增援被红军包围中的郝梦龄的五十四师。高树勋不敢怠慢，命令部队取道中村向藤田方向前进。此时白沙战役已经结束，红军按计划向东横扫，消灭高树勋的第二十七师已在既定计划之中。5月21日，正当高树勋率师部行抵鳌子岭时，接到八十一旅旅长王恩布的急电，报告该旅于中村与红军接火，团长王广田和一个营长及多名士兵阵亡，地势不利，难于撤出，情势危急，请速增援。高树勋立刻指挥部队向中村方向急行军，因山路艰险，行军速度缓慢，三小时后部队才接近中村。高树勋发现八十一旅被红军包围在一条山谷中，形势非常危险，他命令池峰城旅马上占领中村东边的高山，命令八十一旅王旅长调整部署，作突围准备。其时，红军一方面军首长决心在中村消灭高树勋第二十七师，并乘胜拿下南团之敌。命令下达后，第三军团和第四军攻击中村高师，第三军和第七军为总预备队策应第四军作战。22日上午,正当高树勋师长指挥部队撤退时，红军发起猛攻,遂把高树勋师部包围;攻击十分激烈,使高师各部失去指挥，王旅、池旅在没有部队前往增援的情况下，顿时慌作一团，乱喊乱叫，东窜西逃。高树勋和副师长在卫队保护下从一条山沟突围出去，率残部连夜东撤。红军经过激烈战斗,于当日13时占领中村,歼灭第二十七师近一个旅，缴枪3000余支，电台一架，机关枪十余挺。待红军进攻南团之敌时，孙连仲率第二十五师仓惶撤回到宜黄。至此，第二十六路军基本溃退。[⑩]

中村战役后，红军又进行了建宁战役，粉碎了蒋介石对中央革命根据地的第二次"围剿"战争。

第二十六路军与红军初次交锋便败下阵来，且被打得焦头烂额，丧魂落魄，显然在以后作战中第二十六路军已无力再担任正面进犯的主攻任务了。1931年6月21日，蒋介石亲临南昌，部署第三次"围剿"中央革命根据地的作战方针。他在一次会议上大骂杂牌军无用，不得不把他的嫡系部队的五个师十万余人担任这次“围剿”战的主力军。加上上两次参加“围剿”而未撤走的军队，使这次“围剿”总兵力达到了23个师又3个独立旅共30万人，蒋介石自任总司令。他把30万大军编成四个军团和三路“进剿”军。第二十六路军划为第二军团，归右翼集团军总指挥陈铭枢指挥，高树勋率补充后的第二十七师第二次参加“围剿”中央革命根据的反动战争。7月1日各路“进剿”军按计划向中央革命根据地进犯，右翼集团军兵分三路向吉安、沙溪进犯，第二军团在孙连仲、高树勋指挥下由乐安、宜黄向招携、宁都进击，7月下旬进至中沙，月末由大金竹、脑百岭经小布向宁都进击。

红军在第三次反“围剿”战争中历时两个多月，共进行六次战役，歼敌30000余人，反“围剿”取得了胜利。第三次“围剿”结束后，第二十六路军进据宁都。第二十六路军到南方后，尤其是进驻宁都后，广大官兵对南方环境十分不适应，他们都有几怕：怕吃大米，怕下雨，怕生病，更怕与红军打仗。军饷本来就不足，再加上各级长官的克扣，使士兵的生活更加清苦，天天喝稀粥，吃卷心菜。士兵们吃不饱，一个个瘦得厉害，又因水土不服，疫病流行，医疗条件很差，少医无药，使不少士兵病倒病死，据当时统计一个团平均每天死四、五个人。在国民党军队里士兵死了，当官的可以吃空额，一个士兵一个月八块钱，多死一个士兵，上司就可以多得一份薪饷，因此当官的都愿意士兵多死几个。第二十六路军驻宁都不到三个月时间，城北和城西的空地上就增加了两三千个新坟头，士兵们指着这些坟头说：“我们早晚都要到这里来排队！”因此人心浮动，军无斗志，厌战思乡情绪十分强烈。有不少士兵忍受不了这种生活，便开小差逃跑或去投红军。宁都四周都在红军和革命人民的包围之下，第二十六路军的士兵们在外站岗或清乡时亲眼见到革命根据地分粮分地的情形受到了教育；同时，在第二次“围剿”战争中，被红军俘虏的一千余人释放回队后，纷纷向伙伴们讲述红军的宽大政策。他们说红军不打不杀，还介绍红军内部的民主生活，胆大的人还把红军的宣传品带回来进行宣传。这样一来就把蒋介石的欺骗政策揭穿了。这些宣传使第二十六路军的军心更加动摇。高树勋有时也能看到红军的宣传品，有时偷偷地把俘虏的官兵叫来了解情况，因此，他逐渐明白了共产党的主张是打土豪，分田地，穷人翻身得解放。他联想自己的出身，由不信也就慢慢相信了，使他认识到了此次来江西与红军作战纯是蒋介石借刀杀人，消灭异己的阴谋诡计。特别是“九一八”事变后，中华民族的危亡牵动了爱国军人的心。1931年9月20日，中国共产党发表了《日本帝国主义侵占我东北三省告全国民众书》，在全国掀起了抗日救亡的巨大浪潮。在党的抗日救国方针的感召下，第二十六路军的官兵既怀念北方家乡父老兄弟，又关心中华民族的存亡，发出了“回北方去，打日本”的呼声。在这一怒潮的推动下，高树勋、孙连仲也看出了蒋介石利用第二十六路军打红军的险恶用心，他们认为在江西只有死路一条，于是很想把部队拉回北方去，而当前日本的侵略是回北方的最好理由。他们认为军心可用，便以第二十六路军高级将领联名给蒋介石发去“强烈要求回北方打日寇，保卫家乡，保卫祖国”的电报。没等蒋介石复电，就命令全军北上。当部队行进到距宁都60里处的胡岭嘴时，收到蒋介石“立即撤回原防”的急电，对孙连仲、高树勋等人大加训斥，并要他们“死守宁都！”再有“侈谈抗日者杀勿赦”。

第二十六路军返回宁都后，孙、高心情苦闷，便借休养为名，把指挥权交给第二十六路军参谋长赵博生，先后离开部队。内战外患使第二十六路军的广大官兵仇蒋反日情绪日益高涨，广大士兵和贫苦出身的军官对中国共产党的抗日主张在内心深处产生了共鸣，于是第二十六路军的地下党与参谋长赵博生、季振同、董振堂等人秘密策划起义活动。经与红军首长取得具体联系后，季振同、赵博生决定趁孙连仲、高树勋不在部队的有利时机，采取果断措施，于12月14日下午举行了著名的“宁都起义”。由于起义组织工作周密和完善，使全军除驻宁都城北石上的一个团因路远而未能参加起义外，全军一个军直、两个师直，六个旅直，十一个整团，共17000余人，携带20000多件武器、大批弹药和电台参加了起义。宁都起义是我军历史上的一次最成功的最重要的起义，它沉重地打击了国民党蒋介石反动政权，鼓舞了全国人民抗日反蒋的正义斗争。宁都起义，壮大了红军的力量，对巩固和发展中央革命根据地，增强根据地军民的胜利信心，起了重大的作用，“宁都起义是中国革命史上的一件大事。”

孙连仲、高树勋获悉宁都起义的消息后，立即赶回抚州，收容残部，从各方拼凑力量重新组成了第二十六路军。第二十七师由骑兵第四十四旅和步兵补充旅及因病伤离队住院的官兵组成，共三旅六团；高树勋仍任师长；第二十五师也由骑兵旅和本师残部合编成两旅四团，仍由李松昆任师长。由于编制缩小，遂将防线退缩到吉水、乐安、宜黄一线。由于第二十六路军实力削弱，蒋介石对它也大不如以往那么重用了。从此孙连仲把第二十六路军的指挥权交给高树勋，他自己在抚州继续整训部队。

1932年春，高树勋率第二十六路军五个旅的兵力防守宜黄、乐安一带。其时蒋介石重新部署“清乡”任务，随之开始了第四次对中央革命根据地的“围剿”战争。何应钦将辖区内划为九路“进剿”军，第二十六路军为第九路，负责“清剿”宜黄地区的红军。高树勋开始时分兵数路进行“清剿”，后因屡遭红军伏击，伤亡严重，再不敢分散兵力了，乃将第二十七师集结于宜黄城内，二十五师集中在乐安城内，再不敢下去清乡了。8月8日红军发布了“关于发起乐安、宜黄战役的训令”，随之红军主力从兴国、于都向乐安移动，15日红一方面军发布进攻乐安的命令，17日攻克乐安，将援助乐安的第二十七师吕如珂旅全部歼灭。红军乘胜于20日兵临宜黄城下，准备第二天攻城。其时高树勋部如同惊弓之鸟，昼夜防守，恐慌万状，急电驻防崇仁的第二十五师残部前往救援。当七十五旅已抵达宜黄北面时，七十四旅旅长冯安邦却畏惧不前，红军乘机猛烈攻城，二十七师损失惨重。高树勋见援兵未到，乃弃城而逃，全师官兵纷纷向北溃退。[11]高树勋到抚州后给孙连仲打一电报，以“母病危，急速返津”为由，离开江西，回到天津。南昌行营何应钦闻讯高树勋出逃，则立即以“弃城潜逃”罪名下令通缉。

高树勋从与红军屡战屡败的教训中受到了启示，他开始明白“共产党是为天下穷苦人打天下的，是深受广大劳动人民拥护的，共产党、工农红军是消灭不了的”。[12]

四

高树勋离开部队，几经辗转，从上海回到天津，为了摆脱国民党的缉拿，避居在英租界。

“九一八”事变后，冯玉祥先生一直拥护中国共产党的抗日主张，反对蒋介石对日本侵略者的妥协投降政策。1932年10月他从山东泰山移居张家口，在中国共产党的推动下，筹建抗日武装。冯玉祥不断派人到各地活动，召唤他的旧部袍泽来张垣参加抗日。高树勋闻讯甚喜，认为报国时机已到，积极响应冯玉祥先生的号召，变卖家产，充作军费，帮助冯玉祥购买枪支弹药，并于1933年5月先于吉鸿昌等爱国将领来到张家口，积极协助冯玉祥先生策划抗日事宜。5月26日民众抗日同盟军成立，冯玉祥先生被公举为总司令，高树勋被任命为军事委员会委员，第二骑兵挺进军司令，指挥第二十三师和独立旅5000余人。27日与吉鸿昌、佟麟阁等14名爱国将领联名发出响应冯玉祥抗日的通电，严厉谴责日本军国主义的侵略野心和国民党当局的不抵抗政策，表示愿在冯玉祥将军的率领下，“团结民众，武装民众，誓以满腔热血，洒遍疆场，保我河山，复我失地。”[13]同盟军成立后，高树勋率部保卫张家口，驻防宣化一带。此外，高树勋还担任总部交通司令，他用了很大的精力去完成这项工作，曾受冯玉祥派遣前往沙城联络孙殿英参加同盟军共同抗日。他在孙部争取了很多军官的同情与支持，终因国民党军统特务的破坏，孙殿英受蒋介石、何应钦的欺骗挥师西去，放弃了参加同盟军抗日的大好时机。正当吉鸿昌将军率部血战月余收复察东失地、攻克多伦、振奋民族抗日决心之时，蒋介石却加紧了对同盟军的攻击和诬蔑。冯玉祥命令高树勋率部于辛庄子、宣化一带抵御庞炳勋、李福和等 10 余万国民党军队的进犯。为了阻止国民党军队的进攻，他指挥所部拆毁了辛庄子以南的铁路，并修建工事，严阵以待。

由于蒋介石、何应钦等人勾结日本侵略者集结军队对抗日同盟军实行围攻，由于中共人士柯庆施、陈伯达等人在抗日同盟军内极力推行王明“左”倾路线，排斥和打击冯玉祥的领导，致使同盟军内外受难。在冯玉祥被迫决定离张垣之前，为了安定抗日同盟军将士的情绪，以待时机，东山再起，秘密组织了“抗日同盟会”，他自任会长。入会的人必须经他亲自审查才得以入会，入会者还要宣誓和三鞠躬，十分严密。高树勋是首批入会的五人之一，可见高树勋与冯玉祥的密切关系。8 月 14 日，冯玉祥离开张垣后，高树勋率都先后驻防张北、商都，并一度计划与吉鸿昌部会师西进。未几，形势所迫，最后在佟麟阁的劝说下，接受宋哲元的改编。部队改编后，高树勋任张北警备副司令，辖一个团。不久，所部归属冯治安师，高树勋谢绝宋哲元的挽留返回天津。

1935 年由宋哲元、冯治安、张自忠、刘汝明等西北军同仁出面极力为高树勋斡旋，蒋介石、何应钦才答应撤销其逮捕高树勋的通缉令。“西安事变”后应宋哲元的邀请前往保定，出任河北省保安处副处长，旋升任处长，负责组建民团武装和训练部队事宜。时，正值国共第二次合作时期，彭德怀、朱瑞等中共高级领导人专程到保定与宋哲元等爱国将领共商抗日大事，宋哲元派高树勋负责安全和招待工作。高树勋对彭德怀等人十分热情，谈了很多往事和自己的思想，又虚心学习游击战术，并请求中共派人协助训练抗日队伍。彭德怀对高树勋的为人和抗日决心十分满意。主动向他讲述了抗日游击战术，宣传了我党的抗日主张，答应他今后不断保持联系，并派唐哲民等人协助高树勋训练部队。这段经历对高树勋影响很大，事后他经常回忆和赞美共产党人的开阔胸怀。

1937 年“七七”事变后，宋哲元拨给高树勋两个装备齐全的主力营，与河北省保安部队编成四个团，组建成河北暂编第一师，高树勋任师长，兼河北游击总指挥。未几，开赴南宫、冀县一带，作为宋哲元第一集团军预备队，准备参加反攻石家庄日军的战役。11 月 1 日，宋哲元率主力经威县、广宗向邢台前进，5 日，刘汝明率六十八军及骑兵师攻占南和、任县，继续向邢台进击。然而日军侦知我军反攻计划，日本华北驻屯军司令官香月清司迅速增兵邢台，并命令两个旅团向第一集团军后方大本营河北省大名出击。大名发生激战，守军不支，被日军攻陷。大名失守，我军后路受到威胁，反攻计划全部落空，宋哲元率部移驻新乡。时，高树勋部由南宫调往大名以南，接防石友三部防地小滩、龙王庙、元村集一线，抵御日军进犯，掩护主力撤退。

1938 年 1 月下旬，日寇开始由大名南犯，高树勋指挥部队以南乐为防线，阻击日军进犯，多次发生战斗，旋奉宋哲元之命转移到道口一带驻防。此时高树勋部改编为国民党暂编第九师，高树勋宣誓就职。未几，率师随宋哲元总部西撤，在沁阳曾与日军接火，保护总部撤至中条山，又转到茅津渡。宋哲元计划从此渡河，然而南岸国民党早已封锁，声称蒋总统命令：所有北岸部队，一律不准过河！宋哲元听后痛心不已，乃命部队折回东北山区。3 月中旬，第一集团军番号被撤销，高树勋的暂编第九师改为新编第六师，在黄河北岸担任游击任务。4 月，高树勋率部赴山东临沂前线。徐州会战结束后，高树勋率部会同石友三的六十九军进入沂蒙山区，切断日军交通线，占领莒县、日照，临沂等县，后在莒县、诸城、临朐一带整训和扩充部队，收编了莫正民的游击支队，部队迅速扩大。

蒋介石命石友三、高树勋率部在山东敌后开展游击战争是企图借日寇力量消灭杂牌军，又借杂牌军打击中共抗日力量，但石友三、高树勋始终对蒋介石抱有戒心，蒋介石命他们孤军开赴敌后，他们惶惶不安，深知单靠自己的力量难以支撑局面。一天，高树勋对部下说；“抗战是全国人民的愿望，现下我部已处于两面之间，一面是日寇，一面是八路军，八路军就是过去的工农红军，1932 年蒋介石几十万大军‘进剿’红军，都被红军打败了，现在红军改名八路军、新四军，更发展壮大了，就更难消灭了。我军在敌后抗战，就必须联合八路军，否则我们是站不住脚的，我们就不能生存。”[14]此时，我党为了开展抗日统一战线工作，开始向敌后坚持抗战的国民党军队中派一些同志去做统战工作。这样一来，张友渔等人来到石友三部队任政治部主任；解子仪、钟辉同志早于张友渔来到高树勋部队中作政治工作。在共产党人的积极支持下，这支部队有了长足的发展，高树勋的第六师扩编为暂编第一军，辖新六师和暂二十九师。其时与石友三的六十九军改为第十军团，高树勋任军团副司令。1939 年初，第十军团又改称第三十九集团军，高树勋的暂一军改称新八军。蒋介石鉴于石友三、高树勋的部队在沂蒙山区没能与中共摩擦起来，致使两败俱伤的算盘落了空，便又生诡计，把第三十九集团军调往河北省南部，配合冀察战区司令长官兼河北省政府主席鹿钟麟与中共和八路军搞摩擦战，于是 1938 年末高树勋被调到冀鲁边区的乐陵、无棣、盐山一带驻防。

冀鲁边区是八路军东进抗日挺进纵队和当地抗日武装开辟的游击根据地。当高树勋率部向冀鲁边区开进的时候，东进抗日纵队政委兼司令员肖华在一次会议上指出：“新八军的来意显而易见，国民党顽固派眼见‘冀鲁联防’破产，岂肯擅自罢休，调高部入境，是企图制造大规模的武装摩擦，把我军挤出边区。我们不能掉以轻心哟！”[15]从而对高树勋的部队确定了“发展进步势力，争取中间势力，孤立顽固势力”的总方针，以主动的姿态，欢迎高树勋率部北上抗日。11 月下旬高树勋率部抵达冀鲁边区，肖华率抗日纵队机关在盐山旧县镇召开欢迎高树勋将军大会，肖华同志代表边区抗日军民致欢迎词，高树勋也在会上讲了话，表示要跟八路军合作抗日。会后，肖华同志把刘伯承给高树勋的一封信转交给高。在信中，刘伯承师长列举石友三、张荫梧、侯如墉、朱怀冰等国民党军队同室操戈，在敌后制造摩擦的种种痛心事实，诚恳地奉劝高树勋要认清形势，以民族利益为重，不要与石、张、侯、朱等辈为伍，沦为民族的罪人，遭到国人的唾骂！高树勋看信后表示理解。肖华同志及时指出：“我们知道贵党贵军中有不少有识之士，他们是反对内战的。在民族危亡之秋，把枪口对着抗日的八路军、新四军，是不得人心的。希高军长以民族利益为重，与我们同心协力，共御外侮！”[16]高树勋表示不辜负期望，愿与八路军协同作战，积极抗日，双方建立联系，互通情报，划分防地。为了争取高树勋共同抗日，肖华等纵队领导同志，几次前往高树勋驻地，与他交换当前对抗日形势的看法，宣传我党的抗日主张和毛主席建立统一战线的道理。为了使高部中下级军官和广大士兵接受我党的抗日主张，纵队还征得高树勋的同意，派人到新八军宣传我党关于“坚持抗战，反对投降，坚持团结，反对分裂，坚持进步，反对倒退”的方针，肖华等领导同志也曾去新八军作过报告，使我党的抗日主张得到了新八军中许多军官和广大士兵们的同情和拥护。高树勋还主动请肖华同志派人到新八军中做政训工作。当新八军的一些反动分子与中共抗日政权摩擦时，高树勋尚能采取制止的手段，致使国民党在冀鲁边的摩擦战没能进行起来。

1939年春，日寇开始回师“扫荡”，我军运用游击战、运动战连战连胜，取得了韩家集、灯明寺等胜利；而友军高树勋却沿用那套老战法，久驻一地，不愿化整为零或作阵地转移，结果在善化桥、刘北津、罗张家遭到日寇偷袭。最惨的一次是宁家寨战役，7月12日夜儿路日军包围了高树勋总部所在地宁家寨。未几，日军发动攻势，高树勋的新八军损失严重。危急时刻，高军长亲自向周围国民党军队求援，求援无望，只得急电肖华司令员速来派兵解围。肖华接到高军长的求援电后，立即下令集合纵队骑兵部队驰援宁家寨。深夜两点钟，我军包围宁家寨的日军，发起猛攻。日军以为天降神兵，乱作一团，高树勋见救兵已到，也率部往外打，内外夹击，日军大败。战后，他动容地对肖华同志说：“贵军的所作所为实在令人钦佩，对鄙人教益不浅！”[17]从此高部多次与八路军协同作战，纵队六支队七团在韩集伏击日军西村中队时，高军长派一个团在盐山至庆云的公路上阻击南下日军。后来又协同进行了高湾、马家河、胡麻湾战役，均有战绩。在冀鲁边区的八个月中，新八军各部与日军作战70余次，并袭击了天津增福台，震慑了日军。

1939年秋，高树勋奉命率部西开，在德州过路时与日军接火后，高采取避实就虚的战术率部转移到河南清丰一带。时，第三十九集团军总司令石友三秉承蒋介石旨意与八路军公然为敌，制造摩擦，命令高树勋率部进攻南宫以北的八路军。由于新八军地下党策动士兵不打自家人，高树勋本人亦不愿意与八路军发生战斗，因此对石友三采取了消极拖延的作法，在一定程度上抵制了石友三进击八路军的命令。

石友三为了进一步掀起反共高潮，首先重用和提拔蒋介石派到第三十九集团军的人，同时撤换军官中的进步分子，于是把张友渔、解子仪、钟辉一些人赶出第三十九集团军。紧接着开始破坏我党抗日政权，在根据地内设第二政权；废除抗日政府的“合理负担”政策，到处横征暴敛，欺压人民；石友三还私印假钞票，禁止使用八路军冀南行署发行的钞票；禁止中小学校使用八路军政治部编印的教科书；更严重的是任意捕杀活埋我抗日军政人员和家属，袭击我军后方医院，屠杀病员。正当石友三剑拔弩张的时候，毛泽东主席向八路军一二九师下达了反击反共顽固派的命令。1940 年 1 月 31 日，八路军总部朱德、彭德怀电示一二九师：要集中力量狠狠打击石友三。于是一二九师前敌总指挥部决定，集中冀南、冀鲁豫地区的 18 个团、冀中地区的 7 个团，在宋任穷、程子华指挥下进行冀南反顽战役。我军原定 2 月 11 日开始反攻，但石友三得知金宪章、薛文教两支顽军被歼的消息后，慌忙于 9 日率部南撤。刘伯承师长得知石友三南窜的情报后，立即电令参战部队迅速追击和堵截。我军先后在清河、威县、曲周、丘县等地与孙良诚、石友三部激战竟日。同时，我军对高树勋部采取钳制姿态。此时，杨勇支队抵达观城、朝城一带，逼近高部新八军主力，阻止其增援石友三的行动。与此同时，我军一一五师独立旅、山东纵队挺进支队、第六支队各一部在寿张、张秋镇一带歼灭了敢于进犯我军的高树勋的十三旅 400 余人。[18]追击和堵截石友三的战役从 2 月 9 日至 19 日，经过 10 天激战，歼灭石友三部 7800 余人，将石友三顽军逐出冀南。未几，石友三与日军相勾结又企图再犯冀南，我军集中 17 个团于 1940 年 2 月 22 日发起“卫东战役”，再次打击了石友三的顽军。29 日，一二九师首长给程子华、宋任穷的指示中提出“打石（友三）钳高（树勋）麻丁（树本）各个击破”的作战方针，此战役至 5 月中旬结束，共歼顽军 1500 余人。在八路军反击石友三顽军的两次战役中，高树勋都处于被动地位，既不敢大胆增援石友三，也很少阻击八路军。当时，他对部下讲：“国难当头，与八路军搞摩擦太不应该。”

我军与石友三顽军的战争一直延续到 1940 年年底。石友三不仅积极反共反人民，而且加紧进行投降日军的活动，我军在打石友三的几次战役中缴获了大量石友三投降日军的证据。石友三在冀南进攻八路军时，就派其弟石友信前往北平、天津和开封等地与日寇勾结，双方订立协议：石友三率部向河北大名靠拢，公开宣布与华北汉奸组织合作，日本便委任石友三为河北省省长兼保安司令。此时朱德总司令、彭德怀副总司令特电蒋介石和一战区司令长官卫立煌以我军缴获的石友三投降日本的材料为证据，要求“罢免石友三本兼各职，并下令讨伐，以正视听。”[19]

石友三没能如蒋介石所愿打垮冀南的八路军，而通敌罪证反被八路军抓到手，因此声名狼藉，已无大用。于是蒋介石就密令卫立煌、高树勋相机处决石友三和石友信。[20]在此之前，卫立煌将军闻知石友三与日本人关系密切时，曾开门见山，向其规劝：“绝对不可以和日本人勾搭，当汉奸遗臭万年。”石友三表面上不得不唯唯诺诺，惟命是听，实际上他另搞一套。1940年下半年，石友三公开进行降日活动时，卫立煌乃电告石友三说：“你和日本的往来正闹得满城风雨，大家都知道，重庆也知道，但我并不轻信，希望你自己好自为之。听说你想当省长，当省长并不难，我把我的河南省政府主席让给你做如何？假使你愿意做，我向中央保荐，一定成功，你的尊意如何？”石友三接到卫立煌的电报，假惺惺地表示感谢和谦逊，发誓要“追随钧座抗日到底，不敢二心”。[21]

石友三知道高树勋是他投敌的主要障碍，他多次派人对高树勋进行试探、拉拢，均遭严词拒绝。高树勋曾对孙良诚说：“汉奸决不能当，我要给儿孙留条后路，决不留下骂名！”[22]高树勋虽是石友三的部下，但思想不一致，尤其在降日问题上，高树勋是决不甘心随石友三当汉奸的。因此石友三对高树勋异常忌恨，曾多次施计杀害他，都因为高树勋早有防备而未能得逞。1940年6月，高部驻防在山东定陶一带时，石友三已与开封日军签订了“防共协定”，企图借日本人杀害高树勋。是年深秋之时，石友三勾结日军快速部队由济宁、开封、归德三个方向偷袭高树勋总部于定陶大陈楼，激战一日，高部损失惨重，死伤千余人，高树勋率部从交通沟里安全突围。战后石友三得到日军情报，说高树勋已被打死。为了证实这个情报是否准确，石友三派人去高部打听，高树勋不但没有被日军打死，而好端端在训练部队。石友三一计不成，再施诡计。不久，石友信又勾结归德日军，截击高树勋一个旅，为石友三出气。高树勋对石友三的可耻行径十分愤慨，从此他每日都集合官兵讲话，宣称：“谁要当汉奸，我们就打谁！”并要部下时刻做好应变的准备。石、高两人怨恨日深，高常称病不参加石友三召开的会议。石友三心生杀机，决定除掉高树勋这个眼中钉。10月中旬，石友三计划借与林慰君结婚邀请高树勋参加婚礼，乘机杀高。终因幕僚说情，石才罢休。从此高树勋极力避免与石见面。濮阳专员丁树本也惧怕石友三，亦不敢与石见面。鉴于高、丁对他的疏远，石友三感到非常孤单，曾向老友孙良诚表示，要设法与部下消除隔阂，尤其是需要和老部下高树勋军长言归于好。孙良诚虽为冀察战区游击总指挥兼鲁西行署主任，但深敢自己手中无实力，不得不依附于石友三、高树勋以自存，所以孙以为石、高团结对己有利，故奔走于石、高之间，大讲“团结存，分裂亡”的道理。高树勋曾对孙良诚说：“石友三的领袖欲太重，汉奸也愿当。”[23]孙良诚自以为曾是高的老上级，便挺身担当说和使命，遂将石“消除隔阂”的话转告高树勋。在此以前，高树勋已秘密得到卫立煌相机除掉石友三的命令，于是高树勋便积极联络石的参谋长王清瀚、政治部主任臧元骏和总参议毕载奕以及石友三的两个师长米文和、张雨亭。这些人都是反对石友三降日的，他们商议决定：石友三走到哪里就在哪里扣留正法。高树勋最后说：“我辈杀国贼，大家来帮忙。”

11 月 30 日，孙良诚带着石友三率警卫连来到高树勋的驻地濮阳柳下屯，进行所谓“调解”，高决定对石正法，为国除奸，为民除害。于是他预先命令卫队营长高金兰做了缜密的准备。当高树勋将孙、石二人迎入军部，在客厅里谈笑风生，石友三格外高兴，便要来笔砚写了一笔“虎”字时，臧元骏赶来，高军长出来迎接。臧对高说：“西北军的人都怕石友三，你到底敢不敢扣他呢？不扣，我就进去一同玩。要是扣，我就不进去了。”高说：“不是早就说妥他到哪里就在哪里扣他吗？扣就扣呗。”臧说：“好。我就不进去啦。”这时，高金兰进来报告说：“午饭准备好了。”高树勋谦恭毕敬地陪着石孙二人从客厅出来，走进东屋饭厅，石孙洗手时，高乘机走出来直到后院，问高金兰：“准备好了吗？”高金兰答：“一切就绪。”高随着一挥手说：“开始行动！”说时迟，那时快，突然冲进四个人用枪口对准石友三，随后两个大汉架起石友三离开饭厅。石友三对这突如其来的行动，毫无准备，吓得面色如土，直打哆嗦，一句话也说不出来。这突然的举动，也使孙良诚大为惊愕，他大喊大叫起来：“你们这是干什么？快叫高军长来！”高走过来，孙良诚指着高大喊：“你这举动，叫我对不起朋友，快释放汉章（*石友三号*）同我一齐走[24]。”高说：“孙指挥，这不关你的事，请你吃饭！”孙良诚仍坚持放石。高对孙说：“这是中央的意思，已同米文和、张雨亭两师长早就商量好了，他到哪里，就在哪里扣他。把他拿掉以后，我们大家好一齐抗战。”[25]说话间便从衣袋中取出扣捕石友三的密令，孙看了密令，无可奈何，独自走去。高树勋即将逮捕石友三经过电告卫立煌，卫即刻向高树勋回电：“立即正法。”[26]当夜高下令将石正法。未几，卫立煌向蒋介石保荐高树勋为第三十九集团军总司令，辖六十九军和新八军，并兼任新八军军长。

高树勋将军在抗战最艰难时刻，在国民党军队将领投降日伪的逆流中，不仅具有坚定的抗日意志，而且出于民族大义，毅然除掉变节投日的顶头上司第三十九集团军总司令石友三，表现出了一个爱国军人高尚的民族气节。后来，刘伯承师长高度评价高树勋将军的这一行动是大义灭亲的壮举，从此我党我军积极开展了争取高树勋将军的工作。一二九师首长提出“目前暂不提打高树勋的口号，以留争取余地”的指示精神。[27]并命令杨得志、崔田民同志具体负责高树勋的统战工作。[28]

高树勋除掉石友三以后，日军对其更加痛恨，曾多次集中兵力围歼这支部队，欲将其消灭。高树勋曾指挥所部进行了奋力抵抗，一连打了几次硬仗。因为日军对高部实行“铁壁合国”，高部才转向外线。1942 年高树勋率第三十九集团军过陇海路时，八路军曾派唐哲民同志前去劝说高树勋留在黄河北岸共同抗日。高树勋为解决给养和部队安全等问题决定撤往国民党统治区。但高树勋对唐哲民同志说：“请您转告八路军总部，我和八路军一定合作。国共将来一定要打，现在我们约定，只要内战一发生，我就一定过来。”[29]

高树勋率第三十九集团军转到国民党统治区后，部队很快被肢解了。1942 年 11 月，蒋介石命令米文和的六十九军划归汤恩伯指挥，不久，又派亲信胡伯翰担任第三十九集团军副总司令兼新八军军长。此时高树勋只保留集团军总司令的头衔了，他愤愤不平地说：“我只是能指挥一个警卫营的高营长了。”未几，部队转移到豫西一带，奉命担任守备渑池以北黄河河防任务。届时，原守河防的河北民军划归高树勋指挥，不久范龙章的第八挺进纵队亦编入第三十九集团军序列。第三十九集团军虽是国军编制，但待遇仅享受“三等杂牌”。在国民党军队中，素有“嫡系”与“杂牌”之分，这种“门户之见”加剧了国民党军队内部的矛盾。蒋介石一向是以排斥和消灭杂牌为己任的，作为“杂牌”军的高树勋部当然也不能幸免，因此他非常气愤。一次他曾动容地对几个部下说：“古时候把大老婆生的孩子叫嫡子，高人一等；小老婆生的叫庶子，低人一等；蒋委员长用人从来是讲究血缘关系的，凡是浙江奉化和黄埔军校出来的都穿上了黄马褂子，都是嫡系，这些人不论有无战功，都得往上升；而他对‘杂牌军’则视为异己，总是剿抚并举，恩威并用，千方百计给予消灭。我的这支部队就是‘杂牌军’，这些年来受国民党嫡系的气太多了，排挤、歧视、分割、监视，装备坏，待遇低，送死打头阵，撤退当掩护，赏是他们领，过是我们背。这样的窝囊气我早就受够了。我少年从戎，本想为国为民御侮安邦，但几十年来，我所看到的却是自相残杀……”高树勋平日是这样想的，今日动容地讲了出来，也感到舒畅多了。然而这些话当晚就被蒋介石派来的特务人员电报蒋介石了。没过半个月，1943 年 1 月上旬他就接到了赴重庆述职的命令。高树勋坚持了一个爱国将领的抗日立场，曾多次向八路军的高级干部请教游击战争的经验，并一度保持着联系，他敢于公道地肯定八路军抗日的功绩，八路军的经验他有时也在自己的部队推行，特别是有时还请八路军政工人员来部队帮助训练或给官兵讲话。时间久了，都被蒋介石派去的特务收集起来，一一向蒋介石和戴笠汇报。当时高与中共和八路的联系蒋介石也早有察觉，只是处于国共合作局面，一时不好下手处置，况且高树勋远在敌后战场。这次高一到重庆，蒋介石就想处决他。一天，戴笠突然请高去白公馆赴宴，高接到请柬后，心想自己与戴笠互无往来，人所共知，戴笠是个死心塌地为蒋介石卖命杀人不眨眼的特务头子，此去必凶多吉少，不去又不行，只好乘戴笠派来的小汽车硬着头皮去了。他在客厅等了一个多小时，戴笠才出来见他，略表歉意，只说："没有什么事，请高司令喝茅台酒。"很为尴尬。后来高树勋在内江遇到来这里视察的冯玉祥时，冯才告诉他，蒋介石曾问他，"高打仗怎么样？"冯说："高有勇能谋，是党国顶梁柱，在敌后抗战五年有功啊！"蒋从冯那里找不到口实，也就暂时作罢。那天，戴笠是在等蒋介石的最后决定。高得知蒋介石不敢处决他是先生出力阻止，于是愈对冯亲切，而对蒋倍加憎恨。在内江时，高向冯表示要回前方去，要继承西北军的传统，要学习张自忠为抗战而死。冯玉祥很喜欢他，高兴地说："你讲的话有出息，有道理。"又进一步肯定了高在敌后五年的功绩。[30]高树勋在重庆期间，蒋介石在黄山官邸接见过他，一见面蒋介石就开门见山地说："你高树勋杀石友三是为党国干了一件大好事啊！杀得好！他真该杀啊！"紧接着问高树勋上过什么学校，读过什么书，高回答说："我只上过两年私塾，我曾经读过总理的《三民主义》、《孙子兵法》和克劳塞维茨的《论战争》，还经常读总裁的书，还读……"未等高讲完，蒋突然问道："你的部队中有异党分子吗？"高冷静地回答："报告总裁，我的部队中都是国民党员。"随后，高树勋汇报了部队的情况。蒋介石比较满意地说："只要你们能顶住日军的进攻，御敌于黄河北岸，你就立了大功。"高说："工事比较坚固，官兵也很勇敢，就是装备跟不上，如果军火充足，我保证能打胜仗！"蒋介石摆出上海滩流氓的架势，皮笑肉不笑地连连点头说："好！好！"然而，高树勋从未从蒋委员长那里得到任何满意的回答。最后蒋介石批准高树勋去何应钦那里领一些装备。第三天又参加了商震主任的宴会，在宴会上高树勋十分气愤，他说："重庆的三民主义只是写在墙上和在书店里卖，就是不在人民中间实行。"席间饮酒过量，醉了。第四天高树勋同韩德勤、孔从洲同机离开重庆，经陕西时去咸阳办了领装备的手续便回到前线。

高树勋从重庆回来后，对国民党的幻想彻底破灭了。他不无感慨地说："这样的政府，谈何救国救民，安能得到民心啊！"[31]

1944 年 4 月，日军企图打通南北交通，大举进攻河南黄河防线，蒋介石的嫡系部队胡宗南、汤恩伯不战自溃；而所谓"三等杂牌"军新八军却敢于抵抗一阵，暂二十九师在渑池遭到日军三路攻击，陷于孤军作战境地，因弹药供应不上和胡伯翰指挥不力，终被日军击溃。新六师在洛阳失守后，仍转到龙门一线继续阻击日军，掩护第一战区长官部人员安全撤退。在此关键时刻，高树勋回到前线。先是在卢氏收容被日军击溃的部队，后来借胡伯翰指挥无能力和临阵逃跑而把胡赶出新八军。

豫西防御战后，蒋的嫡系部队很快得到补充，而新八军和河北民军伤亡过半，弹药奇缺，却迟迟不给补充。未几，第三十九集团军改称"冀察战区"序列，高树勋任总指挥，辖新八军和河北民军。随着改编令下，高树勋率部撤到西峡、南召一带山区。

高树勋驻防南召时，有一段比较稳定的学习生活。他除了练大字外，每天集中时间读《左传》、《史记》，他还用心研究毛泽东的《持久战》、《新民主主义论》和《论联合政府》等著作，他对毛泽东的战略思想非常佩服，经常对身边的人员讲："中国最后还要靠共产党、八路军啊！"高树勋在敌后五年，在多次与共产党八路军的交往中，他深刻地感到了共产党人宽阔的胸怀，从共产党人身上看到了民族的前途和希望。因此在抗日战争胜利前夕，在他的头脑中逐渐产生了要跟共产党建立联系的想法，并开始寻找共产党的线索，多次派人去解放区联络。1944 年 8 月，他与第二集团军总司令刘汝明联名保释共产党人王定南出狱，为他与共产党联系打下了基础。

王定南 1930 年入党，曾进吉鸿昌部做过"军运"工作，1935 年任中共河南省工委书记，1938 年任北平特委书记，1944 年 5 月在河南郏县、宝丰等地组织"河南人民自卫军"时被国民党汤恩伯部逮捕，以共产党嫌疑被押送汉中国民党一战区军法分监，途中经过高树勋驻地时，高与其交谈，为他的真知灼见所佩服，从此决心拯救王定南同志。未几，王定南回到高树勋部，以"座上客"名义，充当与共产党的联络员。1945 年 6 月曾参加我军南下部队同高树勋的谈判活动；抗战胜利前夕，高树勋将军派他五上太行山找共产党、八路军，最后和一二九师刘邓首长建立了联系，迎来了著名的邯郸起义。

五

1945年8月15日，日本宣布无条件投降，中国人民八年抗战获得胜利，饱受战争之苦的中国人民渴望建立一个独立、自由、民主、统一、富强的新中国，可是躲到峨嵋山上的蒋委员长却在美国支援下决心夺取胜利果实，于是爆发了内战。蒋介石为了夺取胜利果实，为了抢占地盘打内战，便命令他的嫡系部队快速前往战略要地，接受日本投降。对本来处于敌后与日军作战的新八军却与共产党军队一样：命令“原地待命”，不准前往日军占领区受降。高树勋一气之下，不顾蒋介石的命令，率部北上收复失地，接受日军投降。8月15日从南召出发，经叶县、襄城、禹县，日夜兼程，于9月3日抵达郑州附近，随即从日军手中接收了新郑县。当时在重庆的蒋介石获悉高树勋擅自移防的情报后，十分生气，急电第一战区司令长官胡宗南从西安飞往郑州处理此事。胡宗南到郑州后，眼见高部已兵临城下，只得致电蒋介石，劝其息怒，另图他策。于是蒋对高改变手腕，不仅不再追查高树勋违抗军令的过错，反而加官进级，升任高为第十一战区副司令长官。同时，何应钦向高树勋颁发了蒋介石的《剿匪手本》，另外带有《剿匪歌》等。[32]9月5日电令高部：“由广武方面渡河，向汲县挺进，扫荡奸伪，监视日军”。高树勋率部继续北上，12日抵达新乡。第二天，第十一战区司令长官孙连仲乘飞机到达新乡，除与其研究北上打通平汉路的任务外，又企图削弱高树勋的力量。孙对高说：“你年岁大了，把新八军交给谁好呢？池峰城怎么样？”高明知这是圈套，又不好当面戳破，便说：“池峰城赶不上黄樵松，到石家庄交给黄樵松吧！”孙说：“那样也行。”高深知这是孙连仲在执行蒋介石削弱高部的阴谋计划，从此高为其出路更加用心思考了。

1945年9月10日，爆发了上党战役，这是蒋介石配合重庆谈判的行径，本想是压住共产党的，没想到上党战役以十一个师及一个挺进纵队共35000余人被八路军全歼，第七集团军副总司令彭毓斌被击毙，第十九军军长史泽波被俘，以惨败告终。八路军这一战役的胜利有力地支援了毛泽东同志在重庆与蒋介石的谈判。然而蒋介石是不死心的，一计不行，另施一计，他很快将战火引向了平汉路上。蒋介石为了打通平汉路，增援北平和东北的国民党军队，进一步对我华北、东北解放区发动进攻，命令第十一战区司令长官孙连仲指挥马法五的第四十军、鲁崇义的第三十军、高树勋的新八军、唐家良的第三十二军和孙殿英的伪军，共45000余人，组成第一梯队，于10月14日从河南新乡出发沿平汉路北上，后面跟进的有第二十七军、三十八军和八十五军为第二梯队，准备与石家庄的第一战区的第三军、十六军会合。高树勋对新八军和河北民军被编入北进的国民党系列部队十分苦恼，他看够了国共两党厮杀的后果，也认清了蒋介石借刀杀人的鬼把戏，他不想再参与国共两党的争斗，退出战场又是蒋介石所不能允许的。此时的高树勋整日惴惴不安，陷于困境之中。直到王定南从太行山会见刘伯承、邓小平首长回到新乡后，高树勋见到刘伯承师长的亲笔信后才愁眉舒展。他与王定南反复研究后，决定利用蒋介石任命他为“冀察战区总指挥”的名义，单独率新八军和河北民军北上，一路收编伪军，到冀察战区改编，所过城镇交给共产党八路军进驻。为此他又派王定南北上会见刘邓首长，请示让路，因为漳河以北至高邑，全长约300公里的平汉路掌握在八路军手中，于是他给刘伯承师长写了亲笔信，要求借路北上。

刘邓首长研究后同意高树勋脱离中央军单独北上的计划，并上报中央军委。正当高部准备北上行动时，孙连仲下达了第十一战区三个军即新八军、第三十军、四十军齐头并进“立即北上，不得有误”的命令。10月14日，高树勋只得命新八军和河北民军与其他两个军一起北上。17日到达汤阴时，高树勋第三次派王定南再赴太行山会见刘邓首长请示北上问题。刘邓首长向王定南说明由于形势变化，现下已不能只放高树勋将军所部通过平汉路北上了，如果高部通过，马法五的四十军和鲁崇义的三十军也会一同通过的，这就等于开门揖盗，对人民是不利的。因此建议高树勋所部不必先到冀察地区执行任务了，应该积极配合我军阻止国民党军队北上，就地起义，为人民做出贡献。王定南临行时刘师长又叮嘱说：“你要向高将军说明，这是他走向革命的大好时机，要他当机立断。”10月20日，国民党军队开始北渡漳河。在此之前，刘邓首长已下达平汉战役的作战命令，我军主力60000余人已到达作战地区。刘邓首长决定在漳河以北，邯郸以南及滏阳河两岸的狭窄地带布下“口袋阵”，待敌北进钻入之后再相机打击。23日，我军一纵与敌四十军第一〇六师接火；24日敌人占领邯郸以南的崔曲、马头镇一带村庄并与我三纵接火。这时，高树勋指挥部移驻东城营，王定南穿过火线，回到总部向高树勋传达了刘邓首长要高退出内战，配合八路军阻止国民党军队北上的指示。高一时感到突然，犹豫不决，他想如果一起义，与他一起北上的马法五部和鲁崇义部就会遭到八路军的围歼，他会像以前除掉石友三那样遭到他人非议的。再就是他的夫人和新八军的一些眷属目前停留在徐州，如果起义，国民党一定会加害她们的。面对这些实际问题他一时下不了起义的决心。王定南对高晓以大义，他说；“大是大非，要当机立断，切不可优柔寡断，非常之人，才能立非常之功！当前正是关键时刻，现在行动，对你，对人民，对国家都是极为有利的。”高树勋思考后说：“要走向革命，我是有决心的，我不是不想靠拢人民。定南兄，有些苦衷盼望你能转告刘邓首长。”20日凌晨，王定南第四次越过火线向迁驻峰峰的刘邓首长汇报。刘司令员对王定南说：“现在敌人锐气还盛，早日起义，早日把敌人围而歼之。告诉他，他杀石友三不是以下犯上，更不是不义，而是大义灭亲的革命行动，人民和一切爱国志士都能理解他！”邓小平政委说：“高将军现在起义，不仅对当前作用重大，对今后的政治影响也很大。转告他，时机很重要啊！”刘司令员加重语气说：“机不可失，时不再来。当断不断，反受其害！关于高夫人在徐州的安全问题，我们可以报请中央转告新四军陈毅同志帮助解决。”（后来，高夫人被新四军第四师师长张爱萍派人接出徐州，安全到达解放区。）

当晚，王定南返回已迁移到马头镇的高树勋总部，把刘邓的指示及救高夫人的措施详细汇报。高树勋听后，感激不已。他回顾自己的坎坷生涯，得到一条结论，即只有跟着共产党、八路军走，才是出路。目前形势逼人，兵贵神速，不可贻误。他最后下定决心，对王定南说：“我立即起义，走革命的路！”于是王定南第五次抵达刘邓指挥部，就高树勋起义问题再向刘邓首长汇报。刘邓首长听后，十分高兴。刘司令员深情地说：“我们对高将军完全以兄弟相待！”为了坚定高树勋将军起义的决心，邓政委说：“还是请李达参谋长亲自走一趟，代表刘司令员和我看望高将军，一方面鼓励他坚定已下的决心，一方面看看他还有什么问题，好作最后的商榷。”[33]

李达参谋长早年也是西北军军官，1931年宁都起义参加了红军。后一直在红军和八路军中做参谋工作，抗日战争初期，任八路军一二九师参谋处长，由于刘邓的赏识，被推荐为参谋长。李达将军作为刘邓的参谋长去会见高树勋，是十分隆重的，作为老西北军的一员去会见老西北军的高树勋将军是十分适合的。在高树勋心情矛盾，李达参谋长代表刘邓首长面见高树勋作用十分重大，意义十分深远。刘司令员也非常赞同地说：“对！非常之时这样做，作用更大。”李达参谋长穿过火线，来到高树勋指挥部。高树勋将军见到刘邓的参谋长出现在自己的面前，惊喜交加，万分激动。双方在作了礼节性的寒暄以后，李达遵照刘邓的嘱咐鼓励他说："高先生在当前中国面临内战与和平，独裁与民主两种前途大搏斗的历史关头，决心高举和平、民主的义旗，和革命人民站在一边，将比当年冯玉祥先生领导五原誓师影响更大，足与季振同、董振堂、赵博生三位西北军将领发动的宁都起义相媲美。希望高先生做出比五原誓师更光辉的事业来。"[34]李参谋长的话进一步坚定了高树勋起义的决心，他当即明确表示10月30日宣布起义。李达回到峰峰指挥部向刘邓首长汇报后，刘邓决定29日晚发起总攻，巧妙地指挥一部兵力钳制国民党第三十军，隔断它与新八军的联系，命令主力部队围歼第四十军和三十军；对新八军围而不打，他们深知高树勋是信守诺言的。

30日晨，高树勋在总部召见冀察战区总参谋长廖安邦、河北民军总指挥乔明礼、新八军副军长马润昌、新八军参谋长王有度、新六师师长范龙章、暂二十九师师长尹瀛洲等高级军官谈话。高树勋开门见山，表明准备退出内战与八路军联合的立场。他说："蒋介石在抗日战争刚刚结束又打内战，我们坚决反对。十年内战时期，共产党、红军的力量比较小，蒋介石调动了百万大军，几次'围剿'都失败了。现在共产党、八路军的力量比那时大几十倍，还想用武力来解决，是根本不可能的。所以我们退出内战，主张和平。"会上只有范龙章、乔明礼表示愿意跟着高先生走，而马润昌等人却神态紧张，态度暧昧。30日下午，高树勋召集团以上军官会议。军官入座后，高树勋动容地讲了起来，其要点是：蒋介石要我们新八军和河北民军与八路军打内战，我不同意！为了国内和平和人民安宁，我决定拥护和平退出内战！他立即宣布了起义。高树勋宣布起义后，军官们感到突然，惶恐不安，但经过高树勋耐心的解释，大都顺从同意起义，少数反动分子想做最后挣扎，也被高树勋的起义决心和声势所吓呆了。宣布起义前，高树勋在地下党党员和我军派去的靖任秋及王定南协助下作了周密的防范，以防反动分子抗拒闹事。特务营营长孙元儒已奉令宣称："谁反抗起义，格杀勿论！"因此起义活动进行得很顺利，多数军官拥护高树勋将军的主张，服从指挥，只有极少数反动分子逃跑，尹瀛洲不听命令，拉了王敬鑫的一个团南逃了。

高树勋宣布起义后，觉得不通知马法五、李旭东似乎不够朋友，于是他分别打电话告诉他们："我已决定和共产党联合，共同反对专制独裁的蒋介石，希望你们也一同起义！马法五、李旭东得到高树勋率部起义的消息后，异常震惊，急忙命令所属部队掉头南逃。然而时间已来不及，刘邓首长已集中优势兵力把第四十军包围在崔曲、旗杆章一带，三十军军长鲁崇义派第六十七师接应也被我三纵歼灭，师长李学政被俘。当我军围歼四十军时，增援的国民党第三十二军被我军阻击于漳河南岸，当他们听到高树勋将军起义，第四十军三十军溃败的消息后便回头南窜。虽然第四十军三十军在装备上优于我军，军官军事素质也比较高，士兵都经过训练有一定的战斗力，但他们经不起八路军几个纵队的猛烈攻击，随着伤亡的增加，士无斗志，军心涣散，11月2日全线瓦解。第十一战区副司令长官兼四十军军长马法五，第十一战区参谋长宋肯堂，四十军三十九师师长司光恺，一〇六师师长李振清，三十军三十师师长王震、六十七师师长李学政等高级军官及23000余人举手投降，平汉战役胜利结束。蒋介石沿平汉路北上，向北平集结兵力以增援东北的战略意图彻底失败了。

平汉路战役的胜利除了刘邓首长善用兵，指战员英勇善战外，高树勋将军率新八军和河北民军起义是一个重要原因。起义瓦解了敌人的士气，减弱了敌人的攻击力量，缩短了战役的时间，减少了我军的牺牲。试问，如果高树勋将军不起义，敌军的攻击力量必然加强，战役很可能会拖下来，蒋介石的南北增援军队也会及时赶到增援。处于此种情势，我军能否取得胜利，是很难预料的。刘伯承曾郑重指出：“毛主席有电报来，指出这一仗必须打好，如果打不好，被迫再度上山，中国的革命胜利要推迟20年。”是的，如果平汉路战役失败，蒋介石的关内关外的军事力量就可能连成一片，东北战场就会对我不利，全国解放战争的胜利就会拖下来。这里正如邓小平同志所指出的那样：“平汉战役应该说主要是政治仗打得好，争取了高树勋起义。如果硬斗硬，我们伤亡会很大。我一直遗憾的是，后来我们对高树勋处理不公道。他的功劳很大。没有他起义，敌人虽然不会胜利，但也不会失败得那么干脆，退走的能力还是有的，至少可以跑出主力，他一起义，马法五的两个军就被我们消灭了，只跑掉三千人。”[35]由此可见，刘邓首长策划和指挥高树勋起义的战争艺术是高人一筹的，平汉战役的胜利，不仅为共产党争夺东北走出了一步妙棋，也锻炼了部队的野战能力。平汉战役是刘邓的一个杰作，高树勋将军起义的功绩是不朽的。邓小平同志如此关切高树勋将军，如果高树勋地下有知，也会深为告慰的。

高树勋将军起义的第二天，即10月31日，邓政委和李达参谋长继续指挥前线战斗，刘司令员等人来到马头镇会见高树勋将军，表示欢迎和祝贺。上午9时，刘伯承一行人乘汽车来到马头镇，向起义的官兵挥手致意，高树勋将军高兴地迎上前去，刘司令员紧紧地握住他的手，亲切地说："欢迎你们反对内战、主张和平的正义行动。对高将军的义举，毛主席、朱总司令给予高度的评价。我今天特意代表毛主席和朱总司令，还有邓小平政委向你和全体起义官兵表示慰问和祝贺！"高树勋十分激动地说："承蒙毛泽东先生和刘将军如此错爱，我将万死而不辞！"刘司令员说："高将军深明大义，以大局为重，高举义旗，不仅为人民立下了功绩，也为一切愿意同共产党合作的国民党将领树立了榜样，实在是可喜可贺！"高树勋说："过奖了，我高树勋愧不敢当，接着刘司令员和高树勋将军商讨了起义后的有关问题。暂定起义部队为"民主建国军"，由高树勋将军任总司令，下辖二个军。高树勋要求刘司令员派人帮助整顿部队。刘司令员说："先不派人去，你可以选出人来，由我们帮助训练，这样会更好些"，[36]最后双方决定起义部队迅速撤到武安伯延镇一带休整。刘司令员同意高将军发通电反对内战，主张和平。通电拟好后，当天就由新华社播发了。最后刘司令员问高将军说："不知高总司令还有什么问题需要我们帮助解决？"高迟疑了一会说："这次和我一同北上的第四十军军长马法五、第三十军军长鲁崇义，过去都是西北军同仁，希望新八军起义后，不要再打他们。"此时在一边的薄一波同志考虑到刘司令员不便回答，就说："这是两军交战，我们不打他们，他们也要打我们的，这里讲不得'朋友义气'，对于不肯放下武器的顽固分子，我们绝不宽贷。此事尚祈高将军明察，并请给予理解。"[37]临走时，刘伯承对高树勋说："建侯，我在南昌起义前，有许多部队同意参加，共计万人以上，及至开始行动多数都退缩了，只剩下3000余人。这一经验教训，请您多加注意，加强掌握，并早日离开这里，避免轰炸。"[38]当高树勋将军在马头起义成功的消息传到延安党中央时，毛主席说："马头地方太小，许多人都不知道这个地名，此地属于邯郸地区，就称为邯郸起义吧！"

11月1日，高树勋率起义部队10000余人离开马头镇，开赴武安伯延镇，一路上受到解放区军民热烈欢迎。党中央对高树勋起义非常重视，认为不仅有其现实意义，而且有其深远的战略意义和历史意义。11月2日，高树勋将军收到了毛主席、朱总司令发来的贺电，电文为：

"建侯将军吾兄勋鉴：闻吾兄率部起义，反对内战，主张和平。凡属血气之士，莫不同声拥护，特电驰贺。"

连日来，各解放区党政军负责同志和群众团体相继发来电报，高度赞扬了高树勋将军起义的壮举。表示愿与民主建国军携手并肩，为建设独立、自由、民主、幸福之新中国而奋斗到底。

11 月 4 日，高树勋将军复电毛主席、朱总司令，电文是："抗战八年，生灵涂炭，实不忍再睹流血惨剧。此次暴动，纯为呼吁和平团结，并迅速组织联合各党派之民主政府，俾国家早登富强康乐之境，专电驰复，顺颂勋祺。"同日，高树勋将军还接见了新华社记者的访问。他首先揭露了国民党以北上受降恢复交通为名，蓄意制造内战的阴谋，他指出："这次起义只有一个原因，这就是遵照全国人民的意志反对内战。'随后，回答了记者的提问。最后表示，他希望蒋介石改变现行政策，停止内战。

11 月 7 日，《解放日报》发表了民主建国军总司令高树勋率全体将士致全国反对内战，力主和平、民主、团结的通电，通电首先指出："日寇投降，国共谈判重开，双十协定公布，全国同胞，莫不欢庆。树勋等忝为执戈卫国之军人，尤为奋发……"接着通电陈述了起义的原因。指出："此次树勋等奉命率部北上，原为受降，在此全国政治问题处理上，已觉欠妥，乃中途迭奉严命，责以向八年之艰苦抗战之八路军进攻，星夜进军，刻不容缓，甚感惶惑。窃思破碎河山，岂堪再罹浩劫，双十协定与'剿共手本'并行，亦悖义理。故奉命之余，痛苦万状。进则为挑起内战的先锋，贻害国本；退则违背命令，难免罪戾。辗转思维，忧心如焚……树勋等内省天职，外察众情，大义所在，不得不与八路军息战言和。"

最后通电郑重提出三项主张：

第一，本军坚决反对内战，并愿全国同胞，一致为制止内战，实现民主政治而奋斗。

第二，拥护蒋主席和平民主团结统一的建国方针，国事应取民主的政治协商，不愿以军事方式解决。

第三，应立即联各党各派，组织联合政府，以解决当前之政治危机。

通电发表后，在全国引起了很大的震动，尤其在国民党统治区和国民党军队中。

1945 年 11 月 10 日，民主建国军成立大会在河北省武安县伯延镇隆重举行，有两万余军民参加大会。主席台两侧的巨幅标语是："高总司令和民主建国军的义举是中国的光荣，是代表全国人民的愿望；八路军新四军和民主建国军联合起来，为民族独立民主团结和平建国而奋斗。”特别引人注目。升旗仪式后，宣读了中央军委的命令，任命高树勋为总司令，王定南为总政治主任，范龙章为第一军军长，乔明礼为第二军军长，陈明韶为第一师师长，田树青为第二师师长，商正夏为第三师师长。

接着是高树勋总司令带领全军将士宣誓就职，他容光焕发，精神振奋，高声朗诵誓词："民主建国军的目的，在于发扬西北军救国爱民之传统，站在人民立场，服从人民公意，确保国内和平，反对内战，实现民主政治，反对独裁专政，坚决为建设独立自由民主幸福三民主义之新中国奋斗到底，百折不渝。如违此誓，愿受人民之制裁！"10000多张嘴发出震动山河的誓言，10000多个拳头在空中显示了民主建国军拥护和平，反对内战的意志和力量。群众代表发言后，高树勋将军在掌声和欢呼声中登台讲话，他首先向远道而来的各位父老和八路军兄弟，衷心地表示感谢，接着阐述了邯郸起义的意义。他说："全国还有一些人，对新八军起义认识不清楚，我们这次起义使全中国不知少牺牲了多少人，少流了多少血。因此，这样的举动是全中国人民值得庆幸的。"最后高总司令向全国人民表述了他和民主建国军的心愿："（一）日本投降后，我们决不应自己打自己，无论中央军、八路军，都是自己的弟兄，都是我们的亲戚和朋友，这种亲兄弟打亲兄弟的战争，我们无论如何不能参加，我们是坚决反对的。（二）我们现在需要的国家，是全国人民都有讲话权利的民主国家，决不是少数人的国家，因为一切事情，都应由政治谈判的方式解决，决不应该在战场上解决。（三）我们中国今后再不允许不民主的政体存在，我们民主建国军，是坚决反对内战的。"[39]

接着第一军军长范龙章、第二军军长乔明礼先后讲了话，他们表示今后在毛主席、朱总司令的领导下，坚决和八路军携手并肩，致力于救国救民的伟大事业，为人民做出贡献。

大会上，晋冀鲁豫边区政府杨秀峰主席、晋冀鲁豫军区李达参谋长、晋冀鲁豫边区参议会申伯纯议长和各界代表也相继讲了话，赞扬高树勋将军率部起义，站到人民方面来的义举。大会结束后，群众表演了高跷、旱船、秧歌等文艺节目，晋冀鲁豫军区文工团演出了《白毛女》、《血泪仇》等节目，使起义官兵深受教育。

高树勋起义后曾三次要求加入中国共产党，中共中央书记处1945年11月13日批准高树勋同志的要求，由邓小平、薄一波介绍加入中国共产党。不久他的夫人和子女相继从山东和西安来到解放区，高树勋无限感慨地说：

"我们一家人终于在解放区团聚了。共产党、八路军办事言必信、行必果，真是了不起啊！"

民主建国军成立后，进行了严格的整训，开展了民主运动。为正式加入中国人民解放军的行列做着积极准备。

高树勋将军邯郸起义，在全国产生了深远的影响，毛泽东主席对此十分重视，并给予了很高的评价。1945 年 12 月 15 日，毛主席为中共中央起草的《一九四六年解放区工作的方针》中，号召"开展高树勋运动"，明确指出："为着粉碎国民党的进攻，我党必须对一切准备进攻和正在进攻的国民党军队进行分化的工作。一方面，由我军对国民党军队进行公开的广大的政治宣传和政治攻势，以瓦解国民党内战军的战斗意志。另一方面，须从国民党军队内部去准备和组织起义，开展高树勋运动，使大量国民党军队在战争紧急关头，仿照高树勋榜样，站到人民方面来，反对内战，主张和平。"[40]

高树勋运动的开展，唤醒了成千上万的国民党官兵和大批国民党军政人员掉转枪口，反戈一击，站到人民方面来。不仅加速了国民党反动派统治在大陆的覆灭，而且推进了解放战争胜利的进程，扩大了人民解放军的队伍，增强了人民军队的战斗力，加速了我军的现代化建设。1949 年 9 月 23 日，毛主席在宴请高树勋、傅作义、张治中等 26 名将领时说："由于国民党军中一部分爱国军人举行起义，不仅加速国民党残余军事力量的瓦解，而且使我们有迅速增强的空军和海军。"

高树勋将军邯郸起义，是对蒋介石发动内战的一个严重打击。邯郸起义发生后引起蒋介石统帅部极大震动，蒋介石几天几夜都没睡好觉，十分恐惧，他要宣传新闻系统封锁高树勋起义消息，不敢向国民党统治区军民报道。11 月 8 日，重庆《新华日报》发表了邯郸起义的消息及高树勋将军的通电全文，然而马上被国民党当局全部扣押，但周恩来副主席的坐车却送出一部分。这天国民党中央社却以军委会发言人的名义造谣广播说；"新八军、四十军 10 月 25 日在邯郸以南地区突然遭受共军刘伯承部数万人猛烈袭击，于 31 日夜高树勋在磁县以北马头镇，马法五在东城营为共军所俘，马法五被俘后已自杀，高树勋已完全失去自由。"[41]然而纸里包不住火，蒋介石只得流着眼泪吞下这颗苦果了。11 月 6 日，他在发表的《剿匪战术之研究与高级将领应有之认识》的讲话稿中，对邯郸失败进行了检讨，认为这次战役他犯了冒进的错误，未留重兵据守后方（磁县）；中下级干部教育差，意志不坚强。为此他提出四项战术要求：1.保甲战术——各战区成立保甲组织；2.宣传战术——对他的军队和民众进行宣传；3.交通战术——以交通供应补给，以阵地战对游击战；4.情报战术——灵活、迅速、保密。[42]邯郸战役后，蒋介石撤掉了孙连仲的十一战区司令长官职务，降为保定绥靖公署主任，归于傅作义指挥；而且对所有“杂牌军”更加监督、控制。这实际上是他自己削弱了国民党军队的战斗力，有利于我军各个击破。刘伯承曾对美国记者杰克说：“当我面临三支敌军时，我就仔细研究每支部队司令官的历史，设法了解这些司令官之间是否存在不和，看那一个司令官是最不得志的，哪一部分敌军最弱。哪一部分敌人士气最低，然后我就先挑它打。这就是利用敌人的矛盾，给予各个击破。”共产党的高级将领都运用了这种策略，使战争取得胜利。[43]

六

民主建国军成立后，高树勋同志为了党和人民解放事业更加全心全意地投入到实际的革命工作中，他主要在以下几个方面做出了突击的成绩。

第一，全力抓了民主建国军的整编与训练工作。民主建国军成立后，高树勋曾几次要求刘邓首长派一批老红军、老八路来本军任领导工作；按照八路军的建军原则从总部到连队建立政治工作机构；在民主建国军内发展一批党员，又吸收一批知识青年和翻身农民参军。这样一来不仅壮大了民主建国军的力量，而且大大提高了部队的政治素养。1946年1月初，成立民主建国军干部训练团，抽调连以上各级干部进团学习，由晋冀鲁豫军区派一些老红军、老八路任教员。在第一期开学典礼大会上高树勋将军讲话指出：现在和平虽然实现，但我们全军和训练团的任务仍是争取民主，以巩固和平。”第一期训练团主要学习的内容是毛主席的《论联合政府》和朱总司令的《论解放区战场》。学习方式很灵活，通过摆事实，讲道理，使很多人从思想上解决了问题，认识了一些革命的道理。训练团还组织学员到老解放区参观，他们见到解放区人民在共产党的领导下，安居乐业与国民党统治区相比较，学员们受到教育。在训练团第一期结业式上高树勋将军讲话，要求学员回去后学习八路军吃苦耐劳和为人民服务的好思想，好精神，发扬部队中的民主作风，努力改善部队生活，为建设和平、民主、繁荣的新中国而奋斗！

2月24日，高树勋派第二师副师长聂志超同志为团长，率民主建国军赴延安参观团11人启程赴延安。他还亲自写信向毛主席和朱总司令报告民主建国军的情况，表示继续整顿和改造部队。

内战爆发后，高树勋将军派周树一为首的军事干部到前线参战、学习；9月初，他又选派一批营团级干部赴晋冀鲁豫军政大学学习政治军事。除以上几项改造部队的有力措施外，高树勋将军在驻地还有计划地安排连队官兵参加当地劳动，例如，麦收季节，他命令全军停止一切操练和学习，帮助驻地附近的农民兄弟麦收。在麦收劳动中各连队还开展竞赛活动，总部领导和军师团领导则带头每天率所部到麦田劳动。在七天的麦收劳动中与农民相处，进一步密切了军民关系，农民群众开展拥军活动，向部队赠送锦旗和慰问品，使民主建国军受到了一次生动的爱民教育。

由于高树勋等民主建国军领导狠抓了全军的整顿和改造，使各级政治机构、政工人员都发挥了作用，一批老八路充实了各级领导，又提拔了一批民主建国军的优秀干部到领导岗位上来，同时也撤掉了一些作风不良、思想落后的原各级领导干部。在健全党组织的同时，连队成立了士兵委员会，进行民主管理连队生活，战士可以向首长提意见。总之，经过民主改革、思想检查和诉苦清算等活动，使官兵关系大为改观，部队面貌焕然一新。高树勋将军在一次军人大会上亲切地对士兵们说："你们现在都吃得胖胖的，满脸红光，所谓全军士气旺盛，我带兵几十年来，今天才算见到。"总之，一年来，民主建国军通过人民军队宗旨、性质和三大纪律八项注意以及诉苦运动的教育，使广大官兵的阶级觉悟有了显著的提高，初步分清了人民军队与旧军队的区别，懂得了为谁当兵、为谁打仗的革命道理，克服了旧军队的作风和习气，初步树立了为人民服务的思想。未几，民主建国军的广大官兵编为二野第十纵队，随刘邓大军南下，为解放战争立了功。1949年又改为中国人民解放军第58军，新中国成立后转为海军。

第二，发通电宣言，接见记者，扩大邯郸起义的政治影响。

高树勋将军起义当天即1945年10月30日，就发出率全军将士致电全国的起义通电。通电在全国影响很大，高树勋将军反对内战，主张和平的起义壮举，立即得到中共中央领导人和全国解放区党政军民来电祝贺，也为国民党的一些高级将领战场起义树立了一个典范。高树勋将军是抗战胜利后第一位起义的国民党高级将领，在国民党军队中，尤其是在旧西北军中影响很大。不仅如此，高树勋将军还多次出席各种会议宣传邯郸起义的意义和作用，表示了反对内战和建设新中国的强烈愿望，并呼吁一切爱国的中国人积极进行反对内战，争取和平民主，联合一切党派组成民主联合政府的正义斗争。此外，高将军还多次接见中外记者。1946 年 1 月高树勋将军在武安邑城镇民主建国军总部接见了美国记者杰克・贝尔登，他向记者讲了自己的历史和思想变化，揭露了国民党统治区的黑暗，歌颂了解放区的光明，回答了杰克・贝尔登所提出的问题。后来，杰克・贝尔登将访问高树勋将军的文章汇编在《中国震撼世界》的著作中。因此，钟辉同志称高树勋将军是“世界有名的将军”。

第三，高树勋将军起义后在刘邓首长的引导下，通过自己的身份和影响不断对国民党军队进行分化瓦解和策动国民党军队起义、投诚。几年来，他本人先后写信给与他有过旧关系的蒋伪军政人员，如孙良诚、庞炳勋、何基沣、张岚峰、孙殿英、尹岛三、铁磨头等人联系，劝说他们认清形势，勿再执迷不悟；还不断派人通过旧关系到国民党部队中进行策反活动。被他派遣的人有周树一、杜绍先、蔡锡玉等人，他们冒着生命危险到国民党军队中去敦促旧友早日放下武器，归顺人民。随着“高树勋运动”的开展和高树勋策反国民党军队工作的深入，促成了一连串的国民党军队高级将领率部起义和投诚。1946 年 1 月 9 日，国民党军第六路军司令郝鹏举在台儿庄附近决心“走高树勋道路”，宣布成立中华民主联军。5 月 15 日，国民党第三十八军孔从周将军“决心走高树勋道路”，在巩县起义，成立西北民主联军第三十八军。5 月 30 日，国民党军第六十军一八四师师长潘朔端将军在海城决心“走高树勋道路”毅然起义，成立民主同盟军第一军。6 月 26 日，国民党空军第八大队刘善本上尉“走高树勋道路”，驾驶 B–24 型飞机起义飞到延安，他说：“我们飞来延安，完全是高树勋将军起义给了我们的启示。”[44]北京和平解放也是傅作义将军在徐悲鸿、刘厚同、叶浅予等著名教授鼓励和规劝他“走高树勋道路”的结果。在三年的解放战争中，“高树勋运动”发挥了巨大的作用，取得了出色的成绩，使 1400 余名将领率 170 万余人起义投诚。广大国民党官兵的起义和投诚，不仅大大削弱了国民党军队的战斗力，加速了国民党反动统治的覆灭，而且壮大了人民解放军队伍，加速了解放战争的胜利。

第四，反对蒋介石独裁内战，反对美国侵略中国，坚决拥护中国共产党的各项主张。蒋介石 1946 年 6 月发动内战后，高树勋将军于同年 8 月率民主建国军通电全国，以鲜明的立场反对蒋介石挑起内战。通电指出：……

数月以来，国民党反动派在美国错误政策支持下，……掀起全国大内战，……而置国家民族命脉于不顾，……国民党实无任何理由欲发动反共反人民之内战……和平民主为中国今日唯一出路，亦为国民党反动派之唯一出路。国民党为救国之计，实应悬崖勒马，立刻改变错误政策，……倘不是之图，依然坚持其卖国内战独裁之政策，是甘愿自绝于国人，则本军全体将士，为坚持人民利益，争取国家之独立、民主、和平，……誓当与八路军、新四军及全国一切民主力量并肩合作，以与反动派奋斗到底，不达目的，誓不中止。……尤望我全国军界胞泽，痛念祖国危难，洞察反动派阴谋，认识世界和平民主的激流，毅然举行反内战起义，参加和平民主阵营。”㊺

在邯郸起义和民主建国军成立一周年纪念大会上，高树勋将军发表了重要讲话，进一步阐明了反对蒋介石卖国、独裁、内战，反对美国侵略中国和坚决拥护中国共产党的各项主张的三项政治原则，并印发到全军上下，以作为全军的行动纲领。接着他和他的夫人刘秀珍在《人民日报》上发表了纪念文章，高树勋将军在《一年来之回顾》一文中遣责了蒋介石和美国侵略者狼狈为奸扩大内战的政策，“彼等已撕毁亲手签订的停战协定与政治决议，摧残民主运动，加强特务统治，发动全国内战。内政、军事、经济各项主权拱手送美。和平、民主被摧残遗弃，民族、民生被出卖与破坏无余。民族工业，日趋凋敝，农村破产，哀鸿遍野，老弱转乎沟壑，壮者铤而走险。甚矣！恶政府之祸国殃民也！”接着文章又歌颂了解放区“政治巩固，经济稳定，路不拾遗，夜不闭户，乞丐盗匪绝迹，社会秩序安宁”及中国共产党之待人真诚，人民拥护的状况。

第五，矢志不渝跟共产党走，义正辞严驳斥蒋军对民主建国军的破坏阴谋。高树勋将军邯郸起义是对蒋介石发动内战的一个沉重打击，蒋介石被迫调整了内战的部署，而且对原属冯玉祥的西北军各部加强了监督和控制，而对已经起义和投诚的部队，如高树勋的民主建国军和郝鹏举的民主联盟军则加强了破坏阴谋，曾多次派人混进起义部队内部进行策反活动。1947年1月26日，郝鹏举终于在蒋介石特工人员的策动与收买下背信弃义，背叛人民，再次投靠蒋介石。蒋介石得寸进尺，很快便把反动触角伸向高树勋的民主建国军。蒋介石、胡宗南亲自指使邯郸起义时逃跑的新八军副军长马润昌利用他与高树勋的关系，组织和进行策反民主建国军的活动。5月下旬，马润昌派人携带其亲笔信潜入民主建国军内妄图煽动叛乱。高树勋看信后，当面驳斥了马润昌的无耻谰言，并马上要秘书科长姚松涵写信驳斥。信中写道："邯郸起义使我和新八军全体官兵走上了一条新生的光明大道，这是我有生以来唯一正确的道路。我一定坚决跟共产党走，矢志不渝。国民党反动派虽尚能猖獗一时，但是中国共产党所领导的人民革命战争必胜的大局已定。蒋胡反动军队侵占革命圣地延安并非是他们的胜利。正是他们全面崩溃的开始。"回信还正告马润昌要"认清大局，番然悔悟。早日投向人民，不要再作蒋介石反人民的工具"。[46]

这封信里充分表现了高树勋将军坚定不移，永远跟共产党干革命的信念。从此，国民党特工人员便放弃了对民主建国军的策反活动。然而这码事却成了当时晋冀鲁豫军区个别领导人怀疑高树勋和民主建国军叛乱的把柄。蒋介石的特工人员尚能认清高树勋不同于朝秦暮楚的郝鹏举，而我们的所谓领导负责人和政工人员却形而上学地把高树勋将军与郝鹏举之流等同起来对待。历史给我们耍了一个游戏，开了一个玩笑，某些人以一笑了之，可是高树勋将军和民主建国军的一些干部们，以及他们家庭子女却一直受着这不公正的待遇。但愿幼稚的人们从中吸取足够的历史教训。

七

1946 年 6 月 26 日，蒋介石撕毁"停战协定"和"政协协议"，悍然向解放区发动全面进攻，用于进攻解放区的总兵力为 197 个旅（师）160 万余人。蒋介石倚仗国民党的军事优势，扬言对中共作战要速战速决，三五个月即能整个解决中共领导的军队。在战争的头四个月，即从 6 月下旬至 10 月，国民党军队凭着他们在数量上和装备上的优势，疯狂占领了解放区的 153 座城市。此时刘邓首长已率主力南下豫鲁皖边区作战。中央军委为了使民主建国军更集中力量改编和训练，在高树勋将军邯郸起义周年纪念大会开过后便命令移驻山西省潞城、长治一带驻防，高的总部设在潞城县王村。

刘邓首长率主力南下后，晋冀鲁豫军区的领导力量大为削弱，领导核心集团的素质和政策水平大大下降，他们难以用刘邓的胸怀和感情去关怀和引导高树勋和民主建国军的整训，他们取消了"对高树勋完全以兄弟相待"的既定方针，逐渐用感情代替了政策，致使与民主建国军产生了隔阂，从此放弃了我党一贯对待起义人员的政策。1947 年 1 月 26 日，郝鹏举叛变事件[47]发生后就有人扬言："郝鹏举叛变了，我们对高树勋得先下手为强，打主动仗。”于是军区首长宣布高树勋要率部叛变，随后下令对民主建国军实行缴械。6 月 14 日晨，派兵包围了高树勋将军总部所在地王村，当解放军的枪声接近总部院落时，警卫连官兵决心誓死保卫高总司令，纷纷架枪准备还击。这时，高树勋将军走到院中制止抵抗，并下令要官兵放下武器，准备当“俘虏”。解放军攻入总部院内，一面把警卫连全部枪械带走；一面派兵把高树勋和家属看管起来，一整天不给饭吃，军区领导没有一个人来此看望或作说明，只是躲在暗处指挥士兵如何如何。而高树勋将军则十分冷静，他一连给毛主席、朱总司令、刘邓首长和军区负责人写了十多封信，表明自己做事明白、做人清白和坚信毛主席和共产党的信念。从此高树勋失去了自由，一直到赴太原前线。毛主席得知这一情况后，立即致电晋冀鲁豫军区负责人：“高树勋邯郸起义有功，必须保证他的人身安全。”[48]此件事，被民主建国军官兵称为“6・14”事件。这件事对高树勋刺激最深，打击最重，生前他曾多次给毛泽东主席写信“要求平反”。他也曾在很多场合多次向朋友们说:“我之所以有今天,是毛主席救了我。”就是指这码事的。

“6・14”事件发生后，军区领导不仅没有半点斡旋的余地，反而对以高树勋将军为首的高级军官实行隔离审查。他们欺上瞒下，为了邀功请赏，采取了逼供和打骂直到逼死人的恶劣做法，致使此事件成为冤案。“6・14”事件很快传遍了全国，国民党借此大肆宣传，说什么“这就是起义将军的下场”。由此可见它给解放战争中的政治仗带来了莫大的危害，给毛主席号召“开展高树勋运动”抹了黑。

高树勋对党忠诚不渝，虽然“6・14”事件给了他十分沉重的打击，但他相信“误会和是非迟早会清楚的”。他不顾晋冀鲁豫军区个别领导人对他的误解和疏远，遵照党的解放事业的需要和中央军委的指示投入了解放太原的工作。

1948 年，华北战局同全国各大战场一样，迅猛发展，捷报频传。在山西继解放临汾战役后，我军又在晋中战场连续作战月余，歼灭了阎锡山的 10 余万精锐部队。时，太原已陷于孤城。1948 年 7 月，蒋介石飞抵太原给阎锡山打气，并答应阎的请求，决定速派驻渭南的第三十军和驻陕西榆林的第八十三师空运太原参加作战。第三十军是 1945 年从邯郸战役逃跑的鲁崇义残部，经过整编和补充成为新编三十军，1946 年至 1948 年在山西与我军作战被歼一个旅，如今蒋介石要将这支部队增援太原，军长鲁崇义借故不前，便推荐副军长黄樵松率 10000 余人空运太原。10 月，黄樵松被正式任命为第三十军军长。随着国民党军在山东和东北战场上的溃败，吴化文、曾泽生等国民党军高级将领的起义为黄樵松军长指明了方向。

我军在围困太原的同时，向国民党军展开了强大的政治攻势，当我太原前线指挥部总指挥徐向前和政治部主任胡耀邦得知第三十军军长黄樵松曾为高树勋部将，与高私交很深的时候，便建议中央军委调高树勋将军至太原前线参加共同策划黄樵松军长起义工作。胡耀邦主任热情地接待了高树勋将军，并阐明了争取黄樵松起义的重要性。高树勋将军听后表示理解，并主动要求工作。他说："黄樵松在西安时，我就托人带信，劝其弃暗投明，现下他距我近了，工作应该说更好做了。我相信他会归顺人民的。"按照徐向前总指挥和胡耀邦主任的部署，高树勋将军先后一连给黄樵松军长写过几封信介绍情况，说明形势，催促早日起义归顺人民。例如他 10 月 29 日给黄樵松的信中说："今太原孤城果何所恃乎？以言待援，千里之内无兵可援，空中运输，机场已被控制。你们出城反扑数次，损兵折将，防御圈日渐缩小，太原解放定然为期不远。……在千钧一发之际，还不早下决心，尚待何时？人家亲信部队郑洞国在危急之时不听蒋介石之乱命，自动放下武器，你们为的是什么？有何代价？……我在三年前已深刻认识到我应走的路，中国革命的前途，只有新民主主义和联合政府才能把中国搞好，共产党不论对任何人，只要站在人民方面来，就特别爱护、欢迎。如在战场起义归来者，不但论功行赏，而且可保持原来番号及其部队。以弟等之智勇果敢，必能当机立断，毅然举起义旗，坚决回到革命方面，创造自己的前途。……我对弟等不惮烦劳如此关怀者，只是为你们的前途和许多年来袍泽做此无意义的牺牲。"

在高树勋与黄樵松来往信函的同时，徐向前和胡耀邦也给黄樵松致函，讲明我党我军历来对待国民党军起义投诚的政策。高树勋和徐、胡负责人的信函是通过第三十军的一位被我俘虏的排长送到黄军长手中的。黄读信后万分激动，从此便将起义事宜列入了他的重要议事日程，成为当务之急。黄樵松原是高树勋的部下，曾任高部团长、旅长和师长多年。1945 年 9 月，高树勋在新乡曾向孙连仲推荐黄樵松任新八军军长。高、黄二人在思想上多有共同之处，都是西北军中杰出的爱国将领。当黄樵松从西安飞抵太原时，曾对送行他的一位朋友说："厮杀半生，如今还要打内战，国家何日得安宁，人民何日得苏生！"[49]当黄樵松军长读到高树勋将军这句句扣人心弦，字字打动心坎的信函时，想起了老上司起义的榜样作用，经过深思熟虑，权衡利弊，最后下定决心，顺应历史潮流，举行战场起义，走光明大道。他在给高树勋将军的回信中写道："我决定遵循您的教导和栽培，在您的爱国爱民的精神的感召下，坚决听从您的和贵军首长的指导，万死不辞！"他向徐总指挥写信表示："为了拯救太原30万父老兄弟姐妹出水火，我决心起义，站到人民和正义这方面来，望请指示，定当效劳……"[50]10月31日，黄军长把写好的回信秘密派少校谍报队长王震宇和谍报员王玉甲带好从防地出来，至我军阵地与我方联络。徐向前总指挥得知此情况后，喜出望外，随即派政治部主任胡耀邦亲自办理此事，并将高树勋将军连夜请到指挥部，共商第三十军起义计划。

王震宇在向胡耀邦主任、高树勋将军和八纵司令员兼政委王新亭汇报黄樵松起义决心后，向我方提出了起义条件，即起义后黄军长参加组织山西省政府，保持原部队，原番号，并要求得到补充与休整，暂不调往他地等。胡、王当场全部答应这些条件，接着双方讨论三十军起义计划。最后确定："在解放军进城前，第三十军秘密从一线阵地撤出大部兵力，把一个团部署在小东门至东山一线，形成一条走廊，以引导解放军由此攻入城内；用一个团把守小东门、大东门、小北门、大北门、水西门、旱西门、大南门、首义门以及后小河和鼓楼等重要据点，使阎锡山的军队内外隔绝。再以一个团直扑太原绥靖公署，由黄樵松亲自带卫士深入虎穴，活捉阎锡山。双方确定的起义时间是11月4日。"[51]当日王震宇二人回太原向黄军长汇报。11月3日，王震宇二人第二次来到我八纵司令部，与我军再次会商三十军起义计划，经双方协商，最后议定：我军攻太原时，黄樵松军长交出三十军防守的大小东门一带防地，放我军进城。战争一打响，三十军随即撤到城外集结，进行整编。王震宇要求我军派代表直接与黄樵松军长共商我军入城作战方案和三十军撤出城外的具体计划。胡耀邦主任立即回答说："一定按时派代表与黄军长共商具体事宜。"王震宇二人走时带去了徐向前和胡耀邦给黄军长的信函，徐向前总指挥在给黄樵松的信中说："贵军长为早日解放太原30万人民于水火，拟高举义旗，实属对山西人民之一大贡献！"胡耀邦主任说："黄军长以民族利益为重，迎接我军入城作战，共同解决太原问题，你的这种爱国热情，我们表示钦佩，只要黄军长愿意脱离蒋、阎顽固派，我们表示欢迎，人民对你的这种爱国举动，是不会忘记的。"同时，也带去高树勋将军给黄樵松的11月2日的信。高树勋将军在信中指出："徐司令对弟之爱国爱民的热忱异常钦佩，特令兄来前方与弟商谈一切，兄可代表徐司令及中央保证弟部举义后仍编一军，一切干部决不更动，待遇方面与解放军同，弟部过来后的一切困难或应补充等事，可以随时办理。现在正是弟为国家立功之良机，望弟万勿犹豫。”

从这封信的内容看，一方面坚定了黄樵松军长起义的决心；一方面自己做好了与黄樵松见面会谈的思想准备。关于我方派代表人选问题，初时，胡耀邦主任要亲自去与黄樵松见面，后经请示徐向前总指挥不同意胡主任前往，最后决定派八纵司令部参谋处长晋夫同志担当此重任。又派侦察队副队长翟许友同志以警卫员身份一同前往。

在预定起义的前一天，即 11 月 2 日早晨，黄军长将起义计划告诉他一手提拔、共事多年的第二十七师师长戴炳南。不料戴炳南是个利欲熏心、坚决与人民为敌的无耻之徒，他与副师长仵德厚等密谋，并于当日晚 11 时他将黄樵松的起义计划全部报告阎锡山。老奸巨滑的阎锡山晚 12 时决定以召开紧急军事会议为名，诱捕黄樵松。从黄的身上搜出徐向前、高树勋等人的信函。其时，阎锡山问黄说：“黄军长，总统和我都很器重你，到太原待你不薄呀！为什么要叛变呢？”黄樵松军长理直气壮地回答说：“好汉做事好汉当，我不愿打内战，我要弃暗投明，事已至此，由你看着办吧！”阎锡山立即下令将黄逮捕。

三十军起义计划因戴炳南告密而夭折，但我方却不知晓，仍按原计划进行。11 月 4 日凌晨我军代表晋夫、翟许友随王震宇二人穿过火线来到三十军七十九团指挥部，没说几句话便将晋夫、王震宇四人捆绑起来。阎锡山害怕此事引起广大官兵动乱，便电告南京，蒋令解南京处理。7 日黄樵松、晋夫等人被押往南京，蒋介石命令顾祝同、徐立道组成军事法庭审讯。在法庭上黄樵松大义凛然，他反驳法官说：“我不是叛变，而是不愿替蒋介石当炮灰，不愿打内战！解放军的这位宣传部长晋夫先生是我请来的，我的谍报处队长是我命令他去的，要杀杀我，为什么判他们有罪？”晋夫昂然不屈，义正词严地讲道：“我是解放军的全权代表，是来接受第三十军起义的。黄军长，你没有罪，有罪的是他们，该杀的也正是他们。死！吓不倒我们，人民是会替我们报仇的！”[52]

1948 年 11 月 27 日，国民党蒋介石政府将黄樵松、晋夫、王震宇杀害。

高树勋将军获悉黄樵松壮烈牺牲的消息时，久久不能言语，内心十分痛苦。

黄樵松军长领导的第三十军起义尽管夭折，但它对动摇蒋阎军心，鼓舞人民斗志，为解放太原起到了积极的作用。

八

解放后，高树勋对党的事业忠诚不渝，为社会主义革命和社会主义建设积极工作，他曾任全国政治协商会议委员会委员、国防委员会委员，一至三届人大代表。在河北省他曾任河北省人民政府委员会委员兼交通厅厅长，河北省副省长，中国人民保卫世界和平委员会河北分会主席和抗美援朝河北分会会长及中苏友好协会河北分会负责人等群众团体职务，又担任民革中央委员会委员和民革河北省委员会主任委员等职务。他经常深入基层指导工作，任劳任怨，不辞辛苦，在交通运输，水利建设和邮电事业上，在保卫世界和平事业上，在外务工作上，在祖国统一大业方面都做出了卓越的贡献，给河北人民留下了良好的印象，至今河北人民对他缅怀不忘。

注：

①：北京政变后，冯玉祥的第十一师改为国民军第一军，后因进军西北，亦称西北军。五原誓师后又改称国民联军，亦称西北军。

②、④：《青海三马》，第 105 页。

③：《马步芳家族统治青海四十年》，第 39 页。

⑤：《国闻周报》第 9 卷第 7 期：《一周国内外大事述评》。

⑥：《回忆宁都起义》，第 60 页。

⑦、⑧：《文史资料选辑》第 45 辑，第 101–102、103 页。

⑨：《中央红军五次反“围剿”资料选编》，第 103 页。

⑩：黄少群：《中区风云》，第 106 页。

⑪：《文史资料选辑》第 52 辑，第 184 页。

⑫：《盐山文电资料》第 1 辑，第 58 页。

⑬：《吉鸿昌、佟麟阁、高树勋等十四名将领响应冯玉祥就职抗日电》1933 年 5 月 27 日。

⑭、㉒:《盐山文史资料》第2辑，第36页、39页。

⑮、⑯、⑰: 周贯五:《艰苦奋战的冀鲁边》，第44、47-48、59页。

⑱、㉗:《中共冀鲁豫边区党史资料选编》第2辑，第392、400页。

⑲:《新华日报》1940年11月（华北版）。

⑳、㉘: 李达:《抗日战争中的八路军一二九师》，第167-168页。

㉑、㉖: 赵荣声:《回忆卫立煌先生》，第235页。

㉓、㉙: 周树一:《回忆争取高树勋将军邯郸起义经过》。

㉔:《天津文史资料选辑》第12辑，第138页。

㉕: 高树勋:《石友三酝酿投敌和被捕杀的经过》。

㉚: 冯玉祥:《我的抗战生活》，第179页。

㉛: 马骏:《我所了解的高树勋将军》。

㉜: 王俯民:《蒋介石传》，第260页。

㉝、㊳、㊶、㊹:《邯郸战役》，第201、143页。

㉞: 李达:《保卫抗战胜利果实的第二仗——平汉战役》。

㉟:《邓小平文选》第三卷，第337页。

㊱:《邯郸起义》，第36页。

㊲: 薄一波:《师长与战友——回忆刘伯承同志》。

㊴: 张云奚:《民主建国军纪事》。

㊵:《毛泽东选集》，第1171页。

㊷: 王俯民:《蒋介石详传》，第1061页。

㊸: [美]杰克·贝尔登:《中国震撼世界》，第401页。

㊺:《人民日报》1946年9月3日。

㊻:《天津文史资料选辑》第7辑，第173页。

㊼: 郝鹏举与高树勋都是西北军老人，郝1930年中原大战叛冯投蒋，先后任第25路军参谋长，17集团军27军参谋长。1940年叛蒋投汪（精卫），先后任第一集团军参谋长、中央将校训练团教育长、淮南省省长兼徐州绥靖公署主任和第八方面军总司令。1945年8月15日日本投降，再次投蒋，任第6路军总司令，驻防徐州，积极配合蒋介石进犯解放区，因蒋对郝部蔑视和不及时供应经费，1945年末，在中共政策感召下，表示效法高树勋将军，举行起义。1946年1月10日起义后改为“中国民主联盟军”。6

月全面内战爆发，郝为蒋军力量所迷惑，于 1947 年 1 月 26 日再次投蒋。

㊽：高继芳：《回忆父亲高树勋》。

㊾、㊿、52：《百万国民党军起义投诚纪实》上册，第 360、362、377 页。

51：《阎锡山评传》，第 460 页。

原载：中国文史出版社《高树勋纪念文集》

高树勋及民主建国军“叛变”事件真相

“我一直遗憾的是，后来我们对高树勋处理不公道。”此言是邓小平同志在《对二野历史回顾》(《邓小平文选》第三卷）一文中讲的。高树勋将军的邯郸起义，是1945年抗战胜利后，在蒋介石以数十万大军向解放区大举进攻时，首先投向人民的国民党将领和军队，其意义和作用是极大的。关于这段历史，邓小平写道：

“随后就是平汉战役，国民党第十一战区两个副司令长官马法五、高树勋带的三个军，还有一个乔明礼的河北民军纵队，几个部队打过来。马法五的第四十军、三十军都是强的。高树勋的新八军也有战斗力呀！锡联在马头镇拼了一次，一拼就是几百人伤亡。我们打平汉战役比打上党战役还困难。打了上党战役，虽然弹药有点补充，装备有点改善，但还是一个游击队的集合体。在疲惫不堪的情况下，又打平汉战役。队伍没有到齐，敌人进攻。我跟苏振华通电话，叫他坚持五天，等后续部队到达指定地点。那次他们那个一纵队的阻击战是打得不错的，完成了阻击任务。这样，后面的队伍才赶上。平汉战役应该说主要是政治仗打得好，争取了高树勋起义。如果硬斗硬，我们伤亡会很大。我一直遗憾的是，后来我们对高树勋处理不公道。他的功劳很大。没有他起义，敌人虽然不会胜利，但是也不会失败得那么干脆，退走的能力还是有的，至少可以跑出主力。他一起义，马法五的两个军就被我们消灭了，只跑掉三千人。这个政治仗，我们下的本钱也不小。高树勋在受汤恩伯指挥的时候，就同我们有联系。由于关系比较久，所以我们是派参谋长李达亲自到马头镇他的司令部去做工作的，这件事你们好多人可能不知道。同李达一起去的还有王定南，当时是我们的联络，我见过多次。我们确实知道高树勋倾向起义，但在犹豫当中。那时国民党要吃掉西北军，有这个矛盾。李达、王定南一到那里，看见所有的汽车、马车都是头向南，准备撤退的。他们见面后，一谈就合拍了，高树勋决定起义，并且第二天就实行起义，把部队开向西北面的解放区。起义的第二天，伯承就到马头镇去看望高树勋。这样，马法五就惊慌了，命令他的两个军南撤。结果，我们在南面，在漳河北岸，把敌人截住了，又打了一个胜仗。”

高树勋将军的邯郸起义绝非偶然之举，而是他长期对中国共产党及其主张逐渐认识的结果，是中国共产党对他帮助、影响和启迪的结果，也是蒋介石集团对他排挤、歧视和怀疑的结果。而决定高树勋将军起义取得成功的重要因素则是刘邓首长的精心组织和英明策划。党中央、毛主席和朱总司令对高树勋将军起义非常重视，于 1945 年 11 月 2 日给高树勋将军发来热情洋溢的贺电：“闻吾兄率部起义，反对内战，主张和平。凡属血气之士，莫不同声拥护。”此次起义不仅有其现实意义，而且有着深远的战略意义，它推进了平汉战役的迅速胜利，极大地震撼了国民党统治区，在国内外引起了非凡的影响，它给蒋介石的嚣张气焰和独裁统治当头一棒，对全国人民要求和平与民主的斗争也是一个极其有力的声援。

高树勋将军起义后，中央军委任命他为民主建国军总司令，下辖两个军。此间，他积极申请加入中国共产党，最后经书记处批准，由邓小平同志介绍加入了中国共产党。1945 年 12 月 15 日，毛主席在为中央起草的对党内指示《一九四六年解放区工作的方针》一文中写道：“为着粉碎国民党的进攻，我党必须对一切准备进攻和正在进攻的国民党军队进行分化的工作。一方面，由我军对国民党军队进行公开的广大的政治宣传和政治攻势，以瓦解国民党内战军队的战斗意志。另一方面，从国民党军队内部去准备和组织起义，开展高树勋运动，使大量国民党军队在战争紧要关头，仿照高树勋榜样，站到人民方面来，反对内战，主张和平。”在解放战争中，开展高树勋运动收效甚大，第二野战军在进军西南过程中歼敌 90 万人之多，其中有 111 个番号的部队效法高树勋发动起义，人数达 532003 人。在三年解放战争中，有 1400 余名将领走高树勋道路，弃暗投明，率 170 余万人起义投诚。这一举动不仅大大削弱了国民党军队的战斗力，加速了国民党反动统治的覆灭，而且壮大了人民解放军，推进了解放战争的胜利进程。

可是，正当高树勋将军为了党和人民的解放事业尽心竭力整编和训练部队之时，1947 年 6 月 14 日发生了突如其来的事件，晋冀鲁豫军区突然宣称：“高树勋要率部叛变”，于是派部队包围了高树勋总部和各军师团部驻地。当解放军的枪声接近总部的院落时，高树勋命令警卫连放下武器，他对警卫团长孙元儒说：“不许抵抗，要枪给枪，要人给人！”解放军攻入院内，将警卫连全部缴械带走，又派兵把高树勋及其家属看管起来，一整天不给饭吃。当时还有人喊：“我们要和他算老账，血债要用血来还！”第二天，毛主席来电说：“高树勋总司令起义有功，必须保证他的安全。”当时，高树勋十分冷静，他一连给党中央、毛主席、朱总司令和刘邓首长写了十几封信，陈明自己做事明白，做人清白和坚信共产党和毛主席领导的态度。第二天，军区派兵把高树勋以下各级军官数百人关押起来，高树勋被送往军区反省，其他人员进神泉训练班审讯。主持训练班的人采取了刑讯逼供的恶劣手段，有的人竟被活活打死，有的成了残废，制造了不少冤案，高树勋从此失去了自由，直到赴太原前线工作为止。

“6·14”事件的真相是这样的。刘邓率主力南下以后，晋冀鲁豫军区领导力量从而减弱，领导核心集团人员的素质和政策水平大为降低，他们难以用刘邓首长的宽广胸怀和真挚感情去关怀和引导高树勋和民主建国军的整训工作，取消了“对高树勋完全以兄弟相称”的既定方针，放弃了实事求是的精神，不加分析地听信进入民主建国军的个别政工人员的反映和汇报；而进入民主建国军的少数个别政工人员，他们忘记了我党对待起义人员“耐心教育，真心团结，逐步提高起义人员的思想水平”的一贯政策，而采取了“要兵，不要官”的那套“左”倾路线对待起义人员，他们把现象当成本质，弄虚作假，致使他们与起义人员产生了隔阂。为了邀功请赏，他们竟借1947年1月26日郝鹏举叛变事件制造了使“亲者痛，仇者快”的闹剧。当时有人讲：“郝鹏举的西北军叛变了。我们对高树勋得先下手为强，打主动仗！”结果这一蠢动不仅给我军在解放战争中争取国民党军队起义投诚的工作设置了障碍，同时也给毛主席号召的“开展高树勋运动”抹了黑。

全国解放后，高树勋曾几次向党中央反映这桩错案，并且要求平反。1965年他深有感慨地对钟辉同志讲：“我这一辈子总算对得起共产党，对得起人民，死而无怨了。可是在起义后据说有人说我想叛逃，说这话的人，如果不是误会，那就是无中生有。”

高树勋将军是一位政治道德水平很高的人，是一位顾全大局党性很强的同志，他不顾个人处境的危难和内心里的痛苦，依然服从党中央的调遣到太原前线协助胡耀邦做争取国民党第三十军军长黄樵松起义的工作。新中国成立后，他不讲职位高低，到河北省任交通厅厅长，他在基层了解情况，研究和解决实际问题，受到了基层干部和群众的好评。后来又相继担任全国政协委员、国防委员会委员和一至三届人大代表及河北省副省长等职务。为社会主义建设和党的统战工作尽心尽力，特别是在他晚年卧病在床的日子里，还依然关心台湾回归和祖国统一大业。

“6·14”事件是一桩假案，因此邓小平讲：“我一直遗憾的是，后来我们对高树勋处理不公道。”今年是高树勋将军邯郸起义50周年，这桩假案也度过了它的48个年头，尽管党的十一届三中全会早已提出了“坚决地平反假案，纠正错案，昭雪冤案”的政策，但是，制造这桩假案的人虽还健在，却未敢站出来为高树勋将军和数百名受冤的民主建国军干部平反昭雪。只有邓小平同志在1989年11月20日会见编写第二野战军战史的老同志时，才十分中肯地讲出了“对高树勋处理不公道”和“一直遗憾”的话，这充分表现了他那无产阶级革命家实事求是的精神和大公无私的博大胸怀，也从另一个方面表现了他那坚定的党性和高尚的人格。如果高树勋将军和已故的民主建国军将士地下有灵，是会得到告慰的。

原载：《文史精华》1996年第5期

为国为民终生不渝的王葆真

一、家世·童年·求学

王葆真，字卓山。1880 年（光绪六年）1 月出生在河北省深泽县南营村的一个世代务农兼中医的农民家庭。他的曾祖父行中医，乐善好施，名闻四周州县。祖父和父亲先后继承医药业，为乡中所称道。家种 20 亩田，与叔伯同居可谓自力更生，殷实家庭。然而在葆真降临那年，滹沱河泛滥成灾，村舍被淹，家贫如洗，多靠在县城开设的“济和堂”药店维持生计。王葆真少年时代是在农村度过的，7 岁入村塾读书，农闲则入学读书，农忙则下地劳动。17 岁前，先后学会了耕、锄、收、打的全部农活。18 岁时，到定县南俱佑村从宋夔卿先生读书，农忙时仍回家从事各种农业劳动。

1902 年，23 岁的王葆真考入“保定西关农务学堂”。由于刻苦攻读，成绩优异，学费皆由学堂供给。葆真学生时代就有反封建的民主思想，1903 年他组织同县同学数人，成立“天足会”，倡导妇女放足和禁止早婚活动。1904 年王葆真考取国家公费，东渡日本留学，先进东京经纬学堂读书。1905 年秋，参加了欢迎孙中山先生到东京的会议，聆听了孙中山先生关于民族民主革命的报告。未几，便加入了同盟会，走上了民主革命的道路。

1906 年东京经纬学堂毕业，曾回国协助本县“劝学所”推广小学教育。1907 年在东京除补修英语、数学外又编译了《植物学教科书》。1908 年入日本早稻田大学攻读政治经济学。

1911 年 4 月 27 日，同盟会领导的广州起义失败的消息传到东京，同盟会总部召集会议，报告其失败和革命同志牺牲的情况，留日学生到会者义愤填膺，失声痛哭，纷纷表示要以血还血继续奋斗。经过讨论，决议组织“国民会”，负责组织派遣革命同志回国推动革命。随后，推出三路回国代表。担任“直隶（今河北省）同乡会”会长的王葆真被推为黄河以北一路的代表，并决定月底回国。王葆真留日七年，再有一个月就能拿到早稻田大学毕业文凭，当时不少同学劝王葆真领取毕业文凭后再行回国。此事使王葆真考虑再三，在他40年后撰写的《简历自述》一文中叙述了这一思想斗争情况。他说：“我曾经考虑三天。在早稻田郊外的树林中反复思索。作了思想斗争。我的灵智启示我说：‘怕死还能革命么？不革命还能救国么？要想革命救国还能怕死么？’我获得了这样的启示，在我的心脑中好像晴天霹雳，顿时惊醒。所有一切疑难一扫而空。知道了我所有的疑难，是因为又想革命救国又怕死又有所贪恋，割舍不下。现在知道了真实的革命救国与个人的一切贪恋不能并存，革命救国是人生至大至刚的正义，个人贪恋在人生中是无真实意义的迷梦。我得到了这个启示，从思想上解决了问题，澄清了一切顾虑，坚定了从事革命救国的意志，坚强了我一生革命的勇气和不惜牺牲的精神，也就决定了牺牲毕业文凭而恬淡自然的整装归国，走上革命运动的实际生活。”

二、参加指导滦州起义和筹建同盟会燕支部

6月初，王葆真一行从大连上岸后抵达沈阳。未几。又去长春、哈尔滨各地联络同志宣传革命，先后与商震、刘艺舟、程起陆、杨大实等同志联络。7月初，王葆真在沈阳经革命党人何任之介绍，与清军第二十镇统制（相当于师长）张绍曾见面。张表示同情革命，答应说：“将来有机会，一定有所表现。”10月12日，王葆真在长春获悉武昌起义成功的消息，异常兴奋，决定马上赴沈阳利用张绍曾的第二十镇发动革命。到沈阳后才知道第二十镇已开往直隶滦州。王葆真分析革命形势认为：“长江流域以南各省。革命运动已久，此次必能风起云涌，响应独立。唯黄河以北，特别是直隶省革命力量最薄弱，最困难，而关系革命成败最重要，我应当返回本省努力奋斗。”遂即于10月中旬结束在东北的活动而赴直隶滦州。

10月22日，王葆真抵达滦州后马上通过何任之与张绍曾会见。在那里见到了张绍曾要求清政府立宪开国会的十二条政纲。张绍曾认为十二条政纲“既可延缓兵车南下，便于维持武昌革命军乘时发展，同时又使清政

府无词调遣。而可以待机行动；既支援了南方革命党人，又可联络北方军政界的力量。”张自以为计出万全，可进可退。王葆真听后不客气地说：“你处事恐怕要失败。你拥军抗命，不赴急难，反而要求立宪，威胁朝廷。清廷接电，必然惶恐震惊，一面派大员来抚慰，使勿生变；一面引诱部属，分散力量，俟时机成熟，即行下令解职。”张听后急问王如何是好？王说：“事已至此，只有立即动员，直取京津。京津既无重兵防守，而且人心思汉，统制义旗一举，清军必致望风披靡，不战而逃。如此南北革命势力联成一气，革命大局一举可定。”张听后颇以为然，但又犹豫不决。王葆真便说：“滦军既已反抗清廷命令，尚不及时举义，待清廷布置妥当，将至措手不及。”

第二天，张又约王葆真到镇部面谈。张说：“我们考虑了你的意见，确是解决北方祸乱根源、奠定南北联合大局的关键。但直取京津有两个问题，一是《辛丑条约》规定天津20里以内不许中国驻兵，如何办？二是宣告举义之后，每月饷银需要10万元，如何筹措？”王葆真见张绍曾倾向起义的表示，便答应亲赴天津解决以上两大问题。10月25日王到达天津。第二天拜见顺直谘议局议长阎风阁、议员王法勤、孙洪伊诸先生。王葆真说明来意后，阎等表示非常赞同。第二天又招集50余位议员，听王葆真的报告，会后讨论时，各议员多表赞同。最后阎议长答应说：“如滦军举义，经过天津组织政府，顺直谘议局完全担负筹拨军饷，按时供应。”

10月27日，王葆真又访问了日本驻天津总领事小幡，小幡答应与各国驻津领事商议滦军通过天津事宜。直到11月6日，美国领事才答应“滦军可通过天津，但不作长期驻军”。正当第二天王葆真要回滦州向张绍曾报告交涉经过时，清政府已下令免掉了张绍曾第二十镇统制职务。王葆真在天津时又听到了与张绍曾计划共同举义的第六镇统制吴禄贞在石家庄被刺杀的消息，王葆真立即发电请张“勿交卸”。王葆真于11月9日至滦州极力阻止张绍曾解职赴津。第二天到了张处劝说张勿交军务。王葆真说：“人心向背即为决定胜败的主要关键。张统制如果不肯担负革命的责任，必至丧失人心，贻误北方革命的大局，国家祸乱，将无宁日。”然而张绍曾因吴死而意气沮丧，遂变消极。

张绍曾虽离开滦州，但第二十镇中的革命官兵正在积极组织起义。王葆真得知此情况后再次来到滦州，极力主张“谋定后动，决策制胜”。建议起义要广结声援时，王葆真接上海同志来函，孙中山先生抵达上海，要王葆真赴上海汇报北方革命情况。王葆真向孙谏声等同志说明不能在滦州指导革命原因后，于 11 月 18 日乘车赴大连再转上海。途经大连时刘艺舟、宋涤尘诸同志已拟率军渡海光复黄县，成功后推举王葆真为山东都督，王借口不懂军事，遂辞赴沪。

1912 年 1 月 7 日，王葆真抵达上海，便听到滦州起义失败的消息，十分悲痛。在上海停留 3 日后与张继同去南京会见孙中山先生。孙中山先生见到王葆真时十分动容，倍感亲切，遂奖励北方同志英勇奋斗。接着问及北方革命运动情况。王葆真回答说："北方同志和一般人民，绝大多数都同情革命，希望共和。所有同志都反对与袁世凯议和。"中山先生又问王葆真有什么见解。王诉说了袁世凯破坏革命，屠杀革命同志的行径和阴谋议和的诡计。王葆真在孙中山先生面前表示坚决反对议和。三天后，黄兴、宋教仁和谭人凤会见王葆真时说："中山先生和我们都主张彻底革命，但推动北方革命需要一笔款子，现在正计划借一宗外债，如果参议院能够通过，我们就可以推动北方革命，以全力贯彻光复北京、天津的计划。"几天后，参议院否决了借款案，转而主张同袁世凯议和。王葆真听后愤怒异常。其时，直隶代表谷钟秀约见王葆真，告知要推选王葆真进临时参议院，被王拒绝。几天后孙中山先生鉴于政府中北方同志很少，他要王葆真担任卫生司长一职。王回答说："很感谢中山先生和各位同志的信任。如果不与袁世凯妥协，给我什么职务我都愿做，现在要让位给袁世凯了，我最好不在政府里担任职务，好在北方作在野的活动。"最后，王葆真被孙中山先生改任为"同盟会燕支部筹备主任"一职。王葆真回津后又改任为"同盟会燕支部"政治部主任一职，为在北方发展革命组织，增强革命力量做出了贡献。

三、积极进行反袁、反北洋军阀和参加护国、护法斗争

南北议和后，顺直谘议局改为顺直临时省议会，王葆真当选为议员，从此王葆真利用合法的斗争方式，不仅在议会内严厉斥责直隶省都督冯国璋的施政方针和诬蔑革命党人的言论行径，而且在议会外联络褚辅成近百人提出弹劾袁世凯大总统违法向英、法、德、俄、日五国大借款的卖国行为，揭露了帝国主义国家利用军阀掠夺中国的阴谋诡计。由于袁世凯的镇压，王葆真被迫离京赴沪。

1914 年，王葆真应邀到沈阳进东北三省法政学校教书，因鼓吹革命被当局辞职。

1915年夏，赴石家庄西部各县勘察滹沱河源头，为研究滹沱河水害收集资料。是年冬，进天津北洋政法学校教授政治学史、经济学史两门课程。由于公开反对袁世凯帝制，几乎被捕，被迫再赴上海。后又转到东北沈阳组织革命团体，并拟定在公主岭起兵讨袁，被日本军警阻止且被拘留。

袁死黎继，王葆真再任国会议员。因反对军阀乱政被驱出境。在上海时曾向孙中山先生建议："必须建立革命武装以消灭反革命的军阀。"受到孙中山先生的认可，并指示王葆真及时回津联络拥护孙中山先生的议员，劝说南下护法。

1918年春赴广州向孙中山先生汇报在津运动议员南下情况并参加护法斗争。鉴于护法议员斗志懈怠及宗派滋生，而撰写了《中国纷难惟一解决之真理》一文，敬告护法议员提高对南北军阀统治的警惕性，从而坚定了大部分议员反对军阀主张彻底革命的意志。在统一护法议员思想和行动上起了一定的作用，受到了孙中山先生的嘉许。

四、呼吁响应"五四"运动，积极进行反帝爱国运动

1919年"五四"运动爆发后，王葆真曾先在护法国会上提议通电全国人民援助"五四"爱国运动，曾一度赴上海组织"救国会"，提出对媚日卖国的安福系要人王揖唐予以严重打击。与此同时，王葆真提出改善对俄关系，主张联俄并称颂列宁"厥功甚伟"。1920年秋，广州护法国会解体，王葆真回到北京与李大钊先生联手从事"援俄"活动，并对俄国来华友人表示友谊，捐款50元购书赠与俄国。未几，撰文《救济俄灾商榷书》并发起成立"俄国灾荒赈济会"，当选为总干事长。王葆真除在北京领导捐赠事务外，1922年初赴上海联络工学商界发起"救济苏俄灾荒运动"，王葆真为赈济俄灾捐款，以"俄灾赈济会上海部"名义撰文《评说吾人宜助款救济俄灾之理由》发表在《申报》上。是年秋，王葆真赴哈尔滨组织装运赈俄粮食两个列车至莫斯科。

国会复会后，王仍任议员曾向国会提出《改善对俄外交并救济旅俄华侨》的建议案。王葆真对俄的赈济活动受到了俄国驻华大使加拉罕的深情谢意，同时期内王葆真还联合李锡九、江浩等人联名抗议曹锟贿选总统。1924年春，王葆真在国会发表《对俄外交商榷书》，斥责北洋政府仰帝国主义鼻息，

不与俄国恢复友好邦交，并发起追悼革命导师列宁逝世的签名及建立纪念碑募捐活动。

同年10月支持冯玉祥、孙岳等人发动北京政变推翻直系军阀统治，继而出任国民军二军顾问之职，为反军阀出谋划策。段祺瑞上台执政企图拉拢王葆真，便任命王为直隶省实业厅长。但王葆真矢志革命，与军阀誓不两立，被严厉拒绝。第二年春，段祺瑞制造了“三·一八”惨案，王葆真非常气愤，乃以国会非常会议的名义通电全国，揭露了段祺瑞毁法卖国，倒行逆施和肆行杀害爱国青年的反动罪行。同时极力赞助革命，支持南方国民革命军进行北伐战争。为了提高北方人民的新思想，应邀为《新北方周刊》撰写发刊辞。他号召北方人民行动起来：“排除贪官劣绅，扫清地方积弊。推翻北洋军阀的反动统治。”

1927年春被国民党任命为“华北特派员”。不久，国共分裂，王葆真在沪闲居。第二年任南京立法院立法委员。不久回籍丁忧。

五、反蒋联共投身抗日救国运动，参加创建“民革”

1932年初，日军进攻上海，十九路军抗日战起，王葆真在上海迅速组织“国民救国会”援助十九路军抗击日军入侵。淞沪停战后，王葆真又急忙联合各界组织“东北义勇军后援会”，开展支援东北义勇军抗击日军侵略向各界募捐。王葆真本人节衣缩食，带头捐献。本来此时王葆真经济已十分窘迫，常与洋车夫共食菜饭。为了扩大抗日宣传和募捐活动，王葆真决定到广州、香港、澳门等地活动。王葆真多次撰文，号召海外华侨支援国内抗日战争。1932年夏，他在澳门各界募捐援助东北抗日义勇军大会上发表演讲指出：“援助义军的事，究竟是谁人的事？这不是某一个人的事，不是仅仅东北三省三千万人的事，乃是我们大众自己的事。……日人既得东北三省，就将进展至华北、华中，则南方亦不得安枕无忧。所以我们若不要东三省，便是全国俱陷于危亡的命运。……眼前最要紧的工作，就是援助义军。义军当冬季正在困难需要接济之时，援助义军，更不可一日迟缓了。”

1933年初，王葆真北上赴张家口协助冯玉祥将军组织抗日同盟军工作。他曾电促方振武将军快速北上与冯玉祥将军联合抗日；又亲自赴赤城会晤孙殿英归属抗日同盟军，以壮大抗日力量。5月22日，王葆真在天津《大公报》、《益世报》上发表《致北平政务整理委员会委员长黄郛书》，明确提出“反对缔结塘沽协定，主张坚持抗日”。又先后组织“民众救国奋兴会”广泛宣传抗日，相继发表多篇抗日救亡文章，指出国民党蒋介石“攘外必先安内”的反动性。又指出政府以兵力解决察事是亲者痛，仇者快之事。王的言行引起了国民党特务的注视，在友人的帮助下，才逃脱了两次国民党特务的追杀。王葆真逃到广州后，曾致书西南将领，促其举兵讨蒋抗日。秋，至港发表宣言斥责蒋汪卖国行径。在九龙居住时曾与李济深商谈民主革命联共抗日事宜。

1935 年，王葆真发表了长达 40000 字的《敬告国人奋起救亡书》，指出蒋汪卖国外交的失策，号召国人立即行动起来奋而自卫。此文影响广泛，国人喜为传诵。

1937 年“七七”事变后，王葆真致书宋哲元“力促其下决心立即抗日，以维民族正气”。宋鉴于王葆真的名声和抗日英明主张，聘王葆真为其顾问。未几，王葆真赴徐州作军队政治工作，被第五战区司令长官李宗仁聘为高级顾问。在徐州时，王葆真看到了毛泽东关于抗日游击战的文章，“极感敬佩与兴奋”。从此，王葆真开始了接近共产党的活动，走上了与共产党的合作道路。

抗战初期王葆真任参议院参政员，这样就有了经常与中共参政员董必武、林伯渠、秦邦宪、邓颖超接近的机会，通过一回生、二回熟的往来逐渐建立了深厚的友谊，从而对共产党人及其政治主张有了深刻的了解，致使王葆真在思想和行动上与中共参政员逐渐做到保持一致，对中共所有提案签名联署，极力赞助。王葆真还提案：建议国民政府应对各党派一律平等待遇，共同团结抗日，充分接济抗日各部队的饷械。王葆真还经常将自己的稿费捐赠给八路军战士。王葆真亲共的行动多次受到国民党特务的猜忌和攻击，蒋介石对王葆真也十分头痛，曾派陈立夫游说王葆真，陈说：“你是位老同志，过去的光荣历史，人人敬佩，蒋总裁也是关心你的，我们在党内应该团结起来，共同对外，将来王老可以担任中委，如王老对党务无兴趣，对其他官职，都是可以考虑安排的。”王葆真说：“我无资格当中委。也不想做什么官，我只希望大家团结起来，群策群力，打败日本帝国主义，达到国家独立自由，实现孙总理的伟大理想，此外我就无所求了。”陈立夫说：“王老既不愿做什么官。但在参政会议的活动中，我们党的同志，必须协同一致。以免为人分化利用。”王葆真听后不仅不接受陈立夫的警告，反而态度坚强地说：“中国今天压倒一切的大问题是要争取抗战胜利，一切要从这个目标来考虑。所以我的意见，无论出发点或归宿点，都着重在此。只要对抗战有利的事我都赞同，并且要努力去实行；凡是对抗战有害的事，我不但不赞成，而且还要反对。至于我个人的利益，从来是淡泊无所求的。”

时，蒋介石请李济深成立“战地党政会”机构，李不想与蒋介石合作，对此犹豫不决。王葆真知道后立即去李济深住处，着力敦劝李济深接受这一任务。王说：“你是一贯主张抗日的，国家到了这种地步，现在决不能袖手旁观，应该担负一部分实际责任。我认为这个职务对抗战是可以起点作用的。”随后王葆真又找到冯玉祥将军等人，共同劝说李接受该职。最后李济深才决定接受该职，于是战地党政会便成立了。李济深鉴于王是参政员，又在华北声望很高，人事关系很广。故请王葆真担当该会委员兼冀察战地党政分会副主任，负责实际责任。

是年，北方闹水灾，赈济委员会拨款150万赈济河北灾民。当时，有人主张赈款不放到共产党区域里，王葆真得知后则公开驳斥，指出“赈济不宜分党见”。并主张应请中共人员参加放赈工作。1940年春，卫立煌奉蒋介石之命督师晋城，准备对八路军作战。王葆真立即到洛阳会晤卫立煌。他知道卫立煌不愿作战，愿意与中共合作抗日。于是王葆真主动赴山西武乡八路军总部与朱德总司令、彭德怀副总司令，左权副总参谋长晤谈团结抗日事宜。进而促成朱卫会晤。陪同朱总司令到洛阳与卫立煌晤谈团结救亡之事。王葆真从中斡旋促成了该地区停战的局面，粉碎了蒋介石进犯晋南八路军的阴谋，然而却招来了陈立夫等人的忌恨和迫害，不仅撤掉了王的官职，还扣发河北赈款，同时派人来要王葆真通电骂共产党不抗日。如果王能做到，就官复原职并支给30万巨款。王对来人说：“共产党明明抗日，我为何骂他不抗日呢？我不能做昧良心的事，我也不要黑钱。”陈立夫等特务恨王更甚，对其实行暗杀手段。王葆真只得赴西安乡下隐藏起来。

1945年日本投降后，王葆真应邀到重庆筹备成立民主党派事宜。为了工作方便，王葆真加入了“民联”组织，并当选干事，曾代表民联参加政协各界后援会，时，与中共周恩来、董必武多次接触。

1946年1月，国民党政府被迫同意召开有共产党和其他民主党派参加的政治协商会议，通过了和平建国等五项协议。2月10日重庆各界在较场口举行了庆祝大会，王为大会主席团成员，当群众团体陆续进入会场时，国民党特务公然进行破坏和捣乱。王葆真先生在主席台上，从特务殴打开始，到打散会场，他看得清清楚楚。对国民党反动派的暴行，他十分愤怒，在当天晚间各民主党派负责人的会议上，他慷慨陈词呼吁严惩凶手，并主动到法庭作证，控诉反动派迫害民主人士，破坏和平的罪行。会后，王葆真先生当选为“二·一惨案”后援会七位常务理事之一，与反动派继续斗争，一直坚持了三个月。王葆真始终站在斗争前列。

蒋介石国民党反动派的倒行逆施，使王葆真极为愤怒。他吟诗道：“舆论沸腾骂独人，人人皆欲得而诛。”这时期他向中共更加靠拢，已成为共产党的亲密盟友。因此他不遗余力，力促著名反蒋人士冯玉祥、李济深联盟反蒋。1946 年 6 月，王葆真与冯玉祥、李济深三人在南京冯宅签署了《反蒋联共约言》。其内容是：“我们要切实实行总理遗教与其革命精神，我们要实行民主政治，团结起来，共同努力。”这一约言，为冯、李、王共同反蒋奠定了牢固的基础，更为以后的中国国民党革命委员会的产生创造了有利条件。

由于局势的演变，大家认识到，要推翻蒋介石独裁统治，必须组建一个革命政党组织，于是先后由李济深、蔡廷锴在香港建立了中国国民党民主促进会。与此同时，马叙伦先生在上海组建了中国民主促进会。此时王葆真在上海从中磋商，合二为一，一致用中国民主促进会的名义活动，王葆真负责华北工作。王葆真两次赴北方秘密发展建立民促会组织，在此前后他与中共领导人周恩来、叶剑英、徐冰等颇多接触，讨论反蒋事宜。10 月接李济深函要王赴香港参加创建“民革”工作。

1948 年 1 月，王葆真作为“民革”发起人之一，参加了“民革”成立大会，并当选为常务委员兼任军事特派员。王葆真在港发表宣言：“实行与共产党合作，实行团结党内外各派反蒋力量，共同尽力民主革命，促进解决民生问题，推翻蒋记国民党反动派统治。”

六、迎接全国解放，策反国民党军队起义

为了配合人民解放军解放全中国，1948 年 6 月，王葆真从南京赴上海，以养病的名义住进了上海八仙桥永川医院。王利用以往的人事关系，秘密联络人员，发展组织，成立了“民革上海临时工作委员会”，王任主任委员，吴荣、许卜五、张克强、梁佐华等任委员。他们研究分析了国民党军队驻

军上海的情况，很快发展了国民党军第十九集团军副司令、原西北军将领刘昌义加入民革。11 月初，王葆真秘密会见刘昌义，王葆真对目前形势和中国前途侃侃而谈，把民革得到中国共产党的支持，以及共产党对国民党官员区别对待、立功者受奖的政策都一一讲给刘昌义听，并晓以利害关系，希望刘昌义能认清形势，为解放事业做出贡献。最后王葆真说："我们这样做，是符合中山先生的联共主张的，也是我们同志们革命的出路。有李济深主席和民革的领导，共产党一定相信我们。"他希望刘将军放心，共产党人说话是算数的，不要有顾虑，当断时则断，毋失时机。刘昌义也再三表示自己不愿为蒋介石殉葬，愿为解放事业效犬马之劳。未几，王葆真又两次秘密约见刘昌义，明确要刘昌义"抓住时机，相机起义，迎接解放"。

1948 年 12 月，王葆真又亲赴香港向李济深汇报和请示工作，由于李济深已去东北解放区，王葆真只得于 1949 年 2 月 11 日回到上海。

1949 年春，上海、南京地下民革组织在王葆真领导下，拟定了六项计划。正当加紧与蒋军几个军师代表洽商，准备待机起义迎接解放之时，24 日晚因南京地下民革组织负责人孟士衡被捕牵累王葆真、林涤非等人相继被捕。国民党为此进行了疯狂的捕杀，并叫嚣："尚有甚多阴谋分子潜在，务期于短期内一网打尽。"在国民党当局大肆逮捕和追缉所谓"京沪暴动案"余党时，参与策划起义的刘昌义等国民党军队中的要人得以隐蔽下来，刘昌义并于 5 月 25 日率部 43000 余人举义主要有两个原因：一是王葆真在被捕前两天，已把包括地下民革重要成员的名单等重要文件转移出去；二是由于王葆真在狱中坚贞不屈，虽受严刑拷打，遍体鳞伤，但他只字不吐刘昌义、张轸、郭汝瑰等人的情况。

王葆真被捕后，先后被关押在威海卫路国民党上海警备司令部第一大队牢房和提篮桥监狱警察医院五楼房间。王葆真虽经国民党特务威胁利诱，无所不用其极，已近 70 岁高龄，两次刑讯死了过去，醒来后仍然斩钉截铁地说："关于军事问题。只有我一个人知道，与别人无关。"国民党特务见硬的一手不行，便施展软的一手。3 月 3 日下午，一个特务伪装李宗仁代总统的代表探监慰问，对王葆真说："我姓杨，天津人，从前在延安抗日大学读过书，目前在法院做法官。这次是李代总统派我来的，国共两党正在和谈，政府准备释放一批政治犯，请你开列与中共有关系的人员名单，以便一一释放。"王葆真知道这是敌人的阴谋诡计，只是说："我信仰三民主义，追随孙中山先生多年。共产党是朋友，现在没有什么往来。民革组织仅有六七人，均已被捕到此。我是负责人，具体情况只我一人清楚。”弄得特务无可奈何，只得灰溜溜地走了。王葆真入狱前就做好了为革命牺牲的思想准备，他曾对战友吴荣等人说：“关于军事策反工作，一概推在我身上，你们都说不知道，我也说你们不知道，因为我是一定要死，欲避免是不可能的。”

王葆真在狱期间回顾自己磨难一生，感慨万千，遂吟诗 138 首。解放后以《申江蒙难集诗稿》为名出版。他说：“在沪入狱，观察敌特。必置我于死地而后快，乃留诗几篇，说明我们革命的意义，便好与世长别。”

在狱中，王葆真常以文天祥的《正气歌》自励，他在《失败》诗中写道：“正气歌留文信国，霸才囚羁管夷吾。死生荣辱浑无事，立地参天大丈夫。”王葆真的不朽诗篇富于浩然之气，溢于言表，鼓舞他在狱中更加斗志昂扬。他在诗中吟道：“此间可乐不思蜀，中共党歌唱入云。尽管明朝砍头去，谈笑歌唱意欣欣。”5 月下旬，人民解放军围攻上海城，王葆真老人在狱中听到隆隆的炮声时，兴奋不已，诗兴大发，写下了名诗《入狱三月有感》。此诗当时在学界广为传诵。

黑狱光阴三月更，十年心力付牺牲。
识时英俊惊驱散，开国耆贤失会盟。
燕塞风云空怅望，吴都王气已飘零。
蹉跎一误成千古，只恨临刑死未成。
老躯生死竟由人，狱里堪悲节序新。
梅落榴开空想象，雷鸣炮震实惊心。
漫嗟花木更春夏，却喜江山换主宾。
倘见自由都解放，狂欢海上共人民。

在上海与王葆真一起被捕的还有孟士衡、许卜五、吴荣、张克强、许志远、王履和、万行浩、林涤非及樊崧甫、沈士荣等人。在南京被捕的有刘海亭、夏奉英、马广运、吴士文、肖俭魁、马骏铭、王鼎臣、周臣千等十余人。1949 年 4 月 9 日，国民党特务遵照“京沪杭警备总司令汤恩伯手令，将孟士衡、吴士文、肖俭魁三人判处死刑。

王葆真也于同日被判死刑，由于各界积极营救，才得暂缓执行。王葆真入狱后各界和团体纷纷发电进行营救。中共中央副主席周恩来和民革中央主席李济深分别致电国民党南京政府提出抗议，要求立即释放王葆真先生。李济深还亲自写信给李宗仁代总统代表黄启汉。其原信如下："启汉兄：王葆真先生在沪被捕，当德邻兄力主和平解决国事并释放政治犯以取信于国人之时，尚有此违反人民意志之行动，闻之不胜愤慨，望即电知德邻兄，即饬上海军警机关迅予释放为荷。"黄启汉速将李济深函全文用急电转给李宗仁，并说明此事非常重要，如不设法补救将对和谈前途产生严重影响。李宗仁接电后，当晚用长途电话答复说："已派人到上海调查了解。"南京的一些国民党元老本着良知亦为王葆真求情，"姑念"王是孙中山时代的辛亥老人"免其一死"。王葆真的女儿王振林上书李宗仁要求"代父入狱"。与此同时，刘昌义用重金买通看守军警，暗中保护王葆真先生。终因各方努力营救，才使王葆真"虽未获释，但也未遭杀害"。

1949 年 5 月 27 日，人民解放军攻入上海城，解放军代表和民革负责人朱蕴山及王葆真家人迎接王葆真出狱，因病体不支，住进了医院。在住院期间上海各界代表和亲友纷纷来访，王葆真先生非常感慨地说："我这条老命是九死一生，没有共产党和解放军的到来，我早就命归西天了……今后只有在共产党领导下，同心协力来完成伟大的革命事业。"

6 月中旬。李济深、周恩来先后电邀王葆真去北平参加全国政协会议和开国大典。

自从王葆真担任民革军事特派员后，不仅在上海、南京地区进行了策反国民党军的工作，而且此前他还授意蔺洛涛、王锡龄在豫东策反了张岚峰、陈扶民军队起义；未几，又策反了新乡国民党军四十军的起义。1948 年又进行张轸和廖运周部队的策反工作。后来，张轸率国民党军第十九兵团在金口起义；郭汝瑰率国民党军第七十二军在宜宾起义，这些国民党军的起义和投诚都与王葆真先生的策反工作有着密切联系。总之，在解放战争期间，王葆真先生率民革成员共策反国民党军 10 万余人，他为中国人民的解放事业做出了重大贡献。

七、献身社会主义建设事业，在逆境中坚持真理

中华人民共和国成立后，王葆真先生担任政务院法律委员会委员、华北行政委员会委员、全国政协常委、河北省政协副主席、民革中央常委等职务，为建设社会主义新中国，发展爱国统一战线　建设发展民革组织，都做出了贡献。

河北省历来是受洪水灾害较严重的省份之一，解放前，王葆真先生的家乡深泽、安平、饶阳一带每到雨季，堤坝溃决，洪水横流，大片良田毁于洪水，人民生命财产遭到严重损失。因此王葆真先生自青少年时代就关心水利工作，1917 年利用业余时间研究水利工程，撰写《治水一夕谈》。1945 年在重庆时又发表了《华北水利计划概略》，阐述了他对华北治理水患的见解。1953 年又发表了《开凿沟池消灭水灾意见书》。

王葆真先生所担任的职务多是虚职，既不住会，也没有固定的工作指标和任务，但他总想多为国家和人民做些实事好事，不能整天过清静的生活，"白吃闲饭不劳动"。1956 年河北省遭受大水灾，王葆真先生虽是不住会的省政协副主席，但他看到河北人民遭到如此严重的灾害，感到十分痛心。他当时对住会的省政协副主席赵辉楼说："我得为河北省的水利建设做点事。"为了了解造成水灾的原因，他在 1915 年亲自勘察滹沱河上游的基础上，不顾自己年事已高和长途跋涉的劳累，深入到海河水系的一些县区，进行勘察和调研。又夜以继日地撰写了长达两万余字的《治水方案——沟池制》，送交省领导和有关部门参考。他还在全国政协和省政协会议上，作了大会发言，谈了自己对治理河北水患的看法，同时对省领导和水利部门提出批评意见。他在 1957 年 3 月 17 日的全国政协二届三次会议上发言指出："我国社会主义建设以来，各个部门都欢迎合理化的建议，但河北省少数（领导）人在思想上拒绝接纳合理化的建议，致使可以提早消灭的水灾，反而一年一年地加重，遂至给予国民经济遭受巨大的损失，此实为造成灾害的一个重要原因，亟应予以检讨，加强改进水利计划，并付诸实现。"他随后提出了改进河北省水利计划的具体意见，分析了修建小型水库和池塘的好处，并对以前有人反对他的 15 项建议做了恰当的解释。最后他十分诚恳地讲："我相信，在我们提高了社会主义觉悟的时期，根据客观事实，结合群众经验，掌握自然法则，精打细算，因地制宜，一定能多、快、好、省地战胜几千年来未能战胜的洪涝灾害，保证农业增产，富裕人民生活，保证完成第二个国民经济计划所给予河北人民的任务。"

然而，事与愿违，当时河北省的主要领导人在极左路线指导下，对王葆真先生的积极建议不但没有采纳，反而被诬蔑为"哗众取宠"，"强党的力所不及，挑拨党群关系"。1957 年对王葆真热爱河北水利的建议进行了批判，诬蔑王葆真是"借水利建设问题，捞取政治资本"的"政治掮客"，"是有组织的向党猖狂进攻"，因而遭到错误批判，被错划为"右派"，遭受不白之冤长达20余年之久。

王葆真在逆境中坚信“天覆地载春常在，青山不改水常流”。王葆真对共产党给他的处理是不满的，是想不通的，但他坚信共产党总有一天会给他纠正的。此后他常住北京就不能回河北省了。在“十年动乱”时期，王葆真再次受到打击与迫害，红卫兵抄了他的家。王葆真对此发出了怒吼：“长久下去，国何以堪，民何以堪！”王老精神上受到极度折磨。

粉碎“四人帮”后，王葆真先生积极参加批判“四人帮”祸国殃民的罪行。他撰文《愤怒声讨“四人帮”污蔑孙中山先生的滔天罪行》，在这篇文章最后指出：“我是九十七岁的老人了。我能看到党中央英明果断地一举粉碎了‘四人帮’篡党夺权的阴谋，为全党全军全国各族人民消除了即将爆发的巨大的灾祸，真是造福无量，我感到无比的欢欣鼓舞。”

王葆真先生晚年始终没有辜负孙中山先生的教导。依然关心国家大事，积极学习和生活，为国为民奋斗到最后一息。1977年12月22日在京病逝，终年98岁。追悼会于1978年1月18日在八宝山革命公墓礼堂举行，由全国政协副主席沈雁冰主持，民革副主席陈此生致悼词。王葆真的一生是伟大的一生，革命的一生，他的耿直、清廉的品德是一直被人称道的，他是一位受人尊敬的在历史上为人民做了许多有益工作的爱国老人，正如陆定一同志为纪念王葆真先生题词所指出的那样，王葆真是一位“为国为民终生不渝的老英雄”。

▲王葆真先生在北京家里

党的十一届三中全会的胜利召开，驱散长期弥漫在人们心中的极左思想，党中央制定了一系列拨乱反正的方针政策。中共河北省委根据中央的政策，终于为王葆真的历史问题给以平反改正，河北省前任领导人扣在王葆真头上的几项帽子终于被摘掉了。然而十分遗憾的是，共产党的良友王葆真先生已在1977年与世长辞了，他老先生未能看到党的政策在他身上的落实。如果王葆真老先生地下有灵，也会得到安慰的。

王葆真先生是一位著名的社会活动家，同时也是一位杰出的学者和诗人，他一生著述颇丰。著有《治滹刍议》、《植物学教科书》、《中国纷难惟一解决之真理》、《敬告国人奋起救亡书》、《滦州起义及北方革命运动简述》、《申江蒙难集诗稿》、《开凿沟地消灭水灾意见书》等。

原载：团结出版社《民革领导人》第二辑

《燕赵文化》总20-21期转载

论抗日同盟军失败的另一重要原因

毋庸置疑，察哈尔抗日同盟军的失败是有其诸多原因的，但不可否认中共“左”倾错误路线对它的控制和影响是加速其失败的一个十分重要的原因。

抗日同盟军成立前后，正是以博古为首的党中央极力推行四中全会后确立的第三次“左”倾教条主义即王明路线时期。王明路线的基调是：在中国社会性质和阶级关系上夸大了资本主义在中国经济中的比重，与前两次“左”倾错误一样地混淆了民主革命和社会主义革命的界限，而且比上两次“左”倾错误更“左”地把反帝国主义，反封建主义和反资本主义并列起来,突出了民主革命中的反资本主义斗争,从而否认“中间营垒”和“第三派”的存在，错误地断定“上层小资产阶级在武汉时代后期已经转入反动的营垒”,认为“中间营垒”和“第三派”是中国革命“最危险的敌人”，要党与他们进行“决死的斗争”，因此主张“打倒一切”。在革命形势和党的策略任务上，王明路线否认敌强我弱的基本情况，继续强调全国性的“革命高潮”，认为“直接革命形势最近可以首先包括一个或几个重要省区的胜利”，[①]所以极端强调党在全国范围内的“进攻路线”，主张在国民党统治区“加紧发动和领导工农兵和劳苦群众的各种方式的斗争”，要求红军配合夺取“中心城市”的武装起义。“九一八”事变后仍不顾日本帝国主义入侵，看不到全国抗日救亡运动的兴起，仍套用现成的公式去估计形势，把一切斗争都归结于“武装保卫苏联”，从而失去了广泛的群众基础。在组织上，在党内斗争上，片面夸大党内斗争的意义和作法，认为两条路线的斗争是党的一切行动和指导的基础，主张实行“不调和的无情的斗争”，“集中火力去反对主要的右倾危险。”[②]因此在行动上打击了一大批反对“左”倾错误的又具有一定工作经验的好同志，削弱了革命的力量。

然而，在全党贯彻和执行王明路线期间仍有一些马列主义水平较高且又善于结合中国革命实践的同志们为了党的革命事业，对王明路线进行着抵制和斗争。例如，1931年秋来北方指导工作的陈赓同志，他遵循周恩来的指示精神曾对筹备华北政治保卫局的吴成方同志说："你只要把工作搞起来，可以根据具体情况办事，不要执行'打倒一切'的政策"。[③]吴成方遵照这一正确的斗争策略开始了争取著名爱国将领冯玉祥将军的工作。吴成方同志先后起用了肖明、张慕陶、张存实、吴化之等一批被当时党内"无情打击"而失去了组织关系的地下党员。他们慎重研究，决议支持冯玉祥率先举起抗日的旗帜。于是派肖明同志去冯玉祥隐居的山西汾阳与之会谈，临行前他们利用集体的智慧确定了会谈的要点：（1）根据"九一八"事变后的形势，我们主张用抗日的旗帜号召全国人民，各党派联合起来，一致抗日，收复失地。因此在策略上只提打倒日本帝国主义及其走狗，不提打倒英美帝国主义和蒋介石及其他新军阀。（2）指明冯玉祥在中原大战失败后已失去威望，也没有什么明确的主张；而中国共产党在广大人民群众中是有威望的，说明冯玉祥只有在共产党的帮助下积极从事抗日工作，才能在政治上有出路。（3）要批评冯玉祥1927年的错误，要使他承认北伐期间同蒋介石搞妥协，与共产党搞分裂是叛离革命。[④]肖明同志遵照这一抵制王明路线的正确方针及时与冯玉祥先生会晤，坦率交谈。冯玉祥先生见共产党人以诚相见，很受感动，他十分痛心地承认了1927年背离共产党的错误，他说："北伐的结果我们自己打起来了，我没有听共产党的话，是不对的，把苏联专家和共产党员都送出国民军，想起来很痛心！"[⑤]他希望今后在共产党的帮助下建立一支抗日武装，把日寇赶出中国去！在日寇侵华日趋严重之时，1932年10月9日，他移驻张家口，冯玉祥为组织抗日武装先后开展了召集旧部，团结东北退到察省的抗日义勇军和当地民团的工作。时，肖明、武止戈、张存实、吴化之等中共党员被党组织派遣到张家口与冯玉祥具体筹划抗日事宜。不久，吴成方发派张慕陶到张家口具体协助冯玉祥组织抗日同盟军。冯玉祥先生十分相信共产党人，一些重要的会议他都请共产党人参加，例如抗日同盟军纲领这一重要文件就是由张慕陶起草形成的。由于我党团结冯玉祥等进步力量方针政策的正确，有力地推动了冯玉祥组织抗日武装的工作，终于在1933年5月26日成立了以冯玉祥为总司令的抗日同盟军，未几，收复了察东的康保、宝昌、沽源和多伦四县，这在当时是一件震动中外的历史事件。抗日同盟军的胜利鼓舞了全国人民抗日的决心和斗志，它为抗日民族统一战线的形成开创了广阔的前程，起到了全民族抗战的先锋作用。

抗日同盟军成立后，客观上急需我党派一批干部进入抗日同盟军中工作，当时在全总华北办事处工作的饶漱石向吴成方同志推荐了被称为“游击专家”的柯庆施，随后柯庆施率一批党员进入抗日同盟军，在共产党人进入抗日同盟军前，吴成方曾郑重宣布仍按照我党与冯玉祥最初的协议进行工作，即不公开共产党的旗帜，不提关于南京政府如何反动，地方军阀如何不好的话。我们与抗日同盟军共同的基本宗旨是：“打倒日本帝国主义及其一切走狗！”⑥柯庆施等人当时也表示赞同。可是当他取得了河北省委的支持，在抗日同盟军中形成了一股势力后竟然摒弃了先前我党与冯玉祥讲好的协议与原则，而采取了与团结冯玉祥等进步力量截然相反的政策，他独揽军政大权，不经请示，胆大包天地取消了中共张家口“特委”，组成了以他为书记的抗日同盟军前线委员会。（党中央6月末决定抗日同盟军归中共北方局领导，北方局不得不追任他为前委书记）随后他又将“特委”机关刊物《抗日阵线》取消而组成了以陈伯达为总编的名为《老百姓报》的刊物。这一切改组，都是柯庆施等少数人决定后宣布的。柯庆施掌权后首先在同盟军中积极推行王明“打倒一切”的错误路线，他们认为冯玉祥、佟麟阁、方振武、高树勋等爱国将领组织抗日同盟军不是真心抗日，而是割据，因此把他们视为“最危险的敌人”，号召张家口的工人罢工，学生罢课，士兵罢操和游行示威，公开反对冯玉祥。柯庆施、陈伯达等人按照王明的调子还公开宣称：“日本侵略东北和华北仅是以此为跳板进攻苏联，因此要紧急动员起来武装保卫苏联。”他们还违背我党先前与冯玉祥达成的“不公开共产党的旗帜”的协议，而随心所欲地公开党组织和共产党员的姓名，当时我党在抗日同盟军中各部工作的党员大约有300余人，几乎全公开化了。与此同时，柯庆施还大搞宗派活动，他大力重用和提拔自己带去的人，而排斥先前到抗日同盟军中工作的同志，对不同意见的同志进行无情的打击，或调离工作，或撤销职务，甚至以“莫须有”的罪名开除党籍。柯庆施的所作所为在客观上大大削弱了党的力量和抗日同盟军的战斗力。

正当冯玉祥先生踌躇满志地指挥着千军万马收复察东四县失地之时，柯庆施、陈伯达等人在抗日同盟军中却大力推行王明路线，给抗日同盟军带来了严重的危害，首先是冯玉祥先生遭到打击后陷于极端痛苦之中。当时，他的部下不少人都劝他把共产党从部队中清除出去。然而，他却接受历史教训，断然拒绝，决心不再走反共旧路。冯玉祥先生知道成立抗日同盟军是得到了共产党的大力帮助的，因此他不反对共产党在军中发展力量，他是相信共产党人的。在用人上他正大光明，曾经任命共产党员宣侠父、许权中为师长；重大的方针政策的制订，他虚心地与身边的共产党员讨论研究。例如他在察省采取的三项措施，第一停止党费；第二将各地所有政治犯一律赦免；第三免除苛捐杂税。此三项措施都是他与共产党人研究后而颁布的。⑦他为了与共产党合作得更好一些，曾几次向共产党人和革命青年提出："不要让蒋介石抓住我们的岔子"的劝告。因为他深知蒋介石会借他与共产党合作来加罪于革命的，因此他提出了所谓的"里红外不红"西瓜政策，即赞成共产党人在军中善于隐蔽工作。在一次会议上他谆谆教导说："抗日救国很好，但你们很幼稚，还不老练，应该采取'西瓜政策'，里面红，外面青，不要采取红在外面的'红萝卜政策'⑧。"在当时情况下，冯玉祥先生如此善意地与共产党人和革命青年谈到如此程度，已经实在是难能可贵了。他的这一言论是与我党初期与其协议在组织抗日同盟军"拟定不公开共产党的旗帜"是一致的。然而柯庆施、陈伯达等人却违背协议，在军中公开党的组织和党员姓名。他们还号召共产党员和革命青年公开反对冯玉祥的"里红外不红"的西瓜政策，遂把冯玉祥视为"最危险的敌人"，把抗日同盟军内部的不同意见激化为不可调解的矛盾。这一切都使冯玉祥先生感到莫大的苦恼和疑惑。

柯庆施对冯玉祥先生一向是不怀好意的，1932年年底他曾秘密到山西汾阳军校向该校地下党员布置工作时说："为了策应苏区反'围剿'斗争，凡有我党活动的地方都要发动一次较大的军事事变，扩大我党在北方的影响，以突出的斗争分散敌人力量，为争取反'围剿'斗争的胜利而奋斗。"指示地下党在冯玉祥身边搞暴动。1933年初，柯庆施被派到张家口后，他总认为冯玉祥是靠不住的，因此在抗日同盟军成立不久，柯庆施便借口中共河北省委的指示，以前委的名义在抗日同盟军中开展"反日、反蒋和反对冯玉祥"的群众运动，致使抗日同盟军处于分裂危险的地步。冯玉祥深知柯庆施对他有成见，又鉴于中共一时不能调换他的工作，因此他认为失去了先前与中共合作的初衷，甚至认为共产党开始拆他的台了，再加上当时其他方面种种困难的逼迫，在内外情况剧变的局势下冯玉祥开始动摇。"焕章此次举动自知轻率，难得全民同情，将来且不易收帆。"⑨终于在8月5日发出歌电："自即日起，忍痛收束军事，政权归之政府，复土交诸国人。

并请政府即令原察省主席宋哲元，克日回察，接收一切办理善后。”[10]冯玉祥决定隐退，于8月14日挥泪离张经北平赴鲁复归泰山。

冯玉祥下野局面的出现在很大程度上是柯庆施推行王明“左”倾错误路线的结果，参加抗日同盟军的张克侠同志曾这样回忆说：“冯的号召力强，不应当让他下野，这个工作可以做，说服他掌持这个局面还是可以的。”“如果党的工作做得好，不但可以站住脚，而且可能会有大的发展。”[11]但由于柯庆施在抗日同盟军中极力推行王明“左”倾路线和私心作祟，反对冯玉祥，贯彻“要兵不要官”的下层统一战线的错误政策，其结果不仅赶走了一个冯玉祥，随后也将抗日同盟军这支积极抗日的武装引向歧途。冯玉祥下野，对柯庆施少数人说来是一个胜利，因为从此他们可以放开手脚建立北方的苏区和红军了，也可以称王称霸了。从柯庆施进入抗日同盟军那时起他就没有起码的统战思想，组织全民族抗日力量而是极尽分裂之能事，“为建立北方苏维埃而奋斗。”冯玉祥下野后，柯庆施不顾形势的变化一意孤行，为了控制吉鸿昌和方振武的3000余人，他下令要部队在张北集中进一步开展反冯玉祥运动，他要官兵与冯玉祥划清界限，逼迫军官表态，闹得全军上下人心不安。未几，又轻率地决定部队西进，企图从商都南下，到蔚县或河北省南部建立北方的苏区，妄图充当北方红军的创始人。由于柯庆施脱离实际，脱离群众的错误决定，使部队陷于崩溃的境地。不久宋哲元对二师实行改编，致使西进无望，柯庆施只得命令部队东进，与独石口的方振武部会合。在独石口柯庆施又召开前委会议，他不顾轻重缓急和部队的生存的险恶环境，仍以反右倾为旗号继续大搞宗派主义。在一次会议上宣布开除了与他意见不一致的张慕陶、王霖、尹心田、贾振中和周茂兰五人的党籍。由于柯庆施为首的前委一而再、再而三地执行王明的错误路线，引起了广大官兵的不满，使部队处于涣散状况，抗日情绪一落千丈，逐渐失去了作战的能力。在此状况下，柯庆施等人不是想办法拯救这支部队，而是孤注一掷地将部队改为“讨贼军”，提出了“打到北平过中秋节”的错误口号，使部队陷于日寇、伪军和国民党军队的重围之中。部队从独石口东进，沿途都是大山，村庄很稀少，部队吃粮十分困难，一天只能以几颗山药蛋糊口，甚至杀战马充饥，在这样艰难的行军途中部队减员严重，在这样危险的形势下前委的主要负责人柯庆施等人不是与部队广大官兵同呼吸共命运，想方设法在敌强我弱形势下把这支部队隐藏起来，而是为了保住他们几个人的生命竟然偷偷地离开了部队，开小差逃跑了。此时部队只能借吉鸿昌、方振武的威望勉强维持下来。然而部队却遭到了日寇、伪军和国民党军队的围追堵截和飞机轰炸，伤亡严重。不久，这支英勇善战的抗日武装就被扼杀了。

抗日同盟军失败的经验教训从一个历史的侧面更加具体地证明了王明“左”倾错误路线给我党的革命事业造成了严重的危害。不同时期的“左”倾错误，给我们的革命和建设事业都带来了严重的危害，因此它为我们今天的经济发展和加速改革开放推动国民经济全面增长时期进一步防止“左”倾错误提供了具有借鉴价值的历史材料，它使我们深刻地体会到邓小平同志在南巡讲话中的防“左”的论述是多么深刻，多么亲切啊。他谆谆教导我们说：“现在，有右的东西影响我们，也有‘左’的东西影响我们，但根深蒂固的还是‘左’的东西。有些理论家、政治家，拿大帽子吓唬人的，不是右，而是‘左’。‘左’带有革命的色彩，好像越‘左’越革命。‘左’的东西在我们党的历史上可怕呀！一个好好的东西，一下子被他搞掉了。‘右’可以葬送社会主义，‘左’也可以葬送社会主义。中国要警惕右，但主要是防止‘左’。”抚今追昔，我们要永远记住这个伟大的理论教导，把我们的各项工作做好。

注：

①、②:《中共中央文件选集》，第 7 集，第 116、130 页。

③、⑥:《张家口文史资料》，第 19 辑，第 3、10 页。

④、⑤、⑧:《冯玉祥与抗日同盟军》，第 4、6、149 页。

⑦: 张功常:《冯玉祥胶东游记》，第 60 页。

⑨: 李云汉:《冯玉祥察省抗日事件始末》。

⑩:《国闻周报》第 10 卷第 32 期。

⑪: 张克侠:《我参加抗日同盟军的经过》。

孙永勤与民众抗日救国军

“长城抗战”失败后，有一支活跃在原热河省南部长城内外，包括今承德、平泉、宽城、青龙、迁西和遵化等县深山区的抗日武装，这就是孙永勤创立和领导的民众抗日救国军。这支抗日武装在中国共产党的积极影响下，同日本侵略者及其“满洲国”军警进行了英勇顽强的斗争，在冀热辽人民抗日斗争史上写下了光辉灿烂的一页。

（一）

1893 年，孙永勤生于河北兴隆县黄花川孙杖子一户比较富裕的农民家庭。他七岁进私塾读书，小学毕业后不久，便对练武发生了兴趣。在这方面他堪称天资颖悟，而且又练得认真，所以在拳师的指教下，他终于练出了一身好武艺。

燕山里的农民除种庄稼外，不少农户在农闲季节还兼操狩猎，他们把珍贵的皮毛卖给外地进山的皮货商，以此弥补生活之不足。因此山里的青壮年差不多都有一手好枪法。乡亲们说：“在黄花川一带的年轻人里，要比试枪法，还得数孙永勤哩！”因为孙永勤性格活泼，又有一身好武艺，所以他在当地青年中具有一定的号召力，不仅黄花川的小伙子们乐意听他的指挥，就连十几里以外的滦河沿一带的青年，也主动跟他结拜为兄弟。

随着岁月的流逝，孙永勤开始接触到中国农村的黑暗和人世间的不平，在他那幼小的心灵上埋下了忧国忧民的种子。青少年时期的孙永勤就有了报效祖国的心愿，他最爱读的书是《水浒传》。他向往着长大之后，做个盖世英杰，为普天下的受苦人解除痛苦。

孙永勤的青年时代正是军阀混战、土匪遍地的年月。那时他的家乡黄花川一带的农家遭土匪抢劫之事时有发生。孙家是孙杖子的首户，正是土匪抢掠的对象。所以，在他大伯孙进昆时，就积极地办起了民团。民团是地主阶级护院保家的武装，同近代史上的“团练”有类似之处。其宗旨是：“有事则八面围剿，无事则各守其业。”成员主要是本地的农民、猎户、手工业者、船户和乡村的知识分子。黄花川民团到孙永宗主办时已初具规摸，有团勇200多、大枪80余支、长矛大刀百余件。由于孙永勤为人耿直，不畏权贵，是个助弱抑强、扶危济困的好汉，因此深受黄花川一带人民的拥护；民团团总孙永宗鉴于永勤智勇双全，又是本家兄弟，于是在九一八事变后便将民团交给孙永勤主办。

1931年11月间，孙永勤率民团围剿土匪时，缴获了十几匹牲口驮子，打开后发现全是枪支弹药。经审问脚夫，才知道是车河口“大成兴”商行为土匪购买的武器。孙永勤极为气愤，当即联络各地民团，准备攻打“大成兴”商行，以解除这一带匪患之根源。“大成兴”是岳荫臣几家大地主在水陆码头车河口开的商行，他们又在庙梁开有煤矿，有钱有势又有兵。1932年春，孙永勤邀来了包括遵化在内的各地民团近千人，在一个晚上便把“大成兴”收拾了。从此“大成兴”与黄花川民团结下了冤仇。

孙永勤任团总期间，把那些勾结贪官和土匪，鱼肉百姓、横行乡里的恶霸地主视为仇敌，多次加以抑制和打击。因此得罪了几股土匪头子。于是，他们纠集起来企图抢劫黄花川，给孙永勤一个报复。孙永勤闻讯后，火速“派人向喜峰口、潘家口、车河口、寿王坟一带的民团求援，让他们火速前来支援。那次来了不少人，才打退了土匪的进攻”[①]。

“九一八”事变后，孙永勤更加关心国家大事。当得知蒋介石推行“绝对不抵抗”的卖国政策，把东北三省拱手让给日本帝国主义的时候，他咬牙切齿，义愤填膺。他对团勇们大讲“国家兴亡，匹夫有责”和“先天下之忧而忧，后天下之乐而乐”的道理，并表示要奋起抗日救国，效命疆场。

1932年下半年，不少东北抗日义勇军退入热河省境内。在热河省东部和南部的冯占海和唐聚五部，在北平“救国会”的援助下，一度联合当地抗日民团力量，继续抗击侵略热河的日寇。当时孙永勤曾与这部义勇军联络，并企望参加抗日的光荣行列。只因义勇军很快失利溃散，他的愿望未能实现。

1932年2月21日，关东军共10万人分三路进犯热河。当时，驻守在热河一带的中国军队约有20万人，倍于敌寇，本可以抵抗日寇的进犯，但由于蒋介石不抵抗政策的影响，各路守军均无斗志。3月初，国民党热河省主席汤玉麟丢弃承德，不战自逃。4日，日军兵不血刃，进占承德。

热河失陷，全国舆论哗然，同声谴责南京政府。在中国共产党的领导下，迅速掀起了全国规模的抗日救亡热潮，平津等地青年学生奔赴各地进行抗日宣传。号召各界人民起来参加抗战，反对蒋介石国民党的丧权辱国的卖国政策；燕京大学几十名学生毅然离校参加热河抗战；爱国妇女纷纷发起慰劳会，征集大批捐赠物品和现金；各地商界也展开了抵制日货运动。在全国人民抗战热潮的鼓舞下，原属冯玉祥将军的二十九军开赴长城一线抗战。11日，二十九军采取迂回夜袭的战术，偷袭了日军阵地。爱国官兵用大刀砍杀日寇，使敌伤亡惨重，终于夺回被日军占领的喜峰口。接着二十九军又在罗文峪击退了日寇的进犯，这是“长城抗战”的唯一胜利。捷报传来，人心振奋。孙永勤听到百里之外的炮声，由衷地高兴，他信心十足地告诉人们说，“只有抵抗，才有出路！二十九军弟兄们的大刀也能把鬼子打败。”

蒋介石的不抵抗政策，东北义勇军的艰苦抗战，二十九军喜峰口抗战的胜利，特别是中国共产党的抗日主张，这一切激励着孙永勤坚决抗日的道路，催促着他迅速拉起抗日的队伍，以实现他那救国救民的夙愿。

（二）

日本占领热河后，为了确保“满洲军”西南“国境”的安全，由赫慕侠率“满洲国”军第五军驻承德，并成立了以伪热河省长张海鹏之子张俊哲为头子的防卫司令部，统率30000余军警驻防在各县城重镇，武装镇压农民抗日团体，并实行“铳器回收”政策，以此扼杀中国人民的抗日武装斗争。

日寇占领车河口后，“大成兴”商行老板岳荫臣及其股东任凤阁一伙，认贼作父，大肆屠杀爱国同胞。他们主动向日军报告孙永勤民团“居心叵测，图谋不轨，煽动抗日”，乞求日军早日出兵讨伐黄花川，收缴武器，严惩孙永勤，以报前年抄家之仇。

同年6、7月间，黄花川人民得知日伪当局要派兵前来讨伐，并收缴枪支，纷纷要求孙永勤率领群众抗日杀敌。群众高涨的抗日情绪使孙永勤很受鼓舞，决定奋起抗日。通情达理的母亲同意了儿子奋起抗战的主张，孙永勤便跑到王宝石、大东峪去找挚友关元友和王福合等人商议抗日事宜。

第二天清晨，又跑到下板城鹿洞沟去找拜把兄弟赵林、赵来和冯宝德等人共谋抗日大计。在鹿洞沟的大庙里，孙永勤慷慨陈词："如今的形势很清楚，靠国民党军队是不行了，咱们得自己武装起来，打日本，保家乡。今天是时候了，绝不能坐以待毙！"赵林等人完全同意孙永勤的抗日主张。随后，他们就征集枪支、动员青壮年参加抗日队伍等问题进行讨论，最后一致同意队伍不再叫民团，要叫"民众军"。

鹿洞沟集会后，孙永勤、战四川、赵林、冯宝德和赵来等人便分头奔赴各村征集枪支和开展动员活动。他们先后在武厂、寿王坟、瀑河口等地征集 50 余支枪，在民团的基础上发动群众参加抗日斗争，彼此串连，使组建抗日武装的工作进展十分迅速。

正当孙永勤计划征集枪支和准备组建抗日队伍的时候，承德县警察署也在竭力执行日伪当局颁发的《暂行枪炮取缔规则》。8 月间，车河口警察队长几次派人去黄花川催缴孙永勤民团的枪支。一次，张杖子大地主张如增主动协助日伪前往孙杖子，劝说孙永勤缴枪。他说什么缴枪事关重大，千万不能任着性子顶着不办呀！得罪了日本人可受不了啊！重则枪毙，轻则坐牢，后悔就晚了。孙永勤义正词严地回答道："人是中国人，枪是中国枪，要我缴枪当汉奸，那是痴心妄想！你为日本人办事，倒要小心自己的脑袋呀！"

在组建队伍没有就绪之前，孙永勤对缴枪一事一拖再拖。实在催急了，就缴出几支不能用的老破杆子应付一下。"孙永勤家的枪支，多半被警察署收缴，后来警察仍然向孙永勤及黄花川农民索取枪支。农民们百般地维持警察，但警察仍是勒索敲诈，对农民打骂交加，并抓捕黄花川一带农民多人，在车河口警察署刑讯监押。这时孙永勤鉴于日满统治无法生存下去，乃同其胞弟子侄及黄花川一带被害的亲友十余人，携带武器将车河口警察署及黄花川警察分驻所包围，将警察武器收缴，房屋、家具捣毁，救出了被关押的乡亲，公开打起了反满抗日的旗帜。"②

攻打车河口警察署后，孙永勤回到孙杖子，加紧了抗日队伍的组建。1933 年 12 月 11 日（旧历十月二十四）。孙永勤、战四川、王福合、赵来、冯宝德、关元友、赵林等人把队伍集合在孙杖子，宣布以"反满抗日"为宗旨的民众军正式诞生。孙永勤任军长，战四川任副军长，关元友任参谋长。孙永勤登上石台子高声讲话，"乡亲们！同胞们！'九一八'事变，日本军占领了我国东北三省，今年春天，又侵占了我们热河，最近打到了我们家门口。国民党军队投降卖国，不抵抗，早已不能指望了。如今，我们的国家和百姓正在生死存亡的关头，再不抵抗日本军的入侵，我们就要当亡国奴了！不！不能当亡国奴！不能等死！今天，我们的民众军成立了，愿意打日本鬼子的乡亲们跟我来！我们誓死抗战，打出一条生存的道路来！”孙军长讲话后，便竖起了“天下第一军，杀富又济贫”的大旗。最后民众军全体宣誓：“敌不死，怒不休，头可断，志不屈！”

民众军诞生不久，便与日伪军警和讨伐队展开了不屈不挠的斗争。民众军的第一仗是突袭张仗子。日军自从占领承德后，便扶植各地汉奸、土匪成立维持会，把侵略魔爪伸向广大农村。张杖子大地主张如增为了保护自身利益，多次向下板城和车河口日伪军警献策：“讨伐孙杖子，活捉孙永勤”，并请求讨伐队驻扎在自己庄院里。12 月 28 日 日伪讨伐队 200 人在其队长李海山的率领下进驻张杖子。张如增狗仗人势，口出狂言，要在一个月内剿灭孙永勤的民众军。孙永勤决定突袭李海山的讨伐队，严惩大汉奸张如增。孙永勤深知，突袭张杖子是民众军成立后的第一仗，其成败至关重要。因此，战前进行了周密的准备，作了全面侦察，掌握了敌人活动的规律。1934 年 1 月初的一天晚上，乘敌不备，孙永勤率百余人摸进讨伐队住的院子，解决岗哨后，便冲进院子。顿时，枪声大作，杀声四起，敌人纷纷举手投降。这次战斗歼敌近百名，缴获步枪百余支、子弹上万发，首战告捷，军威初震。

战斗结束后，孙永勤一声令下，开仓济贫。远近十几里的贫苦农民，把张如增搜刮人民的粮食和其他财富分得净光。农民还开了控诉大会，控诉了大汉奸张如增压榨农民和认贼作父、甘当汉奸的种种罪行。最后，将大汉奸张如增处以死刑，立即枪决，人民拍手称快。

歼灭张仗子讨伐队，是“长城抗战”以来在热南地区对日“满”当局进行的一次武装反抗，给日“满”反动势力以严重打击。这次战斗极大地振奋了热南人民群众反满抗日的情绪。从此，民众军和孙永勤的威名开始在热南和长城内外传播开来，民众军得到了发展，为以后的反“满”抗日斗争奠定了基础。

（三）

张杖子战斗以后，孙永勤率民众军在黑河川的梓木林和宽甸一带，一边休整，一边打击汉奸势力，继续征集武器。几天来，成群结队的青年纷纷前来参加民众军，队伍猛增至500余人。孙永勤在短时期内整编了队伍。军部下设三个中队，每中队150人，任命王福合、赵友、马宝德为队长，充实中队工作。各中队在孙永勤的统一指挥下，时分时合，灵活机动地战斗在滦河两岸，痛歼日“满”军警。1934年初，关元友率一中队在大彭杖子与讨伐队接火。民众军抢占有利地形，控制了制高点，居高临下，给敌人以迎头痛击。激战两小时，敌人不支，丢弃车辆、物资仓皇溃逃。民众军乘胜追击，歼敌50多人。

2月初的一天，孙永勤率二中队星夜兼程，次日拂晓进抵半壁山，向敌人发起攻击，除残敌数十人窜入兴隆外，其余均被歼灭。孙永勤下令把粮食、布匹等物资分给当地贫民，随后会同三中队乘余威一举攻克潘家口、车河口，转战于乌龙矶一带。此时，不少船户、渔民子弟踊跃加入民众军。八卦岭的张福义率百余人与民众军会师，队伍扩至800余人。

从车河口逃出来的“大成兴”商行的老板岳荫臣，带着几千块大洋去下板城，乞求日伪警察署和讨伐队进剿孙永勤的民众军。他声称，如若剿灭民众军，活捉孙永勤，就把庙梁煤矿及所有财产献给“满洲国”。

于是，日伪讨伐队遵照上司命令，便纠集兴隆寿王坟、承德等地军警及土匪武装（大王龙和小王龙系直系军阀的溃兵）近千人，于3月中旬在下板城讨伐队马某的率领下，向黄花川进犯，扬言“荡平黄花川”。讨伐队和土匪武装炮击每个村庄，农民的生命和财产遭到巨大损失。这时，已经埋伏在山头林间的民众军指战员，看到前来送死的敌人，个个摩拳擦掌，跃跃欲试。敌人炮击后，凭着人多势众，猛向村里扑去。待敌人全部进入预设的“布袋”后，孙永勤大喊一声：“打！”民众军枪声四起，手榴弹纷纷开花，敌军死伤遍地，很快失去了战斗力。民众军战士以猛虎下山之势冲向敌人，敌人慌作一团，纷纷举枪投降。这次伏击战只用了一个小时就歼敌200余人，缴获武器200余件，沉重地打击了日伪讨伐队和土匪的气焰。当天夜里，民众军出其不意，越过猴山梁，包围了车河口，全歼守敌100多名，并活捉了汉奸“大成兴”老板岳荫臣、任风阁，没收其一切财产，再次开仓济贫。孙永勤下令处决了这两个甘心与民众军为敌的铁杆汉奸。

4月间，孙永勤率民众军兵临下板城，以声东击西的战术一连攻下武厂、黄杖子、上谷等几处据点。然后沿瀑河南下，先后突袭了宽城和迁西境内的日伪军据点多处，兵锋直达长城内外。“沿途群众亲切地称孙永勤是‘及时雨宋江’，争着给部队送茶送饭，青壮年农民纷纷参加民众军。”[③]在几次军事行动中，孙永勤已经显示出优秀的指挥才能。

1934年5月，中共京东特委成员王平陆同志来到民众军驻地双堂子村，他向孙永勤等人宣传了中国共产党抗日的主张、方针和政策，并建议把“民众军”改名为“民众抗日救国军”。孙永勤表示完全接受共产党的抗日主张，恳求京东党组织早日派人来部队指导工作。他高兴地称赞“民众抗日救国军”这个名字改得好，“方向明，旗帜新”。这是中国共产党对孙永勤和民众抗日救国军的一次重要的指导，它对孙永勤和这支抗日武装的成长起了不可磨灭的作用。

自从打出民众抗日救国军的旗帜，孙永勤又提出团结一切抗日力量与日寇血战到底的行动纲领。因此在短时间内，又有不少抗日武装力量前来投奔孙永勤。兴隆县蓝旗营的年焕兴、苇子峪的李连贵等人，先后率部与民众抗日救国军会师，队伍增至4000多人。孙永勤把队伍整编为四个总队，每总队1000多人，由张福义、赵来、年涣兴、李连贵任总队长，下设营、连、排、班。又设立专管部队纪律和惩办犯罪官兵的稽查处，任命赵林、张连玉为正副处长。从此，救国军各总队转战在热南和长城内外的广阔地区，有力地打击了日伪及一切汉奸反动势力。6月间，孙永勤、张福义率领的第一总队攻克兴隆县佛爷来据点，歼敌50多人，把粮食布匹分给农民，用缴获来的武器武装自己。年焕兴、李连贵指挥的第二、四总队转战在长城一带，一举攻克罗文峪、孤山子等据点，活捉日本关税总长左藤，击毙日寇多人，俘虏日伪军警百人；接着在安子岭设伏，截击日军骑兵中队，毙日寇50多人，打死军马50多匹。关元友、战四川、赵来的第三总队转战在迁西和遵化县境内的西城峪、洪山口一带，先后攻克二堂、龙井关、洪山口等据点，不仅给日伪军警以毁灭性的打击，而且严惩了汉奸地主高佐忠等人，大灭了敌人的气焰，大长了抗日人民的志气。随后，挥师北上，攻克宽城等处据点。据有关人士回忆说：孙永勤的部队“在大约一年的时间内，在长城内外先后拔掉一百多个敌人据点，消灭日伪军警及土匪汉奸共15000人，缴获大量武器和军用物资”。[④]

民众抗日救国军起于艰苦环境，在同日伪军警和讨伐队的频繁战斗中，它之所以打过不少胜仗，之所以不断发展壮大，是与这支抗日武装的一些特点分不开的。

首先，这是一支来自热南山区人民的军队，它有比较严格的组织纪律。全军上下，体恤民情，从不骚扰地方，为害群众。在艰难的岁月里，在频繁的战斗中，队伍走到哪里，除了打仗缴获一些粮食外，主要是靠山区人民养活这支队伍，因此它与人民有鱼水之情。民众抗日救国军虽然没有提出明确的政治纲领，但是孙永勤、关元友、战四川等人却不断地向部队灌输抗日救国的道理，宣讲抗日军队的纪律。孙永勤总是在战前战后不厌其烦地告诫部队："我们是保护人民利益的队伍，要做到：不投敌，不妥协，抗日到底不变心！不贪财，不好色，不扰民，冲锋杀敌争先锋！"这些纪律虽然没有成文，但在救国军官兵和热南人民群众中，尽人皆知，广为传诵，共同信守。如有违者，一经告发和查出，均以军法论处。孙永勤就曾亲自过问，处决了一个抢老百姓东西的排长陈志和一个强奸民女的班长，使全军上下大为震动。

由于严格约束队伍，才使这支队伍得到了热南人民的无私支援，不仅保证了给养，也保证了兵源，使队伍不断发展壮大。救国军之所以耳目灵通，随时掌握敌情，很多是群众主动报告的。

（四）

民众抗日救国军成立后，茁壮成长，取得了多次战斗的胜利，使日伪当局大为恐慌。他们不否认："抗日武装力量的抵抗活动之所以意外的坚强，原因之一不外是他们同民众的结合，因此，日本帝国主义认识到不能单纯依靠武力征伐，还必须辅之以反革命的政治工作。"⑤1934 年春，热河日伪当局对孙永勤进行第一次招抚活动，遭到孙永勤的断然拒绝。此后，他们便加紧了对救国军的"围剿"。同年秋，调动关东军驻承德和平泉的 ×× 部队"围剿"民众抗日救国军，×× 部队从平泉和承德两个方向向救国军"进剿"，在平泉三岔沟和承德下板城南及大营子等地先后发生激烈战斗。日寇用大炮猛攻救国军驻地和防线，使该地农民损失严重，孙永勤命令部队撤回黄花川。

同年 10 月间，日伪当局又对孙永勤进行了第二次招抚活动，同样遭到可耻的失败。恼羞成怒的日伪当局不惜代价，纠集日伪军警几千人，从四面八方向救国军实行讨伐，妄图一举剿灭之。孙永勤指挥救国军在瀑河、滦河两岸和五指山下与日伪军巧妙周旋，浴血奋战，尽管环境险恶，战斗频繁，仍不断取得反“围剿”的胜利。孙永勤军长在战斗中总是身先士卒，冲锋在前，退却殿后。他戴的那顶帽子有十几处枪眼，每当战斗结束后，他都用手指弹着帽子上的浮土，十分诙谐地对身边的战士们说：“敌人的枪弹是没有长眼睛的，不要怕嘛！”战士们从军长的这顶帽子上受到了深刻的教育。

在敌我兵力悬殊的形势下，为了保存力量，避免过重的伤亡损失，孙永勤将部队化整为零，利用熟悉的地理环境进行游击战，灵活机动地打击“进剿”的敌人。12 月末，救国军一部在三道梁伏击敌寇，歼敌 60 多人。1935 年初，孙永勤率部在清河口与日“满”讨伐队发生激烈战斗，救国军利用优越地形作战，歼敌百余人，并活捉两名日本军官和一名翻译官。同年 2 月间，日寇继续增加兵力，并实行《暂行保甲法》，强迫人民大修警备路，建立监视哨。此外，还实行所谓“匪民分离工作”，对抗日武装力量进行政治围困和经济封锁。妄图断绝救国军和山区人民的联系。这样一来，队伍的供应发生了严重困难，有时部队一整天吃不上一顿饭，减员十分严重。在困难面前，部队内部又有了分歧，有的人提出聚零为整，集中队伍和敌人打阵地战，拼个你死我活；有的人提出撤出热南根据地，去蓟县盘山找红军去；还有的人主张向长城内非战区转移。几种不同的意见使孙永勤的思想极为混乱，拿不定主意。由于领导水平的限制，这支 3000 多人的抗日队伍处在十分危险的关头。在这种情况下，一种侥幸心理占了上风。原来军部里有一位出身和尚的人，他会占卜、抽签、算卦。自从他参加抗日以来，时常为部队预卜、作战结果和进军方向，当时孙永勤等人不大相信这一套。由于日伪军警的“进剿”和封锁，断绝了队伍和人民的联系，在这种内外不通声气的情况下，孙永勤等人便逐渐以占卜、抽签这种迷信货色代替了侦察和判断。孙永勤还把占卜者封为军师。这反映了没有无产阶级政党领导的农民抗日武装，是阻止不了封建主义和迷信思想侵蚀的。2 月下旬，孙永勤听信军师“军队应以聚之为吉”的胡说八道，把分散的各部集合在滦河老崀。结果正中敌人之计，遭到“围剿”，救国军伤亡 600 余人，逃散 1000 多人。当时正确的方针仍然是应以分散的小部队活动在深山老林之中，出其不意地打击敌人或扰乱敌人后方，然而农民出身的救国军的领导者，这时却被那些只能打胜仗，不能打败仗，打了败仗就灰心丧气或与敌人一拼为快的机会主义思想所左右，再加上封建迷信思想的侵蚀，终于使队伍处在与敌寇喋血苦战之中而一筹莫展。

（五）

滦河老崀战斗失利，孙永勤被迫率部突围。敌寇穷追不舍，妄图把这支抗日武装扼死在热南山区。在老崀战斗中，孙永勤腿部受重伤，当时没有军医和药品，腿腕肿得碗口粗。由于行动不便，突围后的军事指挥暂由关元友和王殿臣代替。王殿臣极力说服孙永勤和关元友放弃热南根据地，离开黄花川，开赴冀东平原解决吃穿和装备问题。王殿臣的这种思想和主张得到了孙永勤的赞同，也赢得了一部分官兵的支持。于是，队伍的主要领导者不再想方设法利用热南的有利条件坚持抗战，而是在外部情形根本不明的情况下，轻率地决定向长城内非战区转移。

三、四月间，孙永勤下达了向长城内转移的命令。出发那天，孙永勤骑在马上讲了话。他说："我们民众抗日救国军要向长城内遵化方面进发，到那里去改善我们的武器装备，然后到蓟县盘山同红军会师。"接着他又重申了部队纪律。队伍出发了，身着各色服装的民众抗日救国军离开了自己的故乡，步履艰难地走上了南去的崎岖山路。山区的百姓把自己的子弟兵送得老远，一直到望不见了才回去。

孙永勤率部向南转移的举动，震动了日伪和国民党华北当局。国民党对孙永勤的救国军不但不接济一枪一弹，反而百般责难和阻挠。更有甚者，他们竟然与日寇狼狈为奸，共商"协剿"救国军的对策。国民党华北当局首先命令驻遵化的保安大队前往长城附近，截击民众抗日救国军。当时国民党的《国闻周报》毫不掩饰地指出："至于协剿孙永勤匪事，我当地团警与日军联络极为确实，我团警连日与匪接触中。"孙永勤率部于 5 月 15 日越过长城到达侯家寨时，突然遭到国民党保安大队和日寇的"协剿"，发生激烈战斗，双方互有伤亡。另一支民众抗日救国军在尖山屯也与日寇山田部队遭遇，然后向孙永勤主力靠拢。18、19 日，孙永勤率一部约千余人集中在遵化城东北约三里的茅山和吴家沟一带。在此以前，孙永勤曾派人向遵化县催促给养，该县长、国民党汉奸何孝怡表示"支援"，以此骗取孙永勤的信任，等待时机完成与日寇"协剿"救国军的使命。21 日，国民党保安大队和当地汉奸民团，以三倍于救国军的兵力包围了孙永勤所部的驻地。此时，孙永勤等人仍处在麻痹状态中，一心等待遵化县长的"接济"，而没有任何警惕，没作任何防变措施。

日寇对孙永勤率部进入非战区更为重视，日本驻北平武官高桥主动与国民党华北当局制定了“协剿”民众抗日救国军的计划。日本关东军21日命令屯驻“天津之川岸团长协议剿匪事宜。”[⑥]随后发出“关东军通告中国讨伐孙永勤匪的命令”，命令关东军“进出于长城以南，独力将该匪遵化根据地荡平”。[⑦]接着，日军热河警备队获原部队和承德××部队，开始由北而南“进剿”民众抗日救国军。“××部队长以为苟实于热河治安，不拘所在地如何亦不许其存在于天壤间，故根据皇军大方针，而决心进兵华北，于是命令山田部队等集合于奇望峰南方潵河桥并罗文峪南方下营附近，准备讨匪。”[⑧]23日，山田部队长通告遵化县长：“谓在24时以内不讨伐，则日本军即取自由行动。”[⑨]同日下午5时，“××部队长乃决以日本军歼灭之，命山田部队长实行讨伐……山田部队长在一战可灭孙匪之信念下，于23日夜冒雨行动，配合包围。”[⑩]由于该山区山峰重叠，日军“进剿”极为困难，故川岸部队长亲自驾驶飞机在战场上空指挥。包围救国军的日军以日旗示以位置。川岸确认日军已将孙部完全包围，乃投下信筒，通知山田部队长“可安心，吾已确实包围敌人”。[⑪]24日拂晓，日军全面猛击救国军阵地。

战斗打响后，孙永勤命令各队迅速抢占有利地形，坚决阻击，誓死杀敌。当孙永勤看到救国军已陷于敌寇的重重包围之中，才恍然大悟，深感上当受骗之苦。他痛心疾首地说：“今天队伍落到这个地步，全是我一个人的错误，我孙永勤对不起兄弟们。我军早已处于包围之中，事不宜迟，只有突围才是活路。”孙永勤军长本来腿已受伤，此刻敌人的炮弹又击伤他的头部。他忍着剧烈的疼痛组织部队突围。李连贵率部向北突时，遭到敌寇的猛烈还击，又退了回来。最后，孙军长让战士把他抬上山头亲自指挥突围。上午七时，日寇缩小包围圈，炮火更加猛烈，一颗炮弹飞来，击中了孙军长和身边关元友等几个领导人，他们壮烈牺牲了。孙永勤战死时，年仅42岁。

救国军在战四川等人的指挥下，誓死抵抗着日寇的进犯，但火力由强变弱，子弹打光了，枪支打坏了，在几个山头展开了肉搏战。

根据伪《大同报》统计，越过长城的民众抗日救国军1500人。被敌寇包围在茅山沟的只有500人，突围者近百人，为国捐躯者300多人。日寇在此次战役中，“战死将校一人、下士一、兵四，重轻伤者九名”[⑫]。这个数字显然是保守的。

孙永勤和他创立的民众抗日救国军是一支坚强的抗日爱国武装，它不仅在热南卓著盛名，而且在全国人民中间也有巨大的影响。中共中央1935

年8月1日发表的《为抗日救国告全体同胞书》，即著名的《八一宣言》中列举了在“九一八”事变后，为反对日本帝国主义侵略而捐躯的民族英雄，其中就有孙永勤的光辉名字。

1978年，原冀热辽军区司令员、热河省政府主席李运昌同志，把孙永勤军长的塑像亲自送到热河烈士纪念馆，供子孙后代永远瞻仰。

（作者附言：本文撰写过程中，访问了孙永勤的亲属雷永兰、孙文孝、孙文阁、孙永明以及熟悉孙永勤和民众抗日救国军的孙文炳、张振华、任凤保和郭春河等同志，并得到了中共承德地委党史资料征集小组办公室和孙仗子公社党委的帮助，参阅了孙文邻、史耀华、田凤阁、刘青山、单忠英、张守礼、年焕兴等同志的回忆文章，查阅了有关档案和当时的报纸杂志。承蒙以上同志和单位热情帮助，大力支持，谨此表示衷心谢意。文内错漏之处，敬祈读者教正。）

▲孙永勤塑像

注：

①：孙文邻：《忆爸爸几件事》。

②：见《郝席奄供词》。

③、④：孙文炳等：《民族英雄孙永勤》。

⑤：《伪满洲国史》，第二〇四页。

⑥、⑦：《大同报》康德二年五月二十四日。

⑧、⑨、⑩、⑪、⑫：《大同报》康德二年五月二十七日。

原载：天津人民出版社《冀热辽人民抗日斗争文献》第一辑。

《河北党史资料》第九期转载

河北出版传媒集团《寻找英雄孙永勤》转载

赵辉楼同志的光辉一生

“七七”卢沟桥事变后，在河北有一支活跃在束鹿、晋县、赵县、藁城、宁晋地区的抗日武装，这就是赵辉楼同志领导的民众抗日自卫军。这支抗日武装在八路军一二九师刘伯承、邓小平、徐向前等首长的指导下，不断发展壮大，在冀南和太行一带沉重地打击了日本侵略者和国民党顽固军，成为一二九师的主力之一，这支部队的指挥员赵辉楼同志在指挥这支部队期间也表现了积极、英勇、果断的精神，为伟大的革命事业做出了贡献。

一

民众抗日自卫军的创立人赵辉楼，又名赵豫华，1894 年生于河北省宁晋县司马村的一户农民家庭。他 19 岁到军阀齐燮元的军队里当兵，两年后被选送进随营学校。毕业后担任连长、副营长等职。十余年的军旅生活，使他看清了军阀混战的本质，1928 年他毅然弃军归农。

赵辉楼回乡以后，就在司马村小学任教，教学生音乐和体育课。由于赵辉楼作风正派，嫉恶如仇，1933 年末被选为司马村村长，不久又兼任司马村小学校长。

1937 年“七七”事变后，日寇沿着平汉铁路长驱直入，国民党军队不战而逃，一些惯于为非作歹的反动官兵便乘机纠集散兵、土匪，勾结当地的土豪劣绅成立汉奸武装。面对日本帝国主义的入侵和土匪、汉奸的猖獗，赵辉楼坐立不安。1937 年 8 月，他组织了罗三俊、刘同增几个学生创立《抗战小报》，他们用赵辉楼带回来的那架收音机，将每天收听的抗战新闻，油印出来，然后散发到附近各村，以此激发人民群众的爱国热情。

为了对付日寇的侵略和散兵、土匪的抢劫活动，赵辉楼于9月上旬便开始以司马村为中心在联庄会的基础上筹建抗日武装，附近各村都积极参加这一群众武装。司马村地处束鹿、晋县和赵县交界之处，因此联庄武装组织迅速发展成为连县的武装组织。束鹿县新兴路赵光远率领百余人的抗日义勇军与赵辉楼的联庄武装会合在一起，首先抗击土匪武装。当时有一股土匪盘踞在赵县大夫庄，以李小贞为头目，有近200人。联庄武装决定先把他们消灭掉。

10月10日，赵辉楼组织联庄武装千余人，在赵县铁佛寺设指挥部，部署攻打大夫庄李小贞匪徒的作战计划。包围大夫庄后，土匪凭借寨墙顽强抵抗，联庄武装用土炮轰击，一连打了三天，土匪伤亡惨重，除李小贞率小股土匪逃跑投降日寇外，其余全被消灭，并缴获枪支几十支。联庄武装首战告捷，军威初震。

10月21日，赵辉楼主持各县联庄武装在束鹿县田家庄开会，决定吊民伐罪，攻打辛集镇。辛集镇被自称治安司令的张南邦匪徒占据着。张南邦原是五十三军南退时逃跑出来的一个连长，他伙同参谋张家祥和两个班长，凭着两挺机关枪，乘兵荒马乱之际，裹胁了百余散兵和土匪，在辛集镇称王称霸，声名狼藉。当赵辉楼指挥联庄武装刚与匪徒接火，张南邦自知不是对手，便慌忙率残部逃往束鹿城里（今新城）。

在解放辛集的第二天，对联庄武装进行了组织整顿。整个联庄武装编为总团，公推赵辉楼为总团长；规定各县联庄武装编为团，下设营、连、排、班，同时任命了各级指挥员，各县常设驻辛集代表一人。当时规定的五县联庄武装的宗旨是：“防匪、抗日、保家、卫国。”据有关同志回忆，五县联庄武装总团成立时，共印发了两万个臂章，最后还不够发。可见，当时群众对参加抗日救国的武装是十分踊跃的。

10月初，吕正操率部在晋县小樵镇改编为人民自卫军的举动，对赵辉楼和五县联庄武装影响很大。不久双方又互派常驻代表，通力合作，一致抗日，互通情报，并肩作战。10月末，八路军一二九师东进纵队骑兵团，在团长夏运亭和政委张少东的率领下，来到辛集镇。赵辉楼代表五县联庄武装总团热情欢迎骑兵团，在辛集和附近村庄都贴满了欢迎八路军的标语。夏、张对他们宣传了党的抗日政策，提出了共同抗日的要求。赵辉楼高兴地说：“中国共产党提出联合抗日的主张，我赵某举双手拥护，五县联庄武装是要抗日的，今后要请贵军指导。”骑兵团为了支援这支抗日武装，决定把营长王振祥等几个人留下来，以协助赵辉楼、赵光远巩固和壮大这支抗日武装。

张南邦被联庄武装赶到束鹿城里以后，又勾结姓赵的伪县长大施阴谋诡计，以接受联庄武装“收编”为诱饵，而妄图偷袭联庄武装指挥部，重返辛集镇。双方谈判多次，终因张南邦阴谋败露，双方关系破裂，于是赵辉楼决定攻打张南邦盘踞的束鹿城。

11 月上旬，赵辉楼把攻打束鹿城的计划通知了吕正操同志，要求人民自卫军前来支援。赵辉楼接到人民自卫军支援通知后,便积极进行军事部署。在人民自卫军赵东寰部的配合下，赵辉楼率联庄武装迅速包围了束鹿县城。赵光远、刘蔼亭、王振祥三路人马一鼓作气从北门、西门和南门攻进城去，除 20 余匪徒坠城逃跑外，包括张南邦和伪县长在内的 200 余人全部被俘。在束鹿县城人民的强烈要求下，处决了作恶多端的伪县长和几个杀人越货的匪徒。赵辉楼把张南邦交给人民自卫军，这个罪大恶极的匪徒不久亦被正法。

12 月，藁城梅花惨案发生后，赵辉楼曾一度计划率部出击，为受害同胞报仇，但顾虑到队伍组织松散，武器装备极差，出师制胜没有把握，于是便着手改组和整顿部队，以便在短时期内提高部队作战素质。

二

在改组和整顿部队过程中，赵辉楼决定派代表去冀中找党汇报和请示工作。赵光远、陈邑芬在安平见到了吕正操、黄敬、孙志远和张建民同志，汇报了五县联庄武装的状况和今后组建正规军的打算，并要求冀中党委和人民自卫军给五县联庄武装输送一批干部。冀中区党委同意赵辉楼、赵光远关于组建正规军的计划,并派刘志中、崔星等同志前往辛集协助组建工作。

赵辉楼完全同意冀中区党委的意见，并感谢吕司令的诚恳帮助。当时曾决定把组建后的部队改名为“民团抗日自卫军”。为此，赵辉楼还亲自给吕正操司令员挂电话,征求意见。吕正操说,“‘民团’不如“民众’好”，于是赵辉楼接受了吕正操司令员的建议，把部队的名称改为“民众抗日自卫军”，重新配制了臂章。在组建过程中，赵辉楼遵照冀中区党委的建议，毅然清除了以束鹿县大地主范杰三为代表的反动势力，大大提高了部队的政治素质。民众抗日自卫军军部设司令部和政治部；司令部下设八处和特务连；政治部下设六科和大众报社及宣传队。司令部直接管辖四个团；团下设营，营下设连，连下设排，排下设班。每团有指战员共 1500 余人，全军组建后共 8500 余人。团以上干部名单如下：

民众抗日自卫军司令员：赵辉楼

政治部主任：赵光远

参谋处处长：李子钧

军需处处长：耿藤霄

军务处处长：宋计方

作战处处长：王选才

军训处处长：王振祥

军械处处长：赵自连

军法处处长：赵礼荣

军医处处长：李述唐

秘书科科长：王宣存

组织科科长：李镜如

宣传科科长：陈邑芬

民运科科长：宋兆祥

敌工科科长：马九龄

总务科科长：谢振生

大众报社社长：边之超；总编：朱子强

宣传队队长：李虚哲

特务连连长：连瑞川

第一团（束鹿县）团长：田英奎；副团长：李玉亭；主任：赵光远（兼）

第二团（赵县、宁晋县）团长：王选才；副团长：李玉堂；主任：张惠山

第三团（藁城县）团长：马再洲；副团长：刘公义；主任：刘昱乎

第三团（晋县）团长：刘蔼亭；副团长：白德勇；主任：李述唐

民众抗日自卫军成立后，颁布了《告束、晋、赵、藁、宁五县人民书》，号召五县广大人民积极行动起来，有人出人，有钱出钱，有枪出枪，积极

支援民众抗日自卫军，打击日寇侵略，肃清土匪汉奸，建立抗日民主政权，减租减息，保护人民生命财产安全。

组建工作结束后不久，赵辉楼获悉赵县城里驻扎了一小队日本兵，并带来一批武装汉奸的武器装备。为了缴获这批武器，赵辉楼一连派出十几名侦察员。1938 年 4 月，赵辉楼部署了攻打赵县城的作战计划，他命令一团担任攻城任务。一天夜晚，民众抗日自卫军一团副团长兼三营营长李玉亭率尖刀连迅速插入城里，解除敌人岗哨后，赵辉楼率一团主力进城。战斗打响后，敌寇火力猛烈，部队有所伤亡。赵司令急命李玉亭率部从后街包抄敌寇阵地。一阵手榴弹轰响，敌寇的三挺机枪立即变成了哑巴。赵辉楼指挥部队迅速清扫战场，把所有的战利品装满了十几辆大车。这次战役歼敌 30 余人，缴获枪支 100 余支，还有一些其他军用物资及面粉、布匹。

不久，民众抗日自卫军又在大石桥附近以及石南公路两侧伏击敌人。在一次伏击战中，缴获日寇一辆军用大卡车，俘虏了一个司机。民众抗日自卫军一连打了几个胜仗，在冀南抗日部队中占有三个第一：一是在束鹿田家庄曾打下日寇一架飞机；二是缴获日寇一辆汽车；三是 1939 年大杨庄战役缴获日寇一门山炮，这三个第一曾受到一二九师首长的嘉奖和表扬。

赵辉楼、赵光远领导民众抗日自卫军重视部队的人才培养。他们为了培训基层干部，在束鹿县刘家庄成立了随军干部学校，赵辉楼亲自任校长，先后培养了 200 余人营连级干部，担任部队基层领导工作。辛集解放后，冀西游击队负责同志杨秀峰、孙文淑等来到辛集，与赵辉楼商讨培训干部事宜，赵辉楼提出冀中人民自卫军、冀西游击队和冀南民众抗日自卫军三家合办一所干部学校的建议，杨秀峰等同志都表示同意。1938 年 4 月三支抗日武装共同筹办河北抗战学院，院址在冀中深州，推杨秀峰为院长，吕正操同志主动负责学院的物资供应工作。三家保送有高小毕业文化水平的青年学生来学院学习，每期为三个月，毕业后各回原部队工作。8 月 6 日，河北抗战学院举行开学典礼，杨秀峰院长宣布宋任穷、吕正操、赵辉楼、陈再道、朱瑞、黄敬等为河北抗战学院董事会董事。赵辉楼代表民众抗日自卫军在大会上讲了话，阐明了培养抗战人才的重要性，并鼓舞三家齐心合力办好这所学校。民众抗日自卫军先后保送两批共 300 人去该院学习。

三

1938年5月初，徐向前副师长率七六九团、六八九团和五支队来到南宫，他十分关注民众抗日自卫军的成长。当赵辉楼率部突袭赵县城后，徐向前同志通过地下党的关系要赵光远来南宫汇报工作，随后赵辉楼等人也陆续去南宫和韩家庄会见徐向前副师长和宋任穷主任。赵辉楼代表民众抗日自卫军全体积极要求一二九师直接领导这支抗日武装。根据赵辉楼的要求，5月下旬，一二九师派谢富治率领石志本、孔庆德等30多人的干部队来到民众抗日自卫军，进行改编工作。为了改编的顺利进行，赵辉楼提议，把石志本、孔庆德30余名老同志插到民众抗日自卫军各团。

第三团团长马再洲是联庄武装时期收编过来的国民党五十三军的一个骑兵营营长，当时他率部驻扎在藁城，因为他声称抗日，所以得到联庄武装的收编。这个营装备甚好，每位官兵都是长短枪两大件，而且有3挺机枪，战斗力很强。改编为民众抗日自卫军时，为了加强三团的政治思想工作，赵光远、赵辉楼指示刘昱乎同志率一部分地方武装与马部合编为第三团。当马再洲获悉八路军改编民众抗日自卫军后，6月下旬他乘刘昱乎同志去辛集开会的机会，便率旧部人马，携带全部武器向无极县城方向逃去，妄图投降日寇。当天，石志本、孔庆德率刘昱乎所部追到滹沱河南岸，经过战斗和政治攻势，终于把骑兵营全部缴械，马匹和武器分配到各团。消除了这一隐患，为部队的顺利改编打好了基础。

在改编准备时期，刘志坚主任向民众抗日自卫军作了政治报告，进一步明确了党的抗日主张，赢得了民众抗日自卫军指战员的一致拥护。接着各团又举办了各类训练班，把谢富治带来的30多名老同志分配到各团、营任副职。准备工作就绪后，便接到徐副师长的命令，要部队开到新河县正式改编为八路军。7月，赵辉楼下达了各团向新河县进发的命令，渡过滏阳河，驻扎在白神手、尧头一带。遵照徐副师长改编指示进行改编：第一，抽各团主力营千余人补充七六九团。七六九团是一二九师主力团，这个团因曾在1937年10月19日夜袭日寇阳明堡机场，毁敌机24架，歼敌百余人而闻名中外。补充到该团的指战员都十分高兴，纷纷表示，“继承光荣传统，英勇杀敌人！”第二，汪乃贵支队与民众抗日自卫军合编为八路军冀豫支队。任命如下：

冀豫支队司令员：赵辉楼

副司令员：汪乃贵

政委：赵光远

参谋长：范朝利

代政治主任：戚远渥

独立营营长：鲍先志

教导员：刘昱乎

第一团团长：石志本

政委：赵彩银

参谋长：李子钧

政治部主任：刘义

第二团团长：孔庆德

副团长：刘藹亭

政委：李定灼

政治部主任：李述唐

▲（右）赵辉楼

另外又指示原民众抗日自卫军政治部组织科科长李镜如率宣传队 33 人归三八五旅政治部建制；边之超、朱子强、陈邑芬率大众报社归冀南区党委领导。

近万人的民众抗日自卫军在短时期改编成功，除徐副师长和冀南区党委的正确领导外，赵辉楼司令员的模范行动起了很大作用。他在整个改编过程中，非常自觉地按照徐副师长和冀南区党委的指示精神去办。当时四团情况比较复杂，主要原因是四团副团长（赵辉楼在旧军队时期的结拜兄弟）白德勇煽动少数留恋家乡的战士开小差。赵辉楼主动去四团处理这件事。当他接到白德勇妄图投敌的可靠情报后，立即命令卫兵把白德勇绑了起来。白德勇跪在地上一口一个大哥地求饶，赵辉楼十分气愤地说：“我恨自己瞎了眼，没有看清你这个没有中国人良心的家伙，我不是你大哥，你也不是我兄弟，我赵辉楼决心跟党抗日到底，而你白德勇却勾结汉奸，妄图投降日寇，只这一条就得毙了你。但今天我已是八路军的一员，要听上级的决定。”赵辉楼把白德勇带回军部，向上级作了汇报。上级首长又征求赵辉楼的意见，他说：“白德勇已无可救药，请领导就地正法。”赵辉楼大义灭亲的举动，对部队改编起了很大的推动作用。

1938年7月末，部队改编结束。有经验的老同志担任了各级领导职务。经过军事和政治训练，使这支抗日部队的军事素养和政治觉悟有了明显的提高，指战员纷纷要求重返束、晋、赵、藁、宁地区杀敌立功。9月下旬部队北上，突袭了占领各县的日寇，一连摧毁了五个县的汉奸政权，打击了反动势力，并且帮助地方党建立了抗日民主政权；另外又多次组织群众破袭平汉铁路，牵制日寇向武汉进犯和战争物资的运输，间接地支援了武汉保卫战。

1938年中秋节前夕，赵辉楼率部队解放了宁晋县城，人们像过节一样欢迎自己的子弟兵。随后又在赵县、高邑突袭敌寇的据点，歼敌300余人。宁晋解放后，二团在南塔庄大军阀王怀庆家获得大批枪支弹药和其他贵重物资，并进行了开仓济贫，附近劳动人民拍手称快。

七六九团返回太行后，冀豫支队独立战斗在沧石路以南的广大地区，赢得了第一次反“扫荡”的胜利。随后又遵照师首长关于反“摩擦”的指示，对国民党顽固军赵云祥所部的“摩擦”战进行了有力的反击。1939年元旦，赵辉楼率主力二团再次突袭宁晋县城，歼敌百余人。1月下旬，日寇在宁晋大杨庄据点集结兵力准备“扫荡”宁晋东北地区。师首长及时命令陈再道率东进纵队一部配合冀豫支队消灭大杨庄守敌。战前组成了以陈再道为指挥、赵辉楼为副指挥的指挥部，制定了“围城打援”的作战计划，决定25日由冀豫支队孔庆德团主攻据点；其余兵力包括东进纵队的一个团，分别埋伏在大陆村公路西侧，准备打由西而来的增援敌寇。24日晚孔庆德团长通过内部关系，把一个营的兵力插进了大杨庄，准备内外夹攻守敌。25日拂晓战斗打响后，守敌惊慌失措，尽管进行了垂死的挣扎，但经不住我军的内外攻击，而全部被歼，共击毙日寇60余人，俘虏皇协军300余人，并缴获山炮一门和全部武器辎重。25日午后，敌人援军乘汽车由西而来，待等进入大陆村公路三里长的伏击范围内，一声令下，枪声四起，经过激烈战斗，我军又歼敌300余人，缴获汽车四辆和一批军火物资。战斗结束后，参战部队在束鹿县南智邱村召开庆功会，嘉奖有功单位和战斗英雄，各县都派来了慰问团和志愿加入我军的新战士。

自从民众抗日自卫军改编为八路军冀豫支队后，不断地向敌寇展开攻势，在当地人民的支援下，我军指战员英勇作战，使束、晋、赵、藁、宁广大地区又重新回到我军之手，各县和各区都先后建立了抗日民主政权，广大群众的抗日情绪空前高涨。但没过多久，日寇用两个半师团的兵力从平汉和津浦两个方向对冀南进行“扫荡”，敌人精锐部队紧跟着冀豫支队，企图寻找战机与我军决战。在敌强我弱的形势下，为了摆脱敌人，冀豫支队便大踏步地向沧石路以北转移。2月初行进到冀中深县时，遇到了一二〇师首长贺龙和关向应，他们及时通知冀豫支队：“冀中日寇大‘扫荡，已经开始，此地不能久住，应迅速离开。”于是冀豫支队便由北而南，急行军170里，拂晓前到达晋县与赵县交界的南、北魏家口和大、小尚村一带，部队刚要生火做饭，晋县县委交通员紧急通知：“此地是日寇‘扫荡’的重要地带。”此时部队已饥饿困倦不堪，因此赵辉楼极力主张去宁晋县高庄窠一带平原村庄隐蔽起来，暂避日寇锋芒。

2月间，日寇“扫荡”被粉碎后，冀豫支队回到束鹿新兴路和智邱一带休整。不久，国民党赵云祥的军队配合日寇偷袭了冀豫支队驻宋家庄的某连,使该连牺牲21人。国民党乔明礼的军队也开始跟冀豫支队闹起了“摩擦”战。我军遵照师首长的指示，与陈再道同志的东进纵队某部相配合，乘敌不备，一连攻打了乔明礼军队占据着的赵、孙、段、李一溜羊杯，歼敌500多人，把乔明礼的残余赶跑了。不久，又在路西打了以赞皇为基地的张荫梧的民军，又歼敌200多人。

1939年3月，一二九师开始第一期整军，冀豫支队奉命上了太行山，驻扎在辽县、武乡一带。5月，冀豫支队与七六九团正式合编为三八五旅，陈锡联为旅长，赵辉楼为副旅长，谢富治为政委，黄振堂为政治部主任，赵光远为副主任。在此期间，赵辉楼在刘伯承师长、邓小平政委的关怀下，加入了中国共产党。

赵辉楼同志后来奉命去延安中共中央党校学习，日本投降前夕，他又回到太行，先后任太行军区司令员，解放后任山西省军区副司令员。1951年转业到河北省，历任河北省人民政府委员，民政厅长、政协副主席兼参事室主任等职。1960年9月28日，因患心肌梗塞，在保定逝世，享年66岁。赵辉楼同志一生为革命尽心竭力，做出了贡献，党和人民是不会忘记他的。

作者附言：本文系根据原来在民众抗日自卫军工作过的赵光远、李镜如、陈邑芬、戚远渥、赵辉楼的亲属赵文恒、赵平涛等同志以及熟悉赵辉楼和民众抗日自卫军的罗顺来、连瑞川、赵瑞雪和刘洛川等同志的访问记录整理而成，还参阅了刘昱乎、李述唐等同志的回忆文章。承蒙以上同志的热情帮助和大力支持，谨此表示衷心谢意。但是，由于时间仓促，错漏之处，在所难免，敬祈教正。

原载：《河北文史资料选辑》第17期